Chotjewitz/Roth

Mit Jünger ein' Joint aufm Sofa, auf dem schon Goebbels saß

Peter O. Chotjewitz

Mit Jünger ein' Joint aufm Sofa, auf dem schon Goebbels sass

Éducation sentimentale

Aufgenommen, redigiert und herausgegeben von

Jürgen Roth

Büchse der Pandora

Bibliografische Information Der Deutschen Nationalbibliothek
Die Deutsche Nationalbibliothek verzeichnet diese Publikation in der Deutschen Nationalbibliografie; detaillierte bibliografische Daten sind im Internet über *http://dnb.ddb.de* abrufbar.

Originalausgabe
CODIGO #110909

Umschlagfoto: Inge Werth, Haunetal
Ausstattung und Gestaltung: Peter Grosshaus, Wetzlar, unter Beteiligung von Gunter Rambow, Güstrow
Satzherstellung: Hanspeter Ludwig, Wetzlar
Technische Gesamtherstellung: DIGITALAKROBATEN®
Majuskel Medienproduktion GmbH, Wetzlar.

ISBN 978-3-88178-362-0

Büchse der Pandora Verlags-GmbH in
der Majuskel Medienproduktion GmbH
Postfach 2820 · D-35538 Wetzlar
www.digitalakrobaten.de

Inhalt

Erstes Kapitel

Man hat Krebs, man versucht, seine Lebenserinnerungen aufzuschreiben, man lebt in Berlin und anderswo, man mag Stuttgart, und alle malen Mao

Liebe Uta! Liebe Lea! Seit zwei Jahren habe ich Krebs. Das heißt, vielleicht habe ich den Krebs schon länger, aber seit zwei Jahren weiß ich's. Bis dahin wollte ich, wenn ihr aus dem Haus seid, nach Berlin ziehen, von Stuttgart nach Berlin. Ich dachte mir, dann fängst du noch mal einen neuen Lebensabschnitt an. Den Plan habe ich aufgegeben.

Bis Frühjahr 2008 war ich altersgemäß verbraucht. Ich hatte zwei größere Beschwerden, die ich auch jetzt noch habe – zum einen eine Krankheit, die sich Morbus Menière nennt.

Den Morbus Menière habe ich vermutlich ungefähr seit 1999. Das erstemal wäre ich beinahe dran gestorben. Ich lag auf dem Rücken im Wasser, im flachen Wasser, Gott sei Dank, vor Spiekeroog, im Sommer, und plötzlich wurde ich fast ohnmächtig und drohte zu ersaufen. Da bin ich zu einem Hals-Nasen-Ohren-Arzt aufs Festland gefahren. Denn man denkt ja immer, wenn man starken Schwindel hat: Das muß mit den Ohren zusammenhängen. Tatsächlich ist Morbus Menière eine Ohrenerkrankung. Auf Grund irgendwelcher Stoffwechselschwierigkeiten entstehen im Innenohr Gase, und die führen dazu, daß mir erst mal enorm schwindelig wird – und zwar so, daß es bis zur Absenz gehen kann, bis zum Erbrechen. Der Arzt hat aber nur gesagt, ich solle mein Leben ändern, ich sei völlig verkalkt.

Ich war fünfundsechzig, da war das keine besonders aufregende Neuigkeit. Also gut, seit 1999 habe ich, vor allem wenn es heiß ist, manchmal diese Schwindelanfälle. Ich bin auf offener Straße auch immer mal wieder zusammengebrochen, im Schnitt einmal im Jahr. Das letztemal habe ich mich vor vierzehn Tagen in Rheinsberg, wo Friedrich II. von Hohenzollern seine schönsten Jahre verbracht hat, bis er Sanssouci gebaut hatte, einen Tag lang überhaupt nicht aus dem Bett bewegen können. Kaum stand ich auf, verdrehte ich die Augen, verlor das Bewußtsein und fiel um. Das ist im wesentlichen diese Krankheit.

Das zweite, was ich allerdings schon sehr viel länger habe, schon seit meiner Jugend, das nennt sich Lumbago. Lumbago, da tut der Rücken weh – und zwar so sehr, daß du praktisch nicht laufen kannst, du kannst nicht liegen, du kannst kaum was machen. Das geht von der Wirbelsäule im Beckenbereich aus, wohl zwischen dem fünften und sechsten Lendenwirbel. Da geht links und rechts der sogenannte Ischiasnerv ab, und dieser Nerv erregt sich irgendwie, ich weiß nicht, wodurch, vielleicht wird er eingeklemmt, und er entzündet dann das umliegende Gewebe bis in den Oberschenkel, meistens nur in einen, manchmal in beide, und die Muskelentzündung ist das, was dich quält.

Lumbago kann man recht gut bekämpfen. Es gibt 'ne Spritze, die verpaßt dir normalerweise der Arzt. Ich habe mir dieses Zeug auf Halde beschafft, mindestens drei, vier Ampullen von jeder Sorte. Es werden zwei Sorten gemischt, und das spritzt man sich in den Oberschenkel, und wenn du das alle paar Tage machst, ist das mit den Schmerzen erträglich.

Der Nachteil von diesem Zeug ist das darin enthaltene Cortison. Das erzeugt Zucker. Also hast du praktisch 'ne künstlich erzeugte Diabetes, und vor allen Dingen – was aber eine angenehme Nebenwirkung ist – brauchst du die ersten Tage nicht viel Schlaf. Du wachst morgens um sechs auf und bist hellwach, versteht ihr?

Das war meine Situation, als ich eines Tages vor über zwei Jahren an meinem rechten Oberschenkel eine etwa walnußgroße Schwellung entdeckte. Gut, sage ich zu eurer Mutter: Schau mal, was ich hier habe. Die sagt: Ich weiß es auch nicht, geh doch mal zum Arzt. Dann rief ich meine alte Freundin Rosemarie Klemm an, die Gattin des bekannten Geologen Dietrich Dankwart, den ich seit 1955 kenne.

Rosi ist Professorin für Ägyptologie und hat eine große Kenntnis von Krankheiten, denn die alten Ägypter waren ja im Grunde genommen die ersten Mediziner. Die sagte: Du hast einen Leistenbruch. Das war Quatsch. Die Leiste ist viel weiter oben.

Ich ging also zu meinem Hausarzt und sagte, ich würde gerne mal eine Krebsvorsorgeuntersuchung machen. Die machte der auch. Nach einer Woche sagte er: Sie haben keinen Krebs, Sie sind kerngesund. Da war ich natürlich nicht beruhigt.

Ich sagte zu ihm: Gucken Sie sich mal die Schwellung am Oberschenkel an. Sagte er: Das sieht aber gar nicht gut aus – und schickte mich zum Internisten. Der Internist machte das Übliche, die machen ja immer das volle Programm. Jeder Arzt hat sein Programm, je nachdem, was er für einer ist.

Der Internist setzt dich zum Beispiel zuerst aufs Fahrrad und macht ein Belastungs-EKG, und da trat jetzt wieder mein Morbus Menière in Erscheinung, denn wenn ich mich körperlich belaste, treten die Schwindelanfälle auf. Also fiel ich vom Fahrrad. Das hat ihn etwas besorgt.

Schließlich hat er sich meine Schwellung am Schenkel angeguckt, hat einen Ultraschall gemacht, und dann wurde er ziemlich blaß und rief meinen Hausarzt an, und dann sagten beide wie im Chor: Sie haben ein Non-Hodgkin-Lymphom.

Non-Hodgkin-Lymphom leitet sich davon ab, daß es ein Hodgkin-Lymphom gibt. Ein Lymphom ist die Schwellung einer Lymphdrüse. Es kann auch gutartig sein. Der Körper ist voller Lymphdrüsen. Sie sind Teile eures Lymphsystems, das Lymphsystem ist ein Parallelsystem zum Blutsystem. Lymphdrüsen können auch bei einer Erkältung anschwellen, das ist nicht weiter schlimm.

Der Herr Hodgkin war ein englischer Arzt. Der entdeckte, daß es auch bösartige Lymphdrüsenschwellungen gibt. Und später stellte man fest, daß es auch Lymphdrüsenschwellungen gibt, die durch Krebszellen hervorgerufen werden, die nicht den von Herrn Hodgkin entdeckten Lymphdrüsenschwellungen entsprechen, und die heißen deshalb Non-Hodgkin-Lymphom.

Umgangssprachlich läuft dieses Non-Hodgkin-Lymphom unter der Bezeichnung Lymphdrüsenkrebs. Davon gibt es verschiedene Arten.

Nun haben der Internist und mein Hausarzt mir auf den Kopf zugesagt, daß ich das hätte. Das gefiel mir nicht. Besonders perfide fand ich den Internisten, den schien das zu amüsieren. Er machte einen ausgesprochen gutgelaunten Eindruck. Nicht nur, daß er sagte: Sie müssen sofort ins Krankenhaus, sondern ich hatte auch das Gefühl, er gönne mir das. Ich weiß nicht, warum. Er ist ein Internist, den ich bis dahin sehr selten konsultiert hatte, vielleicht hatte er was gegen mich. Oder vielleicht freute er sich aus beruflichen Gründen, so, wie sich der Zahnarzt freut, wenn du ein Loch im Zahn hast, denn was soll er mit dir anfangen, wenn du kein Loch im Zahn hast?

Jedenfalls schickten sie mich zum Onkologen einer Stuttgarter Klinik. Der Arzt guckte mich von innen und außen an, meinte, daß es sehr plausibel sei, daß ich ein Non-Hodgkin-Lymphom hätte, sagte aber, das könne man nur feststellen, indem man eine Gewebeprobe nehme. In meinem Fall war das einfach. Man brauchte nur das Ding aus dem Oberschenkel rauszuschneiden.

Das ließ ich aber nicht machen, ich bin erst mal nach Paris gefahren. Ich mach' das immer so. Erst mal verreisen. Ich habe bei dem Herrn Onkologen keine Behandlung, erst recht keine Biopsie in Auftrag gegeben, sondern ich habe gesagt: Ich laß mir mal durch den Kopf gehen, was Sie mir da erzählt haben, und dazu fahre ich nach Paris.

Das mögen die Ärzte gar nicht. Ärzte mögen, daß man sich sofort in ihre Behandlung begibt, und er malte mir die schrecklichsten Dinge aus, was mit mir passiere, wenn ich mich nicht sofort behandeln ließe.

Ich fuhr nach Paris, und in Paris war es schrecklich heiß, dadurch kriegte ich wieder meine Anfälle von Morbus Menière, aber andererseits hatte ich meinen Lumbago dabei. Dadurch konnte ich jeden Morgen um sechs Uhr aufstehen.

Ich saß also in der Nähe der Place Léon Blum, in diesem Viertel hinter der Bastille, an der Avenue Voltaire, und begann, meine Memoiren zu schreiben. Denn ich sagte mir, wenn du Krebs hast, dann mußt du jetzt deine Memoiren schreiben. Während Cordula im Nebenzimmer schlief, schrieb ich meine Memoiren, spritzte mir alle paar Tage dieses Mittel, und tagsüber ging ich mit Cordula in der Stadt spazieren und guckte mir Museen an, und nachmittags gegen vier fiel ich meistens halb in Ohnmacht und ging zurück in die Wohnung.

Ich habe monatelang an den Memoiren geschrieben, auch als wir längst wieder in Stuttgart waren, bis ich um die Weihnachtszeit 2008 herum an einen Punkt kam, wo ich mir sagte, nee, das bringt's nicht. Memoiren sind ein Genre, das mir nicht liegt. Ich habe das Projekt abgebrochen. Ich bin 1934 geboren, und 1962 habe ich abgebrochen, mit dem Jahr, in dem ich das erstemal geheiratet, das erste Kind gezeugt und in Westberlin einen Hausstand gegründet habe.

Ja, das war die Vorgeschichte davon, daß ich irgendwann die Idee hatte, ich müßte ein bißchen was über mein Leben erzählen. Ich denke, das ist eigentlich eine vernünftige Sache, eine gute Idee. Ich jedenfalls wollte immer von den Erfahrungen der Älteren was abhaben. Ich habe, ehe mein Vater starb, 1975, eine Woche lang in der ziemlich kleinen Wohnung, in der er mit meiner Mutter lebte, mir sein ganzes Leben erzählen lassen. Ich mußte am Tag 'ne Flasche Korn hinstellen, er war ja Alkoholiker, und 'nen Kasten Bier haben wir auch geschafft. Er schlief manchmal ein, wenn er strack war, und ich auch, dann schliefen wir beide und redeten im Schlaf.

Das war für mich 'ne wichtige Sache. Mein Vater wurde 1900 geboren. Was ist in diesen fünfundsiebzig Jahren zwischen 1900 und 1975 passiert? Er hat sehr schön geredet, aber das meiste von dem, was er erzählt hat, konnte man nicht gebrauchen.

Ich glaube, es war kein Zufall, daß ich das in Paris gemacht habe, ausgerechnet hinter der Bastille. Die Gegend grenzt an ein Quartier, das noch ein bißchen den Duft des alten Paris vor der Zeit Napoleons III. und seines Stadtbaumeisters Haussmann verströmt, der Paris völlig umgewühlt hat. Es heißt Marais und liegt rechts der Seine, dort, wo auch die Bastille stand. Die Bastille hat ja für die Franzosen und für die europäische Geschichte eine enorme Bedeutung – nicht nur der berühmte Sturm 1789, egal, ob er stattgefunden hat oder nicht, als Beginn der Französischen Revolution, sondern dahinter ist auch der Faubourg Saint-Antoine, wo Teile der *Miserablen* von Victor Hugo spielen.

Auf der Place des Vosges, dem zentralen Platz des Marais, steht Hugos Wohnhaus, und auf dem Platz, wo ursprünglich die Bastille lag, stand um 1830 ein großer Elefant, in dem sich eine Figur in Hugos Roman versteckt. Nicht weit entfernt befindet sich in einem imposanten Hôtel, so nennt man die alten, schloßartigen Gebäudekomplexe, das Museum Carnavalet, in das ich jedesmal gehe, eine Art Heimatmuseum, in dem Prousts »Korkzimmer« verwahrt wird und die geköpften Bourbonen zu sehen sind.

Ich verehre die Jakobiner, die damals den Adel geköpft haben. »Ah! Ça ira« – »Ah, wir werden es schaffen, / Die Adeligen an die Laterne!« Das war eines der ersten Lieder der beginnenden APO 1965, und deshalb gab's das Label »Ça ira«. In jedem Kaff in der BRD gab's einen Klub Ça ira, wir Linken beriefen uns auf sämtliche Revolutionen der europäischen Geschichte, ich kann sie nicht alle aufzählen.

Das Gelände rund um die Bastille ist noch heute ein Bezugspunkt der französischen Linken, egal, ob wir als Linke bezeichnen wollen, was sich heute links nennt oder links genannt wird, einschließlich der schrecklichen Mitterand-Sozialisten. Auf diesem Boulevard, der von der Bastille ausgeht, können sich noch heute eine Million Franzosen treffen, die denken, für ihre Rechte zu kämpfen. Das ist der Grund, weshalb ich in diese Gegend immer wieder fahre und weshalb ich auf die Idee gekommen bin, ich könnte genau dort mal meine Lebensgeschichte erzählen, grob und lückenhaft, einschließlich aller Vergeßlichkeiten.

Ich hab' unglaublich viel vergessen in den letzten Jahren. Nicht nur Namen. Ganze Ereignisse sind weg, Jahre sind weg. Ich sitze manchmal da und frage mich: Was habe ich eigentlich im Jahr 1980 gemacht? Das ist eine meiner Lieblingsbeschäftigungen, muß ich sagen. Ich sitze oder liege, ich tue ja nicht viel, hab' noch nie viel getan in meinem Leben, und gehe zurück und frage mich: Was hab' ich 1950 gemacht? Was habe ich 1940 gemacht?

Und dann stelle ich fest, wie dieses Leben immer lückenhafter wird. Es wird immer weniger. Es ist erstaunlich, wie schnell man vergißt, ein ganzes Jahr, und sagt: Es kann doch gar nicht sein, daß in den Jahren nichts los war. Aber es ist nichts mehr da, oder es ist ganz wenig da. Deshalb schreiben manche Leute Tagebuch oder heben Briefe auf, bloß, diesen Luxus habe ich mir nie erlaubt. Ich habe nie Tagebuch geschrieben, und ich habe auch niemals Briefe in dem Umfang aufgehoben, daß ich was überprüfen konnte.

Das sind seltsame Dinge, die da zusammenfließen, obwohl ich weiß, daß es 'ne wichtige linke Tradition ist, daß man sich der Vergangenheit immer wieder zu vergewissern versucht.

Es ist komisch, daß so viele Leute glauben, die Vergangenheit sei nutzlos und nicht wert, sich an sie zu erinnern. Ich werde oft gefragt: Warum schreibst du über Dinge, die Jahrhunderte oder Jahrzehnte zurückliegen? In den Achtzigern habe ich zwei Bücher über das hessische Judentum geschrieben. Da kamen die Leute an und sagten: Was soll das jetzt noch? Wen interessiert das noch? Es ist eine weitverbreitete Meinung, daß man sagt, wir müssen in die Zukunft schauen, wir müssen die Gegenwart gestalten, und dabei kann uns die Vergangenheit nicht helfen. Und möglicherweise ist diese These sogar richtig. Möglicherweise kann uns die Vergangenheit tatsächlich nicht helfen, mit der Gegenwart fertigzuwerden. Ich weiß es nicht.

Für mich war schon als kleiner Junge alles, was in der Vergangenheit liegt, präsent. Ich habe niemals einen Unterschied zwischen Gegenwart und Vergangenheit machen können. Für mich war die Geschichte immer ein Teil der Gegenwart.

Es gibt da eine witzige Episode. Ich war vielleicht acht Jahre alt, in Berlin lebten wir damals, in Schöneberg, da las ich Schwarten wie Gustav Schwabs *Die schönsten Sagen des klassischen Altertums*, das Buch habe ich sogar noch, oder *Deutsche Volks- und Heldensagen.* Meine Eltern haben mir sehr früh, obwohl sie selber nicht gelesen haben, sie waren beide keine Intellektuellen, solche Bücher geschenkt, weil sie wohl mein Interesse an diesen Dingen bemerkt haben.

Jedenfalls las ich auch die eingedeutschte Kurzfassung des Nibelungenliedes. Und eines Tages habe ich mich allen Ernstes als Jung-Siegfried verkleidet, als Achtjähriger. Ich habe mir aus Pappe eine Rüstung gemacht, ich habe mir aus Holz ein Schwert gemacht, ich habe mir goldene Kordeln um die Beine gewickelt, habe mir Sandalen angezogen und habe mir so ein Kleidchen angezogen, wie das die Ritter zu tragen schienen zu ihrer Zeit, und so bin ich auf der Hohenstaufenstraße in Berlin spazierengegangen. Einen Jungen von acht Jahren hält man noch nicht für verrückt, aber irgendwie hat man darüber gestaunt.

Meiner Mutter war das schrecklich peinlich. Als sie das vom Balkon aus sah, hat sie mich sofort raufgerufen und gesagt: Jetzt paß mal auf, wenn du das in der Wohnung machst, ist es in Ordnung, aber doch nicht unten auf der Straße. Aber ich habe mich den Bürgern von Schöneberg im Sommer 1943 als Jung-Siegfried vorgestellt, vielleicht war es auch 1942.

Diese Episode und andere Geschichten dieser Art sind ein Hinweis darauf, daß für mich Geschichte ein Kontinuum ist, in dem ich lebe. Mein Leben fängt nicht erst 1934 an, auch nicht 1900, als mein Vater geboren wurde, der mich geprägt hat, auch nicht um 1870 herum, als meine Großmutter geboren worden sein könnte, die mich vielleicht noch ein bißchen geprägt hat. Es sind nicht nur die realen Prägungen, sondern ganz besonders die durch Projektionen erzeugten Prägungen.

Es gibt unglaublich gefühlsbeladene Projektionen. Zunächst liefert mir jemand in Form des Nibelungenliedes ein Bild einer Zeit, die es nie gegeben hat, dann kriege ich das durch Herrn Schwab mitgeteilt, dann bilde ich mir was ein, und dann projiziere ich dieses Bild als eine mögliche Lebensform auf die Gegenwart.

Es gibt eine andere Episode, die ebenfalls in Berlin spielt, im Tiergarten, ich glaube, es ist kurz vor dem Krieg, vielleicht im Sommer 1939.

Die Berliner Familien, die Berliner Kleinbürger vor allem, machten einen Sonntagsausflug. Der Sonntagsausflug war ein Teil des Berliner Alltags. Man fuhr zum Beispiel im Frühjahr bei den ersten Sonnenstrahlen, meistens war es noch saukalt, mit der S-Bahn nach Potsdam und ging nach Sanssouci. Als der erste und wichtigste Besuch im Jahr galt ein Besuch im Park Sanssouci. Man ging nicht in die Schlösser, auch nicht in das berühmte Schloß. Ich erinnere mich nicht, jemals als Kind da drin gewesen zu sein. Man ging durch den Park. Man fror sich den Arsch ab, aber man ging spazieren.

Das zweite Ausflugsziel war der Wannsee. Wir wohnten in Schöneberg, deshalb Wannsee, die im Osten sind wahrscheinlich an den Müggelsee gegangen. Wir gingen an den Wannsee, und seit ich denken konnte, hatte mein Vater auf dem Wannsee ein Boot, ein kleines Segelboot mit einem Außenmotor.

Eines der ältesten Photos zeigt, wie ich mit meiner wunderschönen, hübschen jungen Mutter, die war damals vielleicht fünfundzwanzig Jahre alt, und meinem schon fast kahlköpfigen, sehr sportlichen, breitschultrigen, aber ziemlich kleinen Vater – er boxte im Fliegengewicht – am Wannsee in diesem Boot sitze. Ich bin vielleicht drei Jahre alt. Ich erinnere mich an diesen Tag nur, weil ich das Photo besitze.

Meine früheste Erinnerung an den Wannsee ist, wie mein Vater, der ein ziemlich wagemutiger Kerl war, bei aufkommendem Sturm das Segel nicht einholen wollte, so daß wir fast gekentert wären, und meine Mutter schrie wie am Spieß, und die Wasserschutzpolizei kam. Mir hat es großen Spaß gemacht.

Mein Vater war kein Nazi. Was er war, habe ich nie richtig rausgekriegt. Er hatte anarchistische Neigungen, die hatte er wie viele Kleinbürger. Er ist ja ziemlich bald Malermeister mit einem kleinen Betrieb gewesen. Politisch hatte er sich schon vor der Nazizeit in einem Verein engagiert, der, glaube ich, Nationalkommunisten hieß. Sie nannten sich einerseits Kommunisten, andererseits waren sie nationalistisch geprägt. Ich habe nicht überprüft, was das für ein Verein war. Da ist er wohl, als er noch Geselle war, durch einen seiner Arbeitgeber, wahrscheinlich einen Malermeister, reingekommen. Es war eine kleinbürgerliche linke Bewegung, nehme ich an, die hatte nichts mit der auf Moskau fixierten großen kommunistischen Thälmann-Partei zu tun. Was aus der Minipartei meines Vaters nach '33 geworden war, weiß ich auch nicht.

Mein Vater war weder Militarist noch Nazi. Er war arbeitslos gewesen wie so viele, dann hat er die Meisterprüfung abgelegt und ein kleines Geschäft aufgemacht. Eines Tages kriegte er von der Partei den Auftrag, zwei kleine Häuser in einer Sozialsiedlung anzustreichen, von innen, Neubauten. Als er damit fertig war, kam ein Typ von der Partei an und sagte: Herr Chotjewitz, Sie können noch größere Aufträge kriegen, Sie können gute Geschäfte machen, aber Sie müßten in die Partei eintreten. Nach glaubhafter Überlieferung sowohl meines Vaters als auch meiner Mutter hat er das abgelehnt und lieber weiter bloß mal hie und da eine Privatwohnung angestrichen.

Das war sein Verhältnis zur Nazipartei, und das setzte sich fort. 1945, wir waren in Berlin ausgebombt – die ganze Reihe der Häuser in der Hohenstaufenstraße steht noch, nur die Nummer neun, in der wir wohnten, wurde nie wiederaufgebaut, auf dem Grundstück ist nach wie vor ein Gebrauchtwagenhändler –, 1945 kam ein Ami zu ihm und sagte: Herr Chotjewitz, wir besorgen Ihnen eine Wohnung. Bleiben Sie in Berlin, Sie kriegen eine Wohnung, Sie können für uns arbeiten. Die Amis brauchten Maler für ihre Kasernen und ihre Offizierskasinos. Wir haben uns die Wohnung angeguckt, eine schöne, große Wohnung. Und dann tat mein Vater etwas, das mich später verwunderte. Er erkundigte sich, warum die Wohnung leer stand. Es stellte sich heraus, daß sie bis Kriegsende einem Nazi gehört hatte. Die Amis hatten den Nazi rausgeschmissen, die Wohnung beschlagnahmt und wollten sie jetzt Leuten geben, die sie brauchten.

Mein Vater hat die Wohnung abgelehnt. Das muß man sich mal vorstellen. In einer fast völlig zerstörten Stadt lehnt er eine Wohnung ab, weil sie einem Nazi gehört hat. Später habe ich ihn gefragt, was der Grund gewesen war, und er sagte: Wenn in dieser Wohnung ein Nazi gewohnt hat, dann hat die vor '38 einem Juden gehört. Und ich will nicht in einer

Wohnung wohnen, aus der ein Jude vertrieben worden ist. Es ging ihm nicht nur um den Geruch des Nazis, der da vielleicht noch unriechbar drin war, sondern es ging ihm um das vorherige Unrecht.

Oder, anderes Beispiel: Am 1. Mai ging der Blockwart, der bei uns im Haus wohnte, die Treppe rauf und runter und schrie: Raus zum 1. Mai! Am 1. Mai mußten sich alle Männer, in Berlin jedenfalls, frühmorgens vor dem Haus versammeln, marschmäßig formieren, und dann marschierten sie in geschlossener Reihe zum Tempelhofer Flugfeld. Da fand die zentrale Maikundgebung der Nazis statt, am 1. Mai 1933 bekanntlich noch zusammen mit dem Deutschen Gewerkschaftsbund, ein paar Tage später wurden die Gewerkschaften dann ja verboten.

Mein Vater hat es wirklich an jedem 1. Mai geschafft, unter dem Vorwand, er müsse aufs Klo und die Schuhe zubinden, nach ein paar hundert Metern aus diesem Marschzug auszuscheren. Dann trafen wir uns um die Ecke und fuhren an den Wannsee, um auf das Segelboot zu steigen.

Insoweit verbinden sich für mich solche Geschichten – 1. Mai, erster Segeltag – mit der Frage: Wie konnte man als Malermeister, als Kleinbürger mit dem Dritten Reich umgehen und gleichzeitig einen Familienausflug machen? Innere Emigration.

Wenn wir nicht an den Wannsee fuhren, gingen wir in den Tiergarten. Das war die dritte Möglichkeit des Familienausflugs. An schönen Tagen traf sich ganz Berlin zwischen Charlottenburger Tor und Brandenburger Tor und flanierte. Bis '39 erschien mir das, danach habe ich es nicht mehr in Erinnerung, wie eine Parade. Die Frauen, auch die Kleinbürgerfrauen wie meine Mutter, machten sich in einer Weise chic, daß man dachte, man sei in einem Kostümfilm, vielleicht von Visconti: große Hüte, diese leichten, flatterigen Kleider.

Auf den breiten Bürgersteigen entlang dieser Straße, die damals, glaube ich, Unter den Zelten hieß, jetzt heißt sie Straße des 17. Juni, zeigte Berlin der Goldelse seine schönsten Kleider, die Männer hatten ordentliche Anzüge an, gerade die Arbeiter. Auf dem Damm fuhren ja fast keine Autos – und wenn, sahen sie aus wie aus einem Ausstattungsfilm, jedenfalls rückblickend.

Ich erinnere mich an eine Figur – wahrscheinlich gab es viele Figuren –, an einen Fahrradfahrer, der war die eigentliche Attraktion. Auf den wartete ich geradezu. Der Mann fuhr auf einem Kunstrad, mit dem man Sprünge und auf dessen Lenker man Handstand machen konnte. Er war gekleidet wie ein Dandy und schon ziemlich alt, bestimmt schon sechzig. Ungemein sportlich sah er aus. Er trug einen weißen Anzug und weiße Schuhe und eine Kreissäge, also einen runden Strohhut auf dem Kopf, der selbst bei den größten Kunststücken nicht runterfiel. Wahrscheinlich hatte er ihn festgeklebt.

Der machte die merkwürdigsten Sachen auf dem Fahrrad, er war ein echter Varietékünstler. Es hieß, er habe einen Dachschaden. Anders konnten sich die feingemachten Berliner die Kunststücke dieses Fahrradfahrers nicht erklären, der immer zwischen Charlottenburger Tor und Brandenburger Tor hin und her fuhr. Das sind drei, vier Kilometer, also sah man ihn während eines Spaziergangs vielleicht zwei-, dreimal.

Diese Figur hat mich als Kind so fasziniert, daß ich mir sagte: So muß man leben. Man darf nicht so leben wie die anderen, die auf dem Gehweg spazieren und ihre schönen Hüte zeigen, ihre taubenblauen Anzüge. Aus diesem Kostümfest kann man sich herauskatapultieren, indem man noch eine Spur verrückter ist. Ich denke, ein Teil meiner Lebensweise war von dem Wunsch geprägt, noch eine Spur verrückter zu sein als die anderen. Ich denke, das hat eine gewisse Rolle gespielt.

Nun muß ich allerdings auch sagen, einen jungen Mann wie mich hat das Milieu, in dem ich aufgewachsen bin, wahrscheinlich dazu provoziert, mich zu produzieren, andersartig, unangepaßt zu benehmen. Das Kleinbürgertum, das handwerklich-großstädtische, hat nämlich eine ziemliche Muffigkeit, eine Ängstlichkeit, da möchte man nicht weiter auffallen. Es besteht eine große Neigung, sich anzupassen und es selbst dann, wenn man dagegen ist, doch nicht bis zum offenen Widerstand zu treiben.

Als ich Berlin 1943 mit neun Jahren verlassen mußte, habe ich das noch nicht so erlebt. Aber ich muß es bereits gespürt haben. Wenn ich mir Photos angucke von meinen Eltern aus den dreißiger, vierziger Jahren, dann sieht man diese Konformität. 1945 sind wir, meine Eltern, mein kleiner Bruder und ich, in ein Dorf namens Schachten in Nordhessen im Kreis Hofgeismar gekommen, und da war der Anpassungsdruck noch sehr viel größer. Ich habe spätestens 1951, mit siebzehn, durch Kleidung, aber auch durch Interessen, die ich gelebt habe, dieser Umgebung immer wieder gezeigt: Ich bin anders, ich will anders leben.

Diese Vorstufe der Opposition entsteht bei manchen Menschen wahrscheinlich automatisch. Das sind gewissermaßen natürliche Reaktionen, so, wie man sich erbricht, wenn man zuviel gefressen oder zuviel gesoffen hat. In manchen Menschen entsteht ein existentielles Bedürfnis zu zeigen: Nee, ich mache bei euch nicht mit. Ich achte euch, ihr seid mir lieb und wert, aber wie ihr das da macht, das kann ich einfach nicht akzeptieren.

So um 1951 herum, als das bei mir losging, drückte sich das in erster Linie durch Kleidung aus. Ich habe mich ganz bewußt schäbig angezogen, habe mir alte Klamotten erbettelt und von den Bauern alte Gehröcke geholt. Ich bin sogar zeitweise mit einem Zylinder im Dorf rumgelaufen. Dazu: eine andere Art, Musik zu spielen, eine andere Art, Musik zu schätzen und zu hören, oder als einer, der in einem Dorf von fünfhundert Einwohnern lebt, in dem die Leute nicht wissen, ob man Eintritt zahlen muß, wenn man in die Buchhandlung geht, in die Oper zu gehen.

Ich bin mit sechzehn Jahren das erstemal aus eigenem Antrieb nach Kassel gefahren, um in die Oper zu gehen. Meine erste Oper war die *Zauberflöte*, die zweite war *Der fliegende Holländer*, und das machte ich nicht nur aus Interesse an dieser Musik, die ganz anders war als die, die man auf dem Dorf hörte, sondern auch, um zu zeigen: Ich lebe anders. Ich will anders leben. Und das gleiche drückte sich sehr früh durch Lektüre aus.

Ich glaube nicht, daß ich Thomas Mann mit Begeisterung gelesen habe, aber ich bin relativ sicher, daß ich Thomas Mann gelesen habe, weil die anderen, die im Zug saßen und vom Dorf jeden Tag nach Kassel und zurück fuhren, die *Bild*-Zeitung oder ein Heftchen lasen. Da sitzt einer, der ist auch ein Proll, und liest einen Wälzer von Thomas Mann oder Gottfried Keller. Das sind Verhaltensweisen, durch die Dissens geäußert wird.

Seit fünfzehn Jahren lebe ich jetzt in Stuttgart. Fünfzehn Jahre sind es. Davor haben wir in Köln gelebt. Die Kölner sagten: Wie kann man nur nach Stuttgart ziehen? Es hat sich bald gezeigt, daß das kein Vorurteil der Kölner war, sondern daß auch anderswo kein Mensch versteht, wie man in Stuttgart leben kann. Alle fragen mich: Wie kannst du nur in Stuttgart leben?

Auch ihr zwei beiden, meine lieben Töchter, seid ja gleich nach dem Abi abgehauen und kommt nur noch zu Besuch hierher. Die gesamte Stuttgarter Jugend ist heute in Neukölln und Kreuzberg oder in Leipzig aufm Bauwagenplatz.

Ich habe mich in Stuttgart nie schlecht gefühlt, nicht schlechter jedenfalls als in irgendeiner anderen Stadt, als in Frankfurt oder in Köln oder in Kassel, und ich weiß genau, daß ich mich in Berlin nicht besser fühlen würde. Das könnte man für eine Alterserscheinung halten. Aber es ist keine. Ich kenne Stuttgart seit Jahrzehnten.

Irgendwann Mitte der Sechziger zog mein Freund Gunter Rambow hierher, den treffe ich seit fünfzig Jahren gelegentlich, denn er ist ein großartiger Photograph, ein genialer, international gerühmter Plakatkünstler. Ich habe Plakattexte für ihn geschrieben – »Wer Kohl ißt, küßt auch Polizisten« –, lange bei ihm gewohnt, im Frankfurter Westend und auf seinem Bahnhof im Taunus, und zweimal hat er mich an die Kunsthochschule Kassel geholt, in den Fachbereich Verbale Kommunikation, Studiengang Graphik/Design, wo er Professor war, bevor er ans ZKM nach Karlsruhe ging.

Momentan arbeite ich an einem Roman über Güstrow, wo er jetzt lebt, in einem wunderhübschen kleinen Palazzo aus der Renaissance, er heißt »Wallensteins Hofgericht« – direkt am Dom und am Gymnasium, auf dem Uwe Johnson 1953 Abi gemacht hat. Mein Jahrgang. Der Johnson steht jetzt in Bronze in der Ecke zwischen Dom und Brinkmann-Schule. Wenn ich beim Rambow wohne, um zu recherchieren, beleidigt diese Skulptur täglich meine empfindsame Seele, denn ich liebe Johnsons Roman über Güstrow, den Rambow gestaltet hat: *Ingrid Babendererde.*

Was ich sagen will: Leute wie Rambow kennengelernt zu haben, das hat meinem Leben Sinn gegeben.

Nun gut. Noch intensiver wurde die Beziehung zu Stuttgart ab Frühjahr 1966. Da haben mich das erstemal ein paar Leute, die später auch Genossen von mir wurden, eingeladen – zu einer Großveranstaltung in der Killesberghalle anläßlich der Ostermärsche. Ich las eine Textmontage über den Vietnamkrieg.

1966 nahm ja in Deutschland, in Westberlin etwas früher, die Anti-Vietnamkriegsbewegung Gestalt an. Ich hatte meinen Text 1965 geschrieben. Er bestand aus Versatzstücken aus einer großen Zahl von Publikationen über den Vietnamkrieg, Romanen, Zeitungsartikeln und so weiter. Jeder Satz der Montage sollte auf ein Stück Karton gedruckt werden, und all die Schnipsel sollten in einen Kasten getan werden, in den man nicht reingucken konnte. Er sollte nur ein Loch haben, durch das man mit der Hand reingreifen sollte, und dazwischen lagen Stecknadeln. Man konnte die Textschnipsel rausziehen, und wenn man Glück hatte, stach man sich nicht in den Finger. Dieses Buch wollte ich bei Rowohlt machen. Sie haben das Buch nicht gemacht, allerdings nicht aus politischen Gründen, sie meinten, das Buch würde zu teuer. Deshalb ist der Text nur in der *konkret* erschienen.

Ich las den Text bei der Schlußveranstaltung, und zwei Leute, die ich nicht kannte, hatten einen Film gedreht. Der eine hieß Manfred Esser, ein Schriftsteller, der schon seit fünfzehn Jahren tot ist, er wohnte in Stuttgart, kam allerdings aus dem Rheinland, und der andere war jemand, den ich damals als Musiker kennengelernt habe: Wolfgang Kiwus heißt er, lebt noch, ein Computerfachmann, der auch Computerkunst macht.

Die beiden hatten einen Film gedreht, der hieß *Abspann.* Dieser Film zeigt nichts weiter als einen dieser Haufen, die man kennt, von Relikten, von Überresten der Ermordeten eines Konzentrationslagers: Koffer oder Brillen oder Haare oder anderes, also das, was die SS zur Weiterverwertung gesammelt hatte, und einen dieser Berge zeigten Esser und

Kiwus zehn Minuten oder eine Viertelstunde lang als Standbild, das leicht wackelte.

Abspann hieß der Film deshalb, weil über dieses Bild die Namen der Personen und der Firmen liefen, vor allem der Großbetriebe, der Deutschen Bank, der Dresdner Bank, der IG Farben und so weiter, die allesamt an der Ermordung nicht nur der Juden aktiv beteiligt gewesen waren – dazu die Namen der SS-Leute wie der weiterhin in der Bundesrepublik tätigen Leute wie Hanns Martin Schleyer.

Ich weiß noch, daß die Leute total sauer waren wegen dieses Films. Er war in gewisser Weise langweilig, das kann man schon sagen. Aber mich hat er total fasziniert, denn wir suchten damals – ich sage bewußt »wir« –, wir suchten damals nach einer Möglichkeit, einen nicht affirmativen, einen nicht konventionellen, einen künstlerischen Ausdruck zu finden, sei es in der Sprache, sei es in Bildern, sei es in der Performance, einen künstlerischen Ausdruck, der trotzdem das, was passiert war, auf den Punkt brachte.

Unsere Generation wußte, daß wir umgeben waren von den alten Nazis. Die hatten sich zum Teil angepaßt, die hatten sich zum Teil verändert, und die saßen in allen Schlüsselpositionen. Wir wußten, daß wir im tatsächlichen Sinne in einem Nachfolgestaat des Dritten Reiches lebten. Die Bundesrepublik bis zur sogenannten Wiedervereinigung hat sich immer, auch auf höchstrichterlicher Ebene, als der Nachfolgestaat des Deutschen Reiches geriert, als sein Rechtsnachfolger.

Was dabei nie klar gesagt wurde, war, daß die Traditionen des Nazistaates, insofern sie kompatibel waren mit der neuen Weltordnung, in die wir reingekommen waren, weiterlebten und daß sie vor allen Dingen gar nicht weiter Anstoß erregten.

Das heißt, wir haben auf der einen Seite durchaus linke Positionen, wie sie von der SPD längst verraten worden waren, geteilt, auf der anderen Seite wollten wir Künstler sein, die sich auf der von uns imaginierten Höhe der Zeit befanden. Also schreibe ich einen Text, den kein Mensch versteht. Die literarische Montage ist immer eine Technik gewesen, die nicht populär war. Das gilt auch für Filme wie den, den meine späteren Freunde Esser und Kiwus auf dem Killesberg gezeigt haben.

Wie kam es zu der Connection?

1966 wohnte ich in Westberlin. Da rief einer an und fragte: Hätten Sie Lust, nach Stuttgart zu kommen? Ich war davor schon öfter in Stuttgart gewesen, doch mein einziges Erfolgserlebnis war bis dato eine Lesung beim Buchhändler Wendelin Niedlich – er ist heute weit über achtzig. Das war meine erste Lesung außerhalb von Westberlin. Ich kam aus Ulm. In Ulm war ich damals verheiratet. Ich kam also in diese Buchhandlung, und die war rappelvoll! Da waren hundert Leute! Mein Gott! Ich hatte noch nicht ein Buch veröffentlicht, und da saßen hundert Leute und taten so, als sei ich der Star des Abends.

Ich habe 1965 zwei Bücher gemacht, zum einen *Hommage à Frantek – Nachrichten für seine Freunde*, erschienen bei Rowohlt, zum anderen *Ulmer Brettspiele*, das war eine Art längeres Gedicht, erschienen in der berühmten Eremiten-Presse von Victor Otto Stomps in Stierstadt im Taunus. Ich habe aus *Frantek* gelesen bei dem Niedlich, und die Leute standen auf den Stühlen und waren begeistert.

Ich habe dieses Buch in späteren Jahren immer mal wieder gelesen oder jemandem gegeben. Kein Mensch hat in den vergangenen dreißig Jahren zu mir gesagt, das sei aber ein dolles Buch, nur 1965 fanden die Leute das Buch hinreißend, auch die Schwaben.

Nun war ich das ja gewohnt. Ich hatte aus dem Roman schon gelesen, in Berlin zum Beispiel, im Studentenwohnheim Siegmunds Hof, da waren dreihundert Leute, das war meine allererste Lesung, und die waren auch begeistert. Ich weiß nicht, wie es damals möglich war, daß ein Autor, der noch nie was veröffentlicht hatte, dessen Namen niemand kannte, mit einem völlig unlesbaren Text auftrat und auf den Schultern rausgetragen wurde. Ich weiß nicht, was da anders war als heutzutage.

Jedenfalls war das mein Entrée in die literarische Welt, 1965 in Berlin und in Stuttgart und 1966 beim Ostermarsch. Das hat mich irgendwie für Stuttgart eingenommen. Ich könnte mir denken, daß das heute noch wirkt. Für mich waren später Lesungen oder Vorträge in Stuttgart immer wie Heimspiele. Die waren immer gut besucht, und die Leute fanden mich immer gut.

Meine Freundin Gabriele Wohmann sagte mal in der Stuttgarter Uni, als die Leute nach einer Zugabe verlangten: Ihr wollt ja gar nicht mich hören. Ihr wollt den Chotjewitz hören, damit ihr was zu lachen habt.

Das ist für einen Künstler eine ganz wichtige Voraussetzung. Du kannst auf der Bühne nicht gut sein, wenn die Leute einschlafen und ihre Gesichter dir zeigen, daß das langweilige Kacke ist, was du da oben produzierst. Aber wenn die an den richtigen oder auch an den falschen Stellen lachen, bist du automatisch besser.

Ich hatte etliche Gründe, Stuttgart zu mögen. Ich sprach von Manfred Esser. Esser hat einen der besten Romane der siebziger Jahre geschrieben, *Ostend-Roman*, erschienen erst im MÄRZ-Verlag bei Jörg Schröder, später bei Klett-Cotta, einen Roman, den ich nur empfehlen kann. Er spielt in Stuttgart, im sogenannten Ostend, und ist ein gelungener Versuch, dezidiert avantgardistische literarische Formen zu verbinden mit dem Milieu, der Lebensweise und dem Klassenbewußtsein der Arbeiterklasse im Stuttgarter Osten.

Der Stuttgarter Osten ist schon immer das Arbeiterviertel gewesen, und das ist er in gewisser Weise heute noch, wenn's auch die großen Fabriken nicht mehr gibt.

Durch Esser und Kiwus lernte ich das *Waldheim Gaisburg* kennen. Die Waldheime sind eine Stuttgarter Eigenart. Es gibt sicher ein Dutzend. Sie sind Kinder der Arbeiterbewegung des 19. Jahrhunderts. Die in unsäglichen Quartieren lebenden Malocher sollten wenigstens am Wochenende mal raus ins Grüne können, da sollten sie ihre Stullen auspacken und ihren Kaffee kochen, und in den Ferien sollten sie ihre Kinder dahin schicken, damit die mal an die frische Luft kamen.

Die Waldheime waren vor hundert Jahren das, was heute die Fernreise ist, dagegen kann man nichts sagen. Ich verstehe Kollegen wie den Hacks nicht, wenn er den Malochern mißgönnt, wenn sie im Urlaub in den Süden unter die Sonne fahren. Ja, heiliger Bimbam, sollen die sich auch noch im Urlaub einen Schnupfen holen, weil man in Deutschland nie weiß, was vom Himmel kommt?

Eines der bekanntesten ist das *Waldheim Clara Zetkin* in Sillenbuch. Auch die Kommunisten hatten ihr Waldheim, das ist das *Waldheim Gaisburg*, die Sozialdemokraten hatten ihr Waldheim, die kirchlichen Organisationen und andere. Esser und Kiwus verkehrten im *Waldheim Gaisburg*. Es war seltsamerweise über die Nazizeit hinweggerettet worden, indem es privatisiert worden war, und kam nach 1945 wieder in die Hände der Kommunistischen Partei. Dort traf man nach '45 die Genossen wieder, die vor 1933 in Stuttgart die kommunistische Szene geprägt hatten.

Als ich das erstemal dahin kam, 1966, lebte ein großer Teil dieser alten Kader noch. Sie waren meistens Arbeiter, ungemein gebildet und pflegten die Traditionen ihrer Klasse und ihrer Partei. Die meisten waren auch Gewerkschafter, sofern sie gewerblich beschäftigt waren, und die haben die jungen Leute, die da raufkamen, um im Garten zu hocken und ein Bier zu trinken oder Tischtennis zu spielen oder Boccia, belehrt.

Wir haben dort Ende der sechziger, Anfang der siebziger Jahre von diesen alten Kommunisten eine regelrechte Privatschulung in Geschichte der deutschen Arbeiterbewegung bekommen.

Es gab einen großen Saal, den gibt es übrigens heute noch, mit einer schönen großen Bühne. Da haben wir Lesungen veranstaltet, da haben wir Musik gemacht, Wolfgang Dauner, der große Jazzer, hat da gespielt und seine Improvisationen abgezogen. Ich wurde auch bald zu Vorträgen eingeladen. Wenn man vor so einem Publikum spricht, das ja überhaupt nicht das typische Literaturpublikum ist, lernt man anders denken. Du mußt etwas sagen, was diese Leute betrifft, was sie interessiert. Die Verbindung zwischen den Projekten der Künstler oder Literaten und dem, was für diese Leute wichtig ist, diese Verbindung zu suchen, das ist im *Waldheim Gaisburg* gefördert worden.

Ein wichtiger Punkt war aber auch das Kiffen. Das muß man mal deutlich sagen. Es war einer der Gründe, weshalb ich immer wieder nach Stuttgart kam. Da gab es gutes und billiges Dope.

Ich wohnte ab 1967 in Rom, und wann immer ich in Deutschland zu tun hatte, fuhr ich nach Stuttgart, um Dope zu kaufen. In Rom gab es kaum Dope. In Rom war es gefährlich zu dealen, denn die Polizei paßte höllisch auf, und es war saumäßig teuer. In Stuttgart hingegen kriegte man das Zeug ziemlich billig.

Bruno Demattio, der Maler, der als Hippie, wenn auch schon alt, ins Grab fiel, ist mal mit zwanzig Kilo auf einem Parkplatz verhaftet worden. Die hatte er aus der Türkei geholt. Man holte sich ja das Dope, indem man für die ganze Entourage was mitbrachte, kiloweise, meistens aus Istanbul in einem sogenannten Gürtel. Man fuhr nach Istanbul, und da kriegte man einen Gürtel für eintausend Mark.

Ich weiß nicht, wieviel Zeug das war. Der Gürtel wurde um den Bauch geschnallt, ich nehme an, Drogenhunde gab es damals noch nicht, und dann beteiligten sich alle an den Kosten. Einer war geflogen, hatte für zwei oder drei Tage Reisekosten gehabt, dann legten alle zusammen, und dadurch kriegte man das Dope für zwei oder drei Mark, auch für damalige Verhältnisse durchaus gute Preise, und es war ordentliches Zeug.

Ich kam mal, etwa 1969, nach Baden-Baden zum Rundfunk, ich hatte damals viel mit den Rundfunkleuten zu tun. Die saßen so da rum und soffen nicht richtig, und irgendwann sagte ich mir: Mensch, vielleicht saufen die nicht mehr so wie früher, weil die jetzt kiffen.

Also sagte ich zu dem Leiter der Abteilung Hörspiel/Feature, ich will keinen Namen nennen: Leute, jetzt stellt euch mal nicht so an, jetzt packt mal das Dope auf den Tisch. Im ersten Moment waren sie ein bißchen verlegen, aber dann verbrachten wir den Abend wunderbar mit einem Schwarzen Afghanen, der unglaublich törnte, ich glaube, da war Opium drin.

Ich fragte, wo sie das Zeug herkriegten, und so stellte sich heraus, daß gerade ein festangestellter Redakteur mit einem Gürtel aus Istanbul zurückgekommen war. Die dealten also nach derselben Methode wie die im Funkhaus in Köln und im *Club Voltaire* in Stuttgart.

Ich hatte auch einen Dealer in München. Ich entsinne mich einer Fahrt –

wohl '68 – von München zurück nach Rom, und wir hatten drei Tage lang gekifft wie die Bürstenbinder. Ich war vollgekifft wie eine Strandhaubitze und hatte etwa zweihundertfünfzig Gramm dabei, denn ich hatte in Rom, in der Villa Massimo und draußen in der Ewigen Stadt Freunde, die froh waren, wenn ich ihnen ein ordentliches Piece mitbrachte, und ich kriegte meine Reisekosten raus, indem ich es denen für fünf Mark verkaufte, das war spottbillig für Rom.

Gekauft hatte ich es für eine Mark bei einem Freund, bei dem auch Jörg Fauser Stammgast war – mit Fauser habe ich mal Opium in dieser Höhle gedrückt –: zweihundertfünfzig Gramm bestes Haschisch für eine Mark das Gramm. Dieser Freund hatte Beziehungen zur Polizei, wahrscheinlich kauften die Bullen auch bei ihm, und so wußte er, daß er in Kürze mit einer Hausdurchsuchung rechnen mußte.

Ich fuhr also mit dem Nachtzug nach Rom und stank wie ein Wiedehopf. Ich habe das Zeug im Zug ausgedünstet. Ich schlief in irgendeinem Abteil, Schlafwagen, das konnte man sich nicht leisten. Manchmal sah ich einen italienischen Bauern mit seiner Mütze in der Ecke sitzen, auch mal ein älteres Ehepaar, dann schlief ich wieder ein, und wenn ich halluzinierte, kriegte ich die Paranoia, weil ich dachte: An der nächsten Grenze nehmen dich die Zollbeamten fest, weil sie denken, du bist ein 75-Kilo-Paket Haschisch, das man in einen Nadelstreifenanzug gesteckt hat.

Das war ein Aspekt des Lebens. Man brauchte damals Drogen. »Am Morgen einen Joint, der Tag ist dein Freund«, ihr werdet das nicht kennen, »No dope, no hope« und so weiter.

Wie wichtig das Dope war, seht ihr zum Beispiel daran, daß ich später, wenn ich Andreas im Knast in Stammheim besuchte, natürlich unter der Flagge des Anwalts, ansonsten wäre ich nicht reingekommen, Dope mitbrachte. Das war angesagt, aber du konntest keine großen Mengen mitbringen. In Stammheim habe ich es so lange mitgebracht, wie man es verstecken und vor allem übergeben konnte, also bis zur Einführung der Trennscheibe.

Lange Zeit haben die Wachteln nicht verlangt, daß man die Schuhe auszieht. Später mußte man auch die Schuhe ausziehen, doch sie haben nie die Strümpfe inspiziert, sie haben merkwürdigerweise nie danach geguckt, ob du im Strumpf an der Fußsohle was festgeklebt hattest. Sie haben auch nie in die Unterhose und an die Eier gefaßt.

Es gab also Möglichkeiten. Es gab zum Beispiel im Libanon eine Art, Dope zu verpacken: Das waren flache, längliche Plättchen. Das war ein relativ helles Dope, nicht Schwarzer Afghane, der in dickeren Blöcken gehandelt wurde. Es waren diese länglichen, bräunlichen Plättchen, von denen konnte man wunderbar zehn Gramm unter der Fußsohle anbringen. Dann vielleicht noch was in der Unterhose oder so.

Also, nein, das kann man sich heute nicht vorstellen, welche Rolle der Stoff fürs tägliche Leben gespielt hat, deshalb war Stuttgart für mich eine Anlaufstelle.

Meistens wohnte ich bei Isolde und Wolfgang. Ich schlief in einem Zimmer, in dem an der Wand ein mindestens vier mal drei Meter großes Bild von Mao Zedong hing. Nur der Kopf. Gemalt worden war es von einem Künstler, der den Spitznamen Zwiebel hatte.

Zwiebel ist eine Figur der Zeitgeschichte, obwohl man ihn außerhalb Stuttgarts noch nicht mal unter seinem bürgerlichen Namen kennt. Er hat zusammen mit Jürgen Holtfreter das Plakat gestaltet: »Alle reden vom Wetter. Wir nicht.« Auf dem Plakat sind zu sehen: Marx, Engels, Lenin. Das war bekanntlich eine Persiflage auf ein Plakat der Deutschen Bundesbahn, die an der Stelle, an der bei Zwiebel Marx, Engels, Lenin zu sehen sind, einen Zug gezeigt hat.

Das Plakat hat KD Wolff, als er in den späten sechziger Jahren mal in Stuttgart war, mitgenommen und anschließend in Frankfurt verbreitet. Das hing in jeder zweiten WG. In den WGs in den sechziger, siebziger Jahren hingen im wesentlichen, würde ich sagen, maximal ein halbes Dutzend Poster. Da hing Che Guevara, in manchen auch Angela Davis, in vielen natürlich Jimi Hendrix, und es hing immer da: »Alle reden vom Wetter. Wir nicht.« Marx, Engels, Lenin. Frank Zappa aufm Klo war auch noch ziemlich häufig.

Zwiebel hatte diesen riesigen Mao Zedong gemalt, um ihn ans Rathaus zu hängen. Sie hatten das Stuttgarter Rathaus gestürmt, das heißt, sie hatten sich da eingeschlichen. Das Rathaus hat einen Balkon, von dem herab grüßt der Oberbürgermeister immer, wenn der VfB Weltmeister wird oder Porsche einen neuen Porsche präsentiert, und von dem ließen sie das Riesengemälde an Seilen runter, so daß mal zehn Minuten lang das Stuttgarter Rathaus mit einem Großen Vorsitzenden dekoriert war. Man mußte es natürlich wieder abnehmen, und danach hing das Gemälde eben in dem Zimmer, in dem ich immer schlief.

Zwiebel hatte die weltberühmte Warze, die Mao Zedong am Kinn hatte, so was von realistisch gemalt, das war eindrucksvoll. Rotchina war ein ganz klarer Fall, kein Mensch hat damals über die Verbrechen der Roten Garden oder der Viererbande geredet. Das war überhaupt kein Thema. Die Einschätzung war sonnenklar: Langer Marsch, Mao Zedong, Zhou Enlai, das waren die großen Helden.

In Frankfurt lebt immer noch dieser exzellente Künstler Thomas Bayrle, mit dem ich mal ein Büchlein gemacht habe: *Die Trauer im Auge des Ochsen.*

Auch Rambow hat in seinem Kohlkunstverlag Bücher mit Bayrle gemacht. Der hatte ebenfalls einen Mao-Zedong-Kopf gemacht, der aber aus lauter mehr oder weniger dicht im Stil des Siebdrucks gerasterten kleinen Chinesen bestand. Der war sogar mal auf dem *Spiegel*-Titel.

Bayrle war noch einen ästhetischen Schritt weiter gegangen als mein Freund Zwiebel. Er hatte das Bild so gestaltet, daß es eine Art Mobile in Form eines Tafelbildes war. Jeder dieser kleinen Chinesen konnte mit Hilfe einer Mechanik und eines Elektromotors gedreht werden, und es waren mehrere Einstellungen möglich. Man drückte auf den Knopf, und dann drehten sich die kleinen Bilder rum, und dadurch veränderte Mao Zedong sein Gesicht. Ich weiß nicht mehr, ob Mao Zedong in der einen Version ernst geschaut und in der anderen gelächelt hat.

Das war auch so eine Sache, wie ich schon sagte: Es ging einerseits darum, sich zu einer linksradikalen Haltung zu bekennen, in diesem Fall zur permanenten Revolution, wie sie in China, so dachten wir jedenfalls, vorgelebt wurde, oder je nach politischer Organisation anderweitig orientiert – Moskau, Tirana, Havanna, homemade shit. Andererseits verwendeten wir avancierte Mittel der ästhetischen Produktion des Westens. Denn wir hatten nie Zweifel daran, daß es Bereiche gab, in denen der von uns bekämpfte, verabscheute Imperialismus durchaus Weltspitze war und man von ihm lernen konnte und mußte. Das heißt: Ideologisch, marxistisch, lernte man von China, ästhetisch lernte man von den USA und vom imperialistischen Kunstmarkt.

Das wurde nicht als Paradoxie erlebt. Auch auf die Idee, daß es so was wie eine genuin sozialistische Kunst geben könnte, wie sie, teilweise ja nur, in der DDR oder in der Sowjetunion unter dem Schlagwort »Sozialistischer Realismus« praktiziert wurde, wären wir nicht gekommen. Es war uns klar: Die Kunst hat und beansprucht ihre Autonomie. Wenn sie vom kapitalistischen Kunstmarkt gebraucht beziehungsweise mißbraucht wird, ändert das nichts daran, daß es Methoden der künstlerischen Produktion gibt, die weltgültig sind, so, wie es Menschenrechte gibt, die weltgültig sind, wobei wir Menschenrechte anders definiert haben, als es Pfarrer Gauck getan hätte.

Wann immer wir Zeit hatten, hockten wir in der Küche und kifften wie die Weltmeister, normalerweise Dreiblattjoints. 1967, zum fünfzigsten Jahrestag der Oktoberrevolution, haben wir einen Zwölfblattjoint gedreht. Das war so eine Kanone. Allein die Herstellung dauerte eine halbe Stunde, und es waren fünf Gramm drin. Der Zwölfblattjoint war für uns überhaupt kein Widerspruch, mit dem feierten wir ohne Ironie den fünfzigsten Jahrestag der großen sozialistischen Oktoberrevolution.

Wir wußten alles über Stalin, wir wußten, was in der Sowjetunion passiert war. Wir wußten, was nach 1945 unter dem, wie es heute heißt, Stalinismus in anderen Staaten, etwa in der Tschechoslowakei, passiert war – Slánský-Prozeß und so weiter. Es ist nicht so, daß wir uns das erst nach 1989 von den Kerzenhaltern hätten erzählen lassen müssen. Aber wir sagten, das ist einfach so. Wenn man eine Revolution macht, ist das unvermeidlich.

Wir standen positiv zur Oktoberrevolution, und wir begingen den Jahrestag mit einem Zwölfblattjoint, wobei ich relativ sicher bin, daß das nicht im Sinne von Erich Honecker gewesen wäre oder von Suslow in der Sowjetunion. Probleme hatten nur andere mit dieser unserer Linie.

Einmal fuhren wir von Stuttgart aus mit einer Rockgruppe, die Heavy Metal, Hardrock machte, nach München zu einem DKP-Fest. Die DKP hatte sich gerade gegründet. Den alten Genossen in München, den alten Kommunisten, sind die Tränen gekommen, und nach der Hälfte des Konzertes haben sie uns rausgeschmissen. Sie haben diese Musik nicht ausgehalten. Aber für uns war es keine Frage, daß die damals avancierten Möglichkeiten der Rockmusik in keiner Weise im Widerspruch standen zum Klassenkampf und zur Emanzipation – nicht nur der arbeitenden Klassen. Das gehörte untrennbar zusammen.

Kurz, so dachten wir uns das in der kleinen Gruppe, in der ich damals in Stuttgart zu Hause war.

Durch den Esser, der Dramaturg in der Hörspielabteilung des Süddeutschen Rundfunks war, habe ich deren Leiter kennengelernt, Jochen Schale, er ist jetzt hoch in den Achtzig, schwerkrank. Die beiden haben viel zu meinem Wohlergehen beigetragen. Ich habe ein bis zwei Hörspiele im Jahr bei denen untergebracht, das brachte ordentliches Geld. Rom war damals eine billige Stadt, man konnte für die Hälfte des Geldes leben, das man in Deutschland brauchte. Das lag am Wechselkurs. Man kriegte unglaublich viele Lire für die D-Mark. Und ich habe auch ein paarmal Texte von mir selber produziert, Regie geführt, und dann wohnte ich wochenlang hier in Stuttgart.

Zweites Kapitel

Club Voltaire, Tschernobyl, politökonomische Topographie, Exkurs über Stalin, RAF, Eppenberg und andere Werke, der Satz vom Sitzfleisch

Ich hatte noch einen Verehrer in Stuttgart, das war Helmut Heißenbüttel, den ich leider mal so vergrätzt habe, daß der Kontakt abbrach. Ich hatte seinen Roman *D'Alemberts Ende* auf dümmliche Weise rezensiert. Das nahm er mir übel.

Helmut Heißenbüttel hat schon 1965, nachdem *Hommage à Frantek* erschienen war, Partei für mich ergriffen, und als im Frühjahr 1968 bei Rowohlt mein Roman *Die Insel – Erzählungen auf dem Bärenauge* erschien, hat er einen langen, gründlichen Aufsatz geschrieben.

Heißenbüttel hat mich auch in seiner Abteilung Radio-Essay beim SDR beschäftigt. Da gab es ebenfalls gutes Geld. Obwohl, er hatte mich als freiberuflichen Autor schon auf der Liste stehen, bevor mein erstes Buch erschien. 1964, so um den Dreh, hatte ich H.C. Artmann und die Schriftsteller der Wiener Gruppe für mich entdeckt und fuhr nach Wien und recherchierte tagelang die Geschichte der Wiener Gruppe. Inzwischen ist die relativ gut dokumentiert.

Ich habe auch Lebensverhältnisse recherchiert und mich insbesondere dafür interessiert, ob es soziale, politische Bedingungen dafür gab, daß eine so hermetische, singuläre, experimentelle, literarische Gruppe entstehen konnte, denn die Wiener Gruppe war im deutschsprachigen Literaturbetrieb einzigartig in ihrer Kompromißlosigkeit. Es war in der Tat der Fall, daß der weiterwirkende Austrofaschismus, der Antisemitismus und diese Muffigkeit der Wiener Kulturszene einen Teil der Künstler zu ihrer experimentellen Haltung und Lebensweise, man kann fast sagen: getrieben hat.

Dieser Zusammenhang zwischen repressiver sozialer Situation und dem ästhetischen Projekt hat den Heißenbüttel interessiert, und er hat mich eine Stundensendung, meine erste, machen lassen. Ich weiß noch, ich saß in

Westberlin, wie es klingelte und mir der Geldbriefträger eintausendsiebenhundert Mark brachte, so viel Geld hatte ich in meinem ganzen Leben noch nicht gesehen, das war das Honorar für diese Sendung, die von Peter Faecke vom WDR übernommen wurde.

Wenn ich mir die Bedeutung Stuttgarts für mich angucke, dann komme ich an der RAF nicht vorbei. Die RAF saß zum Teil in Stuttgart-Stammheim. Etwa ab dem Herbst 1974 saßen in Stuttgart Andreas Baader, Gudrun Ensslin, Ulrike Meinhof, Jan-Carl Raspe.

Da ich einige RAF-Leute schon vor der Gründung gekannt hatte, wußte ich, daß die in der operativen Phase, etwa ab 1970, gelegentlich in Stuttgart gewesen waren. Ich weiß nicht, ob das daher kam, daß Gudrun aus dem Stuttgarter Raum stammte, und ich habe eher das Gefühl, daß die RAF in Stuttgart zeitweise ein relativ günstiges soziales Umfeld gefunden hatte.

Dieses Milieu habe ich für meinen Roman *Mein Freund Klaus*, der im Verbrecher-Verlag im Herbst 2007 erschienen ist, ein bißchen studiert. Ich kannte schon vieles, was ich dann als Ausgangspunkt der Recherche genommen habe, war jedoch überrascht, wie günstig das Umfeld tatsächlich war. Bekannt ist ja wohl eine Umfrage der westdeutschen Geheimdienste ungefähr aus dem Jahr 1972, derzufolge etwa dreiundzwanzig Prozent der westdeutschen Bevölkerung mit der RAF sympathisierten, nicht speziell mit der RAF, sondern mit der Vorstellung, daß man auch Gewalt anwenden könne, um gesellschaftsverändernde Prozesse in Gang zu setzen.

Manche behaupten, das sei ein von den Diensten getürktes Ergebnis gewesen, um die Gefahr, die für das Kapital und für die herrschenden Klassen von der RAF ausging, zu dramatisieren und die Anti-RAF-Maßnahmen, die im wesentlichen gegen ein großes linkes Umfeld gerichtet waren, das nicht nur RAF-freundlich war, zu legitimieren.

Selbst wenn man das dahingestellt sein läßt, unter dem Strich war es erstaunlich, wie viele Leute in Stuttgart in der Anfangsphase bis, sagen wir, Herbst 1974 durchaus mit Verständnis reagiert haben auf die Frage, ob man nicht auch mit Gewalt versuchen könnte, etwas zu erreichen. Das ging weit ins linksliberale Bürgertum hinein, so daß der Begriff des Salonkommunismus nicht unangemessen wäre.

Ich habe in *Mein Freund Klaus* dargestellt, wie beispielsweise Architekten, Schauspieler und so weiter in einer etwas besseren Wohnlage beisammensitzen, und dann heißt es, die und der soll auch noch kommen, gewissermaßen als Ehrengast – Ulrike oder Andreas. Die Faszination, die von der Gruppe ausging, war in Stuttgart mit Händen zu greifen.

Hier in der Straße wohnte ein Bildhauer, mit dem ich befreundet war, der wegen RAF-Unterstützung Bullentrouble hatte, Anfang der siebziger

Jahre. Er ist in diesem Frühjahr an Krebs gestorben, und ich habe die Trauerrede gehalten. Sein Bruder war, glaube ich, mit Marianne Herzog verlobt. Werner Stoller hieß er. Ich hatte ihn schon 1960 in Kassel an der Kunstakademie kennengelernt, Gewerkschafter wie ich, ich habe viel mit ihm diskutiert.

In dessen Wohnung fanden Feten statt, bei denen sich Stuttgarter Bewunderer und Verehrer mit Leuten von der RAF trafen und stolz darauf waren, Gudrun Ensslin und Ulrike Meinhof zu kennen.

Wer die RAF-Literatur kennt, weiß, daß einige Kommandounternehmungen der RAF in den Jahren '71/72 in Stuttgart ausgeheckt worden sind, und ich habe die Leute gefunden – einen Kunsterzieher und eine Künstlerin, eigentlich unpolitische Leute –, in deren Wohnzimmer die Aktionen für das Jahr 1971 besprochen worden sind.

Es gibt einen schlechtgeschriebenen und doch ganz witzigen Schlüsselroman, einen Kriminalroman, von einem Rechtsanwalt namens Albert Gerhardt, *Der Schrei*, auch schon tot, in dem er die bürgerlich-linksliberale Szene ziemlich ausführlich zum Gegenstand macht – die Geldsammlungen für RAF-Aktionen und so weiter.

Das alles kann man nicht ohne Wissen um die Traditionen in dieser Stadt verstehen. In Stuttgart hat im August 1907 unter Beteiligung von Lenin und anderen ein Sozialistenkongreß stattgefunden, der erste sozialistische Weltfrauenkongreß hat vor dem Ersten Weltkrieg in Stuttgart stattgefunden, in Stuttgart konnte Clara Zetkin Hauslehrerin bei dem Großindustriellen und Kapitalisten Bosch sein, deshalb ja auch das *Waldheim Clara Zetkin*, und nach dem Krieg hatten wir einen Kommunisten namens Eugen Eberle, der bundesweit bekannt war, vierzig Jahre lang im Stadtrat.

Eberle kandidierte 1964 für das Amt des Oberbürgermeisters und erhielt fünfzehn Prozent der Stimmen. Das müßt ihr euch mal vorstellen. Fünfzehn Prozent der Wähler in Stuttgart wären auf dem Höhepunkt des Kalten Krieges bereit gewesen, einen kommunistischen Oberbürgermeister zu ertragen. Das bedeutet nicht, daß die alle Kommunisten waren, aber es bedeutet, daß sie sich als Alternative zu dem Muff der CDU und der SPD auch mal einen Kommunisten vorstellen konnten, weil sie selbstverständlich wußten, der Eugen Eberle, der wird ihnen nicht ihr Häusle pfänden, aber er wird die Stadt sozialer regieren, als das der Arnulf Klett gemacht hat.

Der Klett wohnte auf dem Killesberg und hatte seinen Traum realisiert, mit dem Porsche vom Killesberg kreuzungsfrei bis ins Rathaus zu fahren. Und so sieht die Stadt heute aus. Das Autobahnsystem, das Stuttgart in tausend Stücke zerreißt, ist unter diesem Herrn Klett und seinem Porsche entstanden.

Auch auf Grund dieser Traditionen in Stuttgart gab es in den siebziger Jahren eine gewisse Denk- oder Diskussionsbereitschaft – warum nicht die Option bewaffneter Kampf? Nicht als die Lösung aller Probleme, nicht als das Ereignis, das die Gesellschaft so reformiert oder die Politik so verändert, daß man in diesem Staat wieder leben kann, aber als eine Möglichkeit, überhaupt Prozesse in Gang zu bringen.

Ich erinnere mich an ein Ereignis, das den *Club Voltaire* betrifft. Der Stuttgarter *Club Voltaire* war insofern pittoresk, als er sich in der Leonhardstraße hinter der Leonhardskirche befand, in der Johannes Reuchlin, der berühmte Humanist und Hebraist, begraben liegt.

An der Kirche beginnt ein Abspritzviertel. Stuttgart hatte früher einen großen Nuttenbezirk. Im Grunde war die gesamte Stuttgarter Altstadt ein Bordell. Einer der Gründe, weshalb die Konrad-Adenauer-/Willy-Brandt-/Hauptstätter Straße, eine der Autobahnschneisen, die die Stadt zerreißen, gebaut wurde, war vermutlich der Versuch, die Altstadt von Stuttgart so zu zerstückeln, daß man den Sumpf der Prostitution nicht auf einen Schlag trockenlegen mußte. Man hat die Altstadt erst parzelliert, um sie dann Stück für Stück der bürgerlichen Kapitalverwertung zu überlassen.

Am Hans-im-Glück-Brunnen gibt es noch ein Lokal, das *Café Weiß*, eines meiner Lieblingslokale, das so eingerichtet ist, wie die Freudenhäuser um 1970 aussahen.

Es ist interessant, daß um 1970 herum so viel mehr gezeigt wurde in diesen Etablissements. Wenn man hereinkam, hing über dem Tresen eine große Leinwand, auf der Pornofilme gezeigt wurden. Ich kannte Dutzende solcher Etablissements, die gibt es nicht mehr. Es gibt nur noch den Rest links und rechts der Leonhardstraße.

Genau dort befand sich der *Club Voltaire*, im Parterre und im Keller. Getagt wurde meistens im Keller. Der *Club Voltaire* war nicht nur von Linken gegründet worden, sondern das waren auch linksliberale Bürger, linke Sozialdemokraten wie unser noch lebender, ehemaliger linker Bundestagsabgeordneter mit der Fliege oder wie der Buchhändler Niedlich, Bürger, die vielleicht nicht mal SPD gewählt haben, sondern auch FDPler, Gewerkschafter.

Ich fuhr im Februar 1968 von Rom aus nach Westberlin, da besuchte ich natürlich Gudrun und Andreas, die nicht zum Vietnam-Kongreß gingen, sondern sagten, das Latschen auf Demos, das bringe es nicht, wir müßten zu härteren Maßnahmen greifen. Irgendwie hatten die Stuttgarter mitgekriegt, daß ich in Westberlin war, und sie sagten: Du mußt unbedingt auf dem Rückweg Station machen und erzählen, was auf dem Vietnam-Kongreß abgegangen ist.

Für mich war die zentrale Botschaft die Aufforderung, sich kämpfend auf die Seite der Völker der Dritten Welt zu stellen und auch zu gewaltsamen Mitteln zu greifen. Darüber bestand Einigkeit, daß man neben einer Vielzahl von Mitteln auch zur Gewaltanwendung übergehen müsse.

Ich habe das in Stuttgart so erzählt, kein Mensch hat widersprochen. Es ging dann lediglich darum, wer macht es, wie weit geht man, wen greift man an, mit welchen Mitteln, aber nicht um die Tatsache als solche. Das war sicher ein wesentlicher Faktor, warum die RAF später in Stuttgart zeitweise Quartier genommen hat.

Mein Nachbar, der Bildhauer, ist hopsgegangen, weil eines Tages vor seiner Haustür ein Paket mit Sachen lag, das an Leute von der RAF adressiert war. Das hat der Verfassungsschutz mitgekriegt, wahrscheinlich wurde er längst überwacht wegen seiner Bekannten, und dann wurde er von einer Sicherungsgruppe nach Bonn verschleppt, später nach Karlsruhe zur Bundesanwaltschaft. Er hat, glaube ich, deswegen sogar gesessen, auf jeden Fall kriegte er den Job als Hochschullehrer nicht.

Die erste Verhaftung eines Freundes von mir, Helmut Pohl, hat auch in Stuttgart stattgefunden, als er zusammen mit Andreas ein Auto klauen wollte. Andreas wurde schon gesucht, weil er wegen des Kaufhausbrandes eine Haftstrafe antreten sollte, er konnte abhauen. Helmut ließ sich schnappen und hatte hier seinen Prozeß, sein Anwalt war der berühmte Klaus Croissant, der hier sein Büro hatte, zusammen mit Jörg Lang, der später im Libanon untertauchte und für eine palästinensische Organisation tätig war. Die zwei sollten sich in dieser Zeit wie viele andere unter dem Eindruck der Ereignisse von, sagen wir mal, linksliberalen, tendenziell sozialdemokratischen Bürgern zu echten Genossen entwickeln.

Das sind für mich wichtige Geschichten. Später, ab 1975, als Andreas und andere in Stammheim einsaßen, habe ich ein anwaltliches Mandat gehabt. Ich bin oft dort gewesen, habe Andreas besucht und anschließend die übrigen alten Bekannten getroffen.

Es gab noch eine Sache, weshalb Stuttgart seit den siebziger Jahren eine ziemliche Rolle für mich gespielt hat. Ich habe nach meiner Rückkehr aus Rom 1973 angefangen, mich im Schriftstellerverband, in der Gewerkschaft IG Druck und Papier zu engagieren. Ab 1975 war ich acht Jahre lang Mitglied des Bundesvorstandes, erst mit Carl Amery, den ich sehr mochte, dann mit Bernt Engelmann, und so haben wir vom Schriftstellerverband unsere Bundesvorstandstagungen mehrfach im Jahr in Stuttgart veranstaltet.

Ein Teil der Arbeit und der Illusionen, die sich bei mir mit dem Schriftstellerverband verbanden, sind in Stuttgart fokussiert, auch negative Erfahrungen, auf die könnte man vielleicht noch mal zurückkommen.

Zwei weitere Merkwürdigkeiten haben mit Stuttgart zu tun. Die eine kann ich nur anreißen, weil ich darüber fast nichts weiß. Mein Vater behauptete immer, seine Vorfahren seien im ausgehenden Mittelalter aus Württemberg kommend nach Litauen, genauer gesagt: nach Vilnius eingewandert. Er behauptete allen Ernstes, wir hätten Wurzeln in Stuttgart. Das würde erklären, warum ich damit zufrieden bin, in Stuttgart zu leben.

Und das andere: Eines Tages, 1986, kam ich mit Cordula vom Lago di Bolsena zurück. Maremma heißt die Gegend, das muß jahrhundertelang eine malariaverseuchte, vipernübersäte Gegend gewesen sein. Wer nach Rom wollte, mußte durch die Maremma. Das muß grauenhaft gewesen sein, deshalb gibt es so viele Schilderungen über diese Gegend. Wir wohnten da einige Monate, sie malte, ich schrieb ein Hörspiel, *Bevor der Doktor kommt*, für den SDR, ein ziemlich ödes, muß ich zugeben, übersetzte ein Stück von Fo, in einem alten Haus, das an ein etruskisches Höhlensystem grenzte.

Über den Ort könnte ich euch viel erzählen. Wir soffen in der *Bar della Marina* mit den Fischern, hörten den Fröschen auf der Zisterne zu, und einmal hatten wir einen kleinen Strafprozeß in Montefiascone, wo man uns beschuldigte, Terroristen zu sein. Hat mir gefallen, dieses Bolsena, in dem der Name des etruskischen Stammes der Volsinii steckt, vor allem das Blutwunder, das ich in *Machiavellis letzter Brief* verwurstet habe.

Wir kamen also aus der Gegend von Orvieto, dem Zentrum der etruskischen Kultur, und fuhren bis nach Florenz, da übernachteten wir bei meinem Freund Joachim Burmeister in seiner Villa, und dann sind wir von Florenz nach Stuttgart gefahren, obwohl wir damals schon in Köln lebten.

Warum ich über Stuttgart gefahren bin, weiß ich nicht mehr. Es war mal wieder 1. Mai. Vielleicht war das der Grund. Und selbstverständlich ging ich mit den Genossen ins *Waldheim Gaisburg*. Es war ein wunderschöner Tag, strahlendblauer Himmel. Man konnte draußen sitzen und Bier trinken in großen Mengen.

Der 1. Mai ist ja in Deutschland dafür berühmt, daß er die erste große Fehlentscheidung der deutschen Arbeiterbewegung war. Denn was passiert am 1. Mai in neunundneunzig Prozent der Fälle? Es schifft! Und es ist saukalt! Entweder haben die Wettergötter gesagt: Denen vermasseln wir ihren Kampftag, oder die Arbeiterbewegungsführer waren schon vor über hundert Jahren so blöd, ausgerechnet an einem immer verregneten Tag die armen Arbeiter ins Freie zu schicken.

Diesmal aber schien die Sonne, und wir saßen im Biergarten. Das *Waldheim Gaisburg* liegt an einem Hang, von dem aus man den gesamten Stuttgarter Kessel und die Hänge auf der gegenüberliegenden Seite überblicken kann. Es ist eine der schönsten Aussichten überhaupt.

Nun gut, da saßen wir und gaben uns die Kante und waren gutgelaunt. Und was mußten wir am nächsten Tag in der Zeitung lesen? An diesem Tag, ausgerechnet an diesem Tag, regnete die radioaktive Wolke von Tschernobyl unsichtbar über Stuttgart ab. Versteht ihr, ich bin das erstemal in meinem Leben richtig schön vollgeladen worden mit radioaktivem Fallout. Es sind solche Erinnerungen, die mich mit Stuttgart verbinden, und die müssen mich befruchtet haben.

Ich habe in Stuttgart so viel geschrieben wie noch nie in meinem Leben. Das ging recht bald, nachdem ich hergezogen war, los. Ich zog 1995 hierher, und 1997 erfaßte mich eine zehn Jahre lang anhaltende Arbeitsfreude, die ich davor, zum Beispiel die zehn Jahre in Köln, überhaupt nicht verspürt hatte, auch nicht, als ich davor fast zehn Jahre in der Vorderrhön gewohnt hatte. So viel wie in Stuttgart habe ich in keiner anderen Stadt geschrieben. Das ging etwa bis 2007 so, und danach habe ich trotz Krebs und Wehwehchen noch Texte geschrieben, die jetzt in dieser vierbändigen Ausgabe im Verbrecher-Verlag unter dem Titel *Fast letzte Erzählungen* versammelt sind.

Ich habe 1999 den Roman *Das Wespennest* veröffentlicht. Den habe ich hier geschrieben, im selben Jahr ein Buch über Rom, *Spaziergänge auf der Antike*, im Jahr 2001 den Roman *Als würdet ihr leben*, im Jahr 2002 eine Mischung aus Sachbuch und Erzählung mit dem Titel *Hypatia* – über eine spätantike Philosophin, die in Alexandria im Jahre 415 von Christen gelyncht worden ist, also nicht von Islamisten.

Ich habe hier große Teile des Romans über Machiavelli geschrieben, *Machiavellis letzter Brief*, große Teile des Buches über Leonardo da Vinci und dann eben auch *Mein Freund Klaus*. Das ist viel – und dazu noch andere Texte, publizistische vor allen Dingen.

Dazu muß ich allerdings sagen: Ohne meine Verleger wäre das nicht gegangen. Sabine Groenewold, Rotbuch-Verlag und Europäische Verlagsanstalt, zum Beispiel, die war zwar knickrig, hat aber ab 1999 vier sehr schöne Bücher von mir gemacht, dann Vito von Eichborn, der noch dazu finanziell großzügig war, und jetzt halt die Verbrecher, die liebe ich, Jörg Sundermeier und Werner Labisch, die haben zwar kein Geld und können nicht viel für meine Bücher machen, aber dafür verlegen sie Sachen, die kein anderer Verlag publizieren würde, und es ist ja auch gut fürs Renommee, in einem Verlag zu publizieren, der sich Verbrecher-Verlag nennt, weil keiner was dran verdient, auch die beiden Verleger nicht.

Die zweite Sache, die ich positiv interpretiere, obwohl man auch sagen kann, daß sie negativ ist, ist das Alter. Als ich nach Stuttgart kam, war ich einundsechzig, da beginnt man so langsam, alt zu werden, wobei das Alter nicht nur ein körperlicher Prozeß ist, sondern auch eine Sache, die sich im Kopf entwickelt. Du merkst im Kopf, daß du dich veränderst, weil sich inzwischen sechzig Jahre lang Informationen in diesem Kopf breitgemacht haben, die so etwas wie eine Bilanz verlangen.

Nicht, daß ich das gesucht hätte, das ergibt sich zwangsläufig. Da ist eine Stadt, die so gut wie keine Ablenkungen bietet, gar nicht mal so schlecht. Es hätte an anderen Orten stattfinden können, aber nun hocke ich zufälligerweise hier auf dem Berg, dem Kräherwald. Es ist gar kein Berg, es ist ein Höhenzug, der die Stadtteile im Norden, Feuerbach und Zuffenhausen zum Beispiel, von der Innenstadt trennt, die man den Talkessel nennt.

Feuerbach und Zuffenhausen sind Industrieviertel. Zuffenhausen ist Porsche, Feuerbach Bosch und auch heute noch ein überwiegend von Proletariern bewohntes Stadtviertel, ähnlich wie Zuffenhausen. Ich sitze hier auf einem Berg und blicke auf zwei Strukturen der Kapitalverwertung und der Akkumulation. Auf der einen Seite liegt der Dienstleistungssektor, in dem das Geld ausgegeben wird, damit es noch mehr wird, indem das Produkt verkauft wird. Nur dadurch, daß man einen Porsche herstellen läßt, hat man als Kapitalist noch kein Geld verdient. Auf der anderen Seite wird Mehrwert geschaffen.

Es ist für mich diese Wohnsituation, die sich zufällig ergeben hat, wie eine Metapher dafür, daß man als linker Intellektueller im Grunde immer auf zwei Zonen hinabblickt. Auf der Innenstadtseite findet dann auch die Kultur statt, da ist das Staatstheater, da ist die Oper, da ist die Bibliothek und so weiter, da sind die Restaurants. In Feuerbach kann man nicht gut essen, auf der Innenstadtseite kann man gut essen. Und oben hockt der Intellektuelle, und wer ist sein Nachbar, da drüben, schräg über die Straße? Einer der zweihundertfünfzig reichsten deutschen Menschen, nämlich der Herr Werner, dem die Drogeriekette dm gehört.

Auf diesem Höhenzug, insbesondere da drüben beim Bismarckturm, sind auf jedem Grundstück von dreitausend Quadratmetern wahrscheinlich Vermögen von fünfhundert Millionen aufwärts konzentriert. Ein Teil des ganz großen Geldes ist hier mein unmittelbares Umfeld.

Das heißt, der linke Intellektuelle wohnt da, wo er einerseits hingehört, nämlich bei der Bourgeoisie, die die Kultur braucht, um sich einigermaßen wohl zu fühlen, und deshalb auch die Intellektuellen akzeptiert. Die liest vielleicht sogar Hermann L. Gremliza – und wenn es nur zum Amüsement ist –, denn was die bürgerlichen Schreiber schreiben, ist langweilig, also

manns Idol Robert Havemann im Osten, der sich, was Stalin betrifft, in die Tasche log und dann als Antistalinist feiern ließ.

Das heißt: Stalin hatte ich immer auf der Latte, aber ich hatte mich auch am OSI nie so ausführlich mit ihm beschäftigt. Das fing komischerweise erst an, nachdem ich nach Stuttgart gezogen war. Da begann ich aus heiterem Himmel, über Stalin alles zu lesen, was ich kriegen konnte, angefangen bei Isaac Deutscher, den beiden Büchern von Trotzki und so fort.

Ich weiß bis heute nicht, ob das damit etwas zu tun hat, daß ich alt geworden bin und hier oben auf dem Berg hocke und die gesellschaftlichen Verhältnisse stoisch überblicke, oder damit, daß ich inzwischen eine andere Beziehung zu Stalin habe als die meisten Linken. Als ich vor ein paar Monaten in Dortmund in einem Zirkel von ehemaligen KPD/MLern saß, also von Leuten, die Stalin vor vierzig Jahren vergöttert haben und die fragten: Womit beschäftigst du dich denn?, und ich dann sagte: Ich sitze immer noch an der Idee, ein Buch über Stalin zu schreiben, da fielen die fast in Ohnmacht. Da haben diese alten KPD/MLer mir erst mal klargemacht, was für ein entsetzlicher Verbrecher Stalin gewesen sei und wie sehr er der Idee der sozialen Revolution im 20. Jahrhundert geschadet habe und daß sowieso die ganze Scheiße, die wir nach 1989 erlebt haben, nur wegen der Fehler von Stalin zu erklären sei. Ohne Stalin wäre das mit dem Sozialismus ganz prima gelaufen. Der Stalin habe so viel falsch gemacht, daß keine dumme Sau mehr Sozialismus wollte.

Das, könnte man vereinfacht sagen, ist das heutige Verhältnis auch der meisten Linken zu Stalin. Und je schlimmer sie Stalin darstellen, desto unsäglicher wird unsere Lage und desto weniger Chancen haben wir, aus der Scheiße rauszukommen.

Ich sehe das etwas anders. Das wenigste, was ich inzwischen sagen kann, ist, daß die Geschichte differenzierter betrachtet werden muß, als sie in irgendeiner Schrift über Stalin dargestellt wird. Falsch ist insbesondere, Stalin für alles haftbar zu machen, was schiefgelaufen ist. Wenn ihr die Vorgeschichte in Georgien lest, fällt auf, daß er viel früher, als man gemeinhin annimmt, als Revolutionär tätig war, als Lenin-Apologet und von Lenin hochgeschätzter kaukasischer Statthalter.

Stalin hat in den entscheidenden Fragen immer gemacht, was Lenin wollte, auch noch nach der Oktoberrevolution. Stalins revolutionäre Arbeit setzt sehr früh ein, immerhin zwanzig Jahre vor der Revolution. Es ist detailliert nachzulesen, wer er war und wie er gewirkt hat und daß er nicht nur durch Gewalt oder durch Lügerei oder durch Täuschung eine führende Rolle einnehmen konnte, sondern weil er eben auch eine exorbitante Persönlichkeit war.

Stalin war auch hochintellektuell, er war ein relativ guter Dichter, ein Rhetoriker und ein Mensch, der Menschen mitreißen konnte unter den Bedingungen des zaristischen Geheimdienstes Ochrana und der zaristischen Schreckensherrschaft, wie sie spätestens nach der Revolution 1905 eingeführt wurde, und er war ein Mann, den die Frauen geliebt haben und der die Frauen geliebt hat.

Ich habe nicht gezählt, wie vielen bolschewistischen Genossinnen er im südlichen Kaukasus damals Kinder machen konnte. Die sind doch nicht alle mit einem Gorilla ins Bett gegangen. Nein, sie haben ihn geliebt. Und das gleiche gilt für die Männer, die ihm gefolgt sind – eine charismatische Persönlichkeit, die nicht viel zu tun brauchte, damit die Leute ihm folgten. Er hat die Leute auch dadurch überzeugt, daß er ihnen hohe Literatur zu lesen gab oder vorlas und zu den Leuten nicht bloß sagte: Hier hast du eine Knarre. Sondern er sagte: Lies mal das und das.

Wenn man sich diese Vorgeschichte anschaut, frage ich mich, warum sollte dieser Mann ab 1917 oder spätestens ab 1924, als er Generalsekretär wurde, warum sollte der nur noch mit geheimdienstlichen, polizeilichen, mörderischen Mitteln die Macht ergreifen, die Macht erhalten, wenn er es vorher zwanzig Jahre lang mit Leichtigkeit geschafft hatte, eine der führenden Persönlichkeiten zu sein. Warum sollte er das?

War er wirklich nur dieser dumme Teppichbeißer, als der er immer dargestellt wird, der mit roter Schrift unterschreibt: Sofort erschießen!? Das sind meine Fragen. Ich will die Geschichte nicht leugnen oder anders interpretieren, aber ich habe noch ein paar Fragen, auch zu Stalin, und das würde ich ebenfalls als eine Konsequenz des Lebens hier auf dem Berg zwischen den beiden Stuttgarter Gesichtern ansehen.

Das zweite Beispiel – damit hatte ich noch weniger gerechnet –: Ich habe in Stuttgart angefangen – und das mache ich jetzt mit einer gewissen Ausdauer –, die alten Genossen von der RAF wieder zu besuchen. Ich habe inzwischen Freundschaften mit etwa einem knappen Dutzend Leuten, die ihre fünfundzwanzig Jahre im Knast saßen wegen Buback, Schleyer oder was auch immer. Mit denen treffe ich mich manchmal, mit denen kann ich diskutieren, mit denen vertrage ich mich gut.

Das hat mich verblüfft, denn ich hatte nach der Ermordung meiner Freunde 1977 in Stammheim mit dem Kapitel RAF abgeschlossen. Ich habe ein RAF-Archiv, das ergibt sich zwangsläufig, wenn du als Rechtsanwalt tätig bist, da bekommst du eine Menge Papierkram, daneben habe ich etliches, was erschienen ist, gesammelt, klar, aber es war so, daß ich das alles wie ein Archivar aufgehoben habe, ohne daß ich damit was zu tun haben wollte.

Ich denke, es hätte mich zu stark belastet, wenn ich mich damit auseinandergesetzt hätte. Ich hätte mich 1977 ja gleich hinsetzen und den Roman schreiben können. Ich habe einen geschrieben, *Die Herren des Morgengrauens*, aber in dem habe ich mich auf einer Metaebene auf mich bezogen und distanziert mit der Verfolgung der RAF, mit der Erledigung der RAF auseinandergesetzt.

Ich habe immer gesagt, auch Cordula hat immer gesagt: Mensch, du bist so dick befreundet gewesen mit dem Andreas, du erzählst so viel über den, warum schreibst du nicht mal eine Biographie über ihn? Ich habe es nie gemacht. Ich habe irgendwann gesagt, das traue ich mir nicht zu, dieses ganze Kapitel hat mich zu sehr belastet. Es hat mich unglaublich – auch psychisch – mitgenommen.

Und plötzlich, Ende der neunziger Jahre, war ich in der Lage, mich wieder diesen Genossen zuzuwenden, mich wieder mit ihnen zu treffen, auch um festzustellen, wer sie überhaupt sind. Wir haben ja alle ein medienvermitteltes Bild im Kopf. Wir haben ein medienvermitteltes Bild von Christian Klar, wir haben eins von Eva Haule, von allen Leuten haben wir Bilder, aber wir wissen nicht, wer sie sind. Und sie reden mit den meisten Leuten nicht, womit sie auch recht haben.

Ich war ziemlich überrascht, als ich in der zweiten Hälfte der neunziger Jahre zufällig mit zwei, drei Leuten in Kontakt kam, ich glaube, es war anläßlich der Teilnahme an einer Podiumsdiskussion. Die kamen hinterher zu mir, wir saßen in einer Kneipe, und ich stellte fest: Mit mir reden die ja. Ich weiß definitiv: Die reden mit niemandem, aber mit mir reden sie. Ich weiß allerdings auch: Wenn ich mit jemandem über sie reden würde, würden sie mit mir nicht mehr reden. Sie reden mit mir, weil sie wissen, daß ich davon keinen Gebrauch mache. Es gibt ein, zwei Fälle, in denen Genossen aus der RAF zu mir gesagt haben: Damit das ganz klar ist, Pit, wir unterhalten uns jetzt über bestimmte Dinge, aber sollte ich jemals über das, was wir hier besprechen, irgendwo ein Wort lesen, dann ist es aus zwischen uns, dann reden wir nie wieder über so ein Thema. Daran habe ich mich in den vergangenen Jahren auch immer gehalten.

Das mag untypisch sein für einen Schriftsteller. Autoren müssen immer alles rumerzählen, die interessieren sich nur für Dinge, die sie literarisch verwursten können. Andererseits, was bringt es, wenn ich jetzt sage: Die zierliche Frau, die Buback erschoß, war der bullige Sowieso, und der handelte im Auftrag des Mossad, weil Buback vor 1945 nicht ganz sauber geblieben war als Polizeiausbilder, und der Schleyer erhielt seine verdiente Strafe von einem böhmischen Schneidergesellen, der den Verdacht hatte, der Schleyer sei in Prag nicht ganz unschuldig am Tod seiner Eltern gewesen?

Wissen könnte ich solche Sachen sowieso nicht, denn bestimmte Dinge müssen tabu bleiben. Bestimmte Informationen gehen nur die Genossen was an, die dabei waren.

Es sind ja fast alles Leute der sogenannten zweiten Generation, die ich in meiner Jugend nicht kannte, mit denen ich jetzt zuweilen zusammenkomme. Ich kannte eigentlich nur die Leute, die ab 1970 dabei waren. Von denen, die erst '77 angefangen haben oder noch später, kannte ich nur eine einzige Person persönlich, und die sitzt noch. Das war die einzige, zu der ich Kontakt hatte, relativ guten Kontakt.

Ich könnte jetzt ohne weiteres noch mal zwei Stunden lang zu erklären versuchen, warum ich in Stuttgart lebe und daß es nicht auf Stuttgart ankommt, sondern daß es darauf ankommt zu klären, was einem ein Ort bedeutet. Wir tun immer so, als käme es auf Locations an wie die besten Kinos oder Frühstückskneipen bis nachmittags um fünf, die schärfste Szene, die besten Jazzlokale und so fort. Aber es ist sehr viel wichtiger, ob ein Ort eine Möglichkeit sein kann, da nicht bloß zu leben, hedonistisch zu vegetieren.

Ich jedenfalls bin nirgends zu Hause. Aber ich kann an einem Ort bleiben, wenn ich die Möglichkeit habe, Dinge zu erleben, die für mich eine Bedeutung haben, und mich zu entwickeln. Das ist es. Und das ist auch der Punkt, weshalb ich oft umgezogen bin. Es tritt logischerweise an jedem Ort ein Ermüdungseffekt ein.

Ich war eigentlich immer seßhaft, obwohl ich ständig umgezogen bin. Aber richtig umgezogen bin ich nur etwa zwölfmal, fast immer innerhalb Deutschlands. Da kommt man auf eine durchschnittliche Verweildauer von ungefähr sechseinhalb Jahren. Daran gemessen bin ich in Stuttgart extrem seßhaft. Fünfzehn Jahre habe ich noch nie an einem Ort gewohnt.

Ich habe diese Seßhaftigkeit in Stuttgart aus mehreren Gründen ausgehalten. Erstens hatte ich bis voriges Jahr in der Eifel, im Landkreis Cochem-Zell, ein altes Bauernhaus. Das habe ich 1992 für einen Apfel und ein Ei gekauft, als wir noch in Köln wohnten, und es mir im Eigenbau hergerichtet. In sämtlichen Ferien bin ich mit euch in die Eifel gefahren. Cordula ist nicht immer mitgefahren, die blieb oft hier, weil sie hier ihr Atelier hat, deshalb ist sie nur zeitweise mit in die Eifel gefahren.

Man fuhr zu diesem Haus von Stuttgart aus etwa drei Stunden mit dem Auto. Als wir anfingen zu fahren, 1995, warst du, Lea, fünf Jahre alt und gingst noch in den Kindergarten, du, Uta, warst acht. Kinder in diesem Alter brauchen unglaublich viel Zeug. Wir hatten in der Eifel alles, was man brauchte: Kochtöpfe, Handtücher, Heizung, Holz, alles, Garten, aufblasbares Schwimmbecken. Wir hatten dort sogar Bekannte, die sechzig Pferde hatten, so daß ihr fast für umsonst reiten konntet. Ihr wart den ganzen Tag draußen und habt an den Bächen gespielt, im Winter Schneehöhlen gebaut, im Sommer im Maar mit den anderen Kindern aus dem Dorf gebadet. Ich war der Bademeister.

Man fährt, auch wenn man einen voll ausgestatteten Wohnsitz hat, mit vielen Kleidungsstücken los, Spielsachen, Bilderbüchern, man muß die Fahrräder mitschleppen. Dann hattet ihr Kaninchen. Wir hatten immer einen Stall dabei, in dem drei Kaninchen saßen. Dazu die Koffer, Inliner, Skateboards und was es alles gibt im Leben eines Kindes. Dieses Auto packte ich vier-, fünf-, sechsmal im Jahr, fuhr in die Eifel und lud es wieder aus, um mit euch die Zeit dort zu verbringen, zu meinem eigenen, großen Vergnügen, und ich habe keinen Tag bereut.

Ich hatte da ein sehr schönes Arbeitszimmer unterm Dach mit einem dreißig Kilometer weiten Blick bis zur Hohen Acht und zur Nürburg. Unendliche Weiten des Weltalls, kannst du wohl sagen, und ich habe dort wunderbar gearbeitet. Die Bücher, von denen ich erzählt habe, daß sie ein Produkt meiner vergangenen fünfzehn Stuttgarter Jahre seien, sind zu etwa dreißig Prozent ein Produkt dieser Eifelzeit, denn ich bin auch außerhalb der Ferien oft ein, zwei Monate alleine in die Eifel gefahren und habe hundert Seiten in die Maschine gehackt, da hatte ich meine Ruhe.

In diesem Dorf gab es noch nicht mal einen Lebensmittelladen, es gab keine Kneipe, da gab es absolut nichts, und um Mitternacht wurden die Straßenlaternen ausgeschaltet. Es gab nur einen Zigarettenautomaten, eine Menge Windräder und ein paar nette Nachbarn.

Hanno war früher Bibliothekar gewesen und der Hein Kleinbauer, Arbeiter, Unterhaltungsmusiker. Der sah aus wie Bukowski, mit dem habe ich manches Bier getrunken und wohl tausend Stunden diskutiert über die Welt. Und dann sitzt du da und hast diesen unendlichen Sternenhimmel über dir, als unentrinnbares Sittengesetz. Ab der zweiten Junihälfte könntest du die ganze Nacht gucken und würdest den Lichtstreifen sehen, der langsam von Westen nach Osten am Horizont entlangwandert.

Nicht nur am Polarkreis geht die Sonne nicht unter, auch in der Eifel, und dazu all die anderen Sterne. Ich erinnere mich an einen Tag, an dem war der Mars so rot, wie es sich gehört, und so groß, daß ich sagte: So groß und so rot habe ich den Mars noch nie gesehen. Allein dieses Glotzen, dieses gedankenlose In-die-Landschaft-Hineinglotzen, egal, ob da nun Wolken sind und ob die Wolken stehen oder schnell sind, ob sie hoch oder tief fliegen, ob sich der Regen in die Wälder frißt, und dazu ist ganz leise nur das Geräusch der Autobahn Koblenz–Trier zu hören.

Die verlief in etwa zwei Kilometer Luftlinie Entfernung, dazwischen lag ein Höhenrücken, so daß die Geräusche nicht lästig waren, du hast die ganze Nacht hindurch eigentlich nur so ein Schschschschschsch gehört, das du kaum noch wahrgenommen hast. Am Tag war das natürlich anders. Da fahren draußen die riesigen Holzlaster vorbei, groß wie die Häuser und breit wie die Straße, und dazu noch die Tiefflieger.

In zehn Kilometern Entfernung war der Fliegerhorst Büchel. Von und nach Büchel flogen jeden Tag mehrmals zwei, drei Tiefflieger, immer dann, wenn die Frau des Kommodore zum Friseur wollte oder wenn Jever aus Friesland geholt werden mußte. War ja auch noch Krieg.

Das Dorf heißt übrigens Eppenberg.

Das hat mich auch aus historischen Gründen fasziniert. Die etymologische Herleitung könnte »Berg der Pferde« sein. Tatsächlich hat man Reste eines römischen Gutshofs gefunden, und es könnte sein, daß der Name eine Verballhornung eines römischen Gestüts ist. Man hat auch Reste einer römischen Wasserleitung gefunden, die Eifel ist ja altes Römerland – erst Keltenland, Treverer vor allem, die Trierer sind die Treverer, und später eben die Römer, eine uralte Kulturlandschaft.

Das Neuwieder Becken ist schon zur Zeit des Australopithecus besiedelt gewesen, das sollte man nicht glauben.

Ich habe immer behauptet: Man spürt, ob man an einem Ort ist, der Tradition hat, oder an einem, der erst vor fünfzig Jahren entdeckt wurde – wie, sagen wir mal, Salzgitter, durch Hermann Göring.

Wie spürt man das?

Ich weiß es nicht, aber ich glaube, bei mir spielte eine Rolle, daß ich ziemlich rasch merke, in was für eine alte Kulturlandschaft ich mich begebe, wenn ich irgendwo hinkomme, und in der Eifel war das ebenso.

Die berühmte Burg Eltz, die Victor Hugo gezeichnet hat, ist gleich neben Eppenberg. Sie ist das Vorbild für sämtliche Burgen, die am Rhein stehen – und nicht nur dort. In ganz Deutschland hat man die Burg der Romantiker, die Burg Eltz, nachgebaut.

Interessant ist zudem, wie man in einem Dorf mit zweihundert Einwohnern und ohne Kneipe permanent mit der großen Politik verbunden bleibt – wenn man es merken will. In Eppenberg hat das keiner gemerkt, und keiner von denen, die später zugezogen sind, hat das gemerkt. Es gibt eine Landstraße durch das Gebiet entlang der Eltz, die haben die Nazis gebaut. Es gibt auch eine Eisenbahnlinie, die eine Rolle gespielt hat, denn vor dem Westerwald, also rechtsrheinisch, blieben die deutschen Truppen 1940 stehen und warteten darauf, daß sie endlich Frankreich überfallen konnten. Mein Vater war dabei.

In der Zwischenzeit bauten sie entlang der Eltz eine autobahnähnliche Straße für den Vormarsch nach Frankreich. Die Gegend ist zentrales Aufmarschgebiet des Blitzkrieges gewesen. Die Leute in den Dörfern haben damals ihr Geld damit verdient, daß sie im Straßenbau tätig waren, im Kommunikationswesen, im Bunkerbau, und sie wußten nicht, daß sie den ganz großen Krieg mit vorbereiteten. Es war das erstemal, daß sie ein bißchen Geld verdient haben. Zum erstenmal konnten sie ihre Hütten anstreichen.

Auch nach dem Krieg gab es wieder große Politik. Die Gegend ist voller Militärflugplätze gewesen. Aus der Eifel heraus sollte der atomare Gegenschlag erfolgen, wenn der Russe mal durchbrechen würde. Das Kaff Büchel war eines der zentralen Atomwaffendepots im Westdeutschen. Da lagerten bis vor wenigen Jahren, die Bunker kann man noch sehen, die taktischen Atomwaffen der NATO.

In der Gegend von Büchel ist ein Gebiet halb so groß wie ein Dorf tagelang nicht betretbar gewesen, weil ein Atomtransporter in den Straßengraben gefallen war. Daraufhin mußte man erst gucken, ob eine Atombombe ausgelaufen war. Das war Büchel. Da wurden eben nicht nur Jagdbomber gewartet, sondern da lagen auch die Atombomben für den Dritten Weltkrieg. Und fünfzig Prozent der Bevölkerung in meinem Dorf haben in Büchel gearbeitet.

Mein Nachbar, der sechs Jahre älter ist als ich, der schon erwähnte Hein, war Fahrer eines Benzinlastzuges. Der hat in den letzten Jahren das Benzin von einer Pumpe zur nächsten gefahren, um die Flugzeuge zu betanken. Der andere Nachbar, mit dem ich befreundet war, war Mechaniker für diese speziellen Flugzeuge, diese schnellen, kleinen Dinger, die zweimal am Tag mit unglaublichem Krach über mein Haus hinwegdonnerten und die Dachziegel abhoben, versteht ihr? Rrrrrommmmmm …

Das hörst du kaum, da sind die schon da, und als das erstemal diese Flieger über uns hinwegdonnerten, guckten wir das Haus gerade an. Du, Uta, warst damals zwei Jahre alt. Du hörst dieses Geräusch und schmeißt dich der Länge nach hin auf das Hofpflaster, pffffft! lagst du flach.

Ich fragte mich, woher du wußtest, daß man sich bei einem Tieffliegerangriff lang hinlegen muß, nicht erst weglaufen. Und ich erinnerte mich, daß ich das gleiche Anfang 1945 in Prenzlau in der Uckermark gemacht hatte, wo wir damals lebten, meine Mutter, mein kleiner Bruder und ich. Die Rote Armee stand so nah vor Prenzlau, daß sie tagsüber mit Tieffliegern die Hauptstraße bestreichen konnte.

Meine Mutter sagte zu mir: Geh zum Metzger, der war am Marktplatz, gab mir Fleischmärkchen, ich ging die Hauptstraße hoch, so, wie ich sie diesen Sommer noch einmal hochgegangen bin, um mich daran zu erinnern, und dann hörte ich dieses Geräusch, das nicht zu beschreiben ist, und warf mich lang hin.

So wie du, Uta, Jahrzehnte später in Eppenberg.

Da habe ich mich gefragt, ob es so etwas wie ein anerzogenes Gen gibt, das der Vater an seine Tochter vererben kann – die Information: Wenn ein solches Geräusch zu hören ist, mußt du dich sofort auf den Boden werfen, nicht weglaufen. Und dann haben die russischen Jagdbomber, das ist der Unterschied, angefangen: Ticktickticktick ... Die Straße spritzte. Ich habe es als Elfjähriger spritzen sehen auf der Straße, wenn die Geschosse auf den Asphalt oder auf die Steine der Straße prallten und zurückgeschleudert wurden. Das ist das gleiche Bild, wie wenn es stark regnet. Da siehst du auch, wie die Regentropfen abprallen.

Man lag dann da, möglichst an der Hauswand, und in der Mitte der Straße prallten die Kugeln ab. Das passierte in der Eifel 1992, als wir das Haus anguckten, nicht. Aber der Nachbar, mit dem ich befreundet war – ich war auf der Beerdigung seiner Frau, ich war auf seinem fünfundsechzigsten Geburtstag, ich war auf seiner Abschiedsfeier in Büchel –, mein Nachbar war der Meister aller Flugzeugmechaniker. Er hatte Generationen von Flugzeugmechanikern ausgebildet, junge Männer, die ihn bewunderten. Er war kein Studierter. Er hat mich eingeladen, als er seine neue Freundin der Dorfgemeinschaft vorstellte.

Man kriegt auf so einem Dorf Leute zu Gesicht und kann sich mit denen unterhalten, und dann erfährst du noch, wenn du mit denen am 1. Mai unterm Maibaum oder im Kirmeszelt oder in ihrer Wohnküche sitzt, was sie wissen, was die eigentlich machen, wenn sie bei der Bundeswehr Flugzeuge reparieren, die anschließend vielleicht im Kosovokrieg eingesetzt werden.

Das wissen die ja alle. Auch sein Schwiegersohn ist selbstverständlich zum technischen Personal der Bundeswehrflieger gegangen. Ihr seht, daß man selbst in so einem scheinbar uninteressanten Dorf Erfahrungen machen kann, die ich hier in Stuttgart niemals machen würde. Hier würde ich niemals einen Flugzeugmechaniker der Bundeswehr kennenlernen.

Das war aber wichtig für mich, und deshalb war ich in all den Jahren jedes Jahr zwei, drei Monate in der Eifel, nicht nur wegen des Glotzens aus dem Arbeitsfenster oder wegen der herrlichen Wolkenbilder oder wegen der stundenlangen Spaziergänge durch eine Landschaft, in der du nie einen Menschen siehst, kein Mensch weit und breit, großartig.

Ich bin in diesen fünfzehn Jahren von Stuttgart auch in andere Gegenden gereist, insbesondere nach Italien. Die beiden Bücher *Machiavellis letzter Brief* und *Alles über Leonardo da Vinci* habe ich zum großen Teil in Florenz recherchiert. Ich hatte da einen Freund, den ich schon erwähnt habe, Joachim Burmeister, er lebt nicht mehr in Florenz, sondern in Bregenz, ist ein bißchen jünger als ich, übrigens auch ein Stuttgarter, eigentlich ein

Krefelder, aber er hat in Stuttgart Kunst studiert, und deshalb habe ich ihn in Stuttgart kennengelernt, in den sechziger Jahren, und in dessen Haus in Florenz gab es eine Dachkammer ohne Fenster, nur mit einer Dachluke, an die man nicht rankam. Es war genau die Dachkammer, in der ich auch eure Mutter kennengelernt habe.

Ich lag da auf dem Bett und sah ein kleines Stück Himmel. Ich hatte natürlich kein Telephon. Um an Wasser ranzukommen, mußte ich ein Stockwerk tiefer, da war eine Dusche. Auf derselben Etage war eine kleine Bibliothek, in der es einen Fernseher gab, und dahinter gab es eine kleine Küche, in der ich mir mein Essen gemacht habe.

Ich bin in der Stadt rumgerannt, habe photographiert, war sehr viel in Archiven und Bibliotheken, aber nach ein paar Stunden lag ich da wieder und guckte mir das Stückchen Himmel an, hörte kein Geräusch und habe versucht, diese Bücher auf die Reihe zu bringen. In diesem Zimmer in Florenz bin ich in den vergangenen dreißig Jahren sicher ein dutzendmal gewesen. Wochenlang. Monatelang.

Auch als ich in Köln oder in der Vorderrhön wohnte, war ich nie ganz in Köln oder im Zonenrandgebiet, sondern in Florenz oder Rom. Für das Buch *Rom – Spaziergänge auf der Antike* mußte ich, obwohl ich die Stadt wie meine Westentasche kenne, noch mal Informationen verifizieren – also wieder ab nach Rom.

Auch dieses Jahr war ich einen Monat da. Eigentlich wollte ich drei Monate dort verbringen, aber dann hatte ich Anfang Februar einen neuen Krebsanfall, ziemliche Schmerzen, und deshalb habe ich den Rombesuch abgebrochen und bin gleich hier in Stuttgart ins Krankenhaus, um eine Schmerztherapie zu machen und zu gucken, ob man gegen den Krebs noch etwas machen kann. Kann man aber nicht. Aus und vorbei.

Ich habe die vergangenen Jahre in Rom in einer kleinen Wohnung verbracht, in einem alten Stadtteil namens Trastevere, das heißt »Übern Tiber«, in Frankfurt würde man sagen: »Dribbe de Bach«. Trastevere ist ein tiefgelegenes Stadtviertel, das ein bißchen überflutet ist, wenn es länger regnet. Große Teile des Buches über Klaus Croissant habe ich in Rom geschrieben, indem ich zwei große Umzugskartons mit Material – Zeitungen und Zeitschriften, Büchern – vorausgeschickt habe, jeder fünfundzwanzig Kilo schwer, und ich habe dann in Trastevere an diesen Dingen gearbeitet.

Das ist einer der Vorteile der Schriftstellerei – du kannst deine Sache überall auf der Welt machen. Die Vorstellung, die viele meiner Kollegen haben, man könne nur in Berlin schreiben, ist für mich unbegreiflich. Im Gegenteil. Selbst eine Stadt wie Berlin oder meinetwegen Tokio oder New York würde vielleicht für ein Buch ausreichen, aber doch nicht mein ganzes Leben lang. Was ich in Berlin erleben kann, ist schön und gut, und ich würde vielleicht abends nicht so viel auf der Bude hocken und den Alten vom Berge spielen, aber ich würde trotzdem in Berlin nicht so viel Material haben, daß ich davon zehren könnte.

Wenn ich an ein Thema wie Stalin denke, brauche ich nirgends zu wohnen. Wo hat Gibbon seinen *Verfall und Untergang des Römischen Reiches* geschrieben? Die Idee dazu hatte er in Rom auf dem Kapitol, aber geschrieben hat er es in England, mit einem Abstand von eintausendzweihundert Jahren im 18. Jahrhundert.

Für mein Buch über Hypatia, die im 5. Jahrhundert gelyncht wurde, habe ich mich mit den englischen Deisten beschäftigen müssen, weil die Anfang des 18. Jahrhunderts die ersten waren, die in ihr eine Märtyrerin des christlichen Wahnsinns gesehen haben. Die haben diese heidnische Philosophin aus Alexandria interpretiert als Opfer des Christenwahns.

Christen haben sie ermordet, weil sie eine Frau war, weil sie keine Christin war, vor allem keine Christin jener mörderischen Richtung, wie sie um das Jahr 400 in Alexandria vorherrschend war. Das waren besonders fundamentalistische Christen, Erzbischöfe und Patriarchen. Die beherrschten große Teile des östlichen Mittelmeerraumes, gegen die ist Osama bin Laden ein Waisenknabe.

Was die an Verbrechen begangen haben. Was die an Menschenschinderei begangen haben! Wie die sich bereichert haben! Wie dumm die waren! Wie die eine ganze Kultur zerstört haben, darüber macht man sich keine Vorstellung! Da können die heutigen Islamisten noch dazulernen! Es haben ja alle vergessen, daß diese Christen spätestens seit Kaiser Julian Apostata, der noch versucht hat, diesen Verrückten Einhalt zu gebieten, um das Jahr 360 herum, daß diese Fundamentalisten spätestens von da an ihre mörderische Macht ausgeübt und die gesamten, auch naturwissenschaftlichen Kenntnisse des Griechentums vernichtet haben. Das sind diejenigen gewesen, die aus der Welt wieder eine Scheibe gemacht haben.

Die Griechen hatten ein riesiges Wissen angehäuft in ihren beiden großen Bibliotheken im Serapistempel und in der berühmten Akademie. Das haben die Christen alles vernichtet. Es waren nicht die Araber, die die Überreste der Bibliothek von Alexandria vernichtet haben. Das hatten vor ihnen die Christen getan. Und die Heiden haben sie gleich mit umgenietet. Ein gewisser John Toland, ein englischer Sozialphilosoph, hat diese Ereignisse um das Jahr 1700 wieder publik gemacht.

Jetzt frage ich euch, denn das war mein Ausgangspunkt: Das Jahr 1700, die damaligen Kommunikationsbedingungen, die Reisemöglichkeiten und so weiter – woher hatte Herr Toland in London dieses Wissen über Ereignisse vor zwölfhundert Jahren, und wie konnte er sie so paradigmatisch aufarbeiten, um zu zeigen, was für eine verbrecherische Bande die Christen sind?

Deschner mit seiner *Kriminalgeschichte des Christentums* ist ein später Nachfolger von Toland, neu ist das heute für niemanden mehr, aber Toland schrieb um 1700. Da sage ich mir natürlich: Wenn man 1700 so was machen kann wie Toland oder hundert Jahre später wie Gibbon über Rom, warum soll man das mit den heutigen Möglichkeiten des Telephons, des Faxgerätes und des Internets nicht auch in der Eifel tun? Oder auf dem Mond?

Na, ist doch so.

Die wirklich interessanten Sachen macht man nicht dadurch, daß man die Krümel zählt, die vor einem auf der Erde liegen. Schlüsse aus ihnen zu ziehen, daraus zu lernen, das ist das Entscheidende. Die Faktenhuberei, die kannst du in der Pfeife rauchen! Natürlich muß man belegen können, auf welche Fakten man seine Schlüsse zurückführt. Das Recht hat jeder, dem ich sage, den Papst müßte man an die Wand stellen, daß ich ihm begründe, warum.

Wir dürfen nicht immer nur Stalin als den größten Verbrecher der Menschheit hinstellen, denn da haben wir in der Kirche mindestens ein Dutzend, die ihm gleich sind. Denkt nur mal an Papst Alexander Borgia, der auch daran schuld ist, daß einige Millionen sogenannter Indianer ermordet wurden.

Ja, also, das wollte ich zu dem Thema noch sagen, daß ich oft weg war. Vor allem geistig war ich in Stuttgart fast nie. Da ging es mir oft wie dem Philosophen Max Bense, der meinte, nur mit den Füßen sei er hier. Aber ich muß sagen, ich bin selbst mit den Füßen wenig in Stuttgart gewesen.

Hab' ich jetzt alle Gründe dafür aufgezählt, warum ich nach fünfzehn Jahren immer noch in Stuttgart wohne?

Nein, nicht ganz. Zwei noch, dann ist Schluß für heute: Der eine ist mein Beharrungsvermögen, und der zweite seid ihr, meine Töchter.

Zum ersten: Eine Freundin von mir, Sonja Hopfengärtner, sagte mal zu mir, schon vor Jahrzehnten: Pit, du hast eine Aufbruchhemmung. Du kannst nicht weggehen, bevor du die Sache nicht erledigt hast, an der du sitzt. Da ist was Wahres dran. Als ich Wolfgang Maier meinen ersten Roman zeigte, 1965 in Berlin, sagte er: Alle Achtung, hätte ich dir nicht zugetraut. Ich, schwäbisch bescheiden schon damals, replizierte natürlich: Nu' übertreib man nicht, Maier. Das kann jeder. Da sagte er – und das hab' ich mir hinter die Ohren geschrieben –: Ja, können können das vielleicht etliche, aber das Sitzfleisch, mein Lieber, haben die wenigsten. Romane werden mit dem Arsch geschrieben.

War nicht nur ein guter Autor, der Maier, heute völlig vergessen, mein Jahrgang etwa, sondern auch ein exzellenter Theoretiker. Er jobbte als Lektor bei Walter Höllerer, den ich sehr mochte und der mich gefördert hat. Sitzfleisch muß man haben, sagte der Maier, ein schöner Mann übrigens, aber ich weiß gar nicht, ob er wußte, wie recht er damit hatte. Er erstickte auf einem Ausflug im Taunus an einer Stadtwurst, in jungen Jahren, denn er trank zuviel, und trotzdem hatte er recht.

Es gibt auch Projekte nicht-literarischer Natur, bei denen der Satz vom Sitzfleisch gilt. An manchen Dingen im Leben muß man einfach dranbleiben – und wenn es ein Jahr dauert, wenn es zehn Jahre dauert. An meinem Roman *Das Wespennest* habe ich sechs oder sieben Jahre lang gesessen, ich habe immer mal wieder was geschrieben und es immer wieder weggeworfen, bis es nach sechs Jahren geschnackelt hat und lief. Man muß warten können.

Das ist, glaube ich, der Punkt – also nicht wirklich Aufbruchhemmung, wie Sonja sagte. Es geht eher darum, daß ich nicht gleich rausgehe, wenn ich mein Bier ausgetrunken habe. Ich will der letzte sein, der die Party verläßt, weil ich sehen will, wie die anderen rauswanken oder was der Hausherr macht, wenn da immer noch einer sitzt. Denn als letzter zu gehen ist gar nicht so doof. Deshalb ist der vielzitierte, Gorbatschow zugeschriebene Satz – Gorbatschow hat es anders formuliert –»Wer zu spät kommt, den bestraft das Leben« so strunzdumm! Der ist strunzdumm, weil du am meisten erfährst, wenn du als letzter gehst. Da bist du in der Lage zu resümieren, was passiert ist.

Zum zweiten Grund nur soviel: Wenn ihr Kinder habt, seid ihr nicht mehr so beweglich. Nehmt euch ein Beispiel an mir. Ich habe immer gedacht, man müsse sich als Vater ein bißchen um die geistige und seelische Bildung seiner Kinder kümmern, also nicht nur jeden Morgen um sieben raus, Frühstück richten, Pausenbrote schmieren, Ranzen kontrollieren, checken, ob ihr die richtigen Schuhe anhabt, die Mütze dabei, viele gute Wünsche mit auf den Schulweg geben, ausm Fenster schauen, euch nachblicken und die segnende Vaterhand ausstrecken.

Deshalb habe ich so viele Dinge mit euch und davor mit euren zwei Halbbrüdern gemacht. So war zum Beispiel ziemlich früh zu erkennen, daß du, Uta, unglaublich auf Theater und Museen und Kunstausstellungen und Oper abgefahren bist, schon mit zwölf Jahren. Ich war davor jahrelang in keiner Oper gewesen. Plötzlich ging ich deinetwegen wieder einmal im Monat in die Oper. Es machte dir unheimlichen Spaß, und ich merkte, daß es mir auch wieder Spaß machte, in die Oper zu gehen. Das gleiche gilt für das Sprechtheater. Und wir haben in diesen Jahren kaum eine Vernissage ausgelassen.

Man lernt durch Kinder merkwürdige Lebenswelten kennen. Du, Uta, warst eine gute Geigerin, ich hoffe, du bist es noch immer. Du hast im Jugendsymphonieorchester gespielt. Also ging ich in Konzerte, in die ich früher nie gegangen wäre. Früher hätte ich es nicht unter den Bamberger Symphonikern gemacht.

Und ihr wart beide ungemein sportlich. Ich glaube, ich habe fast alle Sportarten, die im MTV betrieben werden, kennengelernt, weil Kinder und Jugendliche nun mal so sind – nach drei Monaten haben sie keine Lust mehr auf Rhönradfahren und müssen auf Schwimmen umsteigen oder auf Boxen oder auf Karate.

Du, Lea, warst lang im Karateverein und kamst ständig mit irgendwelchen Gürteln nach Hause. In meinem E-Mail-Postfach stapelten sich die Nachrichten über Wettkämpfe, an denen du teilnehmen solltest. Also fuhr ich nach Münster in Westfalen, damit du an der Karatemeisterschaft teilnehmen konntest.

Es war immer was zu tun, wenn ich nur an die Elternabende und sonstigen Schulveranstaltungen denke, zu denen Cordula nicht gehen konnte, weil sie mit ihren zwei Berufen ausgelastet war. Ständig müssen Kinder zu irgendwelchen Veranstaltungen gefahren werden. Du, Lea, hast Klarinette gespielt, tust du ja wohl immer noch. In Sillenbuch, gleich neben dem *Waldheim Clara Zetkin*, in dem ich dann immer mein Bier getrunken habe, hattest du deinen Klarinettenlehrer. Einmal die Woche fuhr ich zehn Kilometer den Berg hoch, um im *Waldheim Clara Zetkin* ein Bier zu trinken, während meine Tochter Klarinette spielte. Da spielt dann die Frage, ob in Berlin oder in Hamburg oder in Frankfurt mehr los ist, keine Rolle. Es ist so viel los unter der Woche, daß es wurscht ist, wo du lebst.

Drittes Kapitel

Vulkane, unheimliche Begegnungen der dritten Art

Bis 1995 haben wir in Köln gelebt. Ich war gut drauf in Köln, muß ich sagen. Köln hatte Nachteile, aber Köln war easy. Köln war ungemein easy. Die Stadt entsprach meiner Gemütsverfassung: Alles Scheiße, also erst mal tief durchatmen und abwarten.

Der einzige Grund, aus Köln wegzugehen, war profaner Natur. Cordula und ich haben nicht gerade kommerziell geschrieben und gemalt. Regelmäßige Einnahmen gab's sowieso nicht. Die Wohnung war zu klein, drei kleine Zimmer, eins davon brauchte ich als Arbeitszimmer – und das mit zwei wilden Töchtern. Wenn die Krach machen, wie soll man da arbeiten?

Cordula war ausschließlich auf ihre Malerei angewiesen. Die Geschäfte liefen mal so, mal so. Sie hatte zwar immer Galerien und Ausstellungen und hat auch verkauft, aber das deckte fast nur die Kosten. Maler leben teuer. Ölfarben sind teuer. Keilrahmen und Leinwände sind teuer. Und wenn man sich wie Cordula den Luxus erlaubt, Schlappen von zwei, drei Metern Länge und zwei Metern Höhe zu malen, geht das nur in einem großen Raum mit mindestens fünfzig, sechzig Quadratmetern.

Cordula brauchte also ein Atelier, und das mußte wohnlich eingerichtet sein, damit sie euch mitnehmen konnte, wenn ich mal keine Zeit hatte – Lesereise, Terminarbeit –, also mit Kühlschrank, Herd, Kinderbetten. Wenn du so was mieten willst, selbst wenn man berücksichtigt, daß Köln 1986 relativ preiswert war – da ging ordentlich was drauf.

Meine Einnahmen gingen etwa ab 1992 zurück. Da war ich achtundfünfzig. Wolfgang Weyrauch, ein Schriftsteller, mit dem ich engbefreundet war, sagte mal zu mir: Als Autor mußt du, wenn du es nicht geschafft hast, zum Olymp zu gehören, damit rechnen, daß es Ende fünfzig, Anfang sechzig langsam den Berg runtergeht. Die Leute, mit denen du groß geworden bist und die dich unterstützt haben durch gelegentliche Aufträge, werden abgelöst. Und für Lesungen will man immer die jungen Hüpfer.

Bei mir kam noch etwas hinzu. Ich habe seit Mitte der siebziger Jahre von den Übersetzungen der Theaterstücke von Dario Fo gelebt, und jetzt, drei, vier Jahre nach der sogenannten Wiedervereinigung, liefen meine Übersetzungen immer schlechter, so daß ein Teil meiner Einkünfte wegbrach.

Ja, Scheißwiedervereinigung. Cordula hat mal ein Bild gemalt, das heißt »Zusammen, was zusammengehört«, nach dem berühmten Diktum von Willy Brandt – dieser Schwachsinn, als ob in der Klassengesellschaft jemals etwas zusammengehört hätte. Als ob nicht Ernst Busch gesungen hätte: Ein Riß geht durch das Land, ein Riß, der nicht zu kitten ist. Als ob wir nicht gewußt hätten, daß es einen Antagonismus gibt.

Ich hab' deshalb zu ihr gesagt: Nenn das Bild »Zusammen, was zusammengehört wie der Arsch auf den Eimer«. Aber so drastisch wollte sie sich nicht ausdrücken.

Cordula bewarb sich dann und bekam zwei Angebote, eine Kunstprofessur zu übernehmen, in München und in Stuttgart. Ich wollte lieber nach München. Sie entschied sich für Stuttgart.

Das war also der Grund, von Köln wegzugehen. Sie nahm die Professur an. Sie hätte auch in Köln wohnen bleiben können. Kunstprofessoren wohnen überall auf der Welt. Aber Cordula wollte die Kinder nicht so oft allein lassen, und mir war es lieber, die Frau in meiner Nähe zu haben.

Cordula war für mich seit 1985 ungemein wichtig, vor allem für meinen Seelenhaushalt. Sie hat mich damals aus einer schlimmen Depression rausgeholt. Ich war drauf und dran, Schluß zu machen. Sie hat mich zurückgeholt ins aktive Leben, und wenn ich mir seit mehr als zwei Jahren die dritte Chemo antue, dann mache ich das in erster Linie, weil ich solange wie möglich bei ihr bleiben möchte.

Wir sind uns ähnlich, finde ich, nicht nur, weil wir beide als Künstler eine ungesicherte Existenz leben und ähnliche Schwierigkeiten haben, sie mit dem Kunstmarkt, ich mit dem Literaturbetrieb. Wir haben ähnliche familiäre und soziale Erfahrungen.

Cordula stammt aus einer Arbeiterfamilie – Facharbeiter in den Fabriken im Wehratal, Südschwarzwald –, auch ihre Mutter ging in die Fabrik, denn sie war früh Witwe geworden, als Cordula neun Jahre alt war, und mußte zwei kleine Kinder großziehen.

In dem Milieu ist man froh, wenn die Mädchen Verkäuferin werden oder so was. Cordula hat sich durchbeißen müssen und aus eigener Kraft alles geschafft, Abitur, Kunststudium. Sie ist ungemein hartnäckig, klug, liebt die

Musik, den Jazz wie die Klassik, hat gut Geige gespielt, hat einen guten Geschmack, versteht viel von Kunst, Politik, Architektur, ist diskursfähig, kann stundenlang mit mir reden – alles Eigenschaften, die mir entgegenkommen.

Es ist also nicht so, daß ich Cordula bei mir haben wollte, damit sie mir im Haushalt hilft. Das hat sie auch immer getan. Aber es ist klar: Wenn Wohnung und Atelier nicht unter einem Dach sind, ist es schwierig, Beruf und Haushalt miteinander zu vereinbaren, und mir hat es nie was ausgemacht, mich neben meiner Schreiberei um Kinder, Küche, Kirche zu kümmern. So war die Situation in Köln, und eigentlich haben wir die 1995 nur nach Stuttgart verlagert.

Was soll ich euch über die neun Jahre in Köln erzählen – 1986 bis 1995?

Köln ist für mich mit einer Reihe von Lebenssituationen verbunden. Ich habe meine erste Frau im Sommer 1983 verlassen, weil sie immer weniger zu mir paßte. Sie machte mich krank, blockierte mich total, und für sie war ich auch nur noch eine Belastung.

Jeden Tag sang ich dasselbe Lied: »Please release me, let me go / For I don't love you anymore. [...] // I have found a new love, dear. [...] // To live a lie would bring us pain / So release me and let me love again.« Mal mit dem Timbre von Dean Martin, mal wie Engelbert.

Die neue Liebe war eine Schriftstellerin aus Hamburg namens Svende Merian, mit der ich bis 1985 zusammen war und eine schöne Zeit hatte. Aber die alte Liebe, Renate hieß sie, klammerte sich an mich, verfolgte mich, denunzierte mich, bedrohte mich, einmal auch mit einem großen Messer, schlug mich, so daß ich nur noch fliehen konnte, und es war sonnenklar, daß ich längere Zeit auf der Flucht bleiben würde, bis die Probleme, die durch die Trennung nach einer relativ langen Beziehung entstanden waren, abgearbeitet wären.

Ich bin im April 1984 nach Florenz gezogen, zu Himi, wie wir den Burmeister genannt haben, den ich schon mehrfach erwähnt habe, und habe in diesem Dachkämmerchen gelegen, in dem ich Cordula kennengelernt habe.

Cordula war 1985 Stipendiatin der berühmten Villa Romana. Das ist der älteste deutsche Kunstpreis, den nur bildende Künstler kriegen. Sie hatte den für Malerei bekommen und lebte ab Februar 1985 bis Weihnachten in der Villa Romana. Sie hatte ein richtig schönes Atelier, einen Schlafraum und eine Küche.

Irgendwann sagte ich zu ihr, ob sie nicht Lust hätte, noch zu mir raufzukommen. Und sie bewunderte den chaotischen Lebens- und Arbeitsraum eines freiberuflichen Schriftstellers, der bei mir immer Ähnlichkeit hat mit einer Mönchszelle.

In meinem Zimmer stand in der Mitte ein großes Bett, auf dem man nur teilweise liegen konnte, weil es übersät war mit Büchern und Manuskripten und Zeitungsartikeln. Auch auf dem Fußboden und auf dem einzigen Stuhl lag alles voll. Neben einer halb leergegessenen Schüssel stand eine Schreibmaschine, all diese merkwürdigen Dinge.

In diesem Dachkämmerchen sind wir uns nähergekommen, und danach stellte sich die Frage: Wo ziehen wir jetzt hin?

Ich habe etliche Ortswechsel, zumindest Wohnungswechsel wegen dieser Frage hinter mir. Das sind keine Entscheidungen, es muß einfach was passieren. Und Cordula sagte im Spaß: Ich bin Rheinländerin. Sie stammt aus der Nähe von Bad Säckingen. Im selben Landkreis gibt es die Ortschaft Dogern, die im Schatten eines auf der Schweizer Seite liegenden AKWs liegt, das tagsüber bei bestimmten Windlagen seine Regentropfen rübertreibt und seinen Schatten auf Dogern wirft. Bei wunderschönem Wetter regnet es, das ist der Wasserfallout aus dem Kühlturm. Ich habe selten die landschaftsschützende Funktion eines Atomkraftwerkes so intensiv erlebt wie in Cordulas Geburtswelt.

Natürlich fließt da der Rhein, aber deshalb ist man noch lange kein Rheinländer. Zumindest ich als Historiker stehe auf dem Standpunkt, daß man ein Rheinländer ist, wenn man in dem Gebiet zur Welt gekommen ist, das seit dem Wiener Kongreß die Rheinlande hieß, und das ist dieses kleine Stück zwischen Koblenz und Köln oder meinetwegen auch Mainz und Köln, die Rheinschiene hoch und dann Richtung Westen maximal bis Aachen oder, wenn man kaisertreu ist, bis Lüttich und dann die Rur runter und quer die Mosel rüber oder meinetwegen auch die Ahr, also die Südseite des Hunsrücks.

Da ist man Rheinländer. Schon wenn man auf der Westerwälder Seite oder auf der Siebengebirgsseite wohnt, ist man kein Rheinländer. Und logischerweise ist ein Düsseldorfer kein Rheinländer, sondern ein Preuße. Diese Unterschiede muß man als Historiker machen. Aber Cordula ist Malerin, und deshalb sagte sie, sie sei Rheinländerin und könne nicht mit mir nach Berlin ziehen.

Ich hatte gesagt: Mensch, dann ziehen wir nach Berlin! Aber sie war fest davon überzeugt, in Berlin sei kein Leben für einen Künstler möglich. Künstler, Avantgardekünstler, die auf dem aktuellen Weltniveau des Kunstmarktes existieren wollten, mußten Mitte der achtziger Jahre in Köln oder in Düsseldorf ansässig sein. Da war der Kunstbär los. Schon Frankfurt war Sibirien, Berlin erst recht. Sie lebte in Düsseldorf, sie hatte zuletzt bei dem Maler Dieter Krieg in Düsseldorf studiert und alle ihre Freunde da, daher war Köln das Äußerste, was ich ihr zumuten konnte. Köln reicht ja auch weit in den Norden, bis nach Worringen, und Düsseldorf ziemlich weit in den Süden.

Ich habe auf Anhieb die Kölner Lebensweise, dieses leicht Neapolitanische, geschätzt. Ich fand immer, zumindest das linksrheinische Köln sei das Neapel Deutschlands. Die relative Deutschlandferne, insbesondere die Preußenferne hat mir auf Anhieb gefallen. Wenn ihr aus dem Hauptbahnhof rausgeht und euch auf die Domplatte begebt, seht ihr, wie das linksrheinische Köln von den Preußen erobert wurde.

Da gibt es eine Brücke, die von Deutz nach Köln führt, und an jeder der vier Ecken steht ein preußischer Reiter, der Köln erobert – so, wie in Koblenz der sogenannte Kartätschenprinz auf dem sogenannten Deutschen Eck steht und dort das linksrheinische, gewissermaßen das welsche Ufer für Deutschland gewinnt – der Kartätschenprinz, der so heißt, weil er die 48er Revolution in Berlin hat zusammenschießen lassen. Die Deutschen haben ihn zum Dank dafür 1871 zum Kaiser gemacht, Wilhelm eins, ein reaktionäres Schwein.

An lediglich zwei Denkmälern kann man die relative Andersartigkeit der Rheinländer erklären. Ich will die nicht verherrlichen oder behaupten, die Rheinländer seien in der Nazizeit besser gewesen oder im 1871er Krieg, aber man kann zwei Denkmäler hinzufügen zu den eben erwähnten, die beide zeigen, wie der Preuße schon für den jungen Chotjewitz der Leibhaftige war, der Erzfeind.

Nicht der Brandenburger, noch nicht mal der Hohenzoller, der Preuße ist der Erzfeind. Wie King Kong krallt er sich im 19. Jahrhundert die Rheinlande. Ich spreche vom berühmten Niederwalddenkmal. Das ist zwar eine Frau, aber in Wirklichkeit ist das der deutsche Kaiser, der da oben steht. Folgerichtig galt eines der schönsten Attentate, die jemals geplant worden waren, dem Niederwalddenkmal, wo die Anarchisten es fast geschafft hätten, das Denkmal zu sprengen und die gesamte Elite des Deutschen Reiches unter den Steinmassen zu begraben.

Auf einem gewaltigen Sockel am rechtsrheinischen Ufer in der Nähe von Rüdesheim steht die riesige Germania, die deutsche Mutter schlechthin. Sie ragt so hoch hinaus, daß man sie bei klarem Wetter von Paris aus sehen kann. Sie steht da und droht: Wir kommen. Die Barbaren kommen. Alles muß verurinieret sein. Die Zivilisation werden wir euch ein zweites Mal rauben. Das ist die Botschaft des Niederwalddenkmals.

So, wie die Franken rüber sind und die Römer vertrieben haben, bis es ihnen gelungen war, mit Hilfe der katholischen Kirche eine abendländische Scheinkultur zu errichten, indem sie sich haben taufen lassen – Chlodwig I., wissen wir alle –, so steht die da und sagt: Ich komme ein zweites Mal und stürze auf euch herab.

Ein weiteres Denkmal, den Kölner Dom nämlich, darf man im Zusammenhang mit dem, was rheinische Identität bedeutet, nicht vergessen. Was wenige wissen: Der Kölner Dom war jahrhundertelang eine Ruine, ein dreiteiliges Objekt, bis ins 19. Jahrhundert hinein – ein Chor, eine Baulücke, ein Stück Kirche, ein unfertiger Turm, ein fertiger. Auf dem unfertigen stand ein mittelalterlicher Holzkran, der nie runtergeholt worden ist, und wartete darauf, daß der Turm endlich weitergebaut und das Mittelstück eingefügt wurde. So stand der bis 1871 da, bis zur Gründung des preußisch hegemonisierten Kaiserreichs. Und dann wird eine Nationalstiftung gegründet.

Daran sollte man immer denken, wenn in Deutschland Nationalstiftungen gegründet werden. Eine Stiftung für die Fertigstellung des deutschen Nationaldenkmals Kölner Dom wurde gegründet. Der mußte in Köln stehen. Man hätte den Scheißbrocken genausogut nach Berlin versetzen können, aber nein, der mußte in Köln stehen. Denn er markierte den Vorposten des Germanentums, das bekanntlich zur Hälfte aus Christentum besteht. Das ist der Grund, warum dieser Kölner Dom da steht.

Und wer hat die Scheiße bezahlt? Die Kölner. Immer, wenn sie von den Preußen etwas geschenkt bekamen, mußten sie es bezahlen, und das Lustige ist, sie wissen es sogar. Sie wissen, daß der Rhein eine Grenze markiert. Links ist Rheinland, Köln, und rechts beginnt die scheele Seite, die Schäl Sick, die reicht bis Wladiwostok.

Diese Art von Kultur – die eigentlich keine undeutsche ist, die Kölner sind ja keine Franzosen oder Belgier, obwohl sie von der Nähe her viel besser zu Frankreich oder Belgien gepaßt hätten, nein, sie haben sich schon lange damit abgefunden, Deutsche zu sein, aber sie wollen nicht ganz so sein wie die da hinten in Berlin, auf der scheelen Seite am anderen Rheinufer –, die hat mir immer gefallen. Distinktion meine ich. Man braucht ja nicht gleich wie Adenauer Berlin für eine asiatische Stadt zu halten. Was hatte der überhaupt gegen Asien, dieser klerikale Erzreaktionär und Großaktionär?

Was meinte ich damit, als ich vorhin sagte, Köln sei ein bißchen neapolitanisch? Das kann ich euch sagen, denn ich kenne Neapel, es ist eine meiner Lieblingsstädte. Es ist dieses Nichtstun, den ganzen Tag im Schlafanzug an der Theke rumstehen, auch dieses Zuhälterhafte, dieses leicht Betrügerische, diese plebejische Subkultur, die sicher auch darauf zurückzuführen ist, daß Köln nie so reich war wie Frankfurt oder gar Hamburg oder Bremen, sondern eigentlich immer eine arme Stadt war, daß Köln nie eine Residenzstadt war.

Diese Kirche, die sie da hatten, hatte für die Kölner und ihr Geschichtsbewußtsein auch einen Vorteil. Diese Kirche hat das Volk nämlich nicht so beherrschen können, wie das ein regionaler Fürst gekonnt hätte. Fürsten herrschen letzten Endes durch nackte Gewalt, Kirchen durch Opportunismus, Lügenhaftigkeit, Arschkriecherei, Schabernack, Mummenschanz.

Die katholische Kirche hat das Pennerhafte in der Bevölkerung immer gefördert, überall auf der Welt. Alle Orte, an denen diese Kirche Macht hatte, Rom ist so eine Stadt, haben zugleich das Pennerhafte, das Schmarotzertum, eine gewisse Falschheit gefördert. Auf diesem Mist von Tugendlosigkeit beruht zu einem großen Teil die katholische Macht. Ihr werdet in Städten, die außer Kirche nicht viel haben, stets feststellen, daß in denen eine solche Mentalität herrscht, auf Grund derer es sich wiederum angenehm leben läßt.

Der Hauptnachteil von kirchlich geprägten Städten ist natürlich der folgende: Du kannst mit der Kirche keine Arbeiterklasse auf die Beine stellen, mit der kannst du keine Fabriken bauen. Köln war die am wenigsten industrialisierte deutsche Großstadt. Industrialisiert wurde rechtsrheinisch. Deutz ist rechtsrheinisch, Mülheim ist rechtsrheinisch. Natürlich gab es Gewerbe auch linksrheinisch, aber nicht in dem Umfang.

Kurz, die kölsche Mentalität hat mich immer gereizt, schon früher, wenn ich nur besuchsweise dort war, beim WDR zum Beispiel, im Schauspielhaus, bei Kiepenheuer & Witsch, wo mein Mafiabuch *Malavita* erschienen ist, 1973, oder auf Kongressen. Ich habe jedenfalls in diesen Jahren in Köln fast nichts geschrieben. Ich weiß nicht, was ich da außer Kölsch trinken überhaupt gemacht habe. Am besten entsinne ich mich meiner zwei, drei Stammkneipen und eines Parks.

Eigentlich ist meine Kölner Zeit dreigeteilt. Ich bin mit Cordula im Sommer 1986 hin, dann haben wir für sie das Atelier gesucht, dann wurdest du geboren, Uta, 1987, im Juli, und dann gibt es einen Zeitblock, der etwa bis 1990 reicht. 1990 kriegte Cordula ein Stipendium in der Villa Massimo, und so zogen wir im Oktober nach Rom – zu viert, denn inzwischen warst du geboren, Lea, im April 1990.

Danach sind wir zurück nach Köln, in die alte Wohnung, wo die Schreibsperre, die ich vor Rom gehabt hatte, langsam nachließ, so daß ich wieder ein paar tragfähige Texte auf die Reihe brachte, auch wenn ich ab 1992 damit zugange war, das Haus in Eppenberg bewohnbar zu machen – auch so ein Déjà-vu. Die Arbeit führte mich unmittelbar zurück in die Zeit nach 1973, als ich an dem Haus in der Vorderrhön herumgewerkelt hatte, vor allem natürlich auch in die Malerjahre 1948 bis 1955.

Nur kurz zu dieser Schreibhemmung: In den Jahren von 1980 bis '90 könnte diese Blockade mehrere Ursachen gehabt haben. Zum einen habe ich, ich erwähnte es ja schon, mit den Übersetzungen der Theaterstücke von Dario Fo recht gut verdient. Ich habe einmal oder zweimal im Jahr einen Monat oder sechs Wochen lang übersetzt, und den Rest des Jahres konnte ich auf meine bescheidene Weise davon leben. Es gab keinen Anreiz, Geld zu verdienen. Zum anderen hatte ich von 1972 bis 1980 ziemlich viele Bücher geschrieben und daneben einen Haufen andere publizistische und sonstige Arbeiten gemacht, so daß eine gewisse Erschöpfung eingetreten war – nicht körperlich oder geistig, sondern in erster Linie thematisch. Bestimmte Dinge waren abgearbeitet. Ich brauchte eine Neuorientierungsphase, zu der ich aber dadurch, daß keine reale Notwendigkeit bestand, nicht gerade angeregt wurde.

Dazu kamen zwei große Enttäuschungen. Enttäuschungen können sich bekanntlich produktionshemmend auswirken. Eine dieser Enttäuschungen war der Tod meiner Freunde von der RAF 1977, das war, glaube ich, ein größerer Schock als der Verrat Gorbatschows, das Versagen der SED-Führung, der Untergang der Sowjetunion und der DDR.

Erst waren in Stammheim fünf Genossen angeklagt, da ließ die Justiz im November 1974 in der Haftanstalt Wittlich den Filmemacher Holger Meins alias »Starbuck« verhungern. Danach starb im Mai 1976 unter rätselhaften Umständen im Stammheimer Knast eine der wichtigsten politischen Autorinnen der BRD, Ulrike Meinhof – ich spreche auch in ihrem Fall von Mord. Und dann mußten im Oktober 1977 noch die letzten drei dran glauben, darunter Andreas, mit dem ich seit etwa 1966 befreundet war, eine faszinierende Persönlichkeit. Ich schätze, es hat nie einen politischen Prozeß dieser Qualität gegeben, bei dem unter den Augen des Gerichts sämtliche Angeklagten ums Leben kamen.

Es war natürlich nicht die Trauer, die mich danach jahrelang so fertigmachte. Getrauert habe ich, klar, sogar geheult, als die Todesnachricht morgens um sieben in den Radionachrichten kam. Was mich umgehauen hat, war die daraus folgende Erkenntnis, daß es die Option nicht mehr gab, gesellschaftsverändernde Prozesse anzustoßen durch bewaffneten Kampf. Diese Illusion oder, vielleicht ist es besser zu sagen: Utopie – auch wenn draußen noch Kommandounternehmungen stattfanden – konnte es nicht mehr geben.

Ich sage heute: Utopie, denn inzwischen glaube ich, daß es irgendwann wieder krachen wird. Davon bin ich überzeugt. Indem ich »Utopie« sage, bekenne ich mich dazu, daß der letzte entscheidende Kampf um die Menschwerdung bewaffnet sein wird. Ich bin kein Freund von Gewalt und Mord, aber wenn's denn passiert, muß ich das akzeptieren.

Diese Einsicht hat mir das Leben in den vergangenen Jahren erleichtert. Damals dagegen, etwa ab 1980, hatte ich nur noch das Gefühl, es sei alles aus, no future. Das, was sich als Neue Linke entwickelt hatte, angefangen bei der APO, war gescheitert. Die politischen Hoffnungen, die ich hatte, waren keinesfalls in absehbarer Zeit umzusetzen. Aus dem, was in den sechziger Jahren entstanden war, war der Saft raus, und eine Rolle spielte dabei auch das Versagen der Sozialdemokratie und der Linksliberalen in den siebziger Jahren.

Ich meine, ich gehörte nicht zu denen, die die Wahl von Willy Brandt zum Kanzler bejubelt haben. Ich fand Brandt, der ein rechter Sozi war, lediglich etwas besser als seinen Kontrahenten Rainer Barzel. Ich gehörte auch nicht zu denen, die von der sozialliberalen Regierungskoalition gesellschaftsverändernde Antworten erwarteten. Es war mit dieser Regierung eventuell eine etwas andere Umverteilung möglich, eine andere Verteilung von Einkünften und Vermögen, gewisse Liberalisierungstendenzen und Emanzipationsprozesse waren möglich, mehr würde ich in einer parlamentarischen Demokratie nie erwarten.

Aber seit 1974, seit Helmut Schmidt den Karren übernommen hatte, hatte die Sozialdemokratie zusammen mit der FDP bis 1982 die Möglichkeiten genutzt, dem Volke zu sagen: Mit uns ändert sich hier gar nichts. Mit uns bleibt alles so, wie es ist, und es wird wieder schlimmer. Das wenige, was seit 1965 an sozialer Progression durchgesetzt worden ist, nehmen wir hiermit wieder zurück.

Für uns Heutige sind solche Zwischenfälle ziemlich lehrreich. Sie zeigen nämlich, daß die politischen Debatten über Sozial- und Wirtschaftspolitik, wie sie heute geführt werden, uralt sind: Wie viele Transferleistungen wollen wir erbringen, wie viele Arbeiterrechte akzeptieren wir, wie kann der Kapitalismus möglichst viel Knete bringen und gleichzeitig den Armen möglichst viel aus der Tasche ziehen.

So kam also 1982 diese unsägliche Helmut-Kohl-Clique an die Macht, diese Mischpoche, diese Gangster, diese Mafiosi, diese bedenkenlosen Ausbeuter. Ohne die katastrophale SPD-Politik von den Siebzigern bis in die frühen achtziger Jahre wäre uns das vielleicht erspart geblieben. Aus dem, was in Ansätzen noch bis 1973/74 da war, hätte sich vielleicht so etwas wie eine linke Politik à la Gysi, Lafontaine, Lötzsch und Ernst entwickeln können – keine systemverändernde Politik, aber die Probleme hätten sich vielleicht ein bißchen sanfter ausgewirkt. Hätte die SPD nicht die Linke derart plattgemacht und nicht so offen das reaktionäre Bürgertum bedient, dann hätte vielleicht eine etwas andere Politik gemacht werden können.

Es war also eine ziemlich komplexe Scheiße, die mich damals im Winter 1982/83 fertiggemacht hat, als der eine Helmut dem anderen die Macht überlassen mußte und die Wähler bei den anschließenden Bundestagswahlen auch noch scharenweise zur CDU überliefen, als wollten sie sagen: Recht so, wir wollen keine soziale Politik.

Bene, soviel zum Thema Schreibblockade, aber jetzt denkt bitte nicht, daß mich die besonders belastet hätte. Zu tun hatte ich auf jeden Fall genug – und das erst recht, seit ihr beiden auf der Welt wart, meine lieben Töchter, abwechselnd mit Cordula: Brei machen, Windeln wechseln, und von dem Augenblick an, in dem du, Uta, auch nur gucken konntest, mußte ich nachmittags bei jedem Wetter zwei Stunden mit dir in den Park.

Deshalb sagte ich: Stammkneipen und Park. Wir wohnten in der Kölner Südstadt, außerhalb der Stadtmauer – fuori le mura, wie wir Römer sagen –, im Viertel der Randständigen, in der Nähe war ein schöner Park, der Volksgarten. Du konntest noch nicht krabbeln, da mußte ich schon im Winter mit dir in diesen Park. Tag für Tag ging ich mit meinem Laptop auf den Spielplatz, und die Jungs warfen mir Sand in die Tastatur, wenn ich versuchte, einen Artikel oder ein Hörspiel zu schreiben. So war das, wenn ich mich frage, was ich eigentlich in Köln gemacht habe.

Im ausgehenden Winter 1988/89 waren wir auf Procida, der Zitroneninsel im Golf von Neapel. Es gibt da ja nicht nur das berühmte Capri, sondern auch kleine Inseln wie Procida. Iwan hat unsere Sachen mit meinem Auto runtergefahren, wie Cordula gereist ist, habe ich vergessen. Du, Uta, und ich, wir sind mit dem Flieger nach Florenz, haben wie üblich bei Himi Station gemacht und sind dann mit dem Zug weiter nach Neapel.

An der Kontrolle in Pisa ereignete sich eine hübsche Episode. Ich zeigte meinen Paß und deinen Kinderausweis. Sofort gab's trouble, ein Herr Chotjewitz und ein Kind namens Uta Güdemann, denn Cordula und ich waren noch nicht verheiratet. Wer ist das Kind? – Meine Tochter. – Können Sie das beweisen? – Wie denn? – Das ist Ihre Sache.

Va bene, sagte ich, ohne mich aufzuregen, grabschte mir meinen Paß und ging einfach weiter. Na ja, das hättet ihr hören sollen. Du schriest wie am Spieß: Papa, nicht weglaufen, Papa, Papa! Dein jämmerliches Geschrei überzeugte den Grenzbeamten, und so durftest du ebenfalls nach Italien, nicht das erstemal übrigens.

Wir haben mehrere Monate auf Procida gelebt, in einem üppigen Garten, in dem Artischocken wuchsen und jede Menge Zitronen, in einem Häuschen, das man um einen Mispelbaum herumgebaut hatte. Der Baum stand im Wohnzimmer, ragte durchs Dach, und wenn es regnete, tropfte es in die gute Stube. Cordula hat in einem kleinen maurischen Kuppelhäuschen gemalt, und ich habe geübt, auf einem Laptop zu schreiben. Die waren damals noch ziemlich unpraktikabel, diese Dinger, ich bin fast verzweifelt, aber sonst war es wunderbar.

Um das riesige Gelände herum verlief eine hohe Mauer, und drinnen befand sich nicht nur dieser riesige Garten, da standen auch die drei Häuser der weitverzweigten Familie Esposito und unsere Hütte.

Man kann Procida allerdings nicht im Sommer besuchen. Dann ankern da die Yachten der Mafiabosse aus Kalabrien und Sizilien und aus der Region von Neapel. In den Sommermonaten ist auf Procida Highlife und Jetset, aber im Winter verirrte sich kein Mensch auf die Insel, und Herr Esposito, bei dem wir uns einquartiert hatten, war ein echtes Original. Seine Hauptthemen waren der ökologisch einwandfreie Anbau von Obst und Gemüse und die Anfertigung von kleinen Holzkisten, in denen er sommertags seine Zitronen an die Touristen verkaufte.

Man fährt nach Procida eine halbe Stunde mit dem Luftkissenboot oder eine Stunde mit einer Art Wasserstraßenbahn. Auf der Insel selber gibt's nicht viel, vielleicht zwei, drei Kneipen. Auf Ischia, der Nachbarinsel, die richtig schön aus dem Meer aufsteigt und den Blick auf den Horizont versperrt, steht ein Hotel neben dem anderen. Auf Procida gab's kein einziges.

Procida hat mich fasziniert. Es gibt eine schmale Landbrücke, über die man auf ein Inselanhängsel kommt, das seit Jahrtausenden besiedelt ist. Da hat man Werkzeuge, Siedlungsreste und Schmuck aus der Jungsteinzeit gefunden. Der Wurmfortsatz einer unbekannten kleinen Insel birgt Zeugnisse von zehntausend, fünfzehntausend Jahren menschlicher Geschichte auf dem Niveau einer Hochkultur. So eine Entdeckung!

Die ganze Region ist eine mehrtausendjährige Hochkulturregion. Dort wurden Homers Waffengefährten in Schweine verwandelt, in der Meerenge von Messina wollten Skylla und Charybdis den Seefahrer in die Tiefe reißen. Wenn man dann auf diese Inseln nördlich von Sizilien kommt – eine von ihnen heißt Lipari –, stößt man auf Abraumhalden, dreißig, vierzig Meter hohe Berge, alle von einem schwarzen, glasartigen Gestein bedeckt.

Daraus wurden in der Steinzeit Werkzeuge hergestellt. Daraus machte man Seziermesser, natürlich auch Waffen, Pfeilspitzen und vielerlei mehr. Das Gestein heißt Obsidian, ist vulkanischen Ursprungs und kommt nur auf Lipari vor, was zur Folge hatte, daß die Insel das Ruhrgebiet des westlichen Mittelmeerraumes war.

Aus Tausenden von Seemeilen Entfernung steuerten Schiffe den Raum zwischen dem Golf von Neapel und Sizilien an. Arbeiter stellten diese feinen Werkzeuge her, die ausschließlich auf Lipari hergestellt werden konnten. Das sind Traditionen, die diesen Raum, sagen wir mal: erfüllen.

Gegenüber von Procida, auf dem Festland, liegt die kleine Stadt Pozzuoli, die dafür berühmt ist, daß sie sich auf Grund vulkanischer Tätigkeit hebt und senkt. Der antike Marktplatz und ein hübscher römischer Tempel stehen mal knietief unter Wasser, mal sind sie trocken. Dann kann der Bürger von Pozzuoli feststellen, wie schnell sich die Platte bewegt, auf der seine Stadt steht. Bewegt sie sich schnell, muß man rasch abhauen oder wenigstens die Fenster zumachen.

Das Gebiet nennt man die Phlegräischen Felder. Der Name kommt aus dem Griechischen – die brennenden Felder. Oberhalb von Pozzuoli ist ein Vulkan, auf dem man spazierengehen kann, die Solfatara. Er stinkt bestialisch nach Pech und Schwefel. Haut man mit einem Stöckchen auf den Boden, klingt es hohl. Dann weiß man, man bewegt sich gewissermaßen auf Steineis, und ein paar Meter tiefer befindet sich ein riesiger Hohlraum etwa von der Größe eines Dorfes – als Inbegriff der Bodenlosigkeit, als Inbegriff des dünnen Terrains, auf dem wir uns bewegen, egal, was wir machen, ob wir Politik betreiben oder lieben.

Der Vulkan als eine, wenn man so will, metaphorische Form des Seins: Gestank und die stark farbigen Steine, die überall rumliegen, die Fumarolen, die Wölkchen ausstoßen, und es schießen – pfftpfft – kleine Fontänen aus dem Boden, Schwefelpfützen, tischgroße oder zimmergroße Schlammlöcher, die blubbern und knallen. Es gibt seit der griechischen Antike auch Hütten, in denen man Schwefelbäder nehmen kann, die ziemlich heiß sein müssen. Sollen gut sein gegen Hautkrankheiten und Kinderlosigkeit – in die bin ich aber nicht reingegangen.

Für mich war der Vulkanismus eines der wichtigsten Erlebnisse auf der Zitroneninsel, abgesehen davon, daß Procida bis Ende der achtziger Jahre das größte Langzeitzuchthaus Italiens beherbergt hat. Auf einem Hügel steht ein riesiger Apparat, ein Kastell aus dem 16. Jahrhundert, dagegen ist der Spielberg in Brünn gar nichts. In diesem Kasten saß man, wenn man lebenslänglich bekommen hatte, von da oben kam man nicht wieder runter. Wie der Gefangene aus dem *Grafen von Monte Christo* saß man da. Und auf der anderen Seite eben die Phlegräischen Felder.

Der Höhepunkt der Phlegräischen Felder, obwohl er nicht so glamourös ist wie das Phänomen der Platte von Pozzuoli und die Solfatara, ist der Ort Cuma am anderen Ende der Bucht von Pozzuoli. Von Procida bin ich ein paarmal rüber nach Cuma. Cuma habe ich ein Kapitel in meinem Buch *Rom – Spaziergänge auf der Antike* und eine Novelle gewidmet.

Cuma war die erste griechische Siedlung am Tyrrhenischen Meer. Davor hatten die Griechen nur Siedlungen auf Sizilien und an der Ostseite von Kalabrien gegründet. Jetzt stand auch im Westen eines ihrer Wahrzeichen, ein Apollotempel, den man weithin sah. Von dort aus haben die Griechen Italien erobert und das westliche, damals schon etruskische Italien verändert.

Von Cuma aus, und deshalb ist der Ort für uns Schriftsteller so bedeutsam, ist das Alphabet nach Westeuropa gekommen. Ohne Cuma und die Griechen würden wir heute noch Knoten machen in Schnüre, um Texte zu tradieren, oder mit unseren Messerchen Kerben in Stäbchen schnitzen, anstatt uns einigermaßen ordentlich mit Buchstaben verständigen zu können.

Cuma kennt ihr aus der *Odyssee* und der *Aeneis* von Vergil. Nach Cuma kommt Aeneas auf der Flucht über Tunesien nach Italien, um das zweite Troja zu gründen. Er landet am Capo Miseno. Das Kap heißt so, weil Misenos einer seiner Waffengefährten war. Da landen sie. Aeneas will wissen, wo er dieses zweite Troja, das später den Namen Rom erhalten wird, gründen soll. Er landet also am Fuß der Akropolis, wo auch der Lago d'Averno liegt. Es heißt, wenn ein Vogel über den See fliegt, stirbt er und fällt ins Wasser – der vulkanischen Ausdünstungen wegen.

Der »vogellose See«, ein Teil der »brennenden Felder«, ist in der Antike einer der Eingänge zur Unterwelt, und hier, am Fuße von Cuma, lag auch die berühmte Wallfahrtsstätte der Sibylle von Cuma.

Sibyllen, das wissen wir alle, sind Wahrsagerinnen. Die Sibylle von Cuma sitzt in einer Grotte, die man heute noch besichtigen kann. Zu der Grotte führt ein langer Gang mit aus dem Stein herausgehauenen Fenstern auf einer Seite. Er ist völlig schwarz, vermutlich, weil man mit Fackeln hindurchging, aber es ist ein geräumiger Gang.

Am Ende des Ganges saß auf einem Stühlchen die Sibylle von Cuma und sagte wahr, während bedeutende Gase aufstiegen. Zu ihr geht Aeneas, zu ihr gingen später auch die Römer. Zu Pindars Zeiten scheint sie noch gelebt zu haben. Aeneas geht also hin und will wissen, wo er das neue Troja gründen soll, und außerdem will er seinen verstorbenen Vater Anchises noch mal sehen.

Es gibt dieses berühmte Gemälde von Raffael, »Aeneas rettet seinen Vater Anchises – begleitet von seinem Sohn Ascanius«: Aeneas trägt seinen alten Vater auf den Schultern aus dem brennenden Troja. Das heißt, irgendwann muß Anchises auf dem Weg von Kleinasien nach Hesperien abhanden gekommen sein, vielleicht in Karthago, wo Aeneas bekanntlich ein Verhältnis mit Königin Dido hatte.

Die Sibylle begleitet ihn natürlich. Einen derartigen VIP wie einen König aus Troja begleitet man persönlich, da muß man mal raus aus der Höhle und rein in die Hölle. Aber das Witzige ist: Der erste, den sie treffen, ist Aeneas' Reisegefährte Misenos. Du auch hier? Was ist denn passiert? Misenos war inzwischen, das konnte Aeneas nicht wissen, denn er war schon ein paar Tage weg, ums Leben gekommen.

Wie die Geschichte ausging, ist bekannt. Als Aeneas aus der Unterwelt zurückgekommen war, ließ er seinen Gefährten rituell verbrennen, die Asche ins Meer streuen, wie sich das gehört, und nachdem ihm die Sibylle grob die Richtung gewiesen hatte, wo er Troja gründen sollte, zog er weiter bis hinauf nach Latina, aber das ist eine andere Geschichte.

Immerhin müssen wir sagen: Von Cuma aus ist, wenn wir die Geschichte glauben wollen, Rom gegründet worden – und zwar offensichtlich nicht lange nach dem Trojanischen Krieg.

Procida, Cuma – solche Orte sind für mich existentiell, die bestimmen nicht nur mein Leben, sondern ich projiziere sie in die Welt und sage: Wir würden ganz anders leben, wären die Griechen damals nicht in Cuma gelandet. Wir leben in einem kulturellen Kontinuum von zehntausend, zwölftausend Jahren. Wir können es darüber hinaus verlängern, aber zumindest die Jetztzeit beginnt mit allen ihren Irrtümern und Errungenschaften in der Jungsteinzeit.

Die älteste Siedlung in Köln-Lindenthal ist eine jungsteinzeitliche Siedlung, die älteste Siedlung in Rom ist eine jungsteinzeitliche Siedlung. Daß man auch Angaben über noch sehr viel ältere siedlungsgeschichtliche Funde machen kann, habe ich vorhin erwähnt – das Neuwieder Becken und so weiter –, das können wir hier vernachlässigen. Auf diese Zeiten beziehen sich unsere Traditionen nicht mehr. Aber sie beziehen sich eindeutig auf einen zivilisatorischen, kulturellen, gesellschaftlichen Prozeß, der in der Jungsteinzeit im Irak und in Palästina begonnen hat. Und wenn man so gepolt ist wie ich, ziehen einen solche Zentren an.

Natürlich ist es Quatsch, wenn ich sage: Ich spüre das. Ich weiß es, weil ich es gelesen habe. Ich weiß es, weil es im Reiseführer steht. Ich weiß es, weil man so etwas studieren kann. Aber Orte mit solchem historischen Gewicht sind trotzdem ein Gewinn für mich, Lipari mit seinen Obsidiangesteinen oder Procida mit seiner jungsteinzeitlichen Siedlung oder das gegenüberliegende Cuma mit seiner Geschichte. Ein Großteil unseres Denkens ist ja Projektion. Man projiziert Wünsche, Vorstellungen und Gedanken auf reale Situationen.

Das macht auch der Kommunist. Der Kommunist sagt: Ich stecke hier in der Scheiße, aber ich halte es für möglich, daß man aus der Scheiße rauskommt. Das ist eine Projektion. Er stellt sich das Leben nach der Scheiße vor, und dann ist es ganz anders, er stellt sich den Weg vor, wie man aus der Scheiße rauskommt, aber der Weg verläuft anders. Nie verlaufen die Wege so, wie die Leute sie sich vorstellen, wenn sie beginnen, ihren Weg zu gehen.

Was haben Lenin und Stalin 1905 in Finnland besprochen? Stalin hat meistens zugehört, weil er zu klug war, im Beisein so kluger Männer wie Lenin oder Plechanow viel zu sagen. Er hat zugehört und es danach den anderen gesagt. Aber wie haben die Genossen sich das vorgestellt? Man kann es nachlesen. Wie haben sie sich vorgestellt, wie man eine Revolution herbeiführt, mit wem? Diese Frage ist etwas völlig anderes als das, was anschließend passiert.

Man kann ihnen das nicht vorwerfen. Es ist ein Trugschluß der bürgerlichen Kritik, daß sie immer vom Ergebnis her versucht, die Richtigkeit oder Unrichtigkeit des Anfangs zu erörtern. Das ist Quatsch. Das dürft ihr niemals tun. Ihr könnt eines sagen: Wenn man Tschechow liest, atmet jede Zeile den Ruf nach Revolution. Ein ganzes Land, alle, die da denken und fühlen können, wollen revolutionäre Veränderungen.

Deshalb ist auch der Prozentsatz an Adligen unter den Revolutionären in Rußland erstaunlich hoch. Die gehörten meistens der gebildeten Schicht an. Deshalb hatten sie mehr Möglichkeiten, Schlüsse zu ziehen, als die armen Bauern und das Proletariat. Und ihre Konsequenz ist Revolution. Jeder stellt sie sich anders vor – das berühmte Leninsche *Was tun?* Eine berückende Schrift, doch aus keinem seiner Vorschläge geht hervor, was nach der Revolution tatsächlich zu tun war.

Lenin beantwortet die Frage »Was tun?«, aber als die Bolschewiki die Macht hatten, standen sie vor Problemen, mit denen keiner gerechnet hatte. Wenn du an der Macht bist, mußt du die kleinsten Dinge beachten, und du änderst dein Konzept – wie Trotzki 1905 in St. Petersburg, als er Vorsitzender des Sowjets war, oder Stalin, der in Georgien 1905 schon ziemlich weit war. Das ist nicht nur ein Phänomen revolutionärer Vorgänge. Es gilt für jeden gesellschaftsverändernden Prozeß, daß Möglichkeiten, Handeln, Denken, Wünsche und Träume auseinanderklaffen. Das ist fundamental. Die Macht zu erringen ist die eine Sache, sie auszuüben etwas anderes.

Wir waren also, wie gesagt, 1989 im Winter ein paar Monate auf Procida, und ich sprach ja auch schon über den Vulkanismus zwischen Neapel und Catania, und dazwischen liegt, winzig, im Meer, der unvergeßliche Stromboli, auf dem ich 1968 mal eine Nacht unter sternenklarem Himmel mit einer ordentlichen Dosis LSD verbracht habe – einer dieser kleinen Pillen, die es in diversen Farben gab und die lustige Namen hatten wie Yellow sunshine und Blue diamond.

Der Sage nach liegt unter diesem Gebiet einer der Titanen des Altertums begraben, ich glaube, er heißt Typhon, vom heldenhaften Herkules im Auftrage des Obermackers Zeus besiegt. Herkules vergräbt ihn gewissermaßen. Seine Füße liegen in der Nähe von Cuma, und der Titan ist so lang, daß er bis zum Ätna reicht. Da liegt er, und von Zeit zu Zeit rasselt er mit den Ketten, stößt feurige Gifte aus und keucht. Fünf-, sechshundert Kilometer muß der Bursche groß gewesen sein.

Wir denken bei dem Wort Titan an Hölderlin und sein Gedicht: »Gehn dir im Dämmerlichte, / Wenn in der Sommernacht / Für selige Gesichte / Dein liebend Auge wacht, / Noch oft der Freunde Manen / Und, wie der Sterne Chor, / Die Geister der Titanen / Des Altertums empor.« Ich liebe das Gedicht seit meiner Jugend, vor allem die Zeilen: »Der Gott der Jugend waltet / Noch über dir und mir.« Es erinnert mich an den Popsong »Forever Young« von Alphaville, der mein Lebensgefühl ausdrückt seit Hölderlins Gedichtzeilen. Der Gott der Jugend waltet noch über mir.

Das heißt, fasziniert haben mich die Vulkane, seit ich sie kenne. Es gibt eine Stelle beim jüngeren Plinius, einem römischen Geschichtsschreiber, da steht er mit seinem Onkel in der Gegend von Cuma und blickt auf die gegenüberliegende Seite des Golfs von Neapel und beobachtet den Ausbruch des Vesuvs. Zwei Historiker – der eine von ihnen ein berühmter Admiral, deshalb ist er vor Ort, er befehligt die römische Flotte im Lago d'Averno und überlegt, ob man denen da drüben helfen kann.

Kann ich ein Schiff rüberschicken? Die Leute, die sich dort drüben an den Strand gerettet haben, kann ich die retten? Und als er feststellt, daß man durch die Giftwolken erstickt, schickt er seine Schiffe nicht rüber. Und sein Neffe steht neben ihm und beschreibt Jahre später den Ausbruch des Vesuvs. Die beiden stehen da wie Figuren von Caspar David Friedrich, so stelle ich sie mir vor.

Sie sehen die Katastrophe, sie haben Schiffe, aber sie können nicht helfen. Es gibt sicher einen Haufen Gemälde, die den Ausbruch des Vesuvs darstellen. Wir wissen nicht, ob es so ausgesehen hat, aber wir können ihn uns imaginieren an Hand von Beschreibungen.

Ich hatte natürlich wieder mal Glück mit dem Zeitpunkt der Reise nach Procida. Es fand nämlich in Neapel ein Kongreß über Vulkanologie statt. Es würde zu weit führen, wenn ich jetzt erklären würde, was das Faszinierende an großen Vulkanen oder gar an Vulkanlandschaften wie dem berühmten Yellowstone-Nationalpark im Norden der USA ist. Es gibt eine sehr schöne Doku-Fiction über einen Ausbruch des Yellowstone, ich weiß nicht, ob ihr sie zufällig gesehen habt.

Ich bin mehrmals zu diesem Kongreß gegangen, habe mir die Vorträge angehört und eine Menge gelernt. Im Golf von Neapel befindet sich zum Beispiel ein tausendsiebenhundert Meter hoher aktiver Vulkan, den man nicht sieht, weil drüber noch mal tausend Meter Wasser sind.

Die Vorträge kreisten im wesentlichen um drei Themen, die für das politische Geschehen irgendwie paradigmatisch waren. Das erste war: Da ist was, und das ist nicht gut. Das zweite: Da ist was, und dagegen können wir nichts machen, aber vielleicht können wir ein bißchen helfen, das Schlimmste zu verhindern. Es ist wie mit dem Kapitalismus oder der Medizin. Die Gelehrten sagen: Ganz vermeiden können wir nicht, daß was passiert, aber wir können die schlimmsten Schäden durch Früherkennung vermeiden. Ein Vergleich zum Krebs läßt sich anstellen, beim Krebs spielt die Früherkennung eine große Rolle. Und so gibt es auch eine Früherkennung für Vulkanausbrüche.

Die Welt ist voller Stationen, die nichts weiter machen, als früh zu erkennen, wann welcher Vulkan in welchem Umfang ausbrechen wird – Früherkennung und gleichzeitig schon Planung darüber, was man mit den betroffenen Menschen machen wird.

Ich weiß nicht, ob die Leute, die den modernen Kapitalismus regeln, ebenfalls Pläne dafür in den Schubladen haben, was sie machen werden, wenn die Menschen anfangen, sich gegenseitig aufzufressen. Wie halten wir eigentlich, wenn der Kapitalismus zusammenbricht, eine Stadt wie Köln am Laufen? Wenn plötzlich kein Strom mehr da ist? Was bricht da an Kommunikation zusammen. Krankenhäuser. Man kann nicht mehr heizen, es gibt kein Wasser mehr.

Ohne Strom ist die Menschheit innerhalb von drei Tagen am Rande des Exitus. Da haben nur noch ein paar Leute Überlebenschancen. Mehr als drei Tage kannst du in einer modernen Großstadt nicht überleben, spätestens dann trampeln sie dich tot. Also müßte es auch dafür Pläne geben. Die funktionieren allerdings nie, wenn sie gebraucht werden. Kennt man ja aus dem Kino.

Die Frage ist trotzdem: Wenn der Supervulkan Kapitalismus ausbricht, gibt es in den Behörden dafür irgendwelche Pläne? Notstromaggregate in ausreichender Menge? Wasservorräte, Wasserwagen, die durch die Straßen fahren? Und man weiß ja nie genau, welche Schäden auftreten.

Das ist wie mit den Vulkanen. Es kann sein, daß sie nur ein furchtbares Erdbeben verursachen, es kann sein, daß sie eine Aschewolke ausstoßen, die in einer breiten Schneise alles niederreißt, es kann sein, daß es nur Schwefel regnet, dann ersticken alle, das ist auch schon vorgekommen, auch in jüngerer Zeit. Die Zusammenhänge zwischen modernem Leben und Vulkanen sind in der Literatur schon vor Jahrzehnten auf hohem Niveau erörtert wurden – Malcolm Lowry, *Unter dem Vulkan.*

Daß ein Zusammenhang zwischen Vulkanismus und dem Leben im Kapitalismus imaginierbar ist, das hat mich total fasziniert – die Unberechenbarkeit der Vulkane und die Unberechenbarkeit unserer Wirtschaftsweise.

Der dritte Punkt, der Mittelteil, war der beste. Da wurden die Schäden beschrieben. Wenn das und das passiert, sterben so und so viele, wenn das und das passiert, ist der Ausstoß von Asche so und so hoch. Der dritte Teil war, wenn man so will, der beruhigende Teil: Wie lange wird die Region, nachdem zehn Millionen gestorben sind, unbewohnbar bleiben?

Das wird natürlich anders verlaufen, wenn der Kapitalismus zusammenbricht. Wenn die Infrastruktur in der Region rund um den Vesuv zusammenbricht, weil die Wirtschaft ausrastet, würden die Menschen zunächst mal abhauen, in der Hoffnung auf eine Gegend, in der sie überleben können. Auf dem schmalen Küstenstreifen zwischen dem Norden und dem Süden Neapels wohnen zur Zeit vielleicht zwanzig Millionen Italiener. Ein solches Agglomerat bricht bei einer ordentlichen Wirtschaftskrise in sich zusammen. Wir haben an der DDR gesehen, wie einfach es ist, einen Landstrich mit einer relativ wohlhabenden Gesellschaft zum Versorgungsfall zu machen, quasi zur politischen Intensivstation. Das ist relativ einfach, und das kann man da unten selbstverständlich genauso machen, indem man der Welt irgendwo den goldenen Schuß verpaßt.

Auf diesen Kongressen in Neapel wurde dieser Zusammenhang natürlich nicht ins Auge gefaßt. Da wurde immer nur gesagt: Der Vulkan, der bricht aus, und wenn er ausbricht, gibt's richtig Tote. Dann ist die Region jedenfalls tot.

Auch auf den mythologischen Untergrund hat keiner hingewiesen, obwohl er ebenfalls eine Parabel ist. Erst durch die Niederwerfung des Titanen, vielleicht war es auch nur ein Gigant, ist so etwas wie ein modernes Leben unter Zeus und den Göttern der Neuzeit denkbar gewesen. Solange diese wilden Kerle da rumlaufen und alles kaputttrampeln, ist keine Zivilisation möglich, kein Tempel, nichts. Jemand muß die Urgewalten zähmen, aber ganz ausschalten kann man sie nicht. Sie können immer mal einen ganzen Landstrich verwüsten, wie der Kapitalismus, der auch so eine mythologische Urgewalt ist.

Das Motiv des Sieges der Götter über diese Burschen durchzieht nicht nur die griechische Mythologie. Das haben wir in allen möglichen Kulturkreisen. In Rom lebt zu einer Zeit, als schon Rinderzucht betrieben wurde, auf dem Berg Aventin ein Monster. Der Berg ist offensichtlich vulkanischen Ursprungs, denn das Monster kann Feuer speien. Es heißt Cacus und ist ein scheußliches Lebewesen, das alles zerstört, ein Wilder.

Auch da kommt wieder unser Held ins Spiel, Herkules. Er war gewissermaßen der Handlanger der neuen Götter, der die olympische Moderne an die Stelle des gigantisch-titanischen Chaos setzt. Er kommt über Marseille nach Italien, baut Straßen, auf denen er bis nach Rom vorrückt, überschreitet den Tiber und besiegt Cacus.

Das heutige Rom ist nicht denkbar ohne den Sieg des Herkules über dieses Monster, das den friedliebenden Viehzüchtern das Leben schwermachte, weil es ihnen die Kühe klaute. Cacus zog sie am Schwanz in seine Höhle, das Äußere der Höhle war geschmückt mit den Knochen der Tiere. Erst nach dem Sieg über ihn wird Rom sicher. Cacus ist der Terrorist der römischen Frühzeit. Genauso muß Zeus erst mal, wie es der Pergamonaltar darstellt, die Giganten besiegen.

Man kann das als Märchen lesen, aber das wäre falsch. Denn die Leute, die sich diese merkwürdigen Geschichten erzählt haben, wußten, daß sie Allgemeingültigkeit besitzen. Der Gigant oder Titan unter dem Boden des Golfs von Neapel ist ein Paradigma unserer Existenz. Die Leute haben gewußt: In seiner fortdauernden Gefährlichkeit manifestiert sich eine Einsicht in allgemeine Existenzbedingungen, auch in die Bedingungen politischen Handelns und gesellschaftlichen Verhaltens. Deshalb sind diese Bilder so wichtig, deshalb sind Landschaften so wichtig, die mit diesen Bildern in Verbindung stehen.

Allerdings waren die Leute, die diese Überlieferungen geschaffen haben, äußerst geschickt darin, ikonographische Elemente als Zeugnisse für die Richtigkeit ihrer Erzählungen zu benutzen. Die riesigen Felsbrocken, die der feuerspeiende Zyklop Polyphem am Fuße des Ätna Odysseus und seinen Männern hinterherschleudert, nachdem es ihnen gelungen war, ihn zu blenden und ihm mit Hilfe seiner Schafe, an denen sie sich festklammern, zu entkommen, diese Steine liegen nach wie vor im Meer. In der Gegend von Catania kann man die Felsen besichtigen.

Das Geschick, mit dem diese alten Geschichten erzählt wurden, ist bewundernswert, denn es steigert die Glaubwürdigkeit der Erzählungen, so daß sie überdauern werden. Und selbst wenn man sagt, die Geschichten stimmen nicht, haben sie eine Bedeutung. Solche Geschichten wurden nicht der Unterhaltung wegen erfunden, sondern um eine Interpretation der Welt zu liefern. Es geht um die Interpretation der Welt. Man muß die Welt interpretieren, ehe man überhaupt etwas tun kann.

Viertes Kapitel

Villa M., Wiedervereinigung, Richard Silberlocke,
der PEN, in den Klauen der Justiz, Bürgermeister von Kruspis

1990/91 waren wir, wie gesagt, in Rom. Von dort aus bin ich natürlich wieder nach Cuma gefahren, so, wie ich auch immer nach Pompeji fahre. Ich kann von Orten, die untergegangen sind, nicht genug kriegen. Ich bin geradezu untergangssüchtig – auch süchtig nach Schlachtfeldern. Ich habe einige berühmte Schlachtfelder gesehen, die Schlachtfelder von Cannae, am Trasimenischen See oder vor Verdun zum Beispiel, die Orte weniger berühmter Schlachten wie Königgrätz und Tannenberg oder nahezu unbekannter Schlachten, sofern sie etwas Besonderes haben – wie die Schlacht bei Ravenna zwischen Frankreich und den Habsburgern im 16. Jahrhundert. Schlachtfelder, große Begräbnisfelder haben mich immer fasziniert.

Natürlich haben mich auch Orte fasziniert, denen man ansieht, was da zerfallen ist, Rom oder Alexandria oder Jericho am Jordan, die älteste Stadt der Welt. Man steht an einer Grube, schaut in die Tiefe, und unten sieht man ein Eckchen von einer Zyklopenmauer. Das ist alles, was die Welt übriggelassen hat von der berühmten Stadt. Da könnt ihr sinnlich wahrnehmen, was Brecht im »Lied von der Moldau« sagt: »Das Große bleibt groß nicht und klein nicht das Kleine.« Ein enorm hoffnungsspendender Satz.

Was er ausdrückt, ist für mich einer der Gründe, weshalb ich Rom so geliebt und warum ich nicht über das römische Barock geschrieben habe. Mich hat an der Antike nicht die goethische Suche nach dem Klassischen interessiert, sondern das, was Goethe in der Antike nie gesehen hat – das, was mein Freund Piwitt gemeint hat, als er sagte, in Rom spüre man das Blut auf dem Marmor. Das will ich spüren: das Blut auf dem Marmor.

Wir waren ein ganzes Jahr in Rom, und deshalb brauchten wir einen richtigen Eisenbahncontainer, der auch durch den Zoll mußte – Fahrräder,

Kinderbetten, mein PC, eine kleine Bibliothek, Cordulas Malutensilien, Spielsachen, Bilderbücher, sogar Getreide, die Getreidemühle und das große Backbrett, dazu Kleidung für einen langen Winter und einen heißen Sommer.

Cordula war mit euch vorausgeflogen, weil ich das Auto wieder mal bis unters Dach voll mit Zeug hatte. Die Villa Massimo kannte ich schon, weil ich dort 1967/68 Stipendiat gewesen war. Sie liegt im Rest eines ursprünglich sehr großen Parks, den der Fürst Massimo im 18. Jahrhundert hatte anlegen lassen, aber heute sieht man nichts mehr davon.

Das Gelände, das von einer hohen Mauer umgeben ist, wurde kurz vor dem Ersten Weltkrieg von einem deutschen Kohlenhändler gekauft, mit Gebäuden bestückt und Kaiser Wilhelm II. geschenkt, weil der Kohlenhändler, Arnold hieß er, glaube ich, zur Entourage gehören wollte und er dem Reich seinen Reichtum verdankte. Er besaß in Schlesien Bergwerke oder so was und war deshalb einer der wichtigsten Kriegsgewinnler in der Phase, in der Deutschland seit den neunziger Jahren des 19. Jahrhunderts auf den Weltkrieg vorbereitet wurde.

Architektonisch ist die Arnoldsche Villa Massimo eine Replik des preußischen Junkersitzes in Brandenburg oder Mecklenburg, also ein schloßartiger Herrensitz in einem Park und mit zahlreichen Gesindehäusern. Der Junkersitz besteht immer aus einem Herrenhaus, mal langgestreckt, mal hufeisenförmig, und einer Reihe kleiner, geduckter, einstöckiger Katen für die Tagelöhner, und dazwischen erstreckt sich eine breite Parkzone mit ein paar Lustelementen, einem Springbrunnen und vielleicht ein paar Arkaden oder einer Baumgruppe und natürlich Mäuerchen zu beiden Seiten, damit die Plebejer nicht einfach zum Herrenhaus rübergehen konnten.

Genauso sieht die Deutsche Akademie Villa Massimo in Rom aus, auch mit Lustelementen, Mäuerchen und Bäumen zwischen dem Haupthaus, in dem die Direktorin mit ihrer Sippe wohnte, und der Reihe der zehn Katen, in denen die Preisträger einlogiert wurden, was je nach Anzahl der Kinder ziemlich beengt war. Die Bäume dienten also nicht der Ästhetik, sondern sollten verhindern, daß man sah, wie der Mann der Direktorin mal wieder in kurzen Hosen ums Haus herumstolzierte. Er besaß einen Tropenanzug, wie er in der britischen Kolonialarmee einst getragen worden war, und gab den klassischen Prinzgemahl. Wir nannten ihn »Prinz Alfred«.

Die Direktorin der Villa Massimo sah ihre Untertanen, vulgo Preisträger, also überhaupt nicht, höchstens mal im Büro oder bei einer der gelegentlichen Partys im Junkerhaus. Das war 1967 so und 1990 auch noch, trotz APO und Willy Brandtwein.

Schlimmer war es nur unter ihrem Vorgänger, ihrem Vater, einem preußischen Regierungsrat, der seine Legitimation daraus ableitete, daß er die Adoptivtochter des Kohlenhändlers geheiratet hatte. Warum diese Mumie das Institut auch nach 1945 wieder leiten durfte, war ein Rätsel.

Dieser Regierungsrat pflegte die Stipendiaten ins Haus zu zitieren, und dann mußten sie ihm ihre Arbeiten vorlegen. Er sorgte obendrein dafür, daß keine Damen bei den Preisträgern übernachteten, auch keine Ehefrauen. Die Putzfrau war angehalten, das Laken zu kontrollieren, aber dazu müßt ihr wissen, liebe Kinder: Unter Geistesschaffenden war noch in meiner Jugend die Meinung verbreitet, daß nur Männer Großes schaffen und heterosexuelle Kontakte die Geisteskraft schwächen.

Dieses Frauenverbot, die Pflicht, Arbeitsergebnisse zu präsentieren, und etliche andere wilhelminische Tugenden hat erst die Tochter abgeschafft, die etwa 1964 die Macht übernahm, Elisabeth hieß sie, Nachname habe ich vergessen. Wir nannten sie »Elisabeth die Nullte«. Die höhere Tochter par excellence. Verklemmt. Etepetete. Arrogant. Dünkelhaft. Opportunistisch.

Das heißt, die Villa Massimo war, auch 1990 noch, typisch deutsch bis auf ein paar Bauelemente, die aber weniger italienisches Flair verbreiten als jeder Bau von Schinkel oder Klenze. Vor allem der Habitus der Nullten war ziemlich hoffärtig, was zu einer täglichen Zeremonie führte – dann nämlich, wenn Elisabeth in ihrer Limousine das Gelände verließ. Sie hielt vor dem großen Portal, hupte bösartig, und dann kam der Portier, ich glaube, er hieß Peppino, ein altes Männlein in einer Livree, angehumpelt und mußte das schwere Eisengitterportal öffnen.

So was hätte die Schnepfe niemals selber gemacht. Ich habe auch erlebt, wie sie die Gärtner und Putzfrauen zusammengeschissen und andererseits vor Botschaftern und deutschen Politikern den Katzbuckel gemacht hat.

Natürlich durfte dieses Portal nicht von den Preisträgern benutzt werden. Für die gab es seitlich ein profanes Holztor, das sie selber öffnen und schließen mußten. Die Preisträger ließen das aber zumeist von ihren Ehefrauen machen.

Okay, ich kam also mit meinem vollgepackten Kombi an, und als ich auf das Gelände fahre, es dunkelte bereits, war ja auch Herbst, sehe ich als erstes einen riesigen Kran, der in der Mitte des Platzes vor dem Herrenhaus aufgebaut war. Ich fragte Cordula: Was ist denn das für ein Kran? Sie sagte, morgen komme das Fernsehen.

Es mußte eine bedeutende Angelegenheit sein, wenn die sogar mit einem Kran von oben filmen wollten. Mir war gar nicht bewußt, daß der folgende Tag der 3. Oktober 1990 war. Ich bin dann am 3. Oktober rüber ins Herrenhaus. Wir waren alle eingeladen, es war sogar darum gebeten worden im Hinblick auf die Anwesenheit des Fernsehens und des Botschafters der

Bundesrepublik Deutschland und führender Repräsentanten des italienischen Staates und des diplomatischen Korps. Politische Vertreter der DDR waren keine da. Die sollten ja an dem Tag abgeschafft werden.

Prinz Alfred, der einst im Werkkreis Literatur der Arbeitswelt angefangen hatte, trug diesmal keine kurzen Hosen, sondern einen Stresemann, also nicht bloß einen einfachen schwarzen Anzug. Außerdem hatte er, völlig stilwidrig, nicht nur eine Kamera umhängen, sondern zwei.

Es war der Tag der Gründung der neuen Bundesrepublik Deutschland, und das deutsche Fernsehen hatte das Herrenhaus und den Park der Villa Massimo in Beschlag genommen, um stundenlang zu berichten, Tenor: Wir berichten jetzt, wie die Deutschen in Rom, wir berichten jetzt, wie die Deutschen in Rio de Janeiro, wie sie in Shanghai, wie sie in Tokio, in Südafrika in Jubel ausgebrochen sind. Ich habe die Sendung ein bißchen verfolgt. In der Villa standen Fernseher, und immer, wenn wir Römer an die Reihe kamen, suchte ich mir mit dir, Uta, eine Stelle, an der wir, so hofften wir, von der Kamera erfaßt wurden, wenn wir winke, winke machten und so taten, als freuten wir uns.

Da war also ein komplettes Fernsehstudio eingerichtet worden, dem wie in einem Durchlauferhitzer ständig Personen zugeführt wurden, die interviewt wurden und Pseudogespräche miteinander führten. Auf die Art und Weise kamen massenweise italienische Spitzenpolitiker, der deutsche Botschafter und die Deutschen in Rom ins Fernsehen.

Es lebte ja damals die berühmte deutsche Dichterin Luise Rinser in Rom, die angeblich eine große Verehrerin von Gudrun Ensslin war, jedenfalls wenn man der einschlägigen Literatur glauben will. Dieser Grufti hockte auch da rum, neben einer Reihe von anderen Mumien, und stammelte in die Kameras: Ich bin so glücklich! Das ist der schönste Tag in meinem Leben! Ich nehme an, sehr viel anderes haben die anderen auch nicht gesagt.

Es war ein Spektakel, das sich die halbe Nacht hinzog. Es war eines der größten Ereignisse in diesem Jahr in Rom und stand unter dem Slogan »Wir sind wieder wer«. Ich habe miterlebt, wie wir wieder wer wurden, und vor allen Dingen verdanke ich diesem Ereignis einen Mann, der in dieser Nacht vom DDR-Bürger zum Bundesbürger wurde. Deshalb habe ich ihm in meiner Erzählung »Zum Sterben nach Cuma« ein literarisches Denkmal gesetzt.

Ich habe den Text in dieser Nacht konzipiert. Abgedruckt wurde er vor fünfzehn Jahren in der Zeitschrift *Neue Deutsche Literatur*, und jetzt steht er auch in *Fast letzte Erzählungen* – fast dreißig Seiten lang, fast eine Novelle. Der Mann kommt nicht mit Klarnamen vor, auch nicht mit seinem korrekten Beruf. Falls ich etwas Falsches über ihn erzählt habe, muß ich ihn um Verzeihung bitten.

Er hat mich zu dieser literarischen Figur angeregt, einem DDR-Bürger, der in Rom lebt und mit einer Italienerin verheiratet ist, die er in Ostberlin kennengelernt hatte, als sie dort an der italienischen Botschaft tätig war. Weil er sie geheiratet hatte, durfte er, als sie zurückversetzt wurde, mit nach Rom. Möglicherweise war er, vielleicht hat er mir das sogar erzählt, Journalist für irgendeine DDR-Zeitung.

Ich habe aus ihm einen Mitarbeiter des Ministeriums für Staatssicherheit gemacht, der die Aufgabe hatte, in der Botschaft der DDR in Rom nach dem Rechten zu sehen, der aber auch darauf achten mußte, daß die in Rom ansässigen DDR-Bürger, das waren gar nicht so wenige, nichts Unrechtes taten. Von ihm habe ich mir ein extra für diesen Zweck gebautes, bestimmt sechzehnstöckiges Hochhaus, das aussieht wie die Plattenbauten in Berlin-Marzahn, zeigen lassen. Schon 1990 hing ein großes Schild dran: »Vendesi« – »Zu verkaufen«. Das Haus war geräumt, es gab ja keine DDR mehr.

In meiner Erzählung muß er die Leute, die da wohnen, beobachten – ob zum Beispiel die Frauen, wenn sie mit ihren Kindern in den nahegelegenen Park gehen, vielleicht konspirative Gespräche vielleicht sogar mit Westdeutschen führen. Was tauschen die aus? Das ist bis '89 seine Aufgabe.

Er hat mir dieses Haus gezeigt, in dem sämtliche DDR-Bürger wohnten. Ich fand es interessant und abartig zugleich. Vielleicht hatte es nichts zu bedeuten. Vielleicht war es lediglich billig und praktisch. Die wohnten alle unter einem Dach und wurden zentral versorgt. Man kann dem durchaus den Charme der Plausibilität abgewinnen, aber auf der anderen Seite war es seltsam. Die Deutschen aus Westdeutschland jedenfalls wohnten über die ganze Stadt verteilt. Das muß er auch so empfunden haben, sonst hätte er mir das Haus nicht gezeigt.

Ich habe von ihm auch erfahren, daß jemand wie Christa Wolf, wenn sie nach Rom kam, überall hingehen durfte. Sie hatte wahrscheinlich auch keine Devisenprobleme. Aber er hat sie beobachtet. Er wußte, in welchem Geschäft in der Via Frattina oder in der Via Barbarino oder in der Via del Corso – das sind relativ teure Einkaufsstraßen – sie eingekauft hat. Ich habe ihn nach 1991 nie wieder getroffen. Er war nicht unsympathisch, aber er war nicht mein Typ.

Er hatte, soweit ich mich entsinne, nach dem Fall der Mauer eine Privatdetektei. Deshalb wird ihm in »Zum Sterben nach Cuma« die Frage gestellt: Rentiert sich das?

Das hat er mir erklären können. Man braucht eine deutsche Privatdetektei in Rom genauso wie deutsche Zahnärzte, einen Laden, der deutsche Leberwurst und eingelegte Gurken führt, deutschsprachige Rechtsanwälte braucht man, Prälaten und eine Gastwirtschaft.

Rom hatte sogar relativ gute deutsche Gastwirtschaften, als ich ab 1967 dort zum erstenmal wohnte. Schon als ein Wittelsbacher namens Ludwig in der Frühen Neuzeit in Rom zum Kaiser gekrönt wird, verkehrt er in einer deutschen Gastwirtschaft. Wenn man durch die Porta del Popolo nach Rom reinkam, begegnete man nach ein paar Schritten einem deutschen Hotelier und stieß auf eine deutsche Gaststätte.

Das Haus von Tischbein, in dem Goethe gelebt hat und in dem das berühmte Bild entstanden ist, auf dem man Goethes reich gefalteten Arsch sieht, ist ebenfalls nur wenige Meter von der Porta del Popolo entfernt. Auch Goethe ist durch die Porta del Popolo in die Stadt gekommen, und kurz dahinter beginnt dieses relativ reiche Einkaufsviertel, in dem Christa Wolf beobachtet wurde. So hat er mir erklären können, was ein deutscher Privatdetektiv in Rom macht.

Es ist ja auch interessant, daß die deutschen Touristen in Rom oft von Deutschen beklaut und übers Ohr gehauen wurden. Noch 1991 fragte mich einer der Preisträger in der Villa Massimo, ob er Chancen hätte, einen relativ kleinen Geldbetrag, es ging vielleicht um zwei-, dreihundert Mark, von einem Deutschen zurückzukriegen, den er auf einem der Sieben Hügel kennengelernt und der ihm seine große Notlage geschildert hatte.

Ich vermute, der Notleidende erzählte jedem eine andere Geschichte. In diesem Fall war es so: Frau von Auto angefahren, liegt im Krankenhaus, keine Krankenversicherung, Papiere geklaut und so weiter und so fort, es könne nur ein, zwei Tage dauern, es würden schon zwei-, dreihundert Mark helfen, ein Deutscher mit einer lupenreinen Legende.

Da sagt man sich: Dem armen Kerl muß ich doch helfen. Man verabredet sich an gleicher Stelle in zwei oder drei Tagen wieder, dann kriegt man sein Geld zurück. Und als der Gläubiger hinkommt, ist natürlich keiner da. Und dann kommt er zu mir und sagt: Mensch, du kennst doch Rom, was soll ich machen, um an mein Geld zu kommen? Ich sage: Du hast keine Chance. Das ist einer der ältesten Tricks.

Die Deutschen fürchten im Ausland ja immer Gefahren. Sie fürchten, übers Ohr gehauen zu werden, sie fürchten, daß es unsauber ist, sie fürchten, beklaut zu werden.

Die größte Gefahr für den Deutschen im Ausland geht von den Deutschen im Ausland aus. Das ist auch im übertragenen Sinne zu verstehen. In den Jahren davor, die ich in Rom verbracht habe, habe ich so viele verbohrte Deutschnationale kennengelernt wie nirgendwo sonst.

Sobald der Deutsche, jedenfalls damals in den sechziger, siebziger Jahren, in Italien war, desto nachdrücklicher lobte er die deutschen Tugenden und fühlte sich überlegen. Die Impertinenz, die Arroganz, mit der sich die Deutschen, die ich in Italien getroffen habe, über die Italiener äußerten – ich dachte, die reden über Kaffer, Kameltreiber und Türken, aber nix da, niente. Italien ist für viele Deutsche unbewohnbar, No-go-Area, nur im Urlaub zu genießen oder im unmittelbaren Umfeld der Datsche. Da sind die Spaghetti fast wie wir.

Ein großer Teil der Berichterstattung, nicht nur aus dem Bereich des organisierten Verbrechens, beruht darauf, daß man nachweist, daß es die Italiener nicht bringen. Die Italiener sind im Grunde den Griechen ziemlich ähnlich. Sie sind ein Unglück für die Europäische Gemeinschaft und die Währungsunion. Ein Großteil der Italienberichterstattung zielt darauf ab, im Umkehrschluß zu sagen, wir Deutschen seien die Größten und die Besten.

Man kann den deutschen Nationalstolz nicht nur in Deutschland in einer rechtsradikalen Fankurve oder im Remstal beobachten, wo sie in Dreiergruppen in Springerstiefeln auf und ab gehen, man kann ihn an ganz normalen, scheinbar zivilisierten Deutschen in Rom feststellen. Es sind nicht die Neonazis mit ihrem Fanatismus, es ist der Deutsche, der zum Spießer wird, sobald er das nur geringfügig Andersartige serviert bekommt. Und man fragt sich, warum die überhaupt nach Italien fahren.

Ich habe ungefähr 1973 für den Hessischen Rundfunk eine Sendung mit dem Titel »Die Deutschen in Rom« gemacht. Ich hatte lediglich Interviews geführt und mir danach die schönsten Sätze rausgesucht und sie mit Sätzen aus der Italienbewunderungsliteratur konfrontiert, Platen, Goethe, man kann vieles nehmen. Die reichhaltige Italophilie setzt sehr früh ein, und die konfrontierte ich mit Äußerungen von Leuten, die wegen dieser emphatischen Dichterworte nach Italien fahren. Der Tenor war immer: Ist ja alles ganz schön hier, aber …

Kurz, das war mir alles bekannt, und das kam 1990/91 alles wieder hoch, auch daß die Preisträger, mit denen jetzt Cordula auf einer Hühnerstange saß, in erster Linie Deutsche sein würden und danach erst Individuen, Künstler, Stinkstiefel oder erträglich.

Es kamen auch andere Dinge auf den Tisch. Der erste Irakkrieg ging los. Ich war in der Villa Massimo von immerhin – samt Ehefrauen und Besuchern – zwanzig, fünfundzwanzig Intellektuellen und Künstlern umgeben und mußte mir anhören, wie sie diesen Krieg befürworteten. Das war schon überraschend und schmerzlich.

Und die DDR war gerade gekippt worden. Das war das andere große Thema. Wie die, ohne überhaupt eine Ahnung zu haben, sich jetzt deutschnational, auf jeden Fall pro Wiedervereinigung äußerten! DDR, das war alles scheiße gewesen.

Ein Dichter, den die Angst umtrieb, in einer Gaststätte oder in einem Lebensmittelladen beschissen zu werden, und der fest davon überzeugt war, er werde immer beschissen, weil die Italiener jeden Deutschen bescheißen, dieser Schriftsteller sagte mal, als man in einer größeren Gruppe beisammen saß, aß, trank und palaverte, mehr oder weniger alles, was in der DDR bis 1989 geschrieben worden sei, könne man nur verbrennen. Gute Literatur gab es seiner reaktionären Meinung nach nur im Westen, Dissidenten hingegen konnten so schlecht sein, wie sie wollten, das waren für ihn gute Schriftsteller.

Wer es in der DDR ausgehalten hatte, selbst diejenigen Autorinnen oder Autoren, bei denen man sagte: gut geschrieben, interessante Themen und Stoffe, waren dadurch diskreditiert, daß sie da gelebt hatten. Ich kann mich nicht an einen einzigen Schriftsteller aus der DDR erinnern, der Gnade vor seinen Augen gefunden hätte. Man konnte mit ihm diskutieren, worüber man wollte. Brecht? Die ganz späten, skeptischen Gedichte, ja. Aber der Brecht der *Heiligen Johanna der Schlachthöfe*? Das war auch für die anderen anwesenden Dichter schlicht und einfach Klassenkampfklamauk. Ich weiß nicht, ob sie das vor 1989 so drastisch gesehen haben, aber die Bekenntniswut, das jetzt nach der Wende zu sagen, war groß.

Als einmal ein bekannter DDR-Lyriker zu Besuch kam und ein paar Tage in der Villa wohnte, haben die Preisträger für Literatur ihn geschnitten, als hätte er Aussatz. Der lief rum wie ein geprügelter Hund. Seine Ex-Frau war eine bekannte Dissidentin. Als die Jahre später in die Villa kam, wurde sie bejubelt. Die hatte sich aber auch rechtzeitig aus der DDR ausbürgern lassen.

Es gab, das müßt ihr mir glauben, nach dem Fall der Mauer jahrelang eine riesige Zahl von Märzgefallenen. Bei den Märzwahlen 1990 hatte die SED die Macht verloren, und die Ableger der Westparteien hatten sie übernommen. Da lief alles über, was opportunistisch war, und die alten Reaktionäre kriegten endgültig Oberwasser.

Ihr solltet solche Phänomene global sehen. Es zeichnete sich ja schon vor der »Wiedervereinigung« ab, daß die DDR nicht nur wirtschaftlich, sondern auch sozial und kulturell plattgemacht werden sollte. Die sollten nur noch Westwaren genießen, egal, ob Kloreiniger oder Gedichtbände.

So war die Stimmung in der Villa M. in jenem Jahr nicht eben heiter, aber fertiggemacht hat sie mich natürlich nicht. Mein Motto lautet: »Nobody's got to cut my throat but me!« Wie verlief denn nun aber mein Leben in jenem Jahre vor zwanzig Jahren?

Wir lebten zu viert in einer winzigen Wohnung, nur Cordula hatte unten ein großes Atelier, und machten einerseits all das, was eine Familie mit zwei kleinen Kindern so tut, andererseits: Rom. Ich machte den Haushalt, Cordula natürlich auch. Ich fuhr mein Auto fast zu Schrott, übersetzte zwei Romane von Giuseppe Fava, schrieb wie ein Irrer, auch die erwähnte Novelle »Zum Sterben nach Cuma«, geisterte durch die Stadt, sobald ich weg konnte, fuhr auch mal alleine nach Neapel, stand nachts auf und ließ mich vollkotzen, wenn du, Lea, deinen Reizhusten hattest, der monatelang nicht wegging.

Ich besuchte alte Freunde in der Stadt, pumpte das Planschbecken auf, fuhr dich, Uta, mit dem Fahrrad in den Kindergarten der Schweizer Schule, morgens bergauf, mittags bergab, verbrachte mit euch den August, wenn es in Rom unerträglich heiß wird, in einem Dorf hoch oben in den Abruzzen, nicht weit entfernt von L'Aquila, im Haus meines Freundes Mauro Ponzi, Professor für Germanistik und selber Autor, fuhr morgens um drei auf den Gianicolo, um den Sonnenaufgang zu erwarten, organisierte Kinderfeste, und abends hockten wir, Cordula und ich, in einer Seemannsbar um die Ecke, in der es Pilsener Bier gab.

Der Kindergarten war wichtig, auch der Gianicolo. Ohne Kindergarten lief bei dir, Uta, gar nichts. An einem der ersten Tage liefst du mir davon. Ich machte mir Sorgen, da hörte ich Kinderstimmen. Ein italienischer Kindergarten – und du mitten drin. Du spieltest schon mit den kleinen Italienern.

Der Gianicolo ist keiner der Sieben Hügel. Er liegt dribbe de Bach, auf dem etruskischen Ufer, und Janus war ein etruskischer Gott. Er hatte zwei Gesichter, eins vorne, eins am Hinterkopf. So schaute er in die Zukunft und in die Vergangenheit. Von hier aus sieht man die schönsten Sonnenaufgänge, und ich war mein Leben lang süchtig nach Sonnenaufgängen.

Sonnenuntergänge gehen mir am Arsch vorbei, aber Sonnenaufgänge, die bringen es. Da fällt die ganze Mythologie über mich her, angefangen bei den Ägyptern und den primitiven Germanen, die ab Dezember schreckliche Angst hatten, die Sonne könnte sich immer weiter entfernen und nicht wiederkommen, und die ein Freudenfeuer anzündeten, wenn sie merkten, sie kam wieder, sie hatte kehrt gemacht.

Cordula fabrizierte ihre großen Reliefbilder aus Pappmaché, die so schwer sind, daß man sie für den Transport zerlegen muß. Sie war auch politisch aktiv. Von Anfang an ging ihr Elisabeth die Nullte auf den Keks. Ich ignoriere Menschen, die sich nicht benehmen können, Cordula reibt sich an ihnen auf. Ich habe das unterstützt, denn Elisabeth benahm sich jetzt, da ich kein Preisträger war, sondern nur die männliche Ehefrau eines solchen, wenn auch weiblichen, mir gegenüber noch deutlicher von oben herab. Sie ignorierte mich, äußerte sich anderen gegenüber abfällig über mich – der schreibt ja nicht mehr, der ist nur noch Hausmann –, und das kann ich nicht leiden.

Im Grunde sollte Deutschland Cordula dafür dankbar sein, denn in der letzten Phase stellte sich heraus, daß Elisabeth die Nullte den Plan hatte, die Leitung der Villa in der Hand der Familie zu halten, natürlich des Kohlenhändlers wegen. Wenn der, meinte sie, nicht so blöd gewesen wäre, die Villa dem Kaiser zu schenken, würde sie heute noch der Familie gehören. Sie arbeitete daran, ihren Sohn zu ihrem Nachfolger zu machen, und der war in Deutschland Sympathisant einer neofaschistischen Organisation und diente freiwillig bei der Bundeswehr. Um ein Haar hätte die Deutsche Akademie Villa Massimo also einen Hauptmann als Direktor gekriegt, der ein Neonazi gewesen wäre.

Wie war es in Rom, wo ich ja bis 1973 schon einmal viele Jahre lang gelebt hatte? Es war eine Heimkehr. Ich hatte das Gefühl, das ich davor und danach mehrmals in meinem langen Leben hatte – das Gefühl nämlich, manche Dinge zweimal erleben zu müssen, immer mit großen Abständen. Romane, Orte, Menschen, Landschaften. Wenn etwas sich so eingeprägt hat, daß es sich zum Perpetuum mobile der Gedanken und Gefühle entwickelt, so daß ich immer wieder daran denken muß, brauche ich irgendwann das Déjà-vu-Erlebnis – nicht im psychopathologischen Sinne, daß ich mir einbilde, etwas zu erleben, was es nicht wirklich gibt, sondern als reale Wiederholung, auch nicht als Wiederholungszwang, sondern als Sehnsucht, die sich erst beim zweitenmal erfüllt.

Es ist, als ob ich eine Sache, die ich erlebt habe, nicht zum Abschluß gebracht hätte. Nun, indem ich sie wiederhole, bringe ich sie zum Abschluß, und dieses Etwas-zum-Abschluß-Bringen ist für mein Gefühlsleben wichtig.

Gut, das war also Roma zum zweiten, ein Jahr lang, in dem ich auch mein Verhältnis zu Cordula noch einmal definiert habe – weg von einer hochemotionalen Beziehung und hin zu einer mehr pragmatischen, also dauerhaften Liebe, in der vor allem der geistige Austausch, das intellektuelle Gespräch, die politischen und künstlerischen Interessen im Mittelpunkt stehen, was nicht ausschließt, daß man sich auch darüber einigt, wer die Küche putzt, oder ins Bett geht.

Aber eine Geschichte muß ich jetzt doch noch nachtragen, einfach weil sie so komisch und zugleich politisch ist. Die Villa Massimo bekam im Hochsommer 1991, kurz vor den großen Ferien, Besuch vom damaligen Bundespräsidenten Richard von Weizsäcker, von Richard Silberlocke. Ich habe ein Außenphoto von dieser Szene. Da steht wahrhaftig eine Hundertschaft Carabinieri in Paradeuniformen vor dem Gutshaus, dazu diskret im Park verteilt Bodyguards, Geheimpolizisten, vermutlich auch deutsche, auf den Dächern sah man Men in Black und Kampfroboter.

Dann nahten die Luxuslimousinen, vorneweg die des deutschen Botschafters und des diplomatischen Personals und die Präsidenteneskorte. Danach traten auf: die Kürassiere. Die Kürassiere gehören in Rom zum Stadtbild. Sie sind die Prätorianergarde des Staatspräsidenten. Die Kürassiere müssen sehr groß sein und haben eine merkwürdige Karnevalsuniform an. Wenn sie Wache stehen, dürfen sie sich nicht bewegen. Sie tragen außer einem Säbel keine Waffen. Die traten also auch auf, und langsam füllte sich der Platz mit Nobelkarossen, Bodyguards, federgeschmückten Carabinieri in Paradeuniformen, Chauffeuren, die rumstanden und rauchten, Diplomaten und Persönlichkeiten.

Wir, das Personal, also die Künstler, ihre Ehegatten und ihre Blagen, mußten natürlich gehörigen Abstand wahren. Die Preisträger waren aufgefordert worden, einen Sprecher zu wählen, ich glaube, er war Bildhauer und schrieb auch, hatte aber abstruse politische Ideen und vor allem ein staatstragendes Outfit und ein ebensolches Auftreten. Er durfte als Vertreter der Stipendiaten am kurzen Empfang im Haupthaus teilnehmen und uns hinterher berichten, was stattgefunden hatte.

Dann passierte folgendes: Nachdem der Staatsempfang mit dem Bundespräsidenten vorbei war, äußerte Silberlocke den Wunsch, auch mal mit den Künstlern zu sprechen. Er wurde in ein feuerfestes, ebenfalls polizeilich gesichertes Atelierhaus geführt. Er sollte natürlich von dem gewählten Vertreter der Preisträger begrüßt werden, aber es war vorgesehen, daß auch die Preisträger und ihre Ehegatten dabeisitzen durften. Es wurde sogar gesagt, es wäre gut, wenn der Präsident auch mit jemandem aus diesem Kreise ein paar Worte wechseln könnte: Wie bekommen Ihnen die Spaghetti? Stört es Sie, daß fünfhundert Meter von hier ein Parteibüro der neofaschistischen Partei Italiens ist?

Man sollte aber, wenn man das Wort an den Präsidenten richten wollte, das vorher sagen. Cordula wollte kein Wort an ihn richten, aber ich. Mich ärgerte nämlich diese geheuchelte Volksnähe, diese Pseudoaudienz. Ich fand, kein Preisträger hätte an der Veranstaltung teilnehmen dürfen, sie war schlichtweg entwürdigend. Deshalb hatte ich mir folgende Frage ausgedacht, und die trug ich dem Legationsrat vor, der die Audienz vorstrukturierte, wie er das nannte:

Herr Bundespräsident, wie fühlen Sie sich, wenn Sie nach so langer Zeit wieder mal nach Rom kommen? Ihr Vater, der langjährige Staatssekretär in Ribbentrops Außenministerium, war in der Endphase seiner Karriere deutscher Botschafter beim Heiligen Stuhl. Sie haben trotz seiner politischen Vergangenheit offensichtlich immer ein gutes Verhältnis zu Ihrem Vater gehabt, Sie haben ihn im Nürnberger Prozeß als junger Anwalt verteidigt. Was haben Sie aus Ihrer Jugend im Dritten Reich, in der Endphase des Zweiten Weltkrieges aus Rom mitgenommen?

Die Frage zielte darauf ab, daß sein Vater ein hoher Nazi gewesen war, der sämtliche Schweinereien und Verbrechen der Nazis gekannt, wenn nicht aktiv unterstützt hatte, und ich wollte natürlich provozieren, denn wie man weiß, hat Richard Silberlocke nie zugegeben, daß sein Vater ein übler Schreibtischtäter war. Ich habe die Frage knapp formuliert, das mußte ich ja. Jedenfalls wurde meiner Frau von dem Legationsrat, sie war als Preisträgerin die Ansprechpartnerin, bedeutet, es gäbe zwei Möglichkeiten: Entweder nähme ich nicht am Empfang teil, oder ich verspräche hoch und heilig, keine Frage zu stellen. Ich habe dann keine Frage gestellt, ist ja logisch.

Es war das einzige Mal, daß ich einem Politiker dieser Größenordnung so nahe gekommen bin wie Richard von Weizsäcker. Erst Jahre später hatte ich noch mal eine solche Begegnung der dritten Art. Also, wir sind jetzt schon wieder in Köln, Rom ist passé.

Ich hatte da schon das Haus in der Eifel und fuhr manchmal nach Mainz. Einmal fuhr ich zum Mainzer Schloß, warum, weiß ich nicht mehr. Die Straße war von zweistöckigen, kleinbürgerlichen Einfamilienhäusern mit Vorgärten gesäumt. Ich hatte gerade mein Auto abgestellt und überquerte die Straße, da trat ein Mann aus einer Haustür. Das war Helmut Kohl. Er war alleine und trat zwei Schritte vor die Haustür, nur die zwei Stufen runter bis an den Rand des Vorgartens. In dem Augenblick hatte ich gerade die Straße überquert.

Nun muß ich zugeben: Ich kann mit unerwarteten Situationen nicht gut umgehen, da reflektiere ich nicht, da verhalte ich mich ehrlich. Sowenig ich mich normalerweise ehrlich verhalte, weil ich immer reflektiere, in solchen Momenten verhalte ich mich ehrlich.

Trotz meiner Verachtung für diesen Herrn Kohl, der zu dem Zeitpunkt ja schon zwölf Jahre lang Bundeskanzler war und im Auftrag der Wirtschaft die Wiedervereinigungskacke durchgezogen hatte, streckte ich den Arm aus, um ihm die Hand zu geben, und sagte: Guten Tag, Herr Kohl, schön, Sie hier zu sehen.

Er schreckte zurück. Er schreckte regelrecht zurück. Er streckte nicht den Arm aus, um mir die Hand zu geben, er schreckte nur zurück, und im selben Augenblick wurde ich von hinten niedergerissen und in den Klammergriff genommen. Hinter mir standen zwei bleiche Leibwächter. Die hatten offensichtlich nicht aufgepaßt. Jedenfalls war da einer so nah an Kohl rangekommen, daß er ihm auch ein Messer in den Bauch hätte rammen können.

Was wäre passiert, wäre ich ein Attentäter gewesen? Ein paar Jahre zuvor waren Schäuble und Lafontaine angegriffen worden. Das hätte sich wiederholen können. Nur, woher hätte ich wissen sollen, daß Helmut Kohl ausgerechnet an diesem späten Nachmittag in einer Mainzer Nebenstraße mir gegenübertritt und die freie Brust bietet?

Mir war vollkommen klar, meine Reaktion hatte es mir gezeigt, daß ich eine Bazooka hätte dabeihaben können, und ich hätte ihm nichts getan. In diesem Augenblick war ich ganz ehrlich zu mir selber. Meine Staatsfeindschaft ist riesengroß, so groß, daß ich sogar die Taten der RAF befürwortet und unterstützt habe. Die ist so groß, daß ich diesen Helmut Kohl tausendmal verwünscht habe und, wäre ich Stalin gewesen, ab nach Sibirien geschickt hätte.

Aber in dem Moment, in dem ich die Möglichkeit hatte, diesen Gangster zu erledigen, war ich dazu nicht in der Lage. Ich meine, im Grunde hatte ich auch nicht die Möglichkeit, denn ich besitze keine Waffen. Aber ich begriff in dem Augenblick: Mein Haß ist offenbar nicht so groß, daß ich spontan sage: Gott sei Dank, jetzt habe ich ihn, jetzt versuche ich, ihn zu erwürgen, wenn ich schon kein Messer dabeihabe.

Nein, ich streckte den Arm aus und sagte: Herr Kohl, schön, Sie hier zu sehen! Und er versteinert natürlich. Und ich sage: Sind Sie nicht Herr Kohl? Und er sagt: Doch, doch. Und dann werde ich von den Bodyguards niedergerissen. Sie haben mich nach ein paar Minuten wieder laufen lassen. Ich war bloß ein gewöhnlicher Bürger, der sich freute, seinen Krautvater zu treffen. Die wollten nicht mal meinen Ausweis sehen und wissen bis heute nicht, wer der Mann war, der damals darauf verzichtet hat, ein Attentat auf Helmut Kohl zu verüben.

An Mainz habe ich seltsamerweise etliche Erinnerungen, obwohl ich da immer nur kurz war, vielleicht, weil meine erste große Liebe 1953 in Kassel, Margarethe, als ich aufs Abendgymnasium ging, einen Teil ihrer Kindheit in Mainz verbracht hat und ich ein Photo von ihr besitze, auf dem sie am Rheinufer steht.

In Mainz habe ich mal nach einer Lesung, die vom Oberbürgermeister eingeleitet wurde, versucht, eine Frau zu verführen, die ich vorher nie gesehen hatte, was mißlang, während ich Jahre später, 1983, bei einer damals ziemlich bekannten Dichterin mit meinem Ansinnen Erfolg hatte. Das war während eines Kongresses des Schriftstellerverbandes VS, auf dem die reaktionären Fraktionäre versuchten, den VS umzufunktionieren und gegen die DDR und die Sowjetunion in Stellung zu bringen.

Unglaublich antikommunistische Reden wurden da gehalten, die mir schwer auf die Eier gingen und mich dazu veranlaßten, nicht mehr für den Bundesvorstand zu kandidieren. Man dürfe sich nicht mit Autoren treffen, die im Schriftstellerverband der DDR seien oder gar gemeinsame Friedensinitiativen anstrebten, sondern man müsse sie demaskieren und denunzieren, daß sie im Grunde Komplizen eines verbrecherischen Systems seien.

Ja, 1983 war ganz klar, daß die finale ideologische Attacke gegen die DDR demnächst Erfolg haben würde, aber mit der Dichterin war ich aus folgendem Grund im Bett: Ich war mit meiner Lebensgefährtin, nicht mit meiner Noch-Ehefrau, sondern der anderen Schriftstellerin, nach Mainz gefahren, und auf einmal saß die bei ihrem Ex auf dem Schoß, verschwand mit ihm aufs Zimmer, und ich saß alleine da, so daß ich mich an die bekannte Dichterin ranschmeißen konnte, wobei ich noch Glück hatte, daß sie mich auf ihr Kämmerlein mitnahm. So besoffen war ich in der Nacht, daß ich im Anzug ins warme Wasser in ihrer Badewanne fiel, bevor wir im Bett lagen, wo sich zeigte, daß sie eigentlich nicht mit mir gerechnet hatte. Denn während wir unsere Späße trieben, ging die Tür auf, und wer kam rein? Noch ein Schriftsteller. War aber ein dezenter Mensch, sagte: Oh, Verzeihung – und verpißte sich.

Man kennt solche Geschichten. Heiner Müller beschreibt ähnliche Szenen in seinem Buch *Krieg ohne Schlacht*, und während einer Tagung der Gruppe 47 soll sich Böll, heißt es, eines Nachts zur Dichterin Aichinger geschlichen haben, wo aber schon Günter Eich am Hobeln war. Es sind solche Möglichkeiten, die den Beruf des Schriftstellers in angenehmem Licht erstrahlen lassen.

Aus irgendeinem Grund spielte übrigens in Mainz 1995 noch ein anderes Kapitel der literarischen Vereinsgeschichte, da fand nämlich eine Jahrestagung des PEN-Zentrums statt. PEN steht für Poets, Essayists, Novellists. Bei der Tagung ging es vor allem darum: Sollen sich PEN West und Ost-PEN ebenfalls wiedervereinigen, oder muß man nicht vorher ein paar Leute aus dem Ost-PEN rausschmeißen, weil sie in gewisser Weise die DDR bejaht hatten?

Zum Kriterium machten die West-PEN-Brüder die Frage, ob ein Ost-PEN-Bruder irgendwie mit seiner Regierung verbandelt gewesen war und anderen PENern geschadet hatte. Wie hirnrissig die Frage war, machte sich kein Westler klar. Im Westen war und ist es erwünscht, daß sich Schriftsteller aktiv für den Staat BRD einsetzen, und ich möchte nicht wissen, wie viele Westautoren schon mal mit einem Westgeheimdienst geplaudert haben.

Grass hat immer die SPD unterstützt, auch wenn sie an der Regierung war. Staeck und Strasser sind nicht als Schriftsteller und Künstler erwähnenswert, sondern weil sie in der SPD sind. Jeder Schriftsteller, der aus einem Ostblockland in die BRD einreiste, ob aus der DDR, der UdSSR oder Rumänien, mußte sich erst von diversen Geheimdiensten über die Zustände in dem Land seiner Herkunft ausquetschen lassen.

Da fand kein West-PEN-Bruder nach 1989 was dabei. Aber wenn du den Staat DDR aktiv bejaht hattest, warst du eine Unperson. Raus mit dir. Einige sehr wichtige Autoren, zum Beispiel Hermann Kant, sind auf diese Weise weder in den PEN reingekommen noch in den wiedervereinigten Schriftstellerverband.

Kant ist ein ausgezeichneter Autor, dessen Bücher, Romane vor allem, vor 1989 problemlos im Westen erscheinen konnten, hier auch von der Kritik gewürdigt und gut verkauft wurden. *Die Aula* zum Beispiel hatte viele Leser im Westen.

Ich erwähne ihn nicht nur, weil wir befreundet sind. Wir sind auch Gesinnungsgenossen. Und so, wie er nach 1989 von den Westautoren gemobbt wurde, weil er im ZK der SED und Präsident des Schriftstellerverbandes der DDR war, so wäre auch ich gemobbt worden, wenn ich 1978 in die DDR emigriert wäre – wie etliche Leute von der RAF. Eigentlich bin ich nur deshalb nicht in die DDR, weil man mir höheren Ortes bedeutete, daß es gut wäre, wenn ein paar Sympathisanten der DDR im Westen blieben.

Ein anderer Fall in den neunziger Jahren war die Kampagne gegen Stephan Hermlin, der noch in den sechziger Jahren bei Wagenbach erscheinen konnte. Auf ihn wurde ein Rundfunkredakteur angesetzt, der dafür bekannt war, daß er ständig gegen die Gesetze der DDR verstoßen hatte. Er war ein Kurier des Westens gewesen, hatte durch Besuche persönlichen Kontakt zu den sogenannten Dissidenten gehalten und Manuskripte und Informationen aus der DDR geschmuggelt.

Seine Attacke auf Hermlin war auch deshalb so dreist, weil Hermlin zur Gruppe 47 gehört hatte und auch unter den nationalistischen Betonköpfen dieser Pressure-group als Schriftsteller anerkannt war, der große politische Erfahrungen mitbrachte. Er hatte im spanischen Bürgerkrieg gekämpft.

Daß so ein Schmock, der als Literaturwissenschaftler im übrigen seine Meriten hat, versuchen konnte, Hermlin fertigzumachen, war der Hexenjagd geschuldet, die nach 1990 ausbrach. Heute wäre das, glaube ich, nicht mehr möglich.

Noch zum PEN West: Ich war seit 1968 oder 1969 Mitglied des PEN-Zentrums der Bundesrepublik und bin fast vierzig Jahre später ausgetreten. Das PEN-Zentrum, ich habe ein paarmal in der *konkret* darüber geschrieben, war immer eine Enttäuschung.

Der erste Kongreß, an dem ich teilnahm, fand in Darmstadt statt. Darmstadt hatte damals einen konservativen Sozialdemokraten als Kulturbürgermeister oder Vizebürgermeister, der für alle kulturellen Einrichtungen zuständig war, die Darmstädter Akademie zum Beispiel und die Mathildenhöhe. Er hieß Sabais. Er schrieb unsägliche Gedichte, war Mitglied des PEN-Zentrums und hatte deshalb die Möglichkeit, mal eben hundert Autoren in Darmstadt einzuquartieren, ein bißchen zu betütern und ihnen einen Tagungsraum zur Verfügung zu stellen.

Ich fuhr von Hamburg aus, wo ich zu tun hatte, nach Darmstadt und hatte mir eine Resolution ausgedacht. In diesem Verein kann man Resolutionsanträge stellen, und über die wird auch debattiert – oft nicht ausführlich, oft heißt es, damit befassen wir uns nicht weiter, aber wenn man es halbwegs klug anstellte und ein wenig insistierte, konnte man schon eine kleine Debatte lostreten.

Es war, wie gesagt, 1969, und noch war die neue Ostpolitik von Willy Brandt und Egon Bahr als Methode zur Liquidierung der DDR nicht in Gang gesetzt worden, es waren noch kalte Kriegszeiten. Deshalb lautete mein Antrag: Das PEN-Zentrum der Bundesrepublik Deutschland begrüßt die gesellschaftliche Entwicklung in der heutigen DDR und fordert alle politisch und wirtschaftlich Handelnden auf, sämtliche Boykottmaßnahmen gegen die DDR zu beenden, die publizistischen Attacken einzustellen und die DDR-Staatsbürgerschaft anzuerkennen. So ungefähr. Sinngemäß.

Nun muß ich dazu sagen, ich war nicht alleine. Es hatten, was seit zwanzig Jahren undenkbar ist, unglaubliche Leute diesen Resolutionsantrag unterschrieben, Yaak Karsunke, Alexander Kluge, die Crème de la Crème der Sozialdemokraten, die nach '89 zu teppichbeißenden Antikommunisten wurden – sie waren es vorher schon und konnten sich jetzt outen –, die unterschrieben alle meinen Antrag an die Jahreshauptversammlung. Wir hatten sechzig, siebzig Unterschriften. Etliche der Unterzeichner waren sogar bereit, für den Antrag zu reden, und duckten sich nicht weg.

Und nun trat bei diesem Kongreß der Kulturbürgermeister und spätere Oberbürgermeister von Darmstadt, Winfried Sabais, mit einer etwa zwanzig Seiten langen Schrift in Gedichtform auf – zur Verteidigung der Republik. Er besang die Segnungen der Bundesrepublik. Dieses Gedicht sollte man unter allen Umständen bekannt machen. Von welch exorbitanter Blödheit ein sozialdemokratischer Kulturpolitiker, ein führender Politiker der SPD Ende der sechziger Jahre sein konnte! Mit was für einer Lyrik er Mitglied des angesehensten literarischen Vereins der Bundesrepublik hatte werden können!

Man fragt sich, ob er wirklich wegen seiner Gedichte aufgenommen worden war oder wegen der Aussicht auf ein paar schöne Abendessen in Darmstadt für die Mitglieder des PEN-Vorstandes.

Unser Antrag wurde selbstverständlich mit großer Mehrheit abgeschmettert – und zwar mit dem Hinweis auf die Meinungsfreiheit. Hätte man ihn angenommen, wären diejenigen Mitglieder des PEN-Zentrums, die den Antrag nicht unterstützten, daran gehindert worden, in der Öffentlichkeit dazustehen als Leute, die anderer Meinung waren. Das war das Argument, aber ich muß auch sagen, viele stimmten einfach deshalb gegen uns, weil das Präsidium tot umgefallen wäre. Das war nämlich stockreaktionär.

Dolf Sternberger, Professor in Heidelberg, war Mitarbeiter der *Frankfurter Allgemeinen Zeitung*, ein großer Kulturkenner, ein begabter, gebildeter Mann, ein feiner Mann, immer sehr gut angezogen, imponierende Statur. Sein Kassenwart, ebenfalls *FAZ*, sammelte Antiquitäten, Möbel vor allem. Mit ihm sprach ich eigentlich immer nur über Altertümchen, weil ich mich ein bißchen auskenne, seit ich in Frankfurt am Main während des Studiums in den fünfziger Jahren mal einige Zeit in einem Auktionshaus gejobbt hatte.

Auch wo der Generalsekretär stand, Thilo Koch, wußte man. Er war Leitartikler der reaktionären Springer-Zeitung *Die Welt* und gerade dadurch aufgefallen, daß er ein Buch zur Verteidigung des rassistischen Regimes in Südafrika veröffentlicht hatte, in dem er bescheiden verschwieg, welches Interesse Konzerne und Finanzkapitalisten wie die Deutsche Bank und Daimler daran hatten, daß die Rassentrennung in Südafrika aufrechterhalten blieb. Statt dessen beschrieb er, welch paradiesische Zustände im Vergleich zu anderen afrikanischen Staaten in Südafrika herrschten. Was Wunder also, daß mein Antrag bei diesen Herrschaften Brechreiz verursachte.

Nun sollte man meinen, das sei ein Einzelfall gewesen, schon wegen des Kalten Krieges. Aber nein. Solche Erfahrungen habe ich mit dem PEN die ganzen Jahre gemacht. Den größten Skandal habe ich in Köln ausgelöst, 1972, nachdem der Bundesgrenzschutz in Fürstenfeldbrück ein Massaker veranstaltet hatte, bei dem viele israelische Sportler und einige palästinensische Kämpfer umkamen.

Unter der Leitung von Heinrich Böll fand aus Anlaß der Olympischen Spiele eine Tagung zum Thema »Literatur und Sport« statt. Es wurde aber nicht wirklich über das Verhältnis zwischen Literatur und Sport geredet. Im PEN und im VS hat man nie radikal Kritik formuliert, man ist immer im sozialdemokratischen Mainstream mitgeschwommen. Ich glaube nicht, daß man einen Vortrag darüber hätte halten können, daß der deutsche

Fußballnationaltrainer ein Nazi gewesen war oder daß die jüdischen Fußballspieler nach 1933 aus den Mannschaften eliminiert wurden.

Es war trotzdem eine recht unterhaltsame Tagung, bis die Sache in Fürstenfeldbruck passierte. Nachdem die Nachricht reingekommen war, hatte jemand die glorreiche Idee, den Antrag zu stellen, die Versammlung möge folgende Erklärung beschließen: Wir drücken unser tiefempfundenes Bedauern über den Tod der israelischen Sportler aus.

Da habe ich gesagt, ich würde diesen Antrag gerne etwas erweitern, weil wir ja wohl alle der Meinung seien, im Tode seien alle gleich. Wir sollten auch unser Bedauern über den Tod der Palästinenser ausdrücken. Als Dichter und Moralisten bedauern wir prinzipiell jeden gewaltsamen Tod, vor allem, wenn er durch die Blödheit einer Polizeieinheit verursacht wird.

Da hättet ihr mal den Böll hören sollen – nil nisi bene. Der hielt eine Brandrede, aber auch die meisten anderen Penner verloren die Nerven und verfluchten mich. Ich wurde des Saales verwiesen und durfte nicht länger an diesem Kongreß teilnehmen. Tage später bekam ich die Kopie eines Briefes von Heinrich Böll auf den Tisch. Er hatte beantragt, mich aus dem PEN-Zentrum auszuschließen. Ich möge bitte dazu Stellung nehmen.

Das habe ich getan. Ich habe dargelegt, daß ich mich nicht dazu geäußert hatte, ob die Entführung der israelischen Sportler durch die Palästinenser legitim war oder nicht. Ich hätte lediglich gesagt, als Humanisten könnten wir nicht sagen: Es gibt gute Tote, und es gibt schlechte Tote. In diesem Fall müßten wir alle betrauern, die israelischen Sportler und die palästinensischen Freischärler.

Ich würde sagen, diese Position vertrete ich heute noch. Komischerweise bin ich nie ausgeschlossen worden. Es hat auch kein Ausschlußverfahren gegeben.

Ein anderes Mal haben mich dann beide Schriftstellerorganisationen, in denen ich war, vorgeführt, das war im Frühjahr 1978, ein halbes Jahr nach den Morden in Stammheim. Da kriegte der Staatsanwalt in Fulda von mir unterzeichnete Dokumente in die Hände. Ich habe die Sache in meinem Roman *Die Herren des Morgengrauens* dargestellt.

In dem Roman wird die Geschichte eines Schriftstellers und Rechtsanwaltes erzählt, der angeklagt wird, zur Begehung von Straftaten und anderen ungesetzlichen Handlungen aufgerufen zu haben, eine terroristische Vereinigung unterstützt zu haben und so weiter. Diese Anklage hatte ich in Wirklichkeit wegen eines Schriftstückes am Hals, das im Knast in Bochum bei einer Zellendurchsuchung gefunden worden war. Das Schriftstück reichte allerdings nicht aus, um eine Anklage gegen mich zu basteln. Deshalb hat man die Observation wieder in Gang gesetzt, unter der meine damalige Frau und eure Brüder schon 1974 zu leiden hatten. Mich lassen solche staatlichen Schikanen ja ziemlich kalt.

Nun gehe ich mal davon aus, daß von der politischen Justiz und der politischen Polizei noch heute so gearbeitet wird. Man durchforstet das Leben der Zielperson. Wenn sie ein Schriftsteller ist, durchforstet man auch seine Schriften daraufhin, ob sie was Staatsfeindliches hergeben. Das muß irgendein fleißiger Staatsanwalt auch getan haben, und in meinem Buch *Die Briganten*, das ich 1975 bei Wagenbach veröffentlicht hatte, glaubte er tatsächlich Hinweise auf meine Neigung zur Gewalt gefunden zu haben.

Was ist das für ein Buch, das es seit mehr als dreißig Jahren nicht mehr gibt? Wagenbach hat es nie wiederaufgelegt. Er hat auch keine der Übersetzungen, die ich für ihn angefertigt habe, je wiederaufgelegt. Ich fürchte, der hat was gegen mich. Also, in dem Buch werden die Widerstandskämpfer, die sich nach der italienischen Vereinigung, das heißt nach 1866 gegen das piemontesische Regime erhoben, dargestellt. Man nannte diese Leute Briganten. Eric Hobsbawm, der englische Kommunist, hat sich in seinem Buch *Die Banditen – Räuber als Sozialrebellen* ebenfalls mit ihnen beschäftigt.

Bei ihren Straftaten gibt es übrigens Analogien zu den Straftaten, die in Rußland, im Kaukasus und in anderen Teilen des Zarenreiches im Vorfeld der Oktoberrevolution begangen wurden. Man kann aber auch Parallelen zur jüngsten deutschen Vergangenheit ziehen, denn auch die Briganten wurden, wie viele Mitglieder der RAF, gleich bei der Verhaftung erschossen.

Es gibt Photos von füsilierten Briganten. Sie wurden öffentlich ausgestellt, das muß man sich mal vorstellen Am Ende des 19. Jahrhunderts liegen auf einem italienischen Marktplatz sechzehn füsilierte Leichen rum. Einen Teil der Photos habe ich in den *Briganten* veröffentlicht, und dieses Buch war für den Fuldaer Staatsanwalt ein Beweis dafür, daß ich Gewalt befürworte.

Komischerweise wurde mir obendrein ein Zitat als Indiz für mein verbrecherisches Denken und Fühlen zur Last gelegt, ich meine den berühmten Satz »Schlagt die Faschisten, wo ihr sie trefft!« Die Gelehrten streiten sich über seinen Urheber. Zumeist wird Tucholsky genannt, und ich meine, daß er für den Satz ebenfalls mal vor dem Kadi stand. Er taucht aber schon Mitte der zwanziger Jahre auf und steht auch in einem Aufsatz, in dem die KPD Ende der zwanziger Jahre die SPD zum Hauptfeind erklärte.

Die SPD, heißt es da, sei nur der linke Flügel der Faschisten. Daraus wurde der verhängnisvolle Begriff »Sozialfaschismus« abgeleitet, verhängnisvoll deshalb, weil damit die Spaltung der Arbeiterklasse unvermeidlich war – und das, obwohl alle Kräfte der Klasse für den Kampf gegen die Nazis und das Kapital gebraucht wurden.

Kurz, irgend so ein Oberstaatsanwalt fabrizierte eine bösartige Anklage wegen Unterstützung der RAF gegen mich und schickte sie an das Schöffengericht – also ein Berufsrichter, zwei Laienrichter –, das sie aber nicht zuließ. Der Vorsitzende des Schöffengerichtes meinte, er müsse sie an die große Strafkammer am Landgericht weiterleiten, denn der ihm zur Verfügung stehende Strafrahmen von zwei Jahren Gefängnis reiche in meinem Fall nicht aus. Zu deutsch: Der Chotjewitz kriegt mehr als zwei Jahre.

Damit war der Skandal perfekt, denn was macht ein Landgericht, wenn es einen so dicken Fisch an der Angel hat? Es hat die Anklageschrift nicht nur mir zugestellt, sondern gleichzeitig auch der *Bild*-Zeitung und anderen Presseorganen – ein eindeutiger Verstoß gegen geltendes Recht.

Ich will jetzt nichts Falsches behaupten. Vielleicht war es nicht die Strafkammer. Vielleicht war es der Oberstaatsanwalt, der ein bißchen damit angeben wollte, daß er endlich auch mal einen Terroristen am Haken hatte, oder vielleicht war es ein Fuzzi von der Geschäftsstelle, der mit dem *Bild*-Zeitungsredakteur in derselben Sauna abhing.

In der *Bild*-Zeitung stand es jedenfalls auf Seite eins: Anklage gegen Schriftsteller Chotjewitz vor dem Landgericht Fulda zugelassen – und dann kurz, daß ich die RAF unterstützt hätte, daß ich zu unerlaubtem Waffenbesitz und Straftaten jedweder Art aufgefordert hätte. Den entsprechenden Paragraphen des Strafgesetzbuches gibt es übrigens immer noch. Nach StGB III wird man verurteilt, wenn man zu Straftaten auffordert, ohne zu sagen, zu welchen.

Zu diesem Zeitpunkt war ich ja nun nicht nur Mitglied des PEN-Zentrums und des VS, sondern auch mit vielen Leuten aus beiden Furzvereinen relativ gut befreundet, zum Beispiel mit dem Präsidenten Gregor-Dellin und dem Vorsitzenden Bernt Engelmann. Außerdem war ich Engelmanns Stellvertreter und Vorsitzender des Hessischen Schriftstellerverbandes in der IG Druck und Papier.

Denen war gar nicht recht, daß ihr Landesvorsitzender jetzt vor der großen Strafkammer Männchen machen sollte. Sicher, es gab ein paar Leute, die vielleicht nichts dagegen gehabt hätten, mich 'ne Weile in den Knast zu stecken. Aber da ich solche Ämter innehatte, meinten wohl Bernt Engelmann und Martin Gregor-Dellin, man müsse was unternehmen. Eine Rolle spielte sicher auch, daß ich als Schriftsteller ein bißchen bekannter war als heute, auch in der bürgerlichen Presse war ich noch nicht so im Verschiß. Die hat mich erst in den vergangenen zwanzig Jahren fallengelassen, woran ich aber nicht unschuldig bin – erstens meiner politischen Ansichten wegen und zweitens, weil ich ständig über den Literaturbetrieb gemeckert habe.

Bernt Engelmann hatte immer Beziehungen in höchste Kreise der SPD. Er hat sich mit Willy Brandt geduzt. Er hatte seine Kanäle, über die man was durchsetzen konnte. Über das Justizministerium im Bund konnte man dem Justizministerium in Hessen einen Tip geben – müßt ihr unbedingt einen relativ bekannten Autor anklagen, der bei uns die und die Ämter innehat? –, von dort wiederum auf den Generalstaatsanwalt in Hessen einwirken, und der konnte die Justiz in Fulda zurückpfeifen.

Das ist ein Mechanismus, den wir immer kritisiert haben: die Vetternwirtschaft zwischen der politischen Ebene und der angeblich unabhängigen Justiz. Die haben wir immer für eine Lüge gehalten, und das ist sie. Doch ich muß sagen, ich war damals richtig froh, daß es diese Vetternwirtschaft gibt und daß der Mechanismus tatsächlich funktioniert.

Ich kriegte, kurz bevor die Hauptverhandlung eröffnet werden sollte, einen Anruf des lieben Kollegen Bernt Engelmann, der sagte: Pit, wir fänden es nicht gut, wenn du vor Gericht stehen müßtest und verknackt würdest.

Ich habe ihm nie geglaubt, daß er das aus persönlicher Anteilnahme sagte oder daß er wirklich nicht wollte, daß ich in den Knast wandere. Er hat einfach Schaden für seinen Verein befürchtet. Wie sieht das aus, wenn in der *Bild*-Zeitung steht: Stellvertretender Vorsitzender des Schriftstellerverbandes, Vize von Bernt Engelmann, zu vier Jahren Gefängnis verurteilt wegen Unterstützung der RAF?

Das war seine Hauptsorge, und sie kam auch gleich zum Ausdruck, als er sagte: Ich verlange von dir, daß du die und die Erklärung abgibst. Wenn du diese Erklärungen so abgibst, daß wir sie veröffentlichen können, sorgen wir dafür, daß du nicht verknackt wirst, daß du nicht zur Hauptverhandlung mußt, daß die Sache unter den Teppich gekehrt wird. Und dann fiel der zentrale Satz: Und daß das so ist, soll ich dir auch von Gregor-Dellin sagen.

Die beiden hatten also mit irgendwelchen Politikfritzen in Bonn und in Wiesbaden gekungelt und sagten mir jetzt: Wenn du dich schön brav von der RAF öffentlich distanzierst und nie wieder zur Solidarität mit ihr aufrufst, dann sorgen wir dafür, daß das Verfahren im Sande verläuft. Das heißt, sie wollten in der Öffentlichkeit gut dastehen und ein Papier, aus dem sich ergab: Der VS hat in seinem Bundesvorstand keinen aktiven Unterstützer der RAF – und der PEN auch nicht.

Ich war Brechtianer genug, um zu sagen: In einer solchen Situation unterschreibe ich alles. Da verhalte ich mich wie Brecht vor dem Ausschuß für unamerikanische Umtriebe und sage mir: Laß diese Angsthasen denken, was sie wissen wollen. Meine Meinung ändert sich dadurch nicht, und wenn nötig, gehe ich für die RAF-Gefangenen auch wieder an die Öffentlichkeit.

Ich habe also die Erklärung abgegeben, und kurz darauf bekam ich einen Brief vom Landgericht Fulda, in dem gefragt wurde, ob ich bereit wäre, einer Einstellung des Verfahrens gegen Zahlung einer Geldbuße in Höhe von viertausend Mark zuzustimmen.

Viertausend Mark waren nicht eben wenig. Auf der anderen Seite hätten vier Jahre Knast einen gewissen Verdienstausfall bedeutet, und wer weiß, was ich sonst noch alles eingebüßt hätte. Deshalb habe ich die Erklärung abgegeben, daß ich die Straftaten der RAF selbstverständlich in keiner Weise billige. Ich weiß nicht, in welcher Weise von ihr Gebrauch gemacht worden ist. In einer Zeitung habe ich sie nie gelesen. Aber sie muß ausgereicht haben.

Natürlich war die kleine Justizaffäre auch in dem Dorf, in dem ich damals wohnte, Kruspis heißt es, bekanntgeworden. Es war ein winziges Dorf, noch kleiner als das in der Eifel, in dem ich später gewohnt habe. Eppenberg hatte zweihundert Einwohner, Kruspis hundert Einwohner. Unser Gemeinderat bestand aus fünf Leuten. Ich war einer von ihnen. Wir waren alle fünf parteilos.

In solch kleinen Dörfern in Hessen war damals niemand in einer Partei. Es gab vielleicht zwei Parteiungen, meinetwegen die Feuerwehrpartei und die Gesangvereinspartei. Die unterschieden sich nicht in sozialen oder in ökonomischen Fragen, nein, aus irgendwelchen Gründen gab es in allen Dörfern derartige Fraktionierungen, und die hatten ihre Anhängerschaften, die sich im Gemeinderat ausdrückten.

Ich wurde 1974 oder 1975 gewählt, weil ich berühmt war – die waren froh, einen bekannten Schriftsteller im Dorf zu haben – und weil ich reden konnte und ihnen die Welt erklärt habe. Jeden Abend habe ich an der Theke im Gasthaus *Zur schönen Aussicht* irgendwem die Welt erklärt, versteht ihr, oder mir die Welt erklären lassen, um anschließend meinen Senf dazuzugeben.

Ich hatte es bis dahin nicht für möglich gehalten, daß ein Intellektueller, der seinen Dissens offen erklärt, auf einem hessischen Dorf unter Kleinbauern, Arbeitern, kleinen Angestellten ein gewisses Ansehen erwerben kann, wenn er ihnen seinen Standpunkt nur richtig erklärt und sie akzeptiert. Verscheißern durfte man sie nicht, aber wer wird schon gerne verscheißert.

Bürgermeister war ich nicht geworden, weil die vier mich unbedingt als Bürgermeister wollten, sondern es war eine Pattsituation entstanden, zwei zu zwei, keine Seite kriegte ihren Kandidaten durch. Deshalb versuchten sie zunächst, mich zu überreden, mal den einen, mal den anderen zum Bürgermeister zu machen. Sie ließen durchblicken, wie gut es wäre, wenn ich ihren Kandidaten wählen würde. Aber ich sagte: Leute, wozu brauchen wir einen Bürgermeister? Warum teilen wir uns nicht die Arbeit?

Da sagten sie: Das geht nicht. Bürgermeister muß sein. Und dann sagten sie: Ja, dann mußt du Bürgermeister werden. Ich fragte: Würdet ihr mich denn wählen? Alle vier sagten, sie würden mich wählen, wobei sie, nehme ich an, auf eine Übergangszeit spekuliert haben und hofften, daß ich als Zugezogener irgendwann eine Gelegenheit nutzen würde, um mich abzuseilen.

Sie haben mich wahrscheinlich von Anfang an als den unsicheren Kantonisten erkannt, der ich immer gewesen bin, in jedem Milieu, auch im linken Milieu. Gerade im kommunistischen Milieu galt ich immer als unsicherer Kantonist. Man wußte nie, ob der Chotjewitz wirklich durchhält.

Tatsächlich habe ich als Bürgermeister nicht lange durchgehalten. Nach zwei Jahren passierte diese Geschichte mit dem Landgericht Fulda. Ständig tauchten Rundfunkleute auf, ständig kamen Fernsehteams an und wollten mich vor meiner Hütte photographieren, den zukünftigen Gefängnisinsassen von Kassel-Wehlheiden oder eventuell von Schwalmstadt.

Ich war auf so vielen Veranstaltungen wie nie zuvor, auch Sozialdemokraten im Ruhrgebiet luden mich plötzlich zu Lesungen ein. Das ist eben interessant, einen, von dem man weiß, daß er demnächst für vier Jahre einfährt, noch mal schnell zu einer Lesung einzuladen. Sogar die Deutsche Kommunistische Partei ist auf Solidaritätskurs gegangen und hat mich eingeladen. Der SPD-Ortsverein hat angeboten, mich zu verstecken. Sie riefen an: Peter, wir lassen dich nicht hängen, wir holen dich da raus. Wie sie das gemacht hätten, weiß ich nicht.

Doch als Bürgermeister war ich wohl nicht mehr tragbar. Es hat keiner der vier den Antrag gestellt, daß ich zurücktreten sollte. Wir waren befreundet, aber es war uns allen vollkommen klar, daß man in einer Hundert-Seelen-Gemeinde keinen Bürgermeister braucht, der Terroristen unterstützt.

Ich trat von mir aus zurück, und den Frust, den ich hatte, habe ich mir mit dem Roman *Die Herren des Morgengrauens* von der Seele geschrieben, der im Herbst 1978 erschien und mit dem ich nicht versäumt habe, meine Sympathie für die RAF wieder zu bekunden.

Fünftes Kapitel

Ein Verlag stirbt zweimal, man lehnt ein Hörspiel ab,
zwei Geburten, man ist geschichtsblind, Leben als Material

Geschrieben habe ich den Roman im Frühjahr 1978 in sechs Wochen, in einer regelrechten Bunkersituation habe ich den in die Maschine gehackt. Ich mußte die Dinge so aufschreiben, wie sie waren. Die Genossen im Knast haben mir das Buch trotz meiner defätistischen Haltung, die da zum Ausdruck kommt, nicht übelgenommen. Sie sagten, das sei nicht ihre Haltung, das Buch sei ein Angstbuch, aber sie haben mich verstanden. Der Mensch, der sich in dem Roman zeigt, hat Angst um seine bürgerliche Existenz. Er glaubt an Dinge, an die er nicht glaubt, bloß um die Illusion seiner Existenz aufrechtzuerhalten.

Etliche Genossen haben es so interpretiert und es gerade deshalb akzeptiert. Das Klima der Angst, das die RAF-Verfolgung bis weit in die achtziger Jahre hinein ausgelöst hat, konnte ihnen nicht recht sein. Als Revolutionäre wußten sie, daß sie ein soziales Umfeld brauchten. Wenn sich das ganze Land nur noch in die Hose scheißt, bekommen sie nicht mal mehr das Spiegelei zum Frühstück oder werden verraten, wenn sie bloß an einer Haustür klingeln und fragen: Darf ich hier mal übernachten?

Dieses Klima konnte nicht in ihrem Sinne sein. Sie brauchten einen sozialen Rückhalt, der sie trägt, und nicht ein Klima, in dem jeder Brötchenverkäufer zur tödlichen Gefahr wird, wenn er sie erkennt.

Auf Grund des Buches sind Dinge geschehen, die mich von meinem Freund Bernt Engelmann, von diesem Vorbild an politischem Kampfesmut, ein wenig entfremdet haben. *Die Herren des Morgengrauens* sollten im Verlag Autoren-Edition, kurz AE, im Bertelsmann-Verlag erscheinen.

Die Autoren-Edition hatten 1972 einige linke Schriftsteller – Gerd Fuchs, Uwe Friesel, Uwe Timm, Hannelies Taschau, Richard Hey – als Kooperative gegründet, in der die Autoren über das Programm mitbestimmten und sich folglich neue thematische und ästhetische Schwerpunkte ergaben. In diesem Huckepackunternehmen des Bertelsmann-Verlages wurden zum Teil sehr gute, schöne Bücher gemacht. Kann man sich kaum vorstellen, daß das mal möglich war.

Bertelsmann hat das Gesamtprogramm, die Angestellten und die Herausgeber mit nicht unerheblichen Beträgen finanziert und sich alles mögliche bieten lassen. Da erschienen Romane von Degenhardt, Engelmann, Timm, Gerd Fuchs. Im Juni 1978 kriegten sie nun meinen Roman *Die Herren des Morgengrauens* auf den Tisch, der auch gleich für den Herbst auf Platz eins im Verlagsprospekt angekündigt wurde, und einer der Bertelsmänner, also nicht die Herausgeber der AE, sah darin eine Beschönigung der RAF und ihrer Taten.

Noch mehr stieß ihm wohl auf, daß er aus einigen Passagen die These rauslas, die Stammheimer seien nicht durch Selbstmord ums Leben gekommen. Das konnte man aus einem Kapitel tatsächlich rauslesen, obwohl die Frage eher unwichtig ist. Die Frage, ob sie Selbstmord begangen hatten oder ermordet worden waren, ist eine Bullenfrage – whodunnit.

In dieser Situation verlangte Bernt, also nicht die Herausgeber, daß ich die Vorgaben des Bertelsmann-Konzerns für die Veröffentlichung des Buches befolgen sollte. Er hatte in der AE die Funktion eines Ombudsmannes, der die Interessen der Autoren gegenüber den Herausgebern und den Bertelsmännern vertreten sollte, und kriegte dafür zweitausend Mark im Monat.

Das war nun ein starkes Stück, daß unser Sprecher einfach so einschwenkte und sagte: Ja, das muß man tatsächlich streichen, das geht nicht. Das schadet unserem Ansehen, das schadet dem Ansehen der Bundesrepublik, das ist unwahr, das schadet der Sozialdemokratie, wenn man das so darstellt. Das waren seine Argumente, politische Argumente, keine literarischen. Pit, du machst alles kaputt.

Pit weigerte sich natürlich, und er war noch dazu ein richtiges Glückskind, wie so oft in seinem Leben. Zum einen schickte er das Manuskript, kaum daß die Änderungsvorschläge bei ihm auf dem Tisch lagen, an den Rotbuch-Verlag in Westberlin, und die haben innerhalb von vierundzwanzig Stunden gesagt: Wir machen das Buch, wenn du die Rechte zurückkriegst. Es erschien dann noch im Herbst. Das war für damalige Produktionsverhältnisse eine schnelle, gute Arbeit.

Zum zweiten verlangten zwei der drei Herausgeber, Timm und Fuchs, und der Lektor Roman Ritter, daß das Buch ungekürzt erscheint. Nur Heinar Kipphardt, mein Lehrer und Freund, der inzwischen einer der Herausgeber war, knickte ein bißchen ein. Er lud mich nach Angelsbruck ein, wo er in einer Mühle wohnte, und ging mit mir in einer dreitägigen Gewalttour das Buch noch mal durch, um zu gucken, wo man doch noch was entschärfen könnte, damit Bertelsmann einwilligt. Aber er hat es nicht aus politischen Gründen gemacht. Er war ja kein Sozialdemokrat, er war ein Genosse. Er wollte die Autoren-Edition retten, weil ihm klar war, daß der Verlag AE ohne Bertelsmann nicht überleben konnte.

Ich habe gesagt: Heinar, das mache ich nicht. Ich kannte Heinar seit 1964, als er gerade aus Ostberlin in den Westen gekommen war, wir haben uns auch politisch immer gut verstanden. Er hat akzeptiert, daß ich keine Abstriche machen wollte, und damit war die AE gestorben. Bertelsmann gab kein Geld mehr, und das Herbstprogramm, das fertig war, mußte eingestampft werden.

Die Presse lachte sich natürlich ins Fäustchen, die Szene auch. So laut wurden die Bertelsmänner beschimpft, daß sie darauf verzichteten, meinen Vorschuß von zwölftausend Mark einzufordern. Ich kriegte meine Rechte zurück, so daß Rotbuch den Roman verlegen konnte. Als Rarität ist mir der Verlagsprospekt für den Herbst 1978 geblieben.

Sehr lustig war eine andere Episode, die auf diese Vorgänge folgte. Ich erzähle das nur, um einige literaturpolitische Aspekte der späten siebziger, frühen achtziger Jahre darzustellen.

Ich meine das Verhalten der DKP. Die DKP hat nämlich, nachdem das Buch im Rotbuch-Verlag erschienen war, ein Auftrittsverbot gegen mich verhängt. Das weiß ich von einem Mitglied des Parteivorstandes. Mitgekriegt habe ich es dadurch, daß ich ab Herbst 1978 in DKP-Buchhandlungen keine Auftritte mehr hatte.

Es weiß heute ja kaum noch jemand, daß im Windschatten der DKP ein reichhaltiges Sortiment segelte. Siebzig oder achtzig Buchhandlungen waren spezialisiert auf linke Bücher, linke Belletristik, Bücher aus der DDR. Man hat sie daran erkannt, daß sie »Kollektivbuchhandlung«, »Karl-Marx-Buchladen« oder so ähnlich hießen. Der Laden in Saarbrücken zum Beispiel hieß »Buchhandlung Lenchen Demuth« und verwies den Kenner indirekt auf Karl Marx. Manche hatten ihre früheren bürgerlichen Namen beibehalten. Da war die Besitzerin in das System des Vertriebes und der Werbung integriert.

Jahrelang hatte ich in DKP-Buchhandlungen Lesungen. Und plötzlich wurden vereinbarte Lesungen abgesagt. Es war leicht rauszukriegen, daß das eine konzertierte Aktion war, aber es ging gar nicht um mich. Nicht ich war im Verschiß. Wäre das Buch bei Bertelsmann erschienen, hätte die Partei es durchgewinkt. Aber Rotbuch galt als antikommunistischer Verlag, das weiß keine dumme Sau mehr.

Rotbuch war kein Verlag, der von den Gremien der DKP gutgeheißen wurde. Da erschien Thomas Brasch. Da erschien György Dalos. Da erschien Heiner Müller. Auch Heiner Müller war in der DDR ja Bückware. Und in dem Verlag hatte ich nun publiziert, da war es erst mal vorbei mit der Liebe.

Andererseits war es einfach, das Verbot rückgängig zu machen, indem man sagte: Also, Genossen, so weit könnt ihr nun wirklich nicht gehen. Wenn das bekannt wird, blamiert ihr euch bis auf die Knochen. Also wurde das Verbot wieder aufgehoben. Sie schickten extra eine Genossin vom Parteivorstand in Kruspis vorbei, die mir die Sache zu erklären und zu checken versuchte, ob ich jetzt gegen sie sei. War ich aber nicht. War ich nie. Und der Roman wurde ein Bestseller.

Als linker Schriftsteller ist man damals häufig auf DKP-Veranstaltungen aufgetreten, nicht nur auf den *UZ*-Pressefesten, den großen Festen der DKP, die meistens im Ruhrgebiet stattfanden, sondern auch auf regionaler und lokaler Ebene, auf der genauso Redner gebraucht wurden, und das gleiche galt für Gewerkschaftsveranstaltungen. Ich weiß nicht, in wie vielen Dutzend Dörfern, wo auf einer Festwiese immerhin zwei-, dreihundert Leute saßen, ich geredet habe. Zum Teil ergänzten sich Gewerkschaften und DKP, denn die Partei war besonders gewerkschaftstreu, nahezu sklavisch.

Der Vorsitzende der DRUPA bei uns in Hessen hieß Max Melzer. Er war Anfang der fünfziger Jahre, als der Unvereinbarkeitsbeschluß erging, aus der Kommunistischen Partei ausgetreten, um weiterhin für die Gewerkschaftsbewegung aktiv sein zu können, aber in seinem Herzen war er Kommunist geblieben. Den habe ich sehr geschätzt. Sein Stellvertreter war sowieso Mitglied der Kommunistischen Partei.

Es war ja auch irgendwie logisch, daß sie mich einluden, sei es zu Veranstaltungen der Gewerkschaft, sei es der Partei, in der ich nie Mitglied war, während ich seit 1951 immer in irgendeiner Gewerkschaft war, anfangs in der Bau, Steine, Erden. Sollten sie vielleicht Autoren wie Peter Schneider, Hans-Christoph Buch oder Yaak Karsunke einladen? Ich weiß, es gibt schlimmere. Seit meiner Rückkehr aus Rom habe ich das die siebziger Jahre hindurch gemacht, bis mit Andropow und Tschernenko der Verfall begann. Da ließ die Alimentierung durch die DDR nach, und innerhalb der DKP bildete sich diese Dissidentengruppe, die die Zeitschrift *Düsseldorfer Debatte* machte.

Im Zusammenhang mit Gorbatschows prowestlichem Kurs wurde dann verlangt, daß sich die DKP etwas gorbatschowisiert und von der DDR, das heißt von Leuten wie Margot Honecker, distanziert. Das führte dazu, daß die Aktivitäten der DKP im Kulturbereich nachließen, und ich hatte fortan keine Beziehung mehr zur DKP.

Was die Autoren-Edition und die Rolle von Bernt in diesem Zusammenhang betrifft, habe ich eine weitere interessante Feststellung treffen können. Die Autoren-Edition wurde von dem Ehepaar Pinkerneil übernommen. Die saßen in einem Kaff im Taunus und besaßen eine kleine Verlagsgruppe. Ihr Hauptverlag war der Athenäum-Verlag. Deshalb hieß unsere AE nunmehr Autoren-Edition im Athenäum-Verlag.

Die Pinkerneils hatten längst nicht so viel Geld wie die Bertelsmänner und konnten die AE nicht mehr so stark alimentieren, aber sie haben doch einiges gezahlt. Von mir sind in den Folgejahren zwei Bücher dort erschienen: 1979 mein Roman *Saumlos* und 1980 mein israelisches Tagebuch *Die mit Tränen säen*. Dann bekamen auch die Pinkerneils kalte Füße und sagten auf Druck ihres Geldgebers: Wir können die AE nicht mehr alimentieren. Das hat Bernt, der immer noch Autorensprecher war, dazu bewogen, denen die eiserne Kralle zu zeigen und zu fordern, es müsse weitergehen. Sie müssen weitermachen. Sie müssen weitermachen.

Auf einer Autorenversammlung in Hamburg im Januar 1982, wo ich übrigens auch Svende Merian kennenlernte, es war bitterkalt, wurde allerdings deutlich, daß man einem nackten Ehepaar nicht in die Tasche greifen kann. Athenäum konnte uns nicht halten, und wir konnten keine Bücher mehr machen, was für etliche Autoren eine große Enttäuschung war. Sie kamen nach Hamburg, um ihre neuen Bücher vorzustellen, und jetzt hieß es: Es ist aus, will sagen: Die AE mußte entweder liquidiert werden oder einen neuen finanzstarken Partner finden.

Zu diesem Zweck wählte man Gerd Fuchs und mich als Herausgeber, während Timm und Engelmann ihre Ämter freigaben. Irgendwie logisch. Es gab kein Geld mehr, und Fuchs und ich haben für unsere Arbeit nie einen Pfennig erhalten.

Die Arbeit teilten wir uns. Er suchte nach einem neuen Geldgeber, ich kümmerte mich um die Herauslösung der AE aus dem Portefeuille der Pinkerneils – um den Konkurs gewissermaßen.

Dabei ging es im wesentlichen darum, daß die Autoren ihre Rechte zurückbekamen, damit sie auf eine neue AE übertragen werden konnten. Ich mußte auch prüfen, ob es Honorarrückstände gab und ob Lizenzverträge geschlossen worden waren.

Daß Fuchs keinen Erfolg hatte, lag daran, daß die Autoren nicht zusammenhielten. Die Idee einer linken Verlagskooperative, im Prinzip eine Räteidee, hatte sich 1982 überlebt. Insbesondere die erfolgreicheren Autoren unter uns haben sehr rasch das rettende Ufer eines anderen Verlages gesucht. Uwe Timm zum Beispiel, der viele Jahre einer der Herausgeber der AE war, schlüpfte bei Kiepenheuer & Witsch unter. Heinar Kipphardts Witwe bekam das Angebot, mit den gesamten Rechten zu Rowohlt zu gehen.

Sie sagte nur: Pit, sorge dafür, daß ich meine Rechte wiederkriege. Einen neuen Verlag Autoren-Edition werde ich mit den Rechten meines Mannes nicht unterstützen. Auch Engelmann stand plötzlich nicht mehr als Autor zur Verfügung und publizierte nur noch bei den Bertelsmännern, wo immer schon ein Teil seiner Titel erschienen war. Er hatte nie ausschließlich bei der AE publiziert. So haben sich die erfolgreicheren Autoren von ihrem linken Kooperativprojekt verabschiedet und sind zu einem stinknormalen Verlag gegangen.

Gut, ich rief also die Pinkerneils an, erklärte ihnen meinen Auftrag, aber die waren plötzlich für die ganze Sache AE nicht mehr zuständig, gaben mir statt dessen eine Adresse in Frankfurt am Main, und als ich das Haus endlich gefunden hatte, stand ich vor einem gar nicht mal so kleinen Park. Ich flanierte durch den Park, bis zu einem gar nicht mal bescheidenen Schlößchen, einer Frankfurter Patriziervilla im Stile des späten 19. Jahrhunderts.

Nachdem ich die Halle durchquert und eine Weile in der Lobby gesessen hatte, wurde ich in ein imponierendes Büro geführt, das im Tudorstil eingerichtet war, und da traf mich fast der Schlag. Denn wer erhob sich hinter dem edlen Schreibtisch? Mein alter Freund Franz Mon – nur daß er diesmal Löffelholz hieß und der Eigner eines Frankfurter Verlages war, eines Schulbuchverlages, glaube ich.

Das Schloß gehörte ihm oder dem Verlag. Er hatte die ganzen Jahre hindurch die Autoren-Edition alimentiert, ohne uns gegenüber je in Erscheinung zu treten. Die Pinkerneils waren nur seine Strohleute gewesen, wobei Beate Pinkerneil als Literaturwissenschaftlerin nicht ganz unbekannt ist, auch als Herausgeberin des *Großen deutschen Balladenbuchs*. Später arbeitete sie beim ZDF an literarischen Sendungen.

Dazu müßt ihr wissen, wer Franz Mon war. Er war ein experimenteller, avantgardistischer Autor, ein sehr sympathischer, guter Mann. 1960 hatte er zusammen mit Walter Höllerer das berühmte Buch *movens* herausgegeben, in dem die neuen Tendenzen in der bildenden Kunst und der Literatur dokumentiert wurden. Er hatte Hörspiele und Textbücher veröffentlicht und war ein bekannter Mann in der literarisch-künstlerischen Avantgarde. Ich kannte ihn auch persönlich ein bißchen.

Kurz und gut, Franz Mon genehmigte, was ich verlangte, nämlich sämtliche Bücher und Akten einzusehen. Ich saß zwei oder drei Wochen in

Königstein im Taunus in einem Büro und habe Autor für Autor alles rekonstruiert: Was haben die zu kriegen, was haben die per Vertrag für Rechte übertragen, was ist offen, was könnte man dem Rechteinhaber Löffelholz vorschlagen, wie man damit umgeht?

Dabei sah ich auch die Verlagsverträge, die Bernt Engelmann, der Sprecher der Autoren, für sich abgeschlossen hatte.

Der Grundgedanke der AE war ja, daß ein Autor, der ein förderungswürdiges literarisches Projekt vorwies, dafür einen kleinen Vorschuß kriegte. Deshalb hatte ich für meine *Herren des Morgengrauens* zwölftausend Mark bekommen. Ich hatte gesagt, ich müsse ein Jahr schreiben, mache tausend im Monat. Das war für mich viel Geld. Doch Bernt hatte für eine nie geschriebene Herbert-Wehner-Biographie sechzigtausend Mark gekriegt. Er hatte mehrere solcher Verträge laufen, sich Honorarvorschüsse auszahlen lassen – schon von Bertelsmann –, und die waren dann auf Athenäum übertragen worden, wodurch der Verlag buchmäßig belastet war.

Es waren nicht die einzigen ungewöhnlichen Verträge. Es gab auch Zahlungen, deren Höhe von den Verkäufen her nicht gerechtfertigt waren. Ein Autor hatte mal für drei Romane, von denen sich nur einer einigermaßen verkaufte, 300.000,– Mark erhalten, nicht weil er so besonders gut schreiben konnte, sondern weil er eine linke Galionsfigur war.

Also, mein Freund Bernt, der mich liebte wie einen Sohn und dem ich viel verdanke an Lebenserfahrung und Glück, hat mich da doch ein wenig enttäuscht, und auch so etwas zähle ich zu den unverzichtbaren Erfahrungsschätzen.

Er war die Lichtgestalt der linken deutschen Sozialdemokratie, der witzigerweise von den Dissidenten und Antikommunisten im westdeutschen Literaturbetrieb schon ab 1982 als Knecht der DDR-Diktatur verfolgt wurde. Es hieß, er sei ein Statthalter des Unrechtsregimes DDR, und nach '89 wurde allen Ernstes publik gemacht, er sei Stasimitarbeiter gewesen.

Ihm wurde auch vorgeworfen, er habe für seinen Roman *Großes Bundesverdienstkreuz* gefälschte Akten des Ministeriums für Staatssicherheit benutzt, um Franz Joseph Strauß und andere Westpolitiker und Großkapitalisten in den Dreck zu ziehen, zu deutsch: er habe als fünfte Kolonne des Ministeriums für Staatssicherheit im Westen seine Ämter und seinen Einfluß mißbraucht.

Engelmann war für mich bis dahin lauter und integer, unbestechlich und uneigennützig gewesen, aber daß dieser Held auch ein kleiner Raffgeier sein konnte, hat mich doch etwas nachdenklich gestimmt. Er war eben, sagte ich mir später wie zur Entschuldigung für meine eigene Dummheit, ein Sozialdemokrat durch und durch, rechter Flügel, im Gegensatz zu seiner Frau, die war linker Flügel, und daß auch in der SPD eine gewisse Selbstbedienungsmentalität herrschte, die schon Feuchtwanger beschreibt, habe ich mehr als einmal erfahren.

Nun gut, ich ging davon aus, daß ich mit euch und eurer Mutter bis 1995 in Köln gelebt habe. Ich weiß nicht, warum ich die Dinge, die ich eben erzählt habe und die vor meiner Kölner Zeit passiert sind, an dieser Stelle erzählt habe. Ich denke, das sind Assoziationen, die sich einstellen, weil in meinem Kopf eine solche Unordnung herrscht. Hirnforschung. Vielleicht hatte ich das Gefühl, daß ich ein wenig davon erzählen müßte, was sich ereignet hatte, bevor ich nach Köln kam – davon, was sich an Gefühlen in mir angestaut hatte. Das muß ja alles irgendwie verarbeitet werden.

Ich weiß, daß ich literarische Projekte hatte, ehe ich nach Köln kam. Ich hatte einiges zu realisieren versucht und war mit der Schreiberei nicht klargekommen. Ich war gar nicht so weit gekommen, daß ich einem Verlag ein halbwegs lesbares Manuskript hätte zeigen können, so daß der Verlag hätte sagen können: So 'ne Scheiße oder: Prima, aber ein bißchen umschreiben.

Ich hatte zum Beispiel für einen Mittelalterroman recherchiert, der in der Zeit spielen sollte, die in einem wissenschaftlichen Bestseller »Herbst des Mittelalters« heißt – in der faszinierenden Epoche zwischen 1250, als der letzte Staufer abtritt, und dem Beginn der frühen Neuzeit, als der Papst nach Rom zurückkehrt und das deutsche Kaisertum langsam rekonstruiert wird, aber in einer anderen als der mittelalterlichen Form.

Die sozialen Verwerfungen infolge der technisch-wissenschaftlichen Revolution in der Landwirtschaft, in der Warenproduktion, in der ständischen Gliederung, die sind ja um das Jahr 1350 voll da. Davon sollte mein Mittelalterroman handeln. Daß ich den dann nicht geschrieben habe, hatte eine banale Ursache. Ich wollte gerade anfangen zu schreiben und hatte dafür ein einjähriges Stipendium des Deutschen Literaturfonds' bekommen, als der berühmt gewordene Roman *Der Name der Rose* von Umberto Eco erschien.

Das ist ja eine Schmonzette, ein ziemlicher Kitsch. Er spielt in derselben Zeit und verwendet als Hintergrund die gleichen gesellschaftlichen und politischen Entwicklungen, aber so, daß nur ein Schmachtfetzen daraus wird. Nicht daß ich Eco vorwerfe, daß er vieles abgekupfert hat. Ich werfe ihm vor, daß er einen Erfolgsroman im Stil der Erzählkunst des 19. Jahrhunderts geschrieben hat.

Ich hätte einen Roman über eine deutsche Kleinstadt im 14. Jahrhundert geschrieben, in der Zeit, als die Weichen für eine gesellschaftliche Entwicklung gestellt werden, die zur Reformation, zum Dreißigjährigen Krieg und im Endeffekt zum Ersten Weltkrieg führt.

Aber wie sollte ich das nach Ecos Kuttenthriller tun? Die Leser hätten gesagt: Da hängt sich einer an Ecos Erfolg dran. Und sie hätten gesagt: Unlesbar! Übers Mittelalter schreibt man wie Umberto Eco oder wie Tanja Kinkel, aber doch nicht so pädagogisch, politisch.

Also, diese Befürchtung mag ein Grund dafür gewesen sein, warum ich das Projekt trotz des Geldes vom Literaturfonds nie zu realisieren begonnen habe. Die Bücher, die ich dafür gelesen habe, stehen heute noch rum – da, schaut sie euch an, drei laufende Meter ausgehendes Mittelalter –, und auch heute noch frage ich mich manchmal: Soll ich? Soll ich?

Als ich im Herbst 1983 wußte, daß ich den Roman nicht schreiben würde, habe ich mich wie die Figur eines pessimistischen Romans gesehen, zu dem ich ebenfalls jahrelang Notizen gemacht habe. Er sollte den schönen Titel *Der Zauderer* haben und von einem Menschen handeln, der nie den Mut hat, zur Tat zu schreiten, und mit einem Romanprojekt durch Europa streift.

Er reist nach Holland, nach Japan, wo ich 1982 wirklich mal drei Wochen war, nämlich im irre heißen August in Nagasaki und Hiroshima, bis er am Ende nach Sizilien fährt, wo er versucht, sich für sein letztes Geld von einem Mafiakiller in Palermo auf einer Terrasse über einem Fischlokal in der Altstadt erwürgen zu lassen. Das gelingt ihm natürlich auch nicht.

Für diesen Roman gibt es sogar ein Cover. Ich habe für den *Zauderer* eine Reihe von Texten geschrieben, und mit denen bin ich auf Lesetournee gegangen. In Hannover, es müßte 1984 gewesen sein, fragte mich ein Veranstalter: Gibt es den Roman, aus dem Sie vorlesen werden, wirklich? Ich sagte: Natürlich gibt es den. Er soll bei Rotbuch erscheinen und heißt *Der Zauderer*. Er: Gibt es vielleicht schon ein Cover? Ich: Ja, es gibt auch schon einen Umschlagentwurf. Er: Können Sie uns den zukommen lassen?

Selbstverständlich habe ich für die einen Coverentwurf gemacht: Peter O. Chotjewitz: *Der Zauderer*, Rotbuch-Verlag. Die haben daraus ein Plakat gemacht und damit für die Veranstaltung geworben. Manche Leute könnten also meinen, es gebe diesen Roman tatsächlich. Nur, ich habe außer ein paar Texten nie irgend etwas geschrieben, denn das war mir dann doch zu peinlich. Der Autor, dem nichts einfällt, der mißglückte Roman, das sind peinliche Themen, daraus macht man einen Film mit Jack Nicholson, der am Ende verrückt wird. Die Pose ist abgelutscht – und wenn du zehnmal der Idiot bist, der momentan nicht in der Lage ist, literarisch irgend etwas auf die Reihe zu kriegen.

Aber ich hatte ja anderes zu tun. Ich bin zum Beispiel mal wieder Vater geworden, dreiundzwanzig Jahre nach der Geburt eures Bruders Iwan, der jetzt selber schon vierfacher Vater ist, Doktor juris und Beamter in einem

Ministerium in Brandenburg. Er wohnt in Babelsberg, und ich bin gut mit ihm befreundet. Als ich noch reisen konnte, habe ich ihn und seine Familie regelmäßig besucht.

Kurz, ich spreche jetzt von dir, Uta, von deiner Geburt 1987, denn da hat sich etwas Seltsames ereignet. Na gut, vielleicht war es nicht seltsam, vielleicht ist es immer so. Ich war dreiundfünfzig und hatte inzwischen ein anderes Verhältnis zu Familie und Kindern als in den sechziger Jahren. Ich war nicht mehr so egoistisch. Es mußte nicht mehr alles, was ich mache, in der Weise auf mich zurückfallen, daß es zu meinem Image beiträgt.

Die Show hat bei mir früher eine große Rolle gespielt. In den fünfziger Jahren, als ich in Frankfurt studierte, hieß ich in meinem Freundeskreis »Der Goldjunge«. Ich wollte immer Eindruck machen. Ich wollte immer beweisen, wer ich bin, was ich bin. Als ich dann über fünfzig war, spielte dieser Impetus keine so große Rolle mehr. Dadurch entwickelte ich eine ganz andere Beziehung zu euch als zu euren Brüdern. Ich habe mich um Iwan und David ganz anders gekümmert, nicht weniger, aber völlig anders als um euch beide.

Ein nebensächliches Detail mag sein, daß ich bei euren Geburten dabei war und gesehen habe, mit welchen Mühen ein Kind auf die Welt kommt, wie es dann da liegt und was in den ersten Minuten passiert. Das war in den sechziger Jahren nicht möglich. Man durfte als Vater bei der Geburt nicht dabeisein. Man durfte nicht mal sein neugeborenes Kind sehen.

Eure Halbbrüder habe ich in den ersten Tagen nur durch eine Glasscheibe gesehen. Hinten im Saal, wo die Kinder in ihren Körbchen lagen, stand eine Krankenschwester und hielt etwas hoch, und aus etwa zehn Metern Entfernung konnte ich mir denken: Das könnte mein Kind sein. Man hat das Kind erst am Tag der Entlassung zu Gesicht gekriegt. Vor allem die Frauen, einschließlich meiner damaligen Schwiegermutter, betrachteten den Vater als jemanden, den man fernhalten mußte vom Kind, vor allem aber von der Wöchnerin. Vielleicht war er eine fast seuchenhafte Gefahr für Mutter und Kind.

1987 hingegen wollten sie in der Klinik, daß der Vater dabei ist. Als du, Uta, zur Welt kamst, saß ich drei Kilometer entfernt in einem Hotel beim Frühstück. Die Hebamme rief an: Kommen Sie schnell, sonst verpassen Sie das Beste. Die Schädeldecke guckt schon raus.

Man brauchte im Kreißsaal keinen Mundschutz zu tragen, keine Filzpantoffeln, keinen Kittel. Ich stand in meinen normalen Klamotten neben der Liege, auf der sich Cordula abquälte. Mich hat eure Geburt existentiell berührt, indem ich miterlebt habe, wie ihr rauskamt aus eurer Höhle. Die Wöchnerin sieht das nicht. Die liegt auf dem Rücken, die Beine gespreizt, und kriegt nur gefühlsmäßig mit, daß da unten was sehr Schmerzhaftes passiert.

Aber ich sehe, wie sich langsam die Scheide immer weiter öffnet, wie es anfängt zu bluten und wie sich dann, wenn es eine normale Geburt ist, der Kopf abzeichnet. Man sieht, wie sich in der sich immer weiter öffnenden Vagina etwas Rundes abzeichnet, aber als Laie weiß man noch nicht, daß es die Schädeldecke des Kindes ist.

Du siehst, wie der Arzt, das ist das einzige, was er macht, damit es keine Geburtskomplikationen gibt, mit dem Finger versucht, die Vagina zu weiten und seitlich an der Schädeldecke vorbeizuschieben, damit sich die Schädeldecke weiter rausschieben kann. Dazu natürlich die Anweisungen an die Wöchnerin: tief durchatmen, pressen, pressen, aufhören, atmen, entspannen, tief einatmen, wieder pressen, das zieht sich.

Ich habe keine langen Geburten erlebt, weil Cordula euch beide schnell gekriegt hat. Alles in allem vielleicht eine Stunde hat sie für die letzte Phase gebraucht. Sie hat wahrscheinlich mit einer enormen Kraft gesagt: Du, mein Kind, mußt jetzt raus. Dich kriege ich schon raus, egal, was passiert. Sie hat diese enorme seelische Kraft und den Willen, sich im entscheidenden Augenblick zur Höchstleistung zu zwingen.

Und dann schießt plötzlich ein Wasserschwall zwischen den Beinen heraus, das spritzt einen Meter weit, ein breiter Schwall, mit Blut durchmengt, eine schmutzig-wäßrige Ursuppe, die alles einsaut. Deshalb tragen die Hebammen so große Gummischürzen. In diesem Schwall befindet sich ein großes Etwas wie aus einem Science-Fiction-Film, das du nur mühsam als Kind erkennen kannst. Daher ist der Tisch zu Füßen der Wöchnerin ziemlich lang. Wäre er das nicht, würde das Kind womöglich auf den Boden fallen. Nein, es würde in der Luft baumeln, denn es hängt ja noch an der Nabelschnur. Oder es würde vielleicht wie beim Jumping wieder zurückschnellen.

Da liegt es dann, bedeckt mit einer schleimigen, weißlichen Schicht, die wie Streichkäse aussieht, und wirkt unglaublich lebensunfähig. Es würde einen nicht wundern, wenn es bewegungslos liegenbliebe.

Die Nabelschnur wird abgebunden, das Kind wird ein bißchen abgewischt, und dann stochern sie ihm mit einem Strohhalm in der Nase rum, damit es einen Ton von sich gibt. Dann gibt es zaghafte Töne von sich und wird, während die Wöchnerin in Blut, Schweiß und Wasser liegt, zu einem nahegelegenen Becken mit Wasser getragen.

Vermutlich ist das Wasser etwa 30 Grad warm, aber der Säugling ist ja gerade aus einer Umgebung von 37 Grad entlassen worden, für den muß das grauenhaft kalt sein, denn er gibt sofort entsetzliche Schreie von sich, was sehr zur guten Laune aller Anwesenden beiträgt, einschließlich der Wöchnerin, die sich furchtbar freut, daß ihr Kind geschrien hat, und die es auch gleich für einige Augenblicke auf den Bauch gelegt bekommt, nur einige wenige Augenblicke, und sich nun davon überzeugen kann, daß es lebt.

Vielleicht wird auch über das Geschlecht des Kindes gesprochen, ich erinnere mich nicht daran. Ich habe mich nie für das Geschlecht interessiert. Das ist der normale Geburtsverlauf.

Du, Lea, warst nicht so lang und dünn wie Uta. Euer unterschiedlicher Körperbau war also vom ersten Moment an sichtbar. Du warst kompakter, kräftiger, und während deine Schwester zunächst etwas griesgrämig war, warst du gutgelaunt.

Kaum warst du draußen, schautest du mich an und lachtest. Jedenfalls hatte ich den Eindruck. Nicht laut, sondern geräuschlos, als ob du sagen wolltest: Gott sei Dank, den Knast habe ich hinter mir. Das habe ich geschafft. Endlich draußen, endlich draußen. Vielleicht hast du auch über mich gelacht.

Du warst auch nicht so unzufrieden damit, daß du ins kalte Wasser geworfen wurdest. Du hast es wohl als Beweis dafür empfunden, endlich in Freiheit zu sein, denke ich mal. Du, Uta, warst dagegen, wie es schien, nur ungern draußen. Du wärst, hatte ich den Eindruck, lieber dringeblieben.

Versteht ihr? Man kann eine Geburt unbeteiligt erleben oder mit Erschrecken erleben oder gar nicht erleben, aber ich hab' solche Dinge immer zugleich existentiell und literarisch erlebt, als eine Sache, die sich auch deshalb ereignet, damit ich hinterher eine Geschichte erzählen kann.

Ich habe einen großen Teil meines Lebens so erlebt, daß ich mir schon während des Erlebnisses vorgestellt habe: Darüber werde ich vielleicht mal was schreiben, das kann man vielleicht mal brauchen. Ich wüßte nicht, daß ich über eure Geburt jemals eine Zeile geschrieben hätte, aber ich wußte immer, eines Tages werde ich darüber reden, so, wie ich das jetzt getan habe. Das heißt, ich habe viele Ereignisse, egal, ob sie mir Spaß gemacht oder mich geängstigt haben, einerseits als existentiell erlebt, andererseits immer auch so erlebt, als erlebte ich sie, um einen literarischen Stoff zu haben.

Ihr werdet, falls ihr mal meine Bücher lesen solltet, feststellen, daß sich vieles, was ich geschrieben habe, in irgendeiner Weise aus meiner Biographie ableitet. Das braucht deshalb nicht zu stimmen, es stimmt fast nie, daß sich die Dinge so ereignet haben, wie ich sie dargestellt habe, oder daß sie sich überhaupt ereignet haben, aber der biographische Bezug wäre sehr häufig feststellbar, wenn ihr mein Leben in jeder Sekunde kennen würdet.

Das ist vielleicht auch der Grund dafür, warum ich so häufig die Ich-

Form verwende. Das Ich in meinen Texten ist fast immer ein fiktives. So viele Ichs kann ich gar nicht sein, wie ich »ich« sage. Man kann vielleicht zwei Ichs sein oder drei Ichs, wenn man eine richtig schöne multiple Persönlichkeit ist, aber so viele Ichs, wie in meinen Texten auftreten, kann ich nicht sein.

Wenn ich jedoch mein Leben als Material begreife, werden auch die erfundenen Geschichten in dem Sinne authentisch, daß ich sagen kann, sie sind Teile meiner Biographie, obwohl sie es nicht sind. Viele Dinge, die ich meinen vielen Ichs andichte, gibt es nicht. Die habe ich nicht erlebt. Die sind erfunden. Sie werden ein Teil meiner Biographie, indem ich »ich« sage. Das meiste im Leben beruht auf zufälligen Wendungen, die niemand beeinflussen kann. Mehr Authentizität gibt es nicht.

Deshalb haben Erlebnisse wie eure Geburten einschließlich dessen, was Cordula dabei durchgemacht hat, so eine existentielle Bedeutung, denn ich bin mir relativ sicher, daß ich danebengestanden habe, daß es eure Geburten waren und daß der Anteil der Fiktion gering ist. Er besteht höchstens in meiner Wahrnehmung und meiner Art der Darstellung, nicht aber im Wahrheitskern und Wesen der Ereignisse.

Nur ein Ereignis, das mit Köln verbunden ist, hat einen ähnlich nachhaltigen Überschwang der Gefühle in mir ausgelöst wie eure Geburt. Ich spreche vom 9. November 1989, der mich dermaßen traumatisiert hat, daß banale Details fest in meinem Gedächtnis verankert sind.

Ich hatte lange gearbeitet, irgendwas geschrieben, keine Nachrichten gehört, kein Fernsehen gesehen. Cordula und ich hatten damals die Angewohnheit, uns gegen elf, halb zwölf in der Kneipe *Zur alten Wettannahme* gleich gegenüber von unserem Haus zu treffen. Die Wirtin hieß Koch und wurde, abgeleitet von englisch »cook«, Kucki genannt. Es war eine von den angenehmen Kneipen, in denen man sich wie zu Hause fühlt, obwohl man keinen kennt, aber da immer dieselben Leute da sind, hat man das Gefühl, sie seien alte Bekannte.

Ich ging gerne zu Kucki. Kucki war früher Sekretärin bei *konkret* gewesen. Cordula kam aus ihrem Atelier, ich kam von meinem Schreibtisch, und wir trafen uns da und gaben uns noch ein bißchen die Kante. Wir verkehrten auch bei Ernesti. Ernesti war ein griechischer Sozialist und hatte zusammen mit seinem kleinen Bruder Kosta ein Speiselokal. Der dritte Bruder, den Namen habe ich vergessen, war Kuckis Lebensgefährte. Wir besuchten also dieselbe Familie, wenn wir in die Kneipe gingen.

An diesem Abend war, wie gesagt, Kucki dran. Ich kam rein, und da saß ein alter Kumpel von mir, Stefan Wewerka, Professor, Künstler, Avantgardist. Berühmt geworden ist Stefan durch seinen diagonal durchgesägten

Stuhl. Er hatte einen Stuhl in zwei Teile gesägt und einen Teil an die Ecke gelehnt, damit er nicht umfiel.

Professor Wewerka saß fast jeden Abend in seiner Ecke, der gehörte zur Einrichtung. Er hatte mal einen Roman von mir gelesen, und jedesmal, wenn er besoffen war, sagte er: Chotjewitz, du hast mal ein sehr gutes Buch geschrieben, *Malavita* – ein Buch über die sizilianische Mafia –, großartiges Buch, so was mußt du mal wieder schreiben.

An dem Abend sagte er, als ich reinkam: Tach Pit, heute kann ich nicht lange bleiben, ich muß weg. Ich fragte: Wo mußt du hin? Er: Ich will morgen nach Dresden. – Sag mal, spinnst du? Hast du denn ein Visum? – Nein, ab sofort kann man ohne Visum nach Dresden fahren, nur mit Perso. Ich fragte: Wieso willst du denn nach Dresden? – Ich will einer der ersten sein, die morgen früh in Dresden sind. Und dann erzählte er mir, im Fernsehen hätten sie gesagt, die Mauer sei offen.

Das war natürlich ein Schlag ins Kontor, und deshalb sagte ich vorhin, dieser Tag habe mich traumatisiert. Ich hatte mich komplett damit eingerichtet, daß es für alle Zeiten zwei deutsche Staaten geben würde und daß der eine von beiden, so beschissen er auch sein mochte, die Möglichkeit hatte, sich zu einer gesellschaftlichen Utopie zu entwickeln, die auch meine Utopie war: Sozialismus – während der andere auf dem Kehrichthaufen der Geschichte landen würde. Daß der Westen siegen würde, war für mich unvorstellbar.

Ich war regelrecht geschichtsblind gewesen, hatte jahrzehntelang gegen meine politischen Erfahrungen gefühlt und gedacht, denn die Anzeichen dafür, daß man vom Westen her versuchte, sich die DDR anzueignen, waren seit den späten siebziger Jahren evident. Auch meine Interpretation der Bahr-Brandtschen Ostpolitik seit den frühen siebziger Jahren war klar. Ich wußte, daß sie auf die Vereinnahmung der DDR abzielte.

Aber daß dieser Coup gelingen würde, war für mich unvorstellbar. Ich dachte: Sie werden weiterhin die DDR zu ihrem Erbfeind erklären, aber sie werden sie weder angreifen noch es schaffen, sie tatsächlich kaputtzumachen und sich anzueignen. Wie tief dieser Fehlschluß in mir verankert war, habe ich an einem anderen Ereignis gemerkt.

Als unter Gorbatschow seit 1985 immer deutlicher wurde, daß gesellschaftliche und politische Kräfte in der Sowjetunion versuchten, den Sozialismus zu verkaufen, saß ich an einem Hörspielprojekt. Dieses Hörspiel war in gewisser Weise eine Wahrsagerei. Ich hatte mir nämlich vorgestellt – das war der Stoff des Hörspiels –, daß in der DDR etwas ähnliches wie Unruhen oder Massendemonstrationen stattfänden und daß die Massen forderten, daß die Mauer geöffnet werde.

Das war der erste Teil meines Hörspiels: eine fiktive Reportage über Unruhen in der DDR. Das habe ich etwa 1987 als Konzept ausgearbeitet, wobei das Ende des Hörspiels, aus dem ich vielleicht noch einen Roman gemacht hätte, anders aussah als das, was 1990 passierte. Denn ich ging davon aus, daß die Alliierten sagen: Leute, so geht es aber nicht. Wiedervereinigen wollen wir nicht. Wir halten uns an den Vertrag von Jalta, wir wollen zwei deutsche Staaten. Wir unternehmen zusammen mit unserem Vertragspartner Sowjetunion etwas gegen diese Unruhen, natürlich ganz friedlich, nicht wie am 17. Juni 1953. Wir führen den Demonstranten vor Augen, daß es keine Wiedervereinigung gibt, die Welt bleibt geteilt, das ist im allseitigen Interesse, der Ostblock dient der globalen Stabilität.

Das war mein Standpunkt, den wollte ich in den Stoff einbringen, und es war ja wohl auch weitverbreitete Meinung, daß Jalta mindestens so dauerhaft sein würde, wie es der Westfälische Frieden gewesen war.

Ich habe mein Hörspiel deshalb so enden lassen, daß die Rädelsführer des Aufstandes in der DDR, die neben Geheimdienstleuten natürlich im wesentlichen westdeutsche Sozialdemokraten sind, zurückgepfiffen werden und die Unruhen langsam nachlassen. Dann werden mal wieder einhunderttausend VW Golf geliefert, und jeder DDR-Bürger, der brav ist, kriegt einen Golf zu einem ordentlichen Preis, vielleicht werden auch Reiseerleichterungen gewährt, und dann ist der Traum von »Wir sind das Volk, wir sind ein Volk« ausgeträumt.

Ich ging mit dem Konzept zum Süddeutschen Rundfunk und sagte, das sei das Hörspiel, das ich schreiben wolle. Um zu untermauern, daß an der Zweistaatlichkeit nicht gerüttelt wird, hatte ich mich – sie sollten in dem Hörspiel auch kurz eine Rolle spielen – mit Statements der CDU und der SPD bewaffnet, mit dem berühmten Deutschlandpapier der SPD und mit offiziellen Deutschlandpapieren der CDU, aus denen bis zu Honeckers Besuch in Bonn klar hervorging, daß die Bundesregierung keine Wiedervereinigung wollte.

Aber was geschah? Das Stück wurde mir vom zuständigen Abteilungsleiter des Süddeutschen Rundfunks vor die Füße geworfen, und er fauchte: Willst du allen Ernstes, daß in der DDR Unruhen ausbrechen, die auf eine Wiedervereinigung hinauslaufen? Willst du sagen: Ihr Leute in der DDR müßt daran mitwirken, wenn ihr wollt, daß es wieder einen deutschen Staat gibt? Mit diesem Argument hat der Süddeutsche Rundfunk das Hörspiel abgelehnt.

Das heißt: Noch 1988 war es in einer Hörspielabteilung eines deutschen Rundfunksenders ein Sakrileg, ein Hörspiel zu produzieren, das den Eindruck vermittelt hätte, als wolle der Autor praktische Vorschläge machen, die auf eine deutsche Wiedervereinigung hinauslaufen könnten. Das war nicht drin. Und ein Jahr später, das Material lag noch auf meinem Schreibtisch gegenüber von Kuckis *Wettannahme*, nahm diese Wiedervereinigung plötzlich ihren ersten Anlauf, der zwar nicht in einer Wiedervereinigung enden sollte, aber in einer Usurpation. Das sind Dinge, die nehmen einen mit.

Ich meine, es war nicht sofort absehbar, daß sich der Westen alles unter den Nagel reißen würde, obwohl ich auch das hätte vorhersehen müssen. Der Kapitalist ist seinem Wesen nach ein Leichenfledderer.

Natürlich bin ich gleich zu dem großen Kongreß in Frankfurt gegen die Wiedervereinigung gefahren, »Nie wieder Deutschland«, mit dem berühmten Bild von Marlene Dietrich, und natürlich habe ich immer wieder gedacht: Mensch, vielleicht kann man die Lawine irgendwie aufhalten, wenigstens die schlimmsten Folgen verhindern. Aber gleichzeitig habe ich gewußt, daß der Mantel der Geschichte den westdeutschen Bundeskanzler gestreift hatte, und das reichte aus, um sich mit seinem fetten Arsch auf das Kissen des Sterbenskranken setzen zu können, damit der sobald wie möglich erstickt, und so kam es.

Ich habe erst in der zweiten Hälfte der neunziger Jahre, schon hier in Stuttgart, langsam wieder zu atmen begonnen. Ein bißchen erleichtert habe ich mich in der letzten Phase in Köln dadurch, daß ich drei, vier Jahre lang viel Energie in das Haus in der Eifel gesteckt habe. Das Haus war unbewohnbar gewesen. Bewohnt hatte es vorher ein stocktauber, alter Waldarbeiter und Kleinbauer. Also wurde ich noch mal zum Bauhandwerker, Maler und Anstreicher, Maurer und Putzer, Dachdecker und Fliesenleger. Ich habe das Haus in der Eifel regelrecht auseinandergenommen.

Mein größtes Gewerk, das ich zusammen mit einem holländischen Freund ausgeführt habe, war, eine etwa zehn Meter lange und etwa fünfzig Zentimeter dicke Bruchsteinmauer, die im Parterre aus statischen Gründen das Haus durchschnitt, einzureißen – und in letzter Minute zu merken, daß das ganze Haus zusammenbricht.

Cordula saß im ersten Stock und zeichnete. Plötzlich hörte ich einen Schrei: Pit, hör auf, hör auf! Ich rauf – und was sah ich da? Plötzlich gingen die Türen und Fenster nicht mehr auf oder zu, weil das Haus angefangen hatte, sich zu senken. Ich habe mir bei einem benachbarten Bauunternehmer Träger geholt, mit denen man das Haus wieder drei, vier Zentimeter in die Höhe stemmen konnte, bis Cordula keine Angst mehr hatte, mit ihrem Bett im Keller zu landen.

Danach haben wir weiter die Mauer eingerissen und dazu den gesamten Fußboden, der zum Teil unterkellert war. Insgesamt habe ich mit einer

Schubkarre vierzehn Kubikmeter Bauschutt zu einem Container gebracht. Drei Jahre lang habe ich einen großen Teil meiner Zeit im Blaumann auf der Baustelle verbracht und in den Pausen versucht, einen Roman zu schreiben, aber gleich wieder zum Vorschlaghammer oder zum Schlagbohrer gegriffen, denn Betonmauern kriegst du nicht mit dem Vorschlaghammer weg.

Da brauchst du einen Hilti-Schlagbohrer, das ist ein ziemlicher Kaventsmann, der wiegt ein paar Kilo. Den drückst du fünf Minuten lang an eine Stelle der Betonwand. Da scheint nichts zu passieren. Du kriegst kein Loch rein, du kannst die Wand nur anbohren. Du stehst da und zitterst, und du weißt nicht, daß die Wand auch zittert. Aber die Wand zittert auch. Und irgendwann hat sie so lange gezittert, daß sie sich regelrecht auflöst. Sie fällt in sich zusammen.

Das ist ein enormes Vergnügen. Es befreit dich unglaublich, wenn du nach zwei Stunden eine Betonmauer von fünf Metern Länge und zwei Metern Höhe so in ihre Einzelteile zerlegt hast, daß du sie zum Bauschuttcontainer schleppen kannst.

In summa: In diesem Haus habe ich drei Jahre lang meinen Frust über die sogenannte deutsche Wiedervereinigung durch Schwerstarbeit abgearbeitet. Danach konnte ich wieder schreiben. Während ich das Haus erst kaputtgemacht und dann wiederaufgebaut habe, habe ich im Kopf andauernd Geschichten und Romane geschrieben, Reden gehalten, mit Menschen diskutiert.

Man kann, wenn man schwere körperliche Arbeit verrichtet, die körperliche Belastung völlig davon trennen, was im Gehirn stattfindet. Im Gehirn kannst du auf einem relativ hohen Niveau mit Leuten, die gar nicht da sind, über politische und philosophische Probleme diskutieren, und unten hast du eine Schaufel, mit der du eine Schubkarre vollädst. Du kannst dir einen ganzen Roman vorstellen. Es ist unglaublich, welch geistig befreiende Wirkung bestimmte körperliche Tätigkeiten haben, insbesondere, wenn sie dialektisch sind: zerstören und wiederaufbauen.

Auf Grund dieser Erfahrungen glaube ich, daß die weitgehend abgelehnte Taktik in der Sowjetunion oder in der DDR, die Intellektuellen mal in die Produktion zu schicken, zum Nutzen der künstlerischen und intellektuellen Arbeit war. Vielleicht haben die Erfinder des Slogans »Ab in die Produktion« gedacht, sie würden die Dichter bestrafen, und nicht geahnt, daß die Dichter, die in die Maloche geschickt wurden, daraus Nutzen zogen.

Ein typisches Beispiel dafür ist ein frühes Werk von Volker Braun, *Der Schlamm*, in dem er seine Arbeit in einem Kombinat beschreibt. Ein bißchen kommt diese Stimmung auch in *Spur der Steine*, Frank Beyers berühmtem Film mit Manfred Krug, zum Ausdruck. Da treten gewissermaßen die sieben Samurai des sozialistischen Aufbaus in der Formation von Westernhelden auf.

Vielleicht kennt ihr das berühmte Bild, wie sich die Arbeiter, angeführt von Krug in seiner Zimmermannskluft, als Kampfkeil in den Dreck, in die Arbeit stürzen. Daß in dieser Einsatzmöglichkeit eine große befreiende Kraft im Hinblick auf geistige Tätigkeiten liegt, haben sie vielleicht nicht gewußt. Aber man kann es sehen. Das Bild ist da. Und da liegt der Gedanke nicht fern, daß man all die Leute, die bei uns den Kulturbetrieb und den Literaturbetrieb versauen, zu ihrem eigenen Guten – und nicht zwecks Bestrafung oder weil man ein schlimmer Diktator ist – mal ein Jahr in die Produktion schicken sollte. Schriftsteller in die Produktion. Künstler in die Produktion. Intellektuelle in die Produktion. Ich würde das auf Grund meiner Erfahrungen begrüßen.

So, ich denke, wir machen morgen weiter. Geschichten habe ich genug auf der Pfanne, aber ich werde streng beim Thema bleiben: Erziehung durch Gefühle. Es passiert etwas, das in mir Gefühle auslöst, und durch diese Gefühle werde ich erzogen. Sie entwickeln mich, bereichern mich, und vielleicht, wenn ich lange genug lebe, werde ich weise. Ich wollte immer gerne weise werden.

Was sind das für Geschichten? Worüber könnte ich in den nächsten Tagen erzählen? Warum bin ich eigentlich Schriftsteller geworden? Warum bin ich nicht Malergeselle geblieben? Warum bin ich nicht Jurist geblieben? Was habe ich als Jurist erlebt, sei es während des Studiums, sei es während meiner Zeit in den sechziger Jahren als Berliner Landesbeamter der Justiz? Was habe ich da gemacht? Warum habe ich das nicht weitergemacht?

Warum habe ich im Frühjahr 1966 gesagt: Die Juristerei kann mich am Arsch lecken, ich werde jetzt Schriftsteller? Ich bin zwar ziemlich unbegabt und weiß nicht, wie das geht, aber man kann's ja mal versuchen. Clochard kann ich immer noch werden.

Dann gibt es da ein Thema, das für mein Gefühlsleben immer von Bedeutung war: die Politik, meine politische Entwicklung. Ich habe ja schon ein bißchen was über das Milieu auf dem Land erzählt und ein bißchen was über Moral und die DKP, aber dem geht eine jahrzehntelange politische Entwicklung voraus.

Oder: Was hat ein Junge von elf Jahren bei Kriegsende über den Nationalsozialismus und den Krieg gewußt? Was konnte er wissen? Was mußte er wissen? Und wie hat ihn das geprägt? Das würde ich gerne erzählen. Das erstemal, daß ich mindestens ein Dutzend Trümmerstädte gesehen habe –

die Trümmerhaufen Berlin und Kassel kannte ich bereits –, war 1951 auf einer Fahrradtour durch Westdeutschland.

Wie Frankfurt am Main aussah, das könnte ich erzählen. Unvorstellbar. Ich könnte erzählen, wie Kassel nach 1945 ausgesehen hat.

In meinem Roman *Der dreißigjährige Friede* gibt es einige Kapitel, die das völlig zerstörte Kassel beschreiben, die würde ich gerne noch mal erzählen, nicht, um mich zu wiederholen. Nein, in Romanen sind solche Beschreibungen Teil der Fiktion, und im Moment will ich möglichst wenig Fiktion. Das bedeutet nicht, daß alles richtig und wahr ist. Man vergißt viel, man bildet sich einiges ein, aber ich will doch versuchen, alles so authentisch wie möglich, so unliterarisch wie möglich darzustellen.

Ich glaube, das Ausmaß der Verbrechen, der Zerstörungen, das erst nach 1945 schrittweise erkennbar wurde, hat das Lebensgefühl meiner Generation geprägt. Das ist eine Tatsache, die heute kaum noch thematisiert wird. Es wurde nie groß thematisiert. Aber das Großwerden in einer Trümmerlandschaft, in der nicht nur die Städte und die Häuser und die Brücken und die Verkehrswege zerstört sind, sondern in der auch die Menschen zerstört sind, die zerstörten Menschen, psychisch, politisch und sozial zerstört, verstümmelt, körperlich verstümmelt, das ist für mich ein wichtiger Punkt. Darüber würde ich ganz gerne sprechen, denn ich muß das jetzt rausknallen, ich muß das jetzt loswerden, egal, was damit passiert.

Mein Vater, auf den ich ebenfalls rekurrieren werde, war, ich habe es schon angedeutet, ein Anarchist und Kleinbürger, der nichts zu vererben hatte außer einer Angelschnur und seiner Lebensgeschichte. Für ihn bestand eine wesentliche Aufgabe von uns Kindern darin, das weiterzudenken und weiterzuführen, was er gemacht hatte, so, wie er weiterführte, was seine Vorfahren gemacht hatten.

Ich habe meinen Vater oft über seinen Vater erzählen hören, obwohl er seinen Vater kaum gekannt hat. Er sprach über Vorfahren, die seit Jahrhunderten tot waren, als wären sie eben erst übern Jordan gegangen.

Ich vermute, das Denken in einer familiär begründeten Tradition, die man fortzusetzen hat, ist in der heutigen Generation nicht mehr vorstellbar. Mich hat es geprägt, wie die Generation meiner Großeltern lebte. Man lebt weiter in seinen Kindern, wie ein jüdisches Sprichwort sagt. Ich glaube, die Türken haben das übernommen. Ein Mensch, der Kinder hat, stirbt nie, sagen sie. Er kann nicht sterben.

Sechstes Kapitel

Vitalisnacht, man zieht nach Hamburg,
noch mal Krebs, Bambi La Furiosa näht Rattentaschen

Die Idee für den Mittelalterroman, von dem ich erzählt habe, hatte ich im Heimatmuseum der Kleinstadt Bad Hersfeld. Bad Hersfeld liegt an der Fulda, unweit der thüringischen Grenze. Früher ist der Ort bekannt gewesen, weil er an einer der Transitstrecken nach Westberlin liegt, an der Autobahn Richtung Eisenach. Ob Bad Hersfeld sonst irgendwie ins öffentliche Bewußtsein gedrungen ist, weiß ich nicht – eher die Gegend etwas weiter südlich rund ums Hattenbacher Dreieck, da sollte auf dem Höhepunkt der Nachrüstung Ende der siebziger Jahre der atomare Erstschlag stattfinden, und etwas nördlich von Bad Hersfeld lag der Eisenbahnknotenpunkt Bebra.

Bebra kannten sämtliche Penner, die mal versucht hatten, nach Westberlin zu kommen, denn in Bebra wurde auf bundesrepublikanischer Seite in allen Zügen gefragt: Fahren Sie weiter durch die DDR? Bejahte man das, mußte man seinen Ausweis zeigen, und dann flogen alle raus, die keinen Ausweis hatten, zu deutsch: alle Berber. Die wurden in ein Obdachlosenasyl am Bahnhof gesteckt, und deshalb wurde man am Bahnhof von Bebra immer von einer dreißig, vierzig Personen starken Gruppe von Berbern mit dem Schlachtruf »Haste mal 'ne Mark?« empfangen.

Ich habe neun Jahre in der Nähe von Bad Hersfeld gewohnt, in einem winzigen Dorf namens Kruspis, von 1973 bis 1982. Von 1982 bis 1984 hatte ich auch Wohnungen in Hamburg, teils alleine, teils mit der lieben Svende. Kruspis war seitdem nur noch mein Basislager, bis Sommer 1986, da ließ meine Ex die Schlösser auswechseln und riß sich auch sonst etliches unter den Nagel.

Sie war eine höhere Tochter und deshalb ziemlich habgierig. So war auch ihr Verhalten mir gegenüber: Das ist mein Mann. Den rück' ich nur raus, wenn dabei ordentlich was rüberkommt. Am Anfang unserer Liebe hatte ich das nicht so gemerkt. Später habe ich es toleriert. Seit Mitte der Siebziger ging es mir nur noch auf den Wecker.

Bad Hersfeld war bis 1982 meine Kreisstadt, da kaufte ich ein, da hatte ich Freunde, auch politische Freunde, die meisten natürlich in der SPD, aber auch in der DKP, unter ihnen viele Gewerkschafter. Viele Bekannte waren Lehrer, wie die lokale Intelligenz in einer Kleinstadt eben zusammengesetzt ist. Wie ich es an allen Orten immer gemacht hatte, so machte ich es auch hier: Ich fing sofort an, mich mit der Stadtgeschichte zu beschäftigen, und stellte fest, daß da schon eine merowingische Siedlung gewesen war, ein Gutshof eines merowingischen Kleinadeligen.

Als die Franken den Raum durch Klostergründungen übernahmen, sicherten sie ihn nach Osten gegen die Langobarden und nach Norden gegen die Sachsen ab. Überall entstanden Klöster, eben auch in Bad Hersfeld. Rund um das Kloster bildete sich im Mittelalter schließlich etwas Stadtartiges. Diese Klöster waren ja praktisch Reichsländer, die Reichsäbte unterstanden in vielen Fällen dem Kaiser und nicht dem regionalen Herrscher. Gut, es gab bereits Herzogtümer, aber der Abt eines Klosters wie in Bad Hersfeld – und das gilt für sehr viele Klöster, nicht nur in Deutschland – hatte nur einen über sich, den Kaiser, und dann kam schon Gott.

Das ging verwaltungstechnisch und verfassungsrechtlich ganz gut, bis sich etwa nach dem Jahr 1000 eine bürgerliche Klasse zu bilden begann und bestimmte politische Forderungen stellte. Diese neue, fortschrittliche Klasse wurde von den Äbten oder Fürsten oder Bischöfen zum Teil sogar begünstigt, denn sie hatten ja was davon, daß nun Handel getrieben wurde und Gewerbe entstand. Zugleich holten sie sich damit jedoch eine Art Klassenkampf ins Haus.

Ab 1200 habt ihr dann überall in Europa zum erstenmal eine richtige Frontstellung: auf der einen Seite den Landesherrn, der meistens über kein größeres Territorium verfügt als heute ein Landrat, auf der anderen Seite das Bürgertum, das sich inzwischen gebildet hat. In vielen Fällen hockten die eng beieinander, hatten um sich herum eine Mauer gezogen und mußten noch eine zweite Mauer bauen. Der ummauerte Bezirk des Klosters lag innerhalb des Rings, der die ganze Stadt umgab, so daß sich das Bürgertum und die Mönche gegeneinander abgeschirmt hatten.

Das war in Bad Hersfeld der Fall. Die Mönche und die Bürger waren sich um die Mitte des 14. Jahrhunderts spinnefeind, denn der Abt, der nicht nur dem Kloster vorstand, sondern zugleich reichsunmittelbarer Landesherr aller Gebiete war, die zum Territorium der Abtei gehörten, lebte ja parasitär. Die Bürger der Stadt schufteten wie die Idioten, verdienten die Knete und mußten Abgaben an das Kloster leisten, damit das Kapitel stets Fasan und Schweinebraten und italienischen Rotwein auf den Tisch kriegte.

Wie ihr wißt, begannen sich im Mittelalter Territorien zu bilden, es fand ein Wechsel von der Lehnsordnung zu staatsähnlichen Gebilden, die auf größere Selbständigkeit drängten, statt. Der Herzog, Landgraf, Markgraf, der nach wie vor ein Lehnsmann des Kaisers ist, versuchte, sein Territorium, das meistens aus Streubesitz bestand, zu arrondieren, was sowohl politisch-verwaltungstechnisch als auch ökonomisch vernünftig war. Dadurch geriet er automatisch in Streit mit den vielen Grafen, Äbten und so weiter, die in dem Gebiet angesiedelt waren, das der Landesherr zu gründen plante. Meistens waren das poplige Herrschaften, die drei Acker Wind hinter der Küchentür hatten – so wie der Abt von Bad Hersfeld.

Die Abtei hatte zwar einen recht ordentlichen Streubesitz, hier ein bißchen was, da ein bißchen was, aber im Kernbereich war sie nicht so groß. Und nun sitzt da in Kassel einer, der sich Landgraf von Hessen nennt, und versucht, ein Land zu bilden, das möglichst wenige blinde Flecken hat. Dadurch verarmen Teile der feudalen Klasse immer mehr, vor allem die Ritter, die nicht mehr gebraucht werden.

Nicht, daß der Landgraf die Abtei ganz abschaffen will, er will sie nur in sein Land einordnen. Da hat die Ritterschaft mehr zu befürchten. Der Landesherr schafft sich lieber eine Vorform des stehenden Heeres an. Die Ritter, die ja nichts weiter waren als Soldaten und deshalb auch »milites« genannt wurden, mußte er immer erst rufen, wenn er mal hundert Mann ins Gefecht schicken wollte.

Der Landesherr ist also der natürliche Gegner der Ritter und des Abtes. Die Ritter werden noch ärmer, als sie vorher schon waren, und überfallen Kaufleute. Sie werden zu sogenannten Raubrittern erklärt, ihre Burgen werden geschleift und so weiter und so fort. Es entsteht ein kalter Krieg aller gegen alle.

Dem Landgrafen stellt sich der Herzog von Braunschweig entgegen, der sein Territorium nach Süden ausdehnen möchte, und in Bad Hersfeld kommt neben dem Antagonismus zwischen Abtei und Bürgertum ein bereits länger schwelender Widerspruch im Bürgertum zum Tragen.

Die Bürgerschaft ist nämlich inzwischen in ein patrizisches und ein arbeitendes Bürgertum gespalten. Das patrizische Bürgertum arbeitet nicht mehr, sondern kassiert nur noch. So haben wir um das Jahr 1350 herum eine Gemengelage: Der Abt als Teil der alten Ordnung, der seine Stellung verteidigen will, verbündet sich mit der neuesten Klasse, nämlich dem verproletarisierten Kleinbürgertum, aber auch mit anderen Vertretern der zum Absterben verurteilten alten Ordnung, vornehmlich Rittern, kleinen Grafen, aber auch dem erwähnten Herzog von Braunschweig.

Auf der anderen Seite hat das patrizische Bürgertum erkannt, daß die Zukunft den größeren Territorien gehört. Es verbündet sich mit dem Landgrafen. Das ist die eigenartige Situation in Bad Hersfeld, aus der sich der dramatische Plot ergibt, der meinen Roman tragen sollte, für den ich sogar schon einen Titel hatte: *Vitalisnacht.*

Ich bin immer sehr gerne in Heimatmuseen gegangen, in große Heimatmuseen wie das Pariser Stadtmuseum und in kleine Heimatmuseen wie jenes von Bad Hersfeld. Im Heimatmuseum Bad Hersfeld wird unter anderem ein Helm eines Ritters aus der Zeit um 1350 gezeigt, mit einem Loch an der Vorderseite. Ich habe über den Helm einen Aufsatz geschrieben, »Das Loch im Helm des unbekannten Ritters«. Dieser Helm hat einem Ritter gehört, der versucht hat, im Schutz der Nacht über die Stadtmauer zu steigen. Leiter hinstellen, reinklettern – und dann sollten in einer Nacht- und Nebelmeuchelaktion die führenden Persönlichkeiten der patrizischen Bourgeoisie abgemurkst werden.

Dieser Ritter hatte allerdings einen Haken. Er folgte noch seinem traditionellen Ehrenkodex. Alle Ritter hatten diesen Ehrenkodex. Als Ritter durfte man die Leute, die einen gewissen Rang hatten, nicht einfach überfallen und umbringen. Er mußte ihnen vorher einen Brief schreiben: Heute nacht komme ich, um euch abzumurksen. Das tat der brav.

Es waren natürlich eine Menge Ritter, die diesen Überfall auf die Stadt Bad Hersfeld im Auftrag des ebenfalls in der Stadt lebenden Abtes und der umliegenden kleinen Feudalherren verübten, aber dank der Ankündigung waren die Patrizier gewappnet und hatten ihrerseits eine kleine Streitmacht aufgestellt. So war es ein leichtes, dem Ritter, ich glaube, er war aus Baumbach, ein Loch in seinen Helm zu schlagen. Er fiel von der Leiter und war tot, und auch die übrigen Rittersleut' wurden in die Flucht geschlagen.

Kaum war dieser Sieg errungen, drangen die Patrizier in den Stiftsbezirk ein und verwüsteten ihn. Der Abt und die Brüder mußten in eine kleine Wasserburg außerhalb der Stadt fliehen. Drei Tage lang plünderten die Bürger das Kloster. Die Patrizier haben das vermutlich von ihrem städtischen Mob erledigen lassen.

Der Vorfall erregte großes Aufsehen, nicht zuletzt, weil solche Revolutionen damals in ganz Europa stattfanden. Die Sache kam vor den Reichstag, der in Frankfurt/Oder tagte, und der Kaiser sagte: Leute, so geht das nicht. Auch wenn der Abt den Auftrag gegeben hat, euch abzumurksen, ihr könnt nicht seine Abtei plündern und ihn verjagen. Er ist immerhin mein

Lehnsmann. Er ist ein Reichsfürst, und deshalb geht ihr jetzt gefälligst zu ihm und entschuldigt euch.

Natürlich taten die Bürger, wie man ihnen befohlen hatte. Sie traten in der erwähnten Wasserburg mit einem abgeschnittenen Strick um den Hals und einem Büßergewand vor den Abt und baten ihn um Verzeihung. Der Abt ließ gnadenhalber nur drei von ihnen köpfen, der Rest wurde verschont, allerdings mußten die Bürger den Wiederaufbau bezahlen. Der Abt kehrte zurück in sein Kloster, aber er war durch diesen Kleinkrieg entmachtet worden.

Seine Zeit war vorbei, und ein paar Jahre später wurde die Reichsabtei Bad Hersfeld ein Teil des entstehenden Territoriums des Landgrafen von Hessen. Der Landgraf hatte obsiegt, der Abt und seine Standesgenossen, die kleinen Feudalherren, hatten verloren, und die bürgerliche Klasse genoß jetzt den Schutz eines größeren Landesherrn.

Für mich war diese Episode ein Hinweis darauf, wie politische Akteure, die von ihren aktuellen politischen Interessen geleitet werden, das Gegenteil dessen erreichen, was sie beabsichtigen. Der Abt hat nicht geahnt, daß er dadurch, daß er seine eigene Stadt überfallen und die patrizische Bourgeoisie ermorden läßt, seine eigene Entmachtung befördert. Er dachte, er verteidige seine Macht und sichere sie für immer.

Auch der Kleinadel verlor an Macht – eine Entwicklung, die schon früher eingesetzt hatte. Die Kleinadeligen wurden gezwungen, in die Dienste des Landgrafen zu treten, als Offiziere oder Beamte. Wir erkennen darin ein zeitloses Prinzip politischen Handelns: Politiker unternehmen etwas und glauben, so könnten sie ihre Interessen wahren, und schon nach kurzer Zeit zeigt sich, daß es besser gewesen wäre, wenn sie nichts unternommen hätten. Das Tun ist die erste Voraussetzung des Scheiterns.

Das also war mein Mittelalterroman. Das alles wollte ich schön bunt schildern, mit Minnesängern und Rittersleuten, Kaiser, König, Edelmann, Bürger, Bauer, Bettelmann. Wenn ich fünfzig Jahre jünger wäre, würde ich den Roman vielleicht noch schreiben, denn man kann, das wissen wir seit Feuchtwanger und Brecht, aus scheinbar unbedeutenden Ereignissen aktuelle Paradigmen konstruieren.

Eigentlich ist der Roman gar kein Konstrukt. So läuft politische Geschichte. Die Rahmenbedingungen sind stets andere, aber das Scheitern des Politikers ist immer vorgegeben, denn sein Handeln beruht immer wieder auf dem gleichen Irrtum, nämlich zu meinen, man könne Geschichte planen.

Okay – nachdem ich die Nachricht erhalten hatte, daß ich Krebs habe, im Juli vor über zwei Jahren, legte ich mich auf die Liege in meinem Arbeitszimmer und heulte. Ich habe wirklich geheult. Ich kam nach Hause, legte mich hin und fing an zu heulen. An allen möglichen Stellen tat es plötzlich weh, und ich fragte mich: Ist das vielleicht der Krebs? Ich war immer schon ein Hypochonder, schon bevor ich das Wort kannte. Aber diesmal war ich sicher, keiner zu sein, sondern den Krebs schon zu spüren. Ich bin sofort wieder zum Arzt, doch der hat mich beruhigt. Keine Sorge, da ist nichts. Ich kann Ihnen auch nicht sagen, warum es Ihnen weh tut.

Warum ich geheult habe, weiß ich bis heute nicht. Ich heulte einfach, obwohl ich fast nie heule. Als Andreas gestorben war, heulte ich, als mein Vater gestorben war, heulte ich. Ich war gerade dabei, eine Bruchsteinmauer hochzuziehen. Also schichtete ich Stein auf Stein und heulte. Im Kino heule ich manchmal – oder wenn einer eine pfaffenmäßige Rede hält. Ich neige zur Sentimentalität, und da heult man zuweilen. Später habe ich gelesen, daß auch Christian Geissler geheult hat, dieser ewige Kommunist. Wenn sogar Kommunisten heulen, dann darf ich das auch.

Trotzdem habe ich mich gefragt: Warum heule ich? Was macht das schon, wenn ich nur noch ein paar Monate zu leben habe? Ja, gewiß: Ich hänge an Cordula und euch, und Cordula will mich nicht verlieren. Seit ich im Sterben liege, habe ich begriffen, was ich für sie bedeute. Aber mein Tod geht in erster Linie mich etwas an, und da stellen sich andere Fragen.

Was verliert ein Opa von sechsundsiebzig Jahren? Ich habe alles erlebt, was ich erleben konnte. Für mich gibt es keine Überraschungen mehr. Wenn du jung bist, ist alles überraschend, neu, unerklärlich. Von einem bestimmten Alter an – bei mir setzte das etwa mit sechzig ein – hast du den Eindruck zu wissen, wie die Welt funktioniert.

Ich weiß, wie die Menschen ticken. Ich weiß auch, worauf das beruht. Da kommt man mit moralischen Kategorien nicht weiter. Das hat was mit gesellschaftlichen Klassen und mit Ökonomie zu tun, am Rande vielleicht auch mit einem Urverhalten, mit Aggressionen, Instinkten, Trieben. Aber es ist alles nicht unerklärlich. Und es ist, wenn du mal bestimmte Zusammenhänge begriffen hast, voraussehbar.

In meinem Alter könnt ihr schon mal die waghalsige Behauptung aufstellen, daß es nicht sinnvoll ist, allzu große Hoffnungen in politische oder soziale Veränderungen oder gar in eine Veränderung unseres ökonomischen Systems zu setzen. Wir versuchen es, wir arbeiten daran, aber wir wissen gleichzeitig, daß es in vielen Bereichen Determinanten gibt, die die Möglichkeiten begrenzen.

Daraus sollte sich ergeben, daß man sich stoisch in Situationen fügt, die unveränderlich sind, daß man sagt: Okay, du hast jetzt Krebs, das ist die Rote Karte, los, du wirst jetzt vom Platz gestellt. Ich weiß nicht, ob ich das eines Tages lernen werde. Ich kann nur hoffen, daß ich es, wenn ich diese Geschichte zu Ende erzählt habe, gelernt haben werde.

Auch wegen dieser Frage bin ich nach Paris gefahren. Das Aufschreiben meiner Erinnerungen schien mir eine Möglichkeit, um rauszukriegen, warum ich geheult hatte. Ich habe mir gesagt, wie ich gestern schon angedeutet habe: Eigentlich war mein Leben eine Erziehung durch Gefühle. Du kommst zur Welt und hast Gefühle, als Kind hast du Gefühle, und im Laufe deines Lebens ändern sich deine Gefühle, dein Gefühl dafür, wer du bist, wer die anderen sind und was in der Welt abgeht.

Deine Gefühle verändern sich unter dem Einfluß von Ereignissen und unter deinem eigenen Einfluß, sie werden erzogen, und deshalb sind, wenn du mal fünfundsiebzig bist, deine Gefühle andere als die Gefühle, die du hattest, als du fünfzehn oder fünf Jahre alt warst. Deine Gefühle wurden einem zivilisatorischen Prozeß unterworfen.

Deshalb erschien es mir plötzlich wichtig, mich zu erinnern: Wie ist mein Leben verlaufen bis zu diesem Tag, an dem ich geheult habe? Ich wollte das, was ich sowieso schon immer gemacht habe – mich zu fragen, was im Laufe meines Lebens stattgefunden hat –, in einen Zusammenhang stellen, um zu verstehen, was es ist, das mich zum Heulen gebracht hat.

Ich ging davon aus, davon gehe ich heute noch aus, daß ich noch nie Angst vor dem Tode hatte. Also sagte ich mir: Der Tod kann es nicht sein. Ein wichtiger Grund zu heulen ist der Verlust oder auch nur die Verlustangst, und ich fragte mich: Was verliere ich eigentlich? Was verliere ich, wenn ich nur noch bis Ende des Jahres zu leben habe? Rausgekriegt habe ich es nicht. Hauptsächlich, dachte ich, ist alles futsch, was ich unter der Hirnschale gespeichert habe. Wenn man das downloaden und auf CD speichern könnte … Also habe ich, was ich immer mache, die Frage vor mir hergeschoben.

Dann bin ich nach Stuttgart zurückgekommen und habe acht Monate lang eine Chemotherapie gemacht. Dabei wurde mir alle vierzehn Tage ein ziemlich stark wirkendes Mittel reingedrückt, Chop hieß der Stoff. Dazu kriegt man eine Reihe anderer Substanzen, unter anderem Cortison, weil das Chop die Venen entzündet. Andererseits steigt durch das Cortison der Blutzuckerspiegel, wie schon gesagt, und man kann nicht schlafen. Ich nehme also jedesmal, wenn ich eine Chemo mache, ein Schlafmittel und spritze mir Insulin. Aber das sind nicht die einzigen Nebenwirkungen des Chop, und inzwischen weiß ich, daß alle Chemomittel, egal, wie sie heißen, Scheißnebenwirkungen haben.

Direkt zur Chemo kriegt man Antikörper, egal, wie das Gift heißt, das einem reingedrückt wird. Sie nennen es Rituximap, aber welche Funktion es hat, habe ich nicht gefragt. Ich vermute, es soll den Körper fit machen, seinerseits was gegen die Krebszellen zu unternehmen, deshalb Antikörper. Das hat natürlich auch hübsche Nebenwirkungen. Irgendwann nach der Infusion, die drei Stunden dauert, kannst du das Wasser nicht mehr halten. Du mußt nicht pinkeln, das Wasser läuft einfach raus. Also trage ich die ersten Tage eine Windel, und momentan, da sie mir alle vierzehn Tage die chemische Keule verpassen, trag' ich die Dinger ständig.

Sehen witzig, anders aus als bei Babys oder Frauen. Die männliche Inkontinenzwindel ist eine Art Tasche, stark gefüttert, in die das Teil reingesteckt wird, und das Ganze kommt dann in die Unterhose. Sehr praktisch.

Man kann die Kollateralschäden nicht alle beschreiben, obwohl sie so regelmäßig auftreten wie Ebbe und Flut, also: Ständig läuft die Nase, trockener Mund, Appetitlosigkeit und solche Sachen. Die chemische Keule vernichtet nämlich nicht nur Krebszellen, wenn sie das überhaupt tut, sondern alle Arten von Zellen. Schleimhäute werden vernichtet, die Darmflora wird vernichtet, so daß du permanent Durchfall hast, das Immunsystem wird reduziert, so daß du dich vor Infektionen hüten mußt, bloß, wie macht man das?

Das Zeug ist ein echter Höllencocktail. Du bist wochenlang schlapp und müde, aber du machst dir Hoffnung, ich habe das auch gemacht, wenigstens während der ersten zwei Chemos, jetzt mache ich mir keine Hoffnungen mehr.

Vor der ersten sagte der Arzt, und ich bin ihm heute noch dankbar dafür: Passen Sie auf, bei dem Krebs, den Sie haben, wirkt dieser Cocktail in achtzig Prozent der Fälle. Dann sind Sie krebsfrei. Und bei jeder Zwischenuntersuchung sagte er: Der Krebs geht zurück, das Zeug wirkt. Da ist man nicht weiter böse, wenn Komplikationen auftreten. So hatte ich eine Lungenentzündung, drei Wochen lang vierzig, einundvierzig Fieber, ein anderes Mal hatte ich irrsinnige Bauchschmerzen, weil ich eine Gallenblasenentzündung bekommen und sich meine Gallenblase auf Grund der Entzündung verdreifacht hatte. Dann wieder bildeten sich Risse und Löcher im Darm, so daß ich Blut verlor, zusammenklappte und morgens um fünf auf die Intensivstation mußte.

Bon, das ging so bis kurz vor Weihnachten 2008, das heißt, einige Nachwirkungen hielten noch ein paar Monate an, zum Beispiel das Brennen und Kribbeln in den Händen und Füßen, also die polyneuropathischen Beschwerden.

Im Januar 2009, nach der ersten Verlaufskontrolle, sagte der Arzt: Sie sind geheilt, so daß ich mich endlich wieder aus dem Haus traute. Unter anderem begann ich, mit meinem Bruder und meinem Freund Armin Newerla das Haus in der Eifel leerzuräumen.

Ich hatte schon im Spätsommer 2008 einen Makler mit dem Verkauf beauftragt. Ein paar Schmuckstücke wurden verkauft, das Klavier bekam Sarah in Hannover, was von literarischem Interesse war, schickte ich nach Marbach, einen Teil der Bücher nahm ich mit nach Stuttgart, was für den Käufer geeignet war – Werkzeuge, Rasenmäher, Gartengeräte, Hobelbank –, ließ ich drin, und das meiste kam auf die Deponie.

Im Mai fand die nächste Verlaufskontrolle statt. Sagt er: Alles in Butter, kein neuer Krebs. Ich sage zum Arzt: Herr Doktor, ich muß immer so hüsteln, können Sie mich mal abhören? Er hört mich ab, sagt wieder: Alles in Butter, kein neuer Krebs. Sage ich: Und wenn Sie mich mal röntgen würden? Darauf er: Wenn Sie unbedingt wollen.

Man röntgt mich also, andere Abteilung, ich sitze im Wartebereich, nach einer Viertelstunde kommt der Onkologe, kreidebleich: Da ist was in Ihrer Lunge, Sie haben ein Rezidiv im linken Flügel, etwa sieben Zentimeter lang und drei Zentimeter dick, und mehrere kleine im rechten Lungenflügel. Der Krebs ist wieder da, das war es, was er meinte. Ein Rezidiv ist ein Wiedergänger, ein fliegender Holländer, ein Untoter.

Nun war es so: Ich war zum Mittagessen mit Cordula verabredet, im Restaurant in der Markthalle. Die Stuttgarter Markthalle ist sehr schön, ein echtes Denkmal, das sie vor ein paar Jahren abreißen wollten, wie üblich in Stuttgart. Die hiesigen Bauunternehmer, Immobilienhaie und Investmentbanker lieben es, alle paar Jahre ein ganzes Stadtviertel plattzumachen, gegen die ist die Royal Air Force gar nichts.

Eigentlich wollten wir ein bißchen feiern, daß ich jetzt wieder gesund war. Ich wartete deshalb so lange wie möglich, was nicht schwierig war. Cordula ißt gerne und verschiebt deshalb heikle Fragen gerne bis nach dem Essen. Sehr vernünftig. Wir saßen also schon in der Eisdiele in der Calwer Straße, bei Kaffee, Schnaps und Eis, als sie sagte: Du sagst gar nicht, was die Kurpfuscher gesagt haben.

Na ja, da mußte ich ihr die bittere Wahrheit sagen: Die Kurpfuscher meinen, ich hätte wieder einen Tumor, diesmal in der Lunge, einen ziemlich großen sogar – und auch ein paar in der Leber.

Sie schwieg einen Moment lang, dann sagte sie nur: Wäre ja auch zu schön gewesen. Natürlich haben wir seitdem an die tausendmal über meine komische Krankheit gesprochen, aber an dem Tag haben wir, glaube ich, nicht weiter darüber geredet. Wir sind noch etwas spazierengegangen, und ich habe mir, was ich gerne tue, wenn ich eine schlechte Nachricht erhalten habe, irgend etwas Teures gekauft, vielleicht einen weißen Anzug.

Was nun den neuen Krebs betrifft, so habe ich ihn erst mal ignoriert. Ich habe mich nur gefragt, ob er wirklich ein Wiedergänger war, ob er jemals weggewesen ist. Der Onkologe wollte ihn natürlich sofort wieder mit der chemischen Keule behandeln. Die Chemotherapie lieben sie sehr, die Mediziner, aber ich habe gesagt: Nee, also jetzt wieder diese Viecherei mit der Chemo, nicht mit mir.

Ich habe den Jünger des Hippokrates oder Paracelsus dazu überredet, daß wir uns erst, wenn ich Beschwerden kriege, überlegen, ob wir was machen, und das hat er tatsächlich akzeptiert, wenn auch maulend. Mit jeder Zwischenuntersuchung wurde nämlich das Objekt in der Lunge größer, und es traten an anderen Stellen kleinere Objekte auf, aber da ich keine Beschwerden hatte, gab's keinen Grund, wieder so eine Chemo zu machen. Ich war so zuversichtlich, mit Krebs leben zu können, daß ich für die Monate Januar bis April 2010 sogar die Wohnung in Trastevere mietete, von der ich sicher schon erzählt habe.

Nur, dann passierte es, schlagartig, gleich Ende Januar: Schmerzen im Unterleib, Müdigkeit, Schlappheit, Appetitlosigkeit, Gewichtsverlust – und das ausgerechnet, während David und Sarah zu Besuch waren. Vor allem Sarah war enttäuscht, aber darauf konnte ich keine Rücksicht nehmen. So fertig war ich. Ich hab' mich ins nächste Flugzeug gesetzt und bin gar nicht erst nach Hause, sondern mit meinen zwei großen Koffern – Computer et cetera – noch abends um sechs vom Flughafen in die Filderklinik.

Cordula hat mich abgeholt und hatte auch schon die Onkologen vorgewarnt: Da kommt heute abend ein Notfall. Bis dahin hatte ich mich ja in einer städtischen Klinik behandeln lassen, jetzt wollte ich es mit einem anthroposophischen Krankenhaus versuchen.

Nun dürft ihr nicht meinen, da würde man mit Mistelzweigen gestreichelt oder durch Handauflegen getröstet. Die heutigen Anthros sind nicht blöd. Die wissen wie die Schulmediziner: Gegen einen ordentlichen Lymphdrüsenkrebs hilft, wenn überhaupt, nur die chemische Keule, und sie wußten auch, was mir der Facharzt am Nationalen Tumorcentrum in Highdelberg schon im Juli 2009 verkündet hatte, daß mein Krebs unheilbar war. Für mich gab's keine kurative Therapie mehr, nur noch eine palliative, und weil ich das wußte, war ich ja auch so cool geblieben. Palliativ meint, man versucht zu lindern und den Patienten so gut wie möglich an seine Erkrankung anzupassen, ohne diese heilen zu können.

So habe ich dann von Ende Februar bis Mitte Juli 2010 wieder die chemische Keule empfangen, zumeist ambulant, das Mittel hieß Bendamustin, und dazu bekam ich die gleiche Dröhnung wie 2008, Rituximap, Cortison und so weiter. Die Nebenwirkungen waren wieder total beschissen, allerdings diesmal ohne Infekt, und vor allem: Das Zeug schien tatsächlich zu wirken, denn bei jeder Kontrolle sagte der Fachmann, die Tumore schmelzen ab, und daß die am Hals, die man sah und abtasten konnte, ganz weggingen, mußte ich ihm glauben.

Im Juli 2010 sagt er plötzlich: Jetzt sind sie wieder größer geworden, und es sind auch mehr. Was sollen wir machen? Erst mal gar nichts, sag' ich. Ich fahre erst mal nach München, Bier trinken auf dem Nockherberg, besuche alte Freunde am Ammersee und mache eine kunstgeschichtliche Exkursion durch Sachsen, Brandenburg, Mecklenburg. Die will ich schon lange machen.

Er guckte skeptisch. Aber wenn Sie Probleme kriegen, kommen Sie sofort wieder. Okay, also, was soll ich euch sagen? Wir fuhren los, Anfang August, Cordula und ich, erste Station Dresden, das volle Programm, Zwinger, Museen, Kirchenkonzert in einem Vorort an der Elbe, irgendwas mit »-witz«, danach die Klosterruinen und Schlösser bis rauf nach Greifswald, Kreidefelsen.

Schon auf der Rückfahrt in Rheinsberg passierte es dann, ausgerechnet beim Frühstück im Hotel *Zum Jungen Fritz*, bevor ich das Schloß besichtigen konnte, in dem der Alte Fritz angeblich seine glücklichsten Jahre verbrachte. Ich brach aus dem Stand heraus zusammen, wurde zweimal ohnmächtig, mußte den Tag im Bett verbringen, hatte zwei Tage später im Verbrecher-Verlag noch einen Breakdown und schaffte mühsam die Rückkehr nach Stuttgart.

Was da passiert war, wissen die Götter. Der Krebs? Die verkalkten Gefäße, Blutleere im Kopf, mal wieder Schlaganfall? Ich wußte, zum Arzt brauche ich nicht zu gehen. Von denen hat mir keiner je gesagt, warum mir seit Jahren manchmal der Kreislauf zusammenbricht, und es ging ja dann auch wieder besser, nur den Termin in der Filderklinik ließ ich vorsorglich eine Woche vorziehen, schon weil sich am Hals wieder ein großer, tastbarer und gut sichtbarer Tumor gebildet hatte.

So kam die Stunde der Wahrheit, Mitte September, Computertomographie, mit einem klaren Ergebnis, das nur eine Konsequenz zuließ: sofort wieder Chemo, vierzehntägig diesmal. Die Mittel heißen Gemcitabin und Oxaliplatin, kurz Gemox, dazu das übliche Rituximap und der andere Schweinkram. Jetzt ist Mitte November, und geholfen hat's bisher nicht die Bohne. Die Tumore am Hals werden größer, und wie's drinnen aussieht, geht niemanden was an. Nur die Nachwirkungen der chemischen Keule sind härter als beim Chop und beim Bendamustin, aber vielleicht ist mein Leib so geschunden von den vielen Mitteln, die ich seit zwei Jahren kriege, daß ich nicht mehr beurteilen kann, welche Beschwerden vom Krebs kommen und welche von den diversen Mittelchen.

Nun fragt ihr euch vielleicht: Warum erzählt er uns diese entsetzliche Geschichte in dieser Länge? Warum sagt er nicht einfach: Liebe Töchter, ich werde vielleicht schon bald abnippeln? Kann sein, daß ich bis Weihnachten durchhalte. Haltet euch in jedem Fall schon mal einen Tag frei.

Das kann ich euch sagen: Es waren die vergangenen zwei Jahre, was sich ein Außenstehender vielleicht nicht vorstellen kann, nicht einfach nur eine Krankengeschichte. Sie waren, auch infolge der vielen Einzelheiten, von denen ich nur einige genannt habe, ein Sandsturm der Gefühle, ein Orkan, der so viele Gefühle in mir aufgewirbelt hat wie niemals zuvor im Leben.

Ein Taifun, der mein Leben durcheinandergebracht hat, so daß ich kaum noch weiß, wer ich bin, falls ich das je gewußt haben sollte. Fast jeden Tag sitze oder liege ich da und versuche, Boden unter die Füße zu kriegen, aber alles, was ich weiß, ist, daß ich diese Sache nur stoisch über mich ergehen lassen kann, egal, wie sie ausgeht. Das heißt: Sollte ich noch eine Weile leben, so hätte ich ein kleines Problem. Ich müßte mich nämlich noch einmal erfinden.

Aber weiter, weiter, wo war ich stehengeblieben?

Ach ja.

Die Zeit von, grob gerechnet, 1981 bis 1986 ist in meiner Biographie ein heterogener Block, auch deshalb, weil sich die Entwicklungen an verschiedenen Orten abgespielt haben. Ich entsinne mich, daß ich im Herbst 1981 einen Anruf von einem Menschen aus dem DKP-Parteivorstand gekriegt habe. Ich habe damals in Kruspis gewohnt – darüber sprach ich schon –, hundert Einwohner, dem Ort, in dem ich in den siebziger Jahren Ortsvorsteher war. An meiner Haustür hatte ich ein Schild angebracht, auf dem stand: »Peter O. Chotjewitz – Rechtsanwalt«.

Kaum hatte sich in der Gegend herumgesprochen, daß ich Rechtsanwalt sei, kamen alle möglichen Leute zu mir und wollten, daß ich sie berate. Einmal wurde ich sogar zu einer Schlägerei mitgenommen, als Unparteiischer gewissermaßen, falls die Bullen kommen sollten. Dann hätte ich bestätigen müssen, daß meine Leute sich nur verteidigt hatten. Seither wurde ich am Tresen von manchen Leuten mit den Worten vorgestellt: Das ist mein Anwalt. Wie in einem amerikanischen Mafiafilm. Aber die meisten Kunden waren Leute, die vorher bei einem richtigen Rechtsanwalt gewesen waren. Dort hatte man sie entweder abgewiesen oder Geld von ihnen verlangt. Sie dachten, bei mir kämen sie mit einer Gans oder mit einem Korb Eier durch.

Okay, kommen wir zurück auf den Anruf der DKP. Die suchten einen Anwalt für einen Prozeß in Hamburg. Der Betroffene war Lehrer, Funktionär der Gewerkschaft Erziehung und Wissenschaft und DKP-Mitglied. Wenn ich mich richtig entsinne, hieß er Peter de Lorent. Ich glaube, in diesem Prozeß vor dem Amtsgericht in der Max-Brauer-Allee in Altona ging es nicht um das Berufsverbot. Ich meine, daß es um ein Buch ging, in dem er einen hanseatischen Staatsrat beleidigt hatte. Deswegen war er angeklagt.

Sein Verteidiger war Klaus Dammann, ein guter Freund von mir. Von wem die Initiative ausging, mich als Anwalt dazuzunehmen, weiß ich nicht. Die Partei, die das Verfahren finanzieren mußte, wird sich gedacht haben: Wir können den Fall ein bißchen publik machen, indem wir den stellvertretenden Vorsitzenden des Schriftstellerverbandes reinnehmen. Vielleicht macht der ein paar dumme Sprüche, wodurch der Fall ein bißchen höher gehängt wird.

Die Praxis der Berufsverbote gab es seit Willy-Brandt-Zeiten, seit 1972. Von ihr waren natürlich vor allem Linke betroffen, massenhaft DKP-Mitglieder, aber auch KBWler und so weiter. Ich weiß nicht, wieviel tausend Leute, zum Teil in unbedeutenden Positionen – Postbeamte, Eisenbahner und so weiter –, überprüft wurden. Der Verfassungsschutz stellte fest, ob sie Verfassungsfeinde waren oder nicht. Darauf gründete sich die sogenannte Regelanfrage.

Sollte jemand eingestellt werden, fragte man beim Verfassungsschutz an: Liegt gegen den was vor? Und sobald der mal Handzettel der DKP verteilt hatte, lag gegen ihn was vor. Es war eine skandalöse Geschichte, wie da versucht wurde, einen Teil des linken Umfeldes zu sterilisieren und zu erreichen, daß keiner mehr in einer linken Gruppe aktiv wurde.

Das verfassungsfeindliche Verhalten der Verfassungsschützer ist heute so gut wie vergessen. Ich glaube nicht, daß jüngere Leute noch was mit den Begriffen »Verfassungsfeind« und »Berufsverbot« anfangen können.

Ich fand es korrekt, daß man die Sache möglichst hoch hängen wollte, um darauf hinzuweisen, in was für einem Scheißstaat wir leben. Unsere autoritäre BRD gab sich alle Mühe, die DDR an den Pranger zu stellen, und selber praktizierte sie in großem Umfang das, was in der DDR gemacht wurde, nämlich daß Leute, die gegen den Staat waren, nur noch Kohlen schippen konnten, statt Lehrer oder Postbeamter zu werden.

Den Prozeß haben wir gewonnen, der Klaus und ich, in allen Instanzen. Wir haben manche Flasche leergetrunken, und ich hatte außerdem noch einen kleinen Gefühlsüberschwang, weil ich mich in eine Genossin verliebte, die in einer WG am Spritzenplatz wohnte.

Während der Verhandlungen saß immer eine Frau im Zuschauerraum, die mich anguckte. Sie gab mir irgendwie Zeichen. Also verliebte ich mich in sie. Ich hatte damals eine ständige Geliebte in Berlin und sehr oft mit dem Gedanken gespielt, meine Gattin zu verlassen. Andererseits hatte ich das Gefühl, daß die Berlinerin vielleicht nicht die Richtige sei für ein anspruchsvolles Projekt wie eine Scheidung, und deshalb konzentrierte ich mich weiterhin auf Hamburg, auch nachdem der Prozeß vorbei war. Ich bin immer mal wieder nach Altona zum Spritzenplatz gefahren.

Nun war diese Genossin nicht der Grund dafür, daß ich im Herbst 1982 nach Hamburg zog und Kruspis nur noch als Depot vernutzte, denn die Genossin gab mir schon bald einen Korb, warum, hat sie mir nie gesagt – ich glaube, weil sie von einem anderen Genossen schwanger war.

Der Grund für meinen Umzug war, daß ein paar Freunde, die ich schon erwähnt habe – Gerd Fuchs, Uwe Timm, Hermann Peter Piwitt –, mir ein einjähriges Stipendium verschafften, das mit einer kleinen, kostenlosen Wohnung in Eimsbüttel verbunden war. Dazu gab es ein nicht unerhebliches Salär, tausend Mark im Monat.

Seit dem Spätsommer 1982 bin ich deshalb zwischen Kruspis und Hamburg gependelt, meistens mit dem Auto. Im Schnitt war ich drei Wochen in Hamburg und eine Woche in Nordhessen. In Hamburg wälzte ich einen Haufen literarischer Pläne, ging mit Eppendorfer essen, soff mit Dammann oder Piwitt, ging ins Kino, traf mich mit Vlado Kristl und Helmut Herbst.

In dieser Zeit, das werdet ihr euch sicher schon gedacht haben, lernte ich auch Svende kennen, die schließlich ein hinreichender Grund für mich war, die Ex definitiv zu verlassen, ungefähr im Juni 1983.

Das war ein tiefer Einschnitt. Eine ganze Lebensphase war vorbei. Auf dem Dorf, das hat es nicht mehr richtig gebracht – und mit der Ehefrau auch nicht. Ich habe auch zum erstenmal gemerkt, daß meine körperlichen Kräfte nachließen. Ich habe zum Beispiel mein Holz, das ich in dem relativ großen Haus in Kruspis brauchte, immer selber mit Hilfe eines Freundes aus dem Wald geholt. Plötzlich schaffte ich es nicht mehr, die etwa zehn Festmeter Holz, die ich jedes Jahr verheizte, den Berg raufzutragen.

Ich war auch ein geachtetes Mitglied der Freiwilligen Feuerwehr – das muß man als Hausbesitzer sein – und nahm regelmäßig an Feuerwehrübungen teil. Feuerwehrübungen sind körperlich ziemlich anstrengend. Beim Hantieren mit den Schläuchen und beim Rennen und Tragen merkte ich, daß ich nicht mehr genug Luft hatte, um so eine Feuerwehrgroßübung durchzustehen.

Also sagte ich mir: Es ist vielleicht nicht mehr so gut, auf dem Dorf zu leben, wenn ich nicht mal selber mein Holz aus dem Wald holen kann. Außerdem machte euer Halbbruder Iwan Abitur und würde über kurz oder lang, vielleicht schon im Herbst, aus dem Haus gehen und studieren. Die Familie ging auseinander. Da hielt ich es für eine gute Idee, mich von der Frau zu verabschieden, mit der ich verheiratet war, ihr kennt sie ja kaum.

Daß es dann ziemlich stressig war, die Trennung und die Scheidung durchzuziehen, steht auf einem anderen Blatt. Gelohnt hat es sich trotzdem. Wenn ich das Ding nicht durchgezogen hätte, hätte ich fünfundzwanzig glückliche Jahre mit Cordula und euch nicht erlebt.

Ich war bis Frühjahr 1984 in Hamburg. Im Sommer 1983 bin ich das erstemal Großvater geworden – Sarah. Gewohnt habe ich mit Svende in der Wohlersallee in Altona. War ganz schön da. Henning Venske war einer meiner Nachbarn, mit ihm traf ich mich öfter in einer Kneipe in dem Haus, in dem er wohnte. Außerdem kam im Frühjahr 1984 Davidino nach Hamburg, mit Frau und Kind, wo er heute noch wohnt, wenn auch ohne familiären Anhang. Auf ihn trifft das Lied »Du hast Pech bei den Frau'n, Bel Ami!« zu, aber bevor ich euch seine jahrzehntelange libidinöse Pechsträhne schildere, konzentriere ich mich, pars pro toto, darauf, wie es kam, daß ich mit neunundvierzig Jahren Großvater wurde, und warum unser lieber David, Pech in der Liebe, Glück im Spiel – ich meine im Theaterspiel –, nach Hamburg zog.

Er durchlief schon in Kruspis, so weit muß ich zurückblenden, eine etwas problematische Schulkarriere. Zwei Jahre vor dem Abi hat er die Schule geschmissen, ohne daß die Ex und ich das gemerkt hätten. Eines Tages, es muß im Spätsommer 1981 gewesen sein, sagte sie beiläufig: Hast du den David gesehen? Ich sagte: Wieso? Wo soll ich ihn denn gesehen haben? – Der ist nicht zu Hause. – Der wird schon irgendwann kommen. Am nächsten Tag fragte sie: Sag mal, ist der David nach Hause gekommen heute nacht? – Nicht, daß ich wüßte, guck mal in sein Zimmer.

So vergingen die Tage, und manchmal fragten wir uns: Wo ist unser Sohn David? Er war siebzehn, und er hätte in die Schule gehen müssen, aber er ging nicht zur Schule, er war nicht da, und da fiel mir ein, daß ich ihn ein paar Tage zuvor im Auto mitgenommen hatte. Ich fuhr nach Bad Hersfeld, und er fragte mich: Sag mal, kannst du mich mitnehmen?

Er hatte leichtes Gepäck dabei, einen Schlafsack und anderes. Das war nichts Ungewöhnliches. Auf dem Dorf hatten die Jugendlichen damals fast immer einen Schlafsack dabei – für den Fall, daß sie es abends oder nachts von der Disko oder einer Fete nicht mehr nach Hause schafften. Die hatten das Leben auf dem Land recht gut organisiert. Deshalb hatte ich mich über den Schlafsack nicht gewundert. Dann fiel mir jedoch ein, daß er sich von mir an der Autobahnauffahrt hatte absetzen lassen.

Ich fragte mich, warum er an der Autobahn hatte ausgesetzt werden wollen, und begann, im Jugendmilieu zu recherchieren. Am Anfang wußte keiner was, bis sehr verdruckst rauskam, er sei mit dem und dem nach Indien.

Na ja, gut, sagte ich mir, von Nordhessen nach Indien ist es relativ weit, und Indien ist groß. Ich wußte nur, daß er kein Geld hatte. Wo sollte er es denn herhaben? Er hatte vielleicht ein paar Mark einstecken. Und bei seinem Kumpel ging ich auch davon aus. Dessen Eltern haben erst durch mich erfahren, daß ihr Sohn nach Indien trampt.

Was weiter? Es vergingen ein paar Wochen, und dann kriegte ich eine Postkarte aus Marseille, auf der mein Sohn mir mitteilte, sie seien nur bis Marseille gekommen und kämen nicht weiter, weil sie ausgeraubt worden seien. Sie hätten keine Papiere und gar nichts mehr. Ob er wieder nach Hause kommen könne. Konnte er natürlich. Ich hab' die Sache locker genommen, nur meine Ex war von den Socken und schimpfte, ich sei schuld.

So vergingen noch mal zwei Wochen, und dann war er wieder da, abgemagert, verdreckt und stinkend, in dem Alter stanken Jugendliche meistens. Ich holte ihn an der Autobahnraststätte Kirchheim ab, sagte: Schön, daß du wieder da bist. Er aber antwortete nur: Ja, ich bin wieder da. Aber eines sage ich dir: In die Schule gehe ich nie wieder! Wenn das nicht klar ist, bin ich morgen wieder weg.

Für mich war das kein Problem, daß er kein Abi machen wollte, für die Mutter schon eher. Ich sagte deshalb nur: Na gut, dann gehst du halt nicht mehr in die Schule, aber eins solltest du dir überlegen: ob du irgendwas machst in der Übergangszeit. Ich habe nämlich keinen Bock, einen Hänger durchzufüttern – und wenn du zehnmal mein Sohn bist. Chi non lavora non fa l'amore.

Er hat dann erst mal als Packer und Schlepper bei einer Möbelspedition gearbeitet, und nicht lange, nachdem er wieder zurück war von der Indienreise, präsentierte er mir ein wunderhübsches Mädchen in seinem Alter – Sabine. Sabine hatte auch gerade die Schule geschmissen, sie war mit ihm bis dahin in eine Klasse gegangen. Die Frage war also: Kann Sabine bei uns einziehen? Kann die bei mir im Zimmer schlafen?

Das war überhaupt kein Problem. Also hatte ich plötzlich auch eine Tochter oder Schwiegertochter in spe, und dann bekamen wir noch mal Zuwachs, eine weitere Sabine.

Das kam so: Mein Bruder ist fünf Jahre jünger als ich und Malermeister in Kassel. Als seine Tochter vierzehn oder fünfzehn Jahre alt war, ist sie von zu Hause abgehauen. Zum erstenmal war sie abgehauen, weil mein Bruder, der ein bißchen religiös ist, unbedingt wollte, daß sie konfirmiert wird. Sie hatte ein Jahr lang diesen komischen Konfirmandenunterricht mitgemacht, aber vierzehn Tage, bevor der Festakt stattfinden sollte, war sie plötzlich verschwunden. Ein paar Tage später wurde sie ohne Gepäck, Geld und mit einem stümperhaft gefälschten Ausweis auf der Rheinbrücke in Kehl gefunden und wieder zurückgebracht.

Mein armer Bruder versuchte dann monatelang, dieses Kind wieder einigermaßen zu Hause zu halten. Er ging in seiner Hilflosigkeit so weit, daß er sie in ihrem Zimmer einschloß. Sie hatte sich aber mit Vorbedacht eine Axt besorgt und unterm Bett versteckt.

Eines Nachts hörte er einen furchtbaren Krach, und als er raufrannte, sah er die zerstörte Tür, und die Tochter war wieder weg. Er hatte dann sogar den Verdacht, daß sie auf den Strich ging, daß sie im Kasseler Drogenmilieu herumirrte, das stimmte vielleicht sogar alles.

So ging das jahrelang. Kaum war sie da, war sie schon wieder weg, weil er sie in die Badewanne stecken wollte, weil sie so versifft war. Mal wurde sie in Hannover im Punkermilieu aufgegriffen, mit einer schweren Lungenentzündung, mal in Wuppertal oder wo auch immer sich die Punkerszene rumtrieb. Die Lage war so angespannt, daß Frauke sich 'ne eigene Wohnung nahm und die Kinder bei Thomi ließ.

Sabine und er hatten ständig Krach. Sie hatte Rasierklingen, mit denen sie sich die Arme aufschnitt, die wollte er ihr wegnehmen, da haute sie wieder ab. Sie hatte auch die übliche Ratte. Durch die Pisse bildeten sich Infektionen auf der Haut, waschen kann man sich in besetzten Häusern ja nicht. Einmal hab' ich sie in Berlin-Kreuzberg in einem Haus besucht, das nicht mehr bewohnbar war, in einem Gründerzeithaus. Das hatte kein Geländer im Treppenhaus, zum Teil fehlten die Fenster und Türen, es gab kein Wasser und keinen Strom. Im zweiten Stock war ein großer Wohnraum, der war komplett zugeschissen. All diese Drop-Outs schissen einfach in ein Zimmer rein, weil es keine Klos gab.

Immerhin war es vernünftig, daß sie nicht in sämtliche Räume geschissen haben. Manchmal fiel einer aus dem Fenster, weil er schlechtes Acid genommen hatte. Mein Bruder wollte sie da rauszuholen, und weil sie auf ihn nicht mehr hörte, schickte er mich hin. Ich habe aber zu ihr gesagt: Auch wenn du erst fünfzehn bist – wenn du so wohnen willst, dann mach das. Hier hast du 'ne Mark. Wenn mal was ist, ruf mich an, ich hole dich auch aus der Hölle.

Eines Tages kriegte ich tatsächlich einen Anruf, da lag sie auf der Intensivstation, weil sie sich bei einem Motorradunfall die halbe Schädeldecke weggerissen hatte. Ich also hin, da saß schon eine Frau vom Jugendamt, vom Krankenhaus alarmiert, weil der Verdacht auf Selbstmordversuch bestand.

Die Dame hatte Sabines Akte dabei, wußte also, was seit Jahren abging, und sagte zu mir: Wir müssen uns was einfallen lassen, so geht das nicht weiter, und so kam man auf die glorreiche Idee, Sabine zu Onkel Pit zu schicken. Der sagte: Selbstverständlich kann sie kommen, immer noch besser als Jugendverwahranstalt.

Kurz, eure Cousine zog in Kruspis in einen großen, unbenutzten Dachraum. Da baute sie aus Hasendraht und anderen Materialien eine lange Röhre, die den Dachboden durchzog und in der die Ratte wohnte. Die Wände und die Decke wurden mit schwarzer Plastikfolie verkleidet. Tageweise kamen irgendwelche Punks vorbei, aus Wuppertal, aus Hannover, und hausten da oben.

Jetzt hatte ich also einen möbelpackenden Sohn, der nicht wußte, was er werden sollte, und eine Sabine, die von zu Hause ausgerissen war, nicht mehr zur Schule ging und natürlich nicht im Haushalt half. Und eine zweite Sabine hatte ich, die mit ihrer Punkerideologie, ihrer Ratte und ihren Rasierklingen beschäftigt war. Den Ärger mit der Frau hatte ich, die dauernd sagte: Kannst du den Mädels nicht mal sagen, daß sie mal den Müll raustragen?

Sabine Punkerbambi, sie selber nannte sich nur Bambi, habe ich allerdings, das muß ich gestehen, auch ein bißchen ausgenutzt. Manchmal nahm ich sie und ihre Ratte mit in ein Nobelrestaurant in Bad Hersfeld, in dem ich Stammgast war. Die kannten mich als ortsansässigen Anwalt und bekannten Schriftsteller und konnten mich deshalb nicht rausschmeißen. Die örtliche Hautevolee mit ihren Jagdhütten und ihren Kellersaunas, die im *Hotel Zum Stern* verkehrte, war völlig fertig.

Ich war ja immer ein feiner Pinkel, und ich stellte Punkerbambi ganz offiziell als meine Nichte vor. Es hat mir unheimlichen Spaß gemacht, die Spießer dermaßen vorzuführen. Im übrigen ging das Mädel tatsächlich ein dreiviertel Jahr lang zur Schule, machte den Hauptschulabschluß und kriegte, als sie sechzehn war, sogar einen Perso, weil sie einen Wohnsitz hatte. Ich nehme an, das war der Grund, warum sie es so lange bei mir ausgehalten hatte. Sie brauchte einen Ausweis, das ist, wie Brecht sagt, der wichtigste Körperteil eines Menschen.

Na, so oder so, ich war schon eine Weile in Hamburg, als ich Ende 1982 einen Anruf meiner Ex bekam: Punkerbambi ist weg. Sie hat sich ordentlich verabschiedet, für alles bedankt, aber sie müsse jetzt wieder nach Berlin. Das gute Mädchen hat dann jahrelang auf Trebe gelebt, meistens in besetzten Häusern, solange es die gab, später in irgendwelchen Gammelbuden, in den letzten Jahren fast immer alleine. Sie hat so ziemlich alles gemacht, und ich habe mich immer gut verstanden mit ihr.

Vor ein paar Jahren, als ich sie in Berlin traf, nähte sie aus dunklem Fell Damenhandtaschen, die so groß waren wie Biberratten und genauso aussahen. Sie nähte Ratten. Sie lebte davon, daß sie am Tag eine Ratte nähte. Sie hat auch gekocht, sie konnte gut kochen, hat als Malerin und Anstreicherin gearbeitet und sogar versucht, Abi zu machen. Nur in Mathe hatte sie eine schlechte Note, aber statt noch mal anzutreten, hat sie lieber aufs Abi verzichtet.

Seit ein paar Jahren fährt sie Taxi, nur nachts. Sie steht nicht am Taxistand. Man muß sie telephonisch kommen lassen. Wenn man bei ihr anruft, hört man sie sagen: Hier ist Bambi La Furiosa, die Taxifahrerin Ihres Herzens.

Inzwischen ist sie nicht mehr so schön, sie ist vierundvierzig, war dreimal verheiratet und wollte nie Kinder. Zweimal hat sie geheiratet, damit die Männer eine Aufenthaltserlaubnis kriegten.

Siebtes Kapitel

Hamburg brennt, Mord in Davos, in Florenz unterm Dach,
der kunsthistorische Dilettant, Cordula, Malersprache

So. Das waren jetzt mal ein paar Anekdoten aus dem Leben einer kleinbürgerlichen Bohèmefamilie auf dem Land, kommen wir zurück nach Hamburg. Was wollte ich da? Natürlich arbeiten. Ich hatte das Stipendium nicht einfach nur angenommen, um aus Kruspis wegzukommen, sondern ich wollte mich wirklich auf die Stadt einlassen. Ich hatte ein Projekt, das mit den Bombenangriffen auf Hamburg im Zweiten Weltkrieg zu tun hatte.

Ich kannte zu dem Zeitpunkt nur den Prosatext »Der Untergang« von Hans Erich Nossack. Nossack war bei dem großen Bombenangriff nicht in Hamburg, ist dann aber, sobald er durfte, wieder rein in die Stadt. Den Text gibt es auch als Bildband. Ich habe eine Zeitlang recherchiert und mir überlegt, ein Buch über diesen großen Bombenangriff auf Hamburg zu schreiben, auch wegen der Erfahrungen, die ich in Japan gemacht hatte, wo ich mal war, um an den Feierlichkeiten in Hiroshima und Nagasaki teilzunehmen.

Hiroshima und Nagasaki ähnelten Hamburg, obwohl die Dimension der Vernichtung sehr viel größer war – und nachhaltiger. Die sterben heute noch in Japan. Die meisten Leute, die auf Grund der Atombombenabwürfe gestorben sind, sind erst Jahre, Jahrzehnte später gestorben, zum Teil in der zweiten, dritten Generation. Trotzdem fand ich, daß da eine Beziehung bestand.

Ich bin später mal gefragt worden, warum ich das Projekt ziemlich bald wieder fallengelassen habe. Nun, ich hatte einfach Angst, in eine Kiste mit den Leuten gestopft zu werden, die die Zerstörung der deutschen Städte durch die Alliierten aufrechnen gegen die Massenmorde, die von Deutschen verübt wurden, nach dem Motto: Okay, wir haben in Auschwitz zwar mehr Menschen ermordet als die Alliierten, aber die Gegenseite war auch nicht pingelig.

Diese Aufrechnerei ist ja heute noch weitverbreitet. Ich selber habe mich solchen Debatten stellen müssen. Freunde von mir, von denen ich es nie vermutet hätte, haben mir klarzumachen versucht, daß der Kommandeur der britischen Bomberstaffeln, Arthur Harris, der in Deutschland den schönen Beinamen Bomber-Harris hat, und sein Vorgesetzter, Winston Churchill, Kriegsverbrecher seien und daß sie ebenfalls ein Tribunal wie das Nürnberger Kriegsverbrechertribunal verdient hätten.

Kollegen haben später über einige dieser Dinge Bücher geschrieben – W. G. Sebald fällt mir ein – und sich einen Dreck darum gekümmert, ob sie der Lüge Vorschub leisten, daß Deutschland auch Opfer gewesen sei, nicht nur Täter. Der Bombenkrieg ist bis heute zusammen mit den sogenannten Vertreibungen nach 1945 das Aufrechenmodell der deutschen Publizistik und Öffentlichkeit. Deshalb gibt es die vielen Filme über Flucht und Vertreibung, deshalb gibt es den Bund der Vertriebenen und das Zentrum gegen Vertreibungen – und was es alles für einen Quatsch gibt.

Ich wußte einfach nicht, wie ich es auf die Reihe bringen sollte, eine Sache wie die Zerstörung großer Teile Hamburgs in all ihrer Schrecklichkeit darzustellen und gleichzeitig meinen Standpunkt zu vermitteln, daß ich genau das für richtig gehalten habe. Schon als ganz junger Mann wußte ich, daß der Bombenkrieg insbesondere gegen die deutschen Städte gerechtfertigt war. Wer einen solchen Krieg anzettelt, darf sich nicht wundern, wenn er die Ohren abgeschnitten kriegt.

Das gleiche gilt für die gesamte Flucht- und Vertreibungsproblematik. Daß die Provinz Schlesien heute in Polen liegt oder daß die Provinz Ostpreußen heute zu Rußland gehört, habe ich immer akzeptiert.

Auf der anderen Seite dachte ich, genau dieser Kontext sei ein Stoff. Ich wollte erörtern, warum es richtig war, die deutschen Städte zu zerbomben, egal, ob es kriegsentscheidend war oder nicht.

In der prodeutschen Öffentlichkeit wird gerne das Argument gebraucht, die Vernichtung der deutschen Städte sei nicht nötig gewesen, der Krieg sei dadurch nicht verkürzt worden. Das mag sein. Trotzdem waren die Bombardements gerechtfertigt – und zwar in einem alttestamentlichen Sinne. Wenn im Namen eines Volkes Verbrechen begangen werden, wie die Deutschen sie verübt haben, dann ist es gerechtfertigt, daß man denen die Städte zerdeppert. Da bin ich ein alter Jude und sage: Auge um Auge, Zahn um Zahn.

Als die Rote Armee im April 1945 über uns hinwegzog, habe ich mitgekriegt, was passierte, aber ich habe mir gesagt: Ich verstehe die kleinen Rotarmisten. Ich verstehe die Jungs. Die machen nur das, was unsere eigenen Väter bei denen gemacht haben, und wahrscheinlich haben es die Deutschen schlimmer getrieben.

So, nu' muß ich aber weitererzählen, wie das in Hamburg war. Im ersten Jahr, das ich in der Wohnung am U-Bahnhof Hoheluft verbracht habe, fand eigentlich nichts weiter statt, als daß ich mich seelisch von einem früheren Dasein verabschiedet habe, wobei Svende ziemlich hilfreich war. Ich stand am Fenster und schaute den Tischtennisspielern zu, habe ein bißchen was übersetzt, ein paar kurze Texte geschrieben, viel gesoffen und, da ich mit meinen Übersetzungen gut verdient habe, auch gut gegessen. Ich bin mit Svendoline nach Schweden gefahren, wochenlang, bin ins Kino, was man eben so macht, wenn man nichts macht.

Das halbe Jahr danach in der Wohlersallee habe ich noch weniger gemacht. Da hatte ich nicht mal ein Arbeitszimmer, nur einen Erker von sechs Quadratmetern, in dem hatte ich ein kleines Tischchen und meine Schreibmaschine stehen, damit ich wenigstens mal einen Brief schreiben konnte. Sagen wir mal so: Ich hab' gewartet, ob sich aus der Sache mit Svende etwas entwickeln ließe oder ob es plötzlich klick machen und ich in Kamakura-City wieder aufwachen würde.

Nur eins stand fest: Nach Kruspis konnte ich nicht zurückgehen, weil da die Ex hockte. Die wartete darauf, daß ich endlich wiederkam. Ich hatte alle meine Klamotten in diesem schönen, alten Fachwerkhaus, das ich mir in langer Arbeit hergerichtet hatte, aber es kostete mich stets eine Riesenkraft, da hinzufahren – und sei es nur, um eine Mappe mit Manuskripten oder ein paar Bücher zu holen –, weil diese Dame mir so auf den Wecker ging.

Andererseits war klar, daß ich nicht ewig in Hamburg bleiben konnte. Ständig hatte ich Zoff mit Svende, und immer ging es darum, daß ich mein Verhältnis zu den Söhnen und der Ex klären müßte, als ob es da noch etwas zu klären gegeben hätte. Ich fühlte mich wie in einem schlechten Roman, der so schlecht war, daß ich nicht im Traum daran gedacht hätte, ihn zu schreiben. Was für eine alberne Geschichte: Zwei Frauen streiten sich um einen Mann. Also nee, das ging nicht.

Nun ist es natürlich nicht so, daß von den achtzehn Monaten in Hamburg nichts übriggeblieben wäre außer ein paar angenehmen Erinnerungen an eine Frau. Ein Projekt, auf das ich mich noch im Frühling 1984 gestürzt habe, ist mein Buch *Mord in Davos* über die Ermordung des nationalsozialistischen Landesleiters Wilhelm Gustloff in der Schweiz durch einen jüdischen Studenten namens David Frankfurter, das ich zum Teil in der Bibliothek am Dammtorbahnhof recherchiert habe.

Günter Grass hat mein Buch Jahre später für einen mäßigen Roman ausgeschlachtet, natürlich ohne zu sagen, woher seine Informationen stammten, und die Rezensenten haben es auch nicht erwähnt, um Gottvater nicht zu erzürnen.

Zu der Story kam ich wie die berühmte Jungfrau zum Kind. Ich kriegte, da wohnte ich noch in der Wohlersallee, einen Anruf von einem alten Freund, Helmut Kreuzer, Germanistikprofessor an der Universität Siegen. Helmut Kreuzer war ein bißchen älter als ich, er ist inzwischen verstorben, und seit den sechziger Jahren ein Verehrer von mir.

Ich hatte unter Literaturkritikern seit Anfang der Achtziger komischerweise keine Förderer mehr. Seitdem wollten auch Leute, die mich früher übern grünen Klee gelobt hatten, nichts mehr von mir wissen. Das hängt wahrscheinlich auch mit dem Fernsehen zusammen. Viele Leute, die fürs Radio oder die Printmedien tätig sind, ändern ihre Meinung, wenn sie zum Fernsehen kommen, auch in ästhetischen Fragen.

Zu den wenigen Literaturkundigen, die mir immer treu blieben, gehörte, wie gesagt, Helmut Kreuzer, Ordinarius im Siegerland, wo ich ihn manchmal besucht habe – ein seltsames Kaff, muß ich sagen, ein Konglomerat von Ansiedlungen entlang eines Tales, in dem die Sieg fließt.

In die Geschichte ist diese Region, glaube ich, nur deshalb eingegangen, weil der berühmte Groß- und Finanzkapitalist Friedrich Flick dort seine erste Stelle als Prokurist in einer relativ kleinen stahlverarbeitenden Firma dazu ausgenutzt hat, die Kapitaleigner auszuplündern, um den Grundstein für seinen späteren Reichtum, von dem jetzt seine Enkel profitieren, zu legen.

Jedenfalls rief Helmut Kreuzer mich eines Tages an und sagte: Pit, was hältst du von Emil Ludwig? Ich mache ein Seminar über Emil Ludwig, kein Mensch kennt Emil Ludwig.

Zugegeben, ich kannte ihn auch nicht, deshalb muß ich kurz sagen, wer er war. Emil Ludwig war ein erfolgreicher Schriftsteller. Die Nazis oder ihre Vorläufer haben schon in den frühen zwanziger Jahren ihren Haß über ihm ausgeschüttet. Ein sozialdemokratischer Polizeipräsident von Berlin nannte ihn nicht Emil Ludwig, wie er offiziell hieß, sondern Emil Cohn Ludwig. Er war unbeliebt bei den Deutschnationalen und deshalb auch bei den deutschnationalen Sozialdemokraten.

Man vergißt ja oft, daß viele Sozialdemokraten deutschnational waren, nicht nur Friedrich Ebert. Sie waren es bereits vorher und blieben es unter dem Eindruck der erstarkenden Deutschnationalen, der Faschisten, in den zwanziger Jahren.

Ludwigs Spezialität war die Biographie. Es gibt kaum eine große Nummer in der Geistesgeschichte, über die er keine Biographie geschrieben hat: Bismarck sowieso, Friedrich den Großen, ganz klar, Wagner, Goethe, Cleopatra. Er knüpfte mit dieser Art, seine Themen zu finden, an den Geniekult des frühen 19. Jahrhunderts an, als ein Engländer die Theorie aufgestellt hatte, weitreichende geschichtliche Prozesse würden nicht von Massenbewegungen, nicht von ökonomischen oder technisch-wissenschaftlichen Prozessen in Gang gesetzt, sondern von großen Personen.

Anfang des 19. Jahrhunderts konnte man das unter dem Eindruck Hegels vielleicht glauben. Napoleon hat die Welt ein bißchen durcheinandergebracht, und es entsprach dem entstehenden nationalstaatlichen Denken, daß man einzelne Leute versockelte. Im 19. Jahrhundert wurde Bach versockelt, Luther wurde versockelt, alle, die lesen und schreiben konnten, kamen auf einen Sockel zwecks Verherrlichung des Deutschtums.

Vor allem Bismarcktürme entstehen gegen Ende des Jahrhunderts, Dinger, wie ich eins hier vor dem Fenster habe. Der am reichhaltigsten versockelte Mensch war noch zu Beginn des 20. Jahrhunderts Bismarck. Der Witz an den Bismarcktürmen, von denen es in Deutschland wohl einige tausend gab, war, daß sie vor allem rund um die Industriegebiete errichtet wurden. In Sachsen, im Ruhrgebiet, überall kesselten diese Türme Arbeiterregionen ein. Bismarck paßte auf, daß die Arbeiter fleißig arbeiteten und auf gute deutsche Weise Kanonen gossen, obwohl Bismarck bekanntlich gar kein Kriegstreiber war. Und so steht er auch entlang der Westgrenzen und in den Städten.

Was aber die wenigsten Leute wissen: Es steht fast nie ein Bismarck auf diesen Türmen. In Hamburg steht einer – ein unglaublicher Apparat. Er hat Ähnlichkeit mit der Sphinx in Gizeh. Da wurden große Quader so zusammengefügt, daß man die Risse sieht. Aber es ist eines der wenigen Denkmale, auf dem der Namensgeber draufsteht.

Auch auf dem Stuttgarter hat nie einer gestanden. Der Turm steht an exorbitanter Stelle, wird nachts angestrahlt, aber allzeit ohne Bismarck. War nicht nötig. Turm reichte.

Das war die Tradition, an die Emil Ludwig anknüpfen konnte, nur daß er seine Versockelungen so anzulegen pflegte, daß die Deutschnationalen sagten: Nee, das ist nicht unser Bismarck, das ist nicht unser Alter Fritz. Seine Darstellungen, fanden die Deutschnationalen, seien nicht deutsch genug.

Über diesen Emil Ludwig wollte nun also mein Freund Helmut Kreuzer in Siegen ein Seminar machen. Er rief an und fragte: Sag mal, kennst du den? Ich: Selbstverständlich kenne ich ihn. Er: Hättest du Lust zu kommen? Ich: Selbstverständlich habe ich Lust zu kommen. Aber was soll ich bei euch machen? – Du sollst einen Essay schreiben und bei uns vortragen, es gibt tausend Dollar. Und dann erzählte er mir folgende Geschichte: Es gebe eine kleine Schrift von Emil Ludwig, die er in der Schweiz geschrieben habe, in den dreißiger Jahren, die er, Kreuzer, neu herausbringen wolle, aber dazu brauche er jemanden, der den Fall recherchiere und auf den neuesten Stand bringe.

Nun war es so, daß Ludwigs kleine Schrift in der Schweiz damals nicht erscheinen durfte. Die Eidgenossen fürchteten nämlich, daß die Nazis die Schweiz überfallen würden. Daß solche Pläne in der Schublade lagen, ist bekannt. Sie erschien statt dessen im damals noch nicht besetzten Holland, in Amsterdam – nur etwa hundert Seiten lang.

Das Büchlein war eine Reaktion darauf, daß David Frankfurter, ein aus dem ehemaligen Jugoslawien stammender, deutschstämmiger Medizinstudent, den in der Schweiz sehr erfolgreich agierenden nationalsozialistischen Landesgruppenchef 1936 in Davos ermordet hatte, Wilhelm Gustloff, den Mann, über den Günter Grass geschrieben hat.

Der Fall erregte weltweit Aufsehen. Die Nazis waren heilfroh, daß endlich mal ein Jude einen hohen Nazi umgebracht hatte. Darauf hatten sie immer gewartet. Sie brauchten den Beweis, daß der Jude gefährlich ist. Jetzt hatte der Jude David Frankfurter ihren Wilhelm Gustloff umgebracht, noch dazu in der neutralen Schweiz. Die Nazis wollten ihn haben, den Frankfurter, aber die Schweiz hat ihm in Chur den Prozeß gemacht.

Die Nazis versuchten alles, diesen Mord damit zu begründen, daß der Jude besonders gerne Deutsche umbringe. Mit der These hatten sie teils Glück, teils Pech. David Frankfurter hatte davor tatsächlich mehrfach, auch in Deutschland, versucht, hohe Nazis umzubringen. Er hatte zum Beispiel in Frankfurt versucht, Hermann Göring zu erschießen. Er war der klassische politische Attentäter – wie nach ihm Georg Elser und andere. Aber ihn als politischen Überzeugungstäter hinzustellen, das konnten sich die Nazis nicht leisten.

Der Jude ist kein Überzeugungstäter, der Jude ist einfach nur jüdisch, schlecht, böse, verrottet und so weiter. Das Gute und das Schöne und das Mutige und das Tapfere kann er nicht leiden, das muß er ausmerzen. So stellten sie ihn dar. Sie mußten ihn vor allem als kranken Menschen, nicht nur als körperlich kranken Menschen, sondern auch als geistig kranken Menschen darstellen.

David Frankfurter hatte bei seinem Prozeß in Chur das Pech, daß seine Verteidiger vom Israelitischen Gemeindebund in Zürich bestellt und bezahlt wurden. Er hatte ja kein Geld und war auch kein Schweizer, er war nur ein armer Student, während die schweizerische jüdische Gemeinde großbürgerlich, reich und angepaßt war.

Es ist bekannt, daß die eine etwas zweifelhafte Politik auch gegenüber Juden betrieb, die aus dem Reich in die Schweiz flüchten wollten. Es war nicht direkt Kollaboration mit den Nazis, aber zutiefst duckmäuserisch.

Die haben also David Frankfurter dazu überredet zu akzeptieren, daß er als armer Irrer dastand, zwar nicht als pathologischer Fall, aber als einer, der nicht genau weiß, was er will, und zutiefst verwirrt ist durch die Nachrichten aus dem Reich über die Judenverfolgung.

David Frankfurter hatte bis dahin immer gesagt, daß er ein Zeichen setzen und ein Vorbild sein wollte. Er wollte die Juden, vor allen Dingen in Deutschland, aufrütteln, um die Nazis zu schlagen. Schlagt die Nazis, wo ihr sie trefft. Er wollte der erste sein, der einen hohen Nazi erschießt. Ob das klug war, ist eine andere Frage. Immerhin waren die Schweizer dann doch so mutig, ihn nicht an Deutschland auszuliefern, obwohl es naheliegend war.

Der schweizerische Außenminister und der schweizerische Botschafter in Berlin waren erklärte Nazis. Es war nicht nur die nationalsozialistische Partei in der Schweiz sehr aktiv, sondern die Schweizer hatten selber nationalsozialistische Organisationen in allen drei Landesteilen, auch im französischen. Im italienischen waren sie vom Faschismus der Italiener beeinflußt, und manche Deutschschweizer waren per se Nazis.

Man hat Briefe von Schweizern an Gestapo-Stellen gefunden, in denen mitgeteilt wurde, welcher Schweizer gerade erst gestern wieder am Biertisch die Absicht geäußert hatte, sich eine Pistole zu kaufen, nach Deutschland zu fahren und einen großen Nazi zu erschießen. Solche Briefe von Schweizer Bürgern kamen in Deutschland an. Das ist dokumentiert.

Emil Ludwig hat das alles nicht gewußt. Er schrieb unter dem Eindruck dieser Tat und dieses Prozesses seine Stellungnahme pro David Frankfurter, *David und Goliath* – eine sehr idealistische Schrift, die historische Fehler enthält. Vieles ist erst Jahrzehnte später zum Vorschein gekommen, unter anderem deshalb, weil der damalige Botschafter des Reiches, von Weizsäcker, der Vater des zeitweiligen Bundespräsidenten, Akten geführt hat, die in schweizerischen Archiven liegen. Sie belegen nicht nur, wie sich so ein Vater eines späteren Bundespräsidenten im Ausland für den Nationalsozialismus starkgemacht und wie getreu er alle Anweisungen seiner Nazichefs in Berlin in die Tat umgesetzt hat, sondern auch, wie das Verhältnis zwischen den pronazistischen Schweizer Regierungsstellen und dem Bürgertum und den Nazistellen in Deutschland aussah.

Also, ich habe mich in Hamburg in die Staatsbibliothek gesetzt und die Jahrgänge des *Völkischen Beobachter* aus der Zeit durchgesehen, bin dann nach München zum Institut für Zeitgeschichte und zu anderen Instituten gefahren und schließlich nach Zürich, wo ich im Archiv des Israelitischen Gemeindebundes recherchiert habe sowie im Archiv für Zeitgeschichte der Eidgenössischen Technischen Hochschule. Da liegt viel Material.

Als ich diese Recherche abgeschlossen hatte, war auch klar, wie ich es schaffen konnte, mich der Umklammerung von zwei Frauen zu entziehen. Ich habe Joachim Burmeister angerufen und gesagt: Himi, ich muß dringend untertauchen. – Warum? – Ich habe Ärger mit zwei Frauen, ich muß dringend untertauchen. Sagt er: Kann ich verstehen, komm her! So fuhr ich mit meiner Kiste voller Material und meiner Schreibmaschine nach Florenz und mietete mich in dem Kämmerchen mit der Dachluke ein. Es hatte einen sehr hübschen Namen. Es hieß Camera Angelika Kauffmann.

Joachim Burmeister hatte allen Zimmern Namen gegeben. Es gab eine Camera Beckmann und eine Camera Bianca und so fort.

Angelika Kauffmann ist eine Malerin aus der Goethezeit, auch aus Chur übrigens. Sie war als malendes Wunderkind durch ganz Europa gekarrt worden. Sie konnte unglaublich gut malen, sehr eigenwillig, sehr eigensinnig. Sie war eine große Porträtmalerin und wurde von ihrem Vater, solange sie noch klein war, auf Höfen und in Salons herumgereicht.

Als Erwachsene lebte sie in Rom im Umfeld der deutschen Künstler. Unter ihnen war Goethe, den sie verehrte. So. Und in der Camera Angelika Kauffmann, die man kaum lüften konnte, saß ich mit meiner Kiste und schrieb bei entsetzlicher Hitze ein Buch über einen Juden, der einen hohen Nazi ermordet – was uns wieder dran erinnert, daß man unseren Beruf überall ausüben kann.

In dem Kämmerchen lagen überall Bücherstapel und Zeitungsstapel herum, mittendrin hockte ich und hatte die Füße von morgens bis abends in einer Wanne voll kaltem Wasser, und alle halbe Stunde wechselte ich das nasse Handtuch auf meinem Kopf. Das war nicht angenehm, hatte aber auch seine guten Seiten. Durch den reinen Zufall, daß mich Helmut Kreuzer angerufen hatte, war ich auf einen faszinierenden Stoff gestoßen, konnte mich daran abarbeiten und brauchte mich nicht mehr mit dieser albernen Liebesstory rumzuärgern, und im übrigen war Florenz schon immer eine meiner Lieblingsstädte.

Ich war schon in den fünfziger und sechziger Jahren in Florenz gewesen, besuchshalber, wegen kunsthistorischer Interessen vor allem. Was Florenz an Kunstgeschichte zu bieten hat, kannte ich zu diesem Zeitpunkt schon ganz gut. Ich hätte mir allerdings nie vorstellen können, länger in Florenz zu leben.

Florenz war, als ich es in den fünfziger Jahren kennenlernte, eine ziemlich verrottete, runtergekommene Stadt, der man ansah, daß jahrzehntelang nichts gemacht worden war. Dann gab es 1966 dieses entsetzliche Hochwasser. Es wurden unschätzbare Kunstschätze vernichtet, abgesehen davon, daß die Innenstadt nicht mehr bewohnbar war. Es gibt Photos, die zeigen, wie der Platz, auf dem sich die berühmte Kathedrale befindet, eines der Meister- und Zentralwerke der Renaissance, zwei Meter hoch unter Wasser steht. Die ganze Stadt stand unter Wasser, und als es abgeflossen war, war die Stadt ruiniert.

Wer heute nach Florenz kommt, muß denken, die Stadt habe immer so ausgesehen. Ist aber nicht der Fall. Denn nun passierte, was wahrscheinlich nur in Städten wie Florenz passiert: Aus der ganzen Welt kam Geld, und innerhalb weniger Jahre war aus dieser von der Geschichte gezeichneten, ziemlich vergammelten Stadt eine Art Disneyland geworden. Das Florenz, in das ich 1984 gezogen bin, war nicht das Florenz, das ich kannte, es war im Grunde genommen eine Art Retortenstadt vorwiegend im Stil der Renaissance, Reste mittelalterlicher Bebauung waren auch noch da.

Ich hätte mir nie vorstellen können, in Florenz zu leben. Ich hätte mir nicht vorstellen können, in Mailand zu leben. Ich bin Sizilianer. Für mich beginnt Italien in Rom, so richtig eigentlich erst in Neapel. Italien manifestiert sich vor allem in Sizilien. Sizilien kannte ich, als ich 1984 nach Florenz ging, wie meine Westentasche. Ich hatte ja auch schon ein Buch über Sizilien geschrieben, *Malavita*, das Buch über die Mafia. Ich hätte mir vielleicht vorstellen können, eine Zeitlang in Venedig zu leben, aber der ganze Norden war mir zu europäisch, zu deutsch oder zumindest zu schweizerisch, österreichisch.

Was ich ursprünglich an Italien geliebt habe, war das Afrikanische. Südlich von Rom wurde Italien sarazenisch, arabisch, afrikanisch. Das drückt sich auch im Klima, in der Vegetation aus. Aber nachdem ich eine Weile in Florenz herumgesessen hatte, entdeckte ich die Reize der Stadt. Von meiner kleinen Küche aus sah man zum Beispiel einen sehr langen Horizontstreifen. An einem Abend habe ich plötzlich, als die Sonne unterging, den Titel von Arno Schmidt verstanden: *Abend mit Goldrand*. Die Abende in Florenz hatten monatelang einen Goldrand.

Von einem anderen Fenster aus konnte man auf die Hügel von Fiesole gucken. Das ist ein Vorort von Florenz auf der nördlichen Seite des Arno. Dieser Blick über die Stadt – da sieht man das ganze Ensemble der aus der Kunstgeschichte bekannten Bauten, den Palazzo Vecchio, also das ehemalige Rathaus, den Dom und andere Kuppeln, Türme, herausragende Oberteile von Palästen. Das fügte meiner Neigung, einfach nur rauszugucken und nicht viel zu denken, eine neue Dimension hinzu, die ich – das muß man sich vorstellen, ich wurde in dem Jahr fünfzig – bis dahin nie bemerkt hatte.

Bis dahin hatte ich immer nur auf Landschaften, möglichst weite Landschaften, geglotzt, und plötzlich sah ich die Oberkante eines darunterliegenden Bildes, abgesetzt gegen den Himmel. Ich hockte auf der Terrasse und glotzte, insbesondere, als ich mit dem *Mord in Davos* fertig war.

Ein Zweites, was mich an der Villa fesselte, war, daß ständig bildende Künstler vorbeikamen. Die Villa ist 1905 von Max Klinger erworben worden, einer der ersten Preisträger war Max Beckmann, den ich sehr verehre. Es gibt ein berühmtes Selbstporträt von ihm in schwarz, vor einem Fenster der Villa Romana, auf dem er ebenfalls nach draußen blickt. Als ich ein Jahr später Cordula kennenlernte, stellte sich heraus, daß er zu ihren Vorbildern gehört.

Es waren viele Künstler, die ich verehrt habe, seit dem Ersten Weltkrieg in der Villa Romana zu Gast. Ich habe mehrfach darüber geschrieben. Klaus und Thomas Mann kamen zu Besuch.

Die Villa hat mich auch als Bauwerk fasziniert. Ein ägyptischer Pascha hatte sie im frühen 19. Jahrhundert erbauen lassen. Wenn ich durch die Villa ging, sah ich an einer Stelle immer den Raum, in dem er seine Damen aufbewahrt hatte. Oder ich sah Bedienstete in Pluderhosen mit merkwürdigen Kopfbedeckungen, wie sie die Aliiden im Ägypten des 19. Jahrhunderts aufhatten, mit diesen komischen Pappdeckeln mit Bommeln.

Die einstigen Säle waren zum Teil unterteilt worden, aber man konnte von außen ihre alte Struktur noch erkennen. Sie füllten sich mit orientalischem Leben – in einer Villa toskanischer Bauart. Du kommst in eine Halle, in der gibt es, wie sich das gehört, eine große Treppe in die oberen Stockwerke, und hinten links ist ein kleines Türchen. Kein Mensch kommt auf die Idee, nach diesem Türchen zu gucken, aber wenn man es öffnet, stößt man auf einen sehr schmalen, dunklen Gang, der dann in einer Treppe nach oben führt, so daß man in einen großen Teil der Gemächer über eine Art Geheimtreppe mit Geheimtüren kommt.

Ich war der erste – selbst Joachim Burmeister hatte das bis dahin nicht gemacht –, der mit einem Zollstock alle Räume von innen wie außen vermaß und feststellte, daß es in diesem Haus Hohlräume gab, Räume, die man nicht sieht, weil sie keine Fenster nach außen und keine Türen nach innen haben, aber sie mußten da sein.

Oder es gab Zwischendecken und niedrige Zimmer, und darüber waren auch niedrige Zimmer. Wenn man das der Höhe nach ausmaß, merkte man: Mein Gott, da fehlen zwei Meter achtzig. Diese geheimnisvolle Konstruktion, versteht ihr, hat mich fasziniert, als ich die Villa kennenlernte.

Ich wohnte da bis Dezember 1985. Als ich sehr viel später meinen Roman über Machiavelli schrieb, ließ ich einige Kapitel in einer Villa in Florenz spielen, etwa um das Jahr 1660 herum, aber dargestellt habe ich Himis Villa, in der ich 1984/85 gewohnt habe.

In meinem Roman tritt eine weiße Frau auf, die gespenstische weiße Frau, das Phantom, das sich in der Gothic Novel in solchen Häusern herumtreibt und eine dramaturgisch wichtige Rolle übernimmt. Die weiße Frau, die in dieser Villa in Geheimräumen und -gängen lebt, taucht auf und ist gleich wieder weg.

Die Idee dazu verdankte ich Emmy Ball-Hennings, einer Dadaistin. Als die nämlich vor dem Ersten Weltkrieg in Florenz lebte und in diesem Haus als Köchin ihr Geld verdiente – damals wurde in dem Haus für die Preisträger gekocht –, erschien eines Tages in ihrem Zimmer, in der Camera Rossa – in der ich später auch gewohnt habe, ich habe nicht immer in der Angelika Kauffmann gewohnt –, eine weiße Frau mit einem Dolch und wollte sie erstechen.

Das Ganze schildert sie in einem Brief, der wahrscheinlich in Marbach liegt. Aus irgendeinem Grunde läßt die weiße Frau plötzlich von ihr ab, läuft davon und wird nicht mehr gesehen. Emmy Ball-Hennings glaubte natürlich nicht an Gespenster, sondern schreibt, sie nehme an, daß die Frau ihr von der Straße gefolgt und in das Kämmerchen eingedrungen sei. Vielleicht wollte sie nur Geld oder war eine geistig Verwirrte. Diese Episode habe ich dargestellt.

Was habe ich in Florenz gemacht, außer fünfzig Jahre alt zu werden und einen langen Text über Frankfurter zu schreiben, den Kreuzer dann im MÄRZ-Verlag herausgegeben hat? Gekifft habe ich nicht mehr. Mit dem Kiffen hatte ich schon zwei Jahre vorher aufgehört. Ich kam in unserem Haus in Kruspis ins Dachzimmer und fiel fast in Ohnmacht, so stark war der Raum zugekifft. Da hockten eure Brüder und ein Haufen anderer Leute in ihrem Alter, Mädchen wie Jungs, und kifften wie die Scheunendrescher. Da sagte ich mir: Wenn die das jetzt machen, brauche ich das nicht mehr zu machen. Ich holte aus einem Versteck in einem Balken das Dope, das ich noch hatte, schenkte es ihnen, und fortan haben die für mich gekifft.

Gekifft habe ich also nicht mehr, aber große Mengen Rotwein getrunken, vor allen Dingen die Nächte durch. Ich habe in den wunderbar milden Nächten im Garten einen Liter Rotwein nach dem anderen getrunken. Manchmal fuhren wir auch raus, um uns zu besaufen – westlich von Florenz in einen Ort namens Vinci. In Vinci wurde Leonardo geboren, als Sohn eines Notars und einer kaukasischen Dienstmagd im Hause seines Vaters und Großvaters und Onkels.

In Vinci fand jeden Sommer ein Weinfest statt. In Italien finden überall ständig Weinfeste statt. Aber das Weinfest in Vinci, die Festa della Dama, war etwas Besonderes.

Man sollte denken, der Name habe etwas mit einer Frau zu tun, aber das stimmt nicht. Er bezieht sich auf das Damespiel. In Vinci wird für die Dauer des Weinfestes ein begehbares Spielbrett aufgebaut, mit weißen und roten Weingläsern als Figuren, und jedesmal, wenn du ein gegnerisches Weinglas überspringst, mußt du es leertrinken. Es kann auch sein, daß der, dessen Glas übersprungen worden ist, es leertrinken muß. Jedenfalls können die Leute nicht lange bei diesem Spiel verweilen, denn jeder hat zwölf Steine, also zwölf Gläser Wein, der eine Rotwein, der andere Weißwein, und wenn du zwei Partien gespielt hast, kannst du nicht mehr.

Das ganze Dorf besäuft sich. Am Ende des ersten Spiels hast du schon einen intus, und nach dem Ende des zweiten Spiels liegst du im Park nebenan. Wir sind ständig in umliegende Dorfgaststätten gefahren und haben Wildschweinbraten gefressen und uns fürchterlich besoffen und uns Scherze der übelsten Art erlaubt, weil man damals in Italien besoffen Auto fahren konnte.

Wenn ich »wir« sage, so meine ich den Maler Rolf Behm und mich. Ich besuche ihn heute noch, wenn ich mal nach Berlin komme. Wir haben viel zusammen gemacht, gekocht, seine Bilder angeschaut, über Malerei und Literatur geredet. Seine erste Frau habe ich gemocht, und seine zweite mag ich auch, eine Brasilianerin, ebenfalls Malerin.

Im Januar 1985 habe ich aus irgendwelchen Gründen der Liebschaft mit Svende noch eine Chance gegeben und mit ihr vereinbart, in der Gegend von Florenz ein Haus zu kaufen. Da kam uns aber zum Glück was dazwischen. Wir waren nämlich kaum drei Tage in Florenz, da traf ich Cordula, und ich verliebte mich Hals über Kopf in sie.

Ich mußte also einen Weg suchen, wie ich den Plan, mit Svende ein paar Jahre in Italien zu leben, radikal abkürzen konnte. Daß mir das gelang, halte ich noch heute für eine Meisterleistung. Ich mietete einfach ein Haus unweit von Florenz, das nur für zwei Monate frei war. Da wohnten wir bis in den April hinein – in einem Ort namens Seano, Großgemeinde Carmignano, inmitten dreier Medici-Villen.

Die Medici, muß ich euch die beschreiben?

Sie hatten ihren Reichtum im 14., 15. Jahrhundert erworben. Sie waren eine der reichsten Familien Europas und haben in etliche Fürstenhäuser eingeheiratet. Berühmt war zum Beispiel Caterina de' Medici in Frankreich. Auch in Düsseldorf war eine Medici-Tochter verheiratet. Da gibt es eine Karnevalsfigur, Jan Wellem, der ist die Karikatur eines Düsseldorfers, der mal mit einer Medici verheiratet war.

Diese Medici-Schlösser in der Gegend von Florenz sind zum Teil prächtige Dinger, die bis ins 20. Jahrhundert hinein genutzt wurden. Als Florenz im 19. Jahrhundert mal zehn Jahre italienische Hauptstadt war, hatte der italienische König seine Sommerresidenz in Poggio a Caiano, nicht weit von Seano. Auf der einen Seite liegt Vinci, auf der anderen liegen die erwähnten Medici-Villen. Lange, bevor ich das Buch über Leonardo da Vinci schrieb, lebte ich also schon in seinem Windschatten.

Andererseits: Leonardo kannte ich schon viel länger. 1962, in Westberlin, begann meine erste Frau, Kunstgeschichte zu studieren. Ich studierte Publizistik und Politische Wissenschaften am Otto-Suhr-Institut, auch Philosophie, sie studierte Kunstgeschichte.

Sie wußte tatsächlich ziemlich viel über Kunstgeschichte. Gleich nachdem ich sie kennengelernt hatte, waren wir das erstemal nach Norditalien bis runter nach Florenz gefahren, ein anderes Mal, auch in den frühen sechziger Jahren, nach Rom. Sie hatte nur ein kleines Problem. Sie begriff nicht, was sie sah. Sie konnte es nicht einordnen. Sie konnte dir sagen, warum eine Holztür mit Bronzeblech beschlagen war, und sie konnte dir sagen, aus welcher Zeit ein Gebäude stammte, aber sie war nicht in der Lage, das in einen Diskurs einzuordnen, und sie erkannte die politökonomischen Hintergründe nicht.

Darauf stößt man bei Künstlern und Kunsthistorikern häufig. Sie haben einen rein ästhetischen Zugang zur Sache. Aber daß große Architektur, große Paläste wie in Florenz der Palazzo Strozzi, der Palazzo Medici, der Palazzo Pitti, auch Kathedralen und so weiter, immer Ausdruck bestimmter ökonomischer, politischer Verhältnisse und Machtstrukturen ist, das sehen sie nicht. Man muß Gemälde, Bauwerke immer auch als Gebrauchsanweisung verstehen, die einem die dahinterstehende politisch-soziale Realität zeigt. Dafür haben Kunsthistoriker selten einen Sinn, und meine Ex hatte ihn gar nicht. Im 19. Jahrhundert konnte man Kunst rein ästhetisch angucken, aber nach den Nazis konnte man Kunst nicht mehr so beschreiben.

Das zweite Manko, das Renate hatte, war dramatischer. Sie konnte nicht schreiben und nicht vortragen. Sich vor ein Publikum hinstellen und in zwanzig Minuten ein Bild beschreiben und erklären, das konnte sie nicht. Sie hätte es auch nicht aufschreiben können. Also konnte sie auch keine Hausarbeiten verfassen, aber sie verstand was von der Sache, und da wir ja nun zusammenlebten, ergab sich daraus ein Deal: Ich habe ihr die Reden geschrieben, ich habe ihr die Hausarbeiten geschrieben. Um das auf die Reihe zu bringen, mußte ich mit in die Seminare gehen.

Ich habe also dieselben Vorlesungen gehört wie sie. Ich habe auf Grund dieses Defekts meiner ersten Frau ein kunsthistorisches Studium betrieben. Ich nahm, obwohl ich mit Kunstgeschichte nicht viel am Hut hatte, außer daß ich die Kunst und die Architektur liebte, insbesondere die alte, an all ihren Exkursionen teil, andernfalls hätte ich ihre Seminararbeiten nicht schreiben können.

Auf diese Weise bin ich auch auf Leonardo da Vinci gekommen, abgesehen davon, daß mein Vater in seinem Bücherschrank einen Roman über Leonardo da Vinci stehen hatte, Dimitri Mereschkowskis Bestseller von 1901, den hatte ich gelesen. Ich wußte schon, wer er war, und es ist ja auch unmöglich, bestimmten ikonographischen Elementen von Leonardo da Vinci auszuweichen. Es gibt Bilder, bei denen der Dümmste weiß, daß sie von Leonardo da Vinci sind.

Meine Ex mußte nun eine Seminararbeit mit dem Titel »Bildelemente Leonardo da Vincis in Arbeiten seines Lehrers Andrea del Verrocchio« schreiben. Andrea del Verrocchio war ein Bildhauer, der auch gemalt hat, und in seiner Werkstatt in Florenz ging Leonardo in die Lehre. Da hat er immer fleißig mitgemalt, und bald hatte er seinen Meister und seine Mitlehrlinge und die Gesellen überflügelt. Deshalb ist ein Haufen von Bildern aus der Frühphase von Leonardo da Vinci anderen zugeschrieben worden. Aber wenn man richtig hinguckt, sagt man: Dieser Fisch oder dieser Engel ist von Leonardo. Oder: Wie der den Fuß verdreht hat, das ist von Leonardo da Vinci.

An einem Renaissancegebäude in der Innenstadt von Florenz steht ein Johannes der Täufer in einer Nische. Guckt man sich sämtliche Figuren an, die um das Gebäude herum in Nischen zu sehen sind, stellt man fest, daß nur diese eine vom Fuß bis zu den Haarspitzen vielfach in sich verdreht ist, fast korkenzieherhaft. Das ist nicht manieristisch oder der Tatsache geschuldet, daß die Figur in so einer kleinen, engen Nische stehen muß. Wer aber weiß, daß korkenzieherhafte Figuren eine von Leonardos Marotten waren, sowohl in der Malerei als auch in der Skulptur, wird sofort sagen, daß an dieser Skulptur, obwohl sie einem anderen zugeschrieben wird, Leonardo mitgewirkt haben muß.

Solche Aufträge bekommen Kunstgeschichtsstudenten, und ich habe das dann geschrieben. Ich saß im Museum und guckte so lange hin, bis ich mir sagte: Die Ecke da könnte von Leonardo sein. Danach versuchte ich, das durch die Literatur zu belegen. So bin ich 1962/63 als wissenschaftlicher Hilfsarbeiter einer Kunstgeschichtsstudentin zu Leonardo gekommen, um dann vierzig Jahre später ein dickes Buch über ihn zu schreiben.

Natürlich habe ich ihn in den vierzig Jahren dazwischen nicht aus den Augen verloren. Jedesmal, wenn ich nach Florenz kam, wurde ich wieder an ihn erinnert, und wenn ich mich in Vinci besoffen habe, habe ich das im Schatten seines Geburtshauses getan.

Aber zurück zur Chronologie. 1985. Die Hamburger Liebe haute irgendwann ab, weil sie merkte, daß ich nicht der Richtige für sie war. Wir haben noch eine Reise nach Sizilien gemacht, und danach haben wir uns friedlich getrennt. Ich ließ mir meine wenigen Sachen aus der Wohlersallee schicken, blieb in Florenz und lebte mit Cordula zusammen.

Natürlich war es Liebe. Es ist immer Liebe. Aber daß die Beziehung zu Cordula so dauerhaft und relativ harmonisch ist, läßt sich mit Liebe allein nicht erklären. Es hängt meiner Ansicht nach, ich weiß nicht, ob sie das gerne lesen wird, damit zusammen, daß sie eine gute Malerin ist. Es gibt sicher eine Menge gute Malerinnen, deshalb brauche ich mit denen nicht eine Familie zu gründen und fünfundzwanzig Jahre zusammenzuleben. Aber ich denke, als Schriftsteller sollte man zumindest einen Maler, einen möglichst guten, authentischen Maler, intim kennen.

Das hat etwas mit Sprache zu tun. Als Schriftsteller, das brauche ich euch nicht groß zu erklären, haben wir ein Medium, um die Welt zu erkennen, zu erklären, darzustellen und so weiter. Das ist die Sprache, das sind Wörter, das sind Sätze, das ist die Methode, wie man sie zueinander in Beziehung setzt, wie man einen Text aufbaut.

Die Leute tun ja immer so, als sei das Wichtigste an der Schreiberei der Plot oder der Konflikt oder das große Thema, möglichst der große politische, historische Stoff. Das spielt schon eine Rolle, aber das Material, mit dem wir das alles darstellen, sind Wörter.

Handke ist darauf bis zum Gehtnichtmehr herumgeritten: Wir erkennen die Welt in dem Maße, wie es die Sprache, die wir besitzen und die wir gebrauchen, uns erlaubt. Haben wir keine Sprache für das, was wir fühlen oder sehen, dann sehen oder fühlen wir gar nichts. Wir sehen einen Baum nur, weil wir das Wort »Baum« kennen. Hätten wir das Wort »Baum« nicht, wäre da was, aber es wäre kein Baum. Ein Baum wird der Baum erst dadurch, daß ich das Wort »Baum« habe. Die Welt wird größtenteils aus Wörtern konstruiert, sie ist ein Konstrukt meines Kopfes, ein Tümpel von Wörtern, das ist eine Platitüde.

Aber was ist mit den Malern? Die Maler haben keine Wörter. Sie haben Farben und Formen, amorphe und geometrische, die kannst du verschiedenfarbig anlegen, du kannst Linien malen, aber eine Linie ist nicht zwangsläufig ein Horizont oder die Rückenlinie einer nackten Frau, eine Linie ist eine Linie. Erst dadurch, daß du sie so setzt, daß der Betrachter sagt: Das ist der Rücken einer Frau, wird durch die Interpretation mit Wörtern aus der Linie eine Rückenlinie. Doch was du siehst, ist nicht der Rücken einer Frau oder ein Horizont, es ist nichts weiter als ein Strich. Blut auf einem Bild ist kein Blut, sondern rote Farbe. Logisch. Das ist es, was der Maler hat.

Und dennoch: Wenn man gute Bilder anschaut, merkt man, daß Maler offensichtlich denken. Sie denken, wenn sie nicht malen, so wie wir mit Wörtern. Wenn sie sich eine Suppe kochen oder einen Roman lesen, denken sie mit Wörtern. Doch wenn sie malen, denken sie nicht mit Wörtern. Dann denken sie mit Farben oder Flächen oder Linien oder Räumen, mit Dingen, die zwangsläufig Illusionen erzeugen.

Auch der Raum ist, wie wir wissen, eine Illusion. Ein Kind, das zur Welt kommt, sieht keinen Raum. Durch die Erziehung lernt es im Laufe der Jahre, Räume zu sehen. Wenn wir rausgucken, sagen wir: Das ist vorne, das ist hinten. Das sehen wir ursprünglich nicht so. Unser Auge wird in einem Sozialisationsprozeß dazu erzogen zu sagen: Das ist hinten, das ist vorne, das ist viereckig, das ist rund.

Deshalb habe ich mit Cordula von Anfang an gut zusammengelebt – weil ich von ihr erfahren habe, wie ein Maler denkt, wenn er malt. Er denkt nicht wie ein Schriftsteller, der ein Gedicht oder eine Erzählung schreibt.

Man kann sich der Frage nur spekulativ nähern. Ich kann ja nicht in Cordulas Kopf kriechen. Es geht uns da mit den Malern so wie mit den Musikern. Auch Musiker komponieren nicht mit Wörtern. Sie komponieren mit Tönen, eigentlich komponieren sie mit Schwingungen, es sind Schwingungen, die sie wahrnehmen, noch nicht mal Töne.

Es gibt keine Töne. In dem Augenblick, in dem du taub bist, ist das Meer stumm. Das Meer an sich ist stumm. Das Meer oder den Wind, den Sturm, den raschelnden Baum kannst du nur hören, weil du ein Ohr hast und weil dieses Ohr so erzogen worden ist, daß es sagt: Ich höre das und das, und das bezeichne ich als Meeresrauschen. Aber das Meer rauscht nicht.

Wir können diesen Diskurs ausweiten und auf das Verhältnis zwischen dem Schriftsteller und der Musik beziehen. Auch die Musik ist für uns Schriftsteller eine unbegreifliche Sache, denn man kann mit Wörtern auch nicht komponieren. In der Musik ist der Gebrauch von Wörtern so untauglich wie in der Malerei.

Wenn man sich anguckt, wie Musikwissenschaftler und Musikkritiker beschreiben, was sie hören – das ist meistens Murks, weil die Sprache nicht das richtige Medium ist, um die Qualität von Musik zu bezeichnen. Das ist sonnenklar, und deshalb behaupte ich jetzt also mal: Ein ganz wichtiger Grund, weshalb ich mit Cordula seit 1985 zusammen bin, ist die Tatsache, daß sie malt und sich am klarsten ausdrückt, indem sie malt. Sie ist partiell ein andersartiges Wesen.

Ich habe mich überhaupt nur selten mit Schriftstellern gut vertragen. Ich habe mich mit ihnen vertragen, wenn ich davon abgesehen habe, daß sie Schriftsteller sind. Die meisten Schriftsteller gehen mir als Schriftsteller auf den Wecker, schon immer. Nicht aber Musiker. Und noch weniger die Maler.

Allerdings, mit den heute hegemonialen Methoden der bildenden Kunst habe ich manchmal meine Schwierigkeiten, mit den Installationskünstlern, mit den Projektkünstlern, mit den Videokünstlern. Es ist sicher kein Zufall, daß sich in den vergangenen fünfzig Jahren eine Reihe von künstlerischen Methoden immer weiter in den Vordergrund geschoben haben, die in erster Linie durch die verbale Vermittlung funktionieren. Wie stark Metasprache in die Kunstrezeption und in die Bewertung von Kunst Eingang gefunden hat, ist ein Zeichen dafür, daß ein großer Teil der aktuellen Kunst nur insoweit funktioniert, als sie interpretiert wird.

Das gilt nicht für das klassische Tafelbild und für die klassische Skulptur. Die sind einerseits interpretierbar, andererseits wirken sie auch, ohne daß du weißt, was auf dem Bild drauf ist oder was die Skulptur darstellt. Nehmen wir mal die »Felsengrottenmadonna« von Leonardo. Das, was ihr da seht, ist nicht das, was das Bild bedeutet. Du siehst die Madonna und die Kinder und die gezackten Felsen und im Vordergrund eine ruhige Wasserfläche und so weiter. Das kann man alles beschreiben, aber das ist nicht das, was Leonardo gemalt hat. Leonardo hat etwas anderes gemalt.

Ich will jetzt nicht sagen, was er gemalt hat. Nur soviel: Es ist ein politisches Bild, ein Bild, in dem Opposition gegen bestimmte kirchliche Dogmen zum Ausdruck kommt. Man kann aufschlüsseln, was die gezackten Felsen im Hintergrund bedeuten, was die Wasserfläche bedeutet.

Das gilt für die Malerei im Prinzip, seit sie nicht mehr bloß dekorativ ist. Die römische Wandmalerei hatte keine große Bedeutung. Sie war dekorativ. Man wollte nicht vor der kahlen Wand sein Beefsteak essen oder seine Austern schlürfen.

In dem Augenblick, in dem mit der Frührenaissance die Malerei auch ein weltanschaulicher Diskurs wird, muß man die Kunst entschlüsseln. Das kann man lernen. Man kann es im Grunde nur über Umwege lernen. Trotzdem gibt es die andere Art der Bildbetrachtung. Du kannst vor dem Bild stehen und sagen: Großartiges Bild. Du brauchst nicht zu wissen, warum sich Beckmann vor dem Fenster der Villa Romana als schwarzen Mann dargestellt hat.

Es hatte sicher einen Grund, denn man kann feststellen, wie viele schwarze Flächen auf Bildern von Beckmann sind, und sich fragen: Was hat eigentlich dieses viele Schwarz auf den Bildern von Beckmann zu bedeuten? Warum immer diese großen schwarzen Flächen? Das heißt, ein gutes Bild und eine gute Skulptur und ein gutes Bauwerk sind zwar entschlüsselbar, wenn ich ihre Bedeutung kenne, aber sie können auch ohne Wörter gut sein – wie gute Musikstücke.

Die Literatur dagegen funktioniert nur über Wörter. Deshalb kann ein hochpackendes Thema, ein hochinteressanter Stoff grottenlangweilig und öde sein, weil die Wörter, die der Autor gebraucht, nicht funktionieren. Die Unterscheidung zwischen guter und schlechter Literatur macht sich in erster Linie an der Sprache fest. Ist ja klar. Für die Beurteilung der Qualität von Musik oder einem Tafelbild ist die Sprache dagegen zunächst einmal unerheblich. Das Bild wirkt, und erst dann fragst du dich vielleicht, was auf dem Bild zu sehen ist. Erst danach kannst du dich fragen, warum es wirkt.

Da kommst du dann in Bereiche, die sich nur noch physikalisch erklären lassen. Wir wissen, daß unterschiedliche Farben keine unterschiedlichen Farben, sondern nichts weiter als unterschiedliche Wellenlängen sind, die auf unser Auge treffen. Unser Auge reagiert auf unterschiedliche Wellen unterschiedlich, auch emotional, auch intellektuell.

Warum wirkt Rot so? Rot ist nicht per se die Farbe des Umsturzes, der Revolution, des Blutes, sondern die Wellen roter Farbe wirken auf unser Gehirn, in dem sie in eine Emotion umgesetzt werden. Der unmittelbare, nicht verbal vermittelte Einfluß, den eine Farbe auf unser Gehirn ausübt, bringt uns dann auf die Idee zu fragen: Warum muß diese Fläche rot sein? Warum muß sie schwarz sein?

Das ist für mich das Faszinierende an eurer Mutter, und es ist der Grund dafür, weshalb ich schon sehr früh fast nur Freunde hatte, die Maler waren. Mit Malern war und bin ich befreundet, weil sie Maler sind. Es sind unsympathische Leute unter ihnen, Leute, mit denen ich mich nicht mal unterhalten kann, weil sie strohdumm oder reaktionär sind, und trotzdem liebe ich sie, weil sie malen. Seltsam.

Weggezogen sind wir aus Florenz, weil Cordulas Stipendium im Dezember 1985 auslief. Sie mußte zurück nach Deutschland, sie wollte auch. Wir haben allerdings auch überlegt, in Italien zu bleiben, und wir sind schon ein paar Monate später wieder nach Italien gefahren, darüber habe ich bereits gesprochen. Wir waren am Bolsenasee nördlich von Rom, südlich von Siena, am Fuße von Viterbo.

Cordula wohnte damals in Düsseldorf, in Flingern, einem Stadtteil, der durch ein großes Kraftwerk auffällt, auf Grund dessen der Himmel über diesem Teil Flingerns auch bei schönem Wetter neblig verhangen ist, und es nieselt stets ein bißchen. Um die Ecke war der Verlag Eremiten-Presse, über den wir noch reden müßten. Da wohnte Cordula. Die Wohnung war viel zu klein, sie hatte ja kaum Geld.

Im Frühjahr 1986 haben wir dann drei Monate am Bolsenasee gewohnt.

Montefiascone hieß der nächst größere Ort. Montefiascone kennt der deutsche Supermarktweinkäufer durch den Weißwein Est! Est!! Est!!! Das steht groß auf der Flasche. Ein Fiascone ist auf italienisch eine große Flasche. Also heißt Montefiascone »Der Berg der großen Flasche«. Das Est! Est!! Est!!! beruht darauf, daß der benachbarte Ort Viterbo lange Zeit Papstresidenz war, und die Weineinkäufer des päpstlichen Hofes zogen über die Weingüter und probierten Weine, und wenn ihnen einer für den Oberpopen geeignet erschien, schrieben sie auf das Weinfaß mit Kreide: »Est! Est!! Est!!!« – »Er ist es! Er ist es!! Er ist es!!!« Das ist der Wein, den ein Papst trinken kann. So erhielt der gute Wein aus Montefiascone seinen Namen.

Wir haben von unserem Häuschen am Bolsenasee aus manchmal Montefiascone besucht, um dort essen zu gehen, aber wir haben dort auch mal vor Gericht gestanden. Cordula und ich wurden verdächtigt, Terroristen zu sein, aber nicht, weil wir in unserem riesigen Anwesen, für das wir fast keine Miete zahlten, weil es nahezu unbewohnbar war, mit Handgranaten oder Pistolen gespielt hätten, sondern weil wir vergessen hatten, uns polizeilich anzumelden.

Leute, die nicht polizeilich gemeldet waren, galten 1986 in Italien als potentielle Terroristen. Wir wurden wegen des Verstoßes gegen verschiedene Gesetze vor das Amtsgericht gezerrt. Dank meiner juristischen Kenntnisse paukte ich uns raus. Wir brauchten nicht mal eine Geldbuße zu zahlen, geschweige denn, daß sie uns, wie ursprünglich vorgesehen, eine Gefängnisstrafe zur Bewährung aufbrummen konnten.

Das Haus, in dem wir wohnten, war im 19. Jahrhundert im schweizerischen Landhausstil erbaut worden und inzwischen weitgehend von Termiten aufgefressen. Es war ein sehr lautes Haus. Wenn es dunkel wurde, hörte man, wie die Termiten die Dachbalken langsam von innen auffraßen, auch die Holzmöbel. Man setzte sich auf einen Stuhl, und plötzlich brach er unter einem zusammen. Dann stellte sich heraus, daß ein Bein völlig leergefressen war. Wir rechneten damit, daß irgendwann ein Deckenbalken zusammenbrechen und uns das ganze Haus auf den Kopf fallen würde.

Das Haus stand an einem Berg, in den ein weitverzweigtes Stollensystem mit Kavernen hineingetrieben worden war. Das war einst eine etruskische Grabanlage gewesen. »Bolsena« geht etymologisch auf einen etruskischen Volksstamm zurück, die Volsinii. Wir kennen das Wort durch das Theaterstück von Peter Rühmkorf, *Was heißt hier Volsinii?* Der Bolsenasee, ein kreisrunder See vulkanischen Ursprungs, war der heilige See dieses etruskischen Stammes. Dessen Hauptstadt war der nahegelegene Ort Orvieto, der noch heute alle Charakteristika einer etruskischen Siedlung aufweist, den Tuffstein zum Beispiel. In Tuffstein kann man sehr leicht hineinbauen, man kann ihn durchlöchern, dann sieht er wie ein Schweizer Käse aus. Es muß Hunderte, Tausende von Gräbern rund um den See gegeben haben, die von Bauern als Vorratsräume, als Weinkeller benutzt werden.

Direkt vom Haus aus gelangte man in einen dieser Gänge. In denen lagen viele tote Ratten rum, aber es standen da zum Beispiel auch Kleiderständer mit feinen Anzügen, noch verpackt. Die waren offensichtlich in Philadelphia hergestellt worden. Wir haben nie rausgekriegt, warum in dem Grottensystem so viele Anzüge aus Philadelphia gelagert waren. Das einzige, was wir rausbekommen haben, war, daß der letzte Bewohner des Hauses sich im Wohnzimmer aufgehängt hatte und erst nach längerer Zeit gefunden worden war. Das wußte der ganze Ort, und deshalb wollte kein Mensch in dieses Haus ziehen. Es war den Leuten unheimlich, und für Touristen war es zu primitiv. Völlig verrottet. In diesem Haus lebten wir. Cordula malte wie üblich riesige Schinken, ich schrieb zwei Hörspiele und eine Erzählung.

Als wir nach Deutschland zurückkamen, stellte sich die Frage, wo wir hinziehen sollten. Sie wurde damit beantwortet, daß wir nach Köln zogen. Ich sagte, ich zöge nicht nach Düsseldorf, Cordula sagte, sie sei Rheinländerin, und so war Köln die Kompromißlösung. Also zogen wir im Sommer 1986 in die Kölner Südstadt, in die Alteburger Straße am Ubierring.

Achtes Kapitel

Ein Ozeandampfer in der Rhön, Lob des Männergesangs,
Besuch aus Haifa, man wird abserviert, Gewerkschaftsarbeit

Das kleine Dorf, in das ich Anfang August 1973 zog, liegt, man findet es kaum, auf einem Höhenzug zwischen zwei Flüssen, die man auch kaum kennt. Der eine heißt Haune, der andere Fulda. Die Fulda kennt man eher. Aber dort, wo das Dorf liegt, ist die Fulda noch ein sehr kleiner Fluß. Der Höhenrücken, der oberhalb des Dorfes verläuft, ist interessant, weil er ein steinzeitlicher Handelsweg war. Man hat entlang dieses Weges Gräber aus der Jungsteinzeit gefunden, auch Warenfunde gemacht, offensichtlich hat da mal einer seinen Rucksack verloren.

In den Dörfern links und rechts dieses Höhenzuges besaßen viele Bauern sogenannte Donnerkeile. Man fand sie auch im Garten. Wenn man umgrub, fand man Donnerkeile. Donnerkeil war lange Zeit die umgangssprachliche Bezeichnung für Faustkeil. Der Name Donnerkeil rührt von dem germanischen Gott Donar her. Man stellte sich vor, daß Donar, war er schlechtgelaunt, keilförmige Blitze zur Erde schickte. Vor dem Aufprall verwandelten sich die Blitze in Stein. Die Faustkeile hatten diese etwas zugespitzte Form.

Man mußte von diesem Weg wissen, um ihn zu finden. An einigen Stellen sah man ihn noch, aber er war wahrscheinlich seit fünftausend Jahren nicht mehr in Gebrauch und daher weitgehend verschwunden. Der Weg spielte siedlungsgeschichtlich vermutlich eine bedeutende Rolle – wie die Gegend überhaupt.

Es gibt die Schilderung eines Abtes namens Sturmius. Er zog im 8. Jahrhundert im Auftrage des berühmten Bonifatius, des »Apostels der Deutschen«, durch diese beinahe menschenleere Gegend, mit einem Mönch, der für ihn alles, was er erlebte, aufschrieb.

Tagelang zieht er auf der Suche nach dem Ort Fulda umher. Er weiß nur, daß es ihn gibt, Gott hat ihn dem Bonifatius geweissagt, und Bonifatius hat zu ihm gesagt: Suche den Ort, den Gott mir geweissagt hat. So zieht er von Bad Hersfeld die Fulda aufwärts, und er beschreibt ein weites Tal. Fährt man mit der Eisenbahn auf der Hochgeschwindigkeitstrasse von Fulda Richtung Kassel, überquert man es auf einer hohen Brücke. Zu Zeiten des Sturmius muß man sich das Tal als eine riesige Fluß- und Sumpflandschaft vorstellen. Da fährt Sturmius also mit dem Kahn herum, und manchmal macht er auf einer etwas größeren Insel halt, auf der ein Kleinbauer lebt, der wahrscheinlich vom Fischfang lebt. Und Sturmius fragt: Wo ist dieser Ort, den Gott meinem Chef Bonifatius geweissagt hat?

Als er weit genug vorgedrungen ist, etwa bis in die Gegend, in der ich gewohnt habe, macht er kehrt, zurück nach Hersfeld. Bis dahin sind es nur fünfzehn Kilometer, aber er braucht, seiner Beschreibung nach zu urteilen, drei, vier Tage für fünfzehn Kilometer.

Östlich von dieser Gegend ist ein Höhenzug. Er ist Teil eines Hochplateaus, das weit bis nach Thüringen hineinreicht und das vor allem Leute kennen, die Landschaften lieben: das Hessische Kegelspiel. Für ein Kegelspiel braucht man neun Figuren, dementsprechend sind es neun vulkanförmige Berge, die tatsächlich wie ein Kegelspiel angeordnet sind. Sturmius geht auf diesem Höhenzug wieder Richtung Süden, parallel zum nächsten Fluß, zur Haune. Ihm begegnet ein Mensch, und den fragt er: Wo geht es denn hier nach Fulda? Der weiß Bescheid und führt ihn hin.

Als Sturmius in Fulda ankommt, findet er einige Ruinen vor. Vor allem aber stößt er auf fränkische Edelleute und deren Knechte, die Sklaven von Osten her über eine Furt treiben. Die Gegend rund um Fulda ist ursprünglich ein Sklavenhandelsplatz, an dem fränkische Edelleute im Osten erbeutete Slaven – daher kommt ja das Wort »Sklaven« – zusammentreiben. Danach werden sie von den Franken, den Karolingern, in ganz Westeuropa und bis weit nach Afrika hinein verteilt.

Das ist der merkwürdige historische Hintergrund von Kruspis und seiner Umgebung. Tacitus nennt die Gegend in der *Germania* »Buchonia«, was einen dichten Buchenwald bezeichnet. Die Römer meiden die Gegend. Sie ziehen im Osten um die Buchonia herum, im Westen sowieso. Es ist von dort aus nicht so furchtbar weit bis zum Limes.

Die Römer haben auch das Kasseler Becken erreicht. Erst kürzlich ist nördlich von Kassel wieder ein berühmtes Schlachtfeld entdeckt worden, am Südhang des Harz, auf dem sich irgendwelche Germanen und römische Legionäre die Köpfe eingeschlagen haben.

Die Buchonia, in der Kruspis liegt, soll gefährlich gewesen sein. Es war offenbar noch immer fast Terra incognita bis in die Zeiten, als die Karolinger sich anschickten, die Gegend durch die Gründung von Klöstern zu erkunden und sicher zu machen. Das ist ja der Sinn von Sturmius' Fahrt: Er muß Klöster gründen, die dann die ersten Verteidigungsbastionen des expandierenden Ostfrankenreiches sind.

Der Name Kruspis kommt vermutlich von Crux pius, dem heiligen Kreuz. Schon die merowingischen Sippen, die dort siedelten, hatten natürlich das Problem: Wohin mit den nicht verheirateten Töchtern und den Witwen? Deshalb haben sie an dieser Stelle ein Damenstift mit einer kleinen, kreuzförmigen Kirche eingerichtet, eine Art weltliches Kloster.

Okay, was habe jetzt ich mit der Geschichte zu tun? Ganz einfach: Ich hatte etwas Geld. Ich hatte, glaube ich, ungefähr vierzigtausend Mark, die ich durch verschiedene Hörspiele verdient hatte. Damit habe ich das Grundstück dieses merowingischen Damenstifts gekauft. Ein Teil der Mauer existierte noch, und selbstverständlich stand die Kirche noch. Wenn die Dorfbewohner in die Kirche gingen, gingen sie über meinen Gartenweg an meinem Haus vorbei. Es war der kürzeste Weg. Zunächst war es eine schreckliche Belästigung, wenn die Kirchenglocke morgens um sieben Krach machte. Später habe ich sie nicht mehr wahrgenommen.

Das Haus war Anfang des 19. Jahrhunderts gebaut worden – im Stil des hessisch-thüringischen Bauernhauses, relativ großzügig, geräumig, hohe Decken. Wenn man sich mit der Geschichte von ländlichen Bauten und Bauernhäusern auskennt, kann man das Niedersachsenhaus, das Westfalenhaus, das thüringische Haus und das im südlichen Hessen gelegene Haus relativ gut unterscheiden. Mein Haus war nie ein Bauernhaus. Man hat einfach denselben Bautyp für eine Schule gewählt.

Als in den zwanziger Jahren des 19. Jahrhunderts in Hessen die Dorfschulen gegründet wurden, war das eine der ersten. Das, was in Bauernhäusern der Stall war, war hier das Klassenzimmer. Die Kinder waren also das Vieh, wenn man so will. Die relativ bescheidene Wohnung war die Lehrerwohnung. Dazu gab es Nebengebäude, zum Beispiel eine recht große Scheune, alles unter einem Dach. Das war weiterhin die Scheune, denn die Lehrer auf diesen Stellen bekamen kein Geld, sondern wurden von den Dorfbewohnern überwiegend mit Naturalien abgefunden, und sie hatten eine kleine Landwirtschaft. Das Heu, das sie brauchten, mußten die Schüler machen. Dann hatten sie einen Vormittag schulfrei und gingen Heu machen oder Holz aus dem Wald holen oder Pilze sammeln, oder sie gruben den Garten um. Große Gärten hatten all diese Schulen.

Es gab nur einen Klassenraum. Die Schule war auch im 19. Jahrhundert schon in acht Jahrgangsstufen gegliedert, aber alle acht gingen in einen einzigen Klassenraum. Ich habe auf dem Speicher alte Klassenbücher gefunden. Zeitweise saßen hundertvierundsechzig Schüler in einem Klassenraum. Ich habe mal einen sehr alten Mann, der um 1910 herum in diese Schule gegangen war, gefragt, wie das ging, und der sagte, daß die nicht alle auf einmal reingingen. Sie wurden in zwei Schichten am Vormittag und einer dritten am Nachmittag unterrichtet.

Die Schule lag dem Kirchlein zugewandt, vom Dorf wandte sie sich ab. Das Dorf zog sich den Höhenrücken hinauf, es waren vielleicht zwanzig Häuser. Die sah ich nie, sondern ich blickte Richtung Hohe Rhön und Wasserkuppe – eine ähnliche Aussicht, wie ich sie später in Eppenberg gehabt habe. Auch landschaftsgeschichtlich gibt es Ähnlichkeiten: Kalksteinablagerungen und vulkanischer Untergrund, der bestimmte Bergformationen hervorbringt. Wenn du auf einem Hügel stehst, richtige Berge gibt es nicht, hast du manchmal eine stupende, kilometerweite Aussicht.

Ich sah auf die Wasserkuppe, den höchsten Berg der Rhön, sie ist bestimmt dreißig Kilometer entfernt. Tagsüber sah ich die Wasserkuppe überhaupt nicht. Aber in der ersten Nacht, als es stockdunkel war, es gab kein Streulicht, keine Straßenlaterne, hatte ich plötzlich das Gefühl, als säße ich wieder in der Nähe von Rom oder auf Sizilien am Rande des Mittelmeeres, und in der Ferne fährt ein Ozeandampfer vorbei. Man sah in weiter Ferne eine Reihe sich unendlich langsam bewegender Lichter. Und wenn man am Meer zu Hause ist, wie ich es bin, weiß man, daß in zehn Kilometern Entfernung ein großer Dampfer entlangfährt. Und dann kommt vielleicht ein Meteorit geflogen und zieht leuchtend seine Bahn und versinkt im Meer.

Ich saß also in diesem stockdunklen Kruspis, blickte aus dem Fenster und sah einen Ozeandampfer. In der Ferne. Einen Ozeandampfer. Aus dieser Entfernung scheinen Ozeandampfer fast stillzustehen, aber wenn man genug Geduld hat und eine halbe Stunde wartet, erkennt man, daß er sich ein bißchen bewegt hat. Dieser Ozeandampfer allerdings stand still. Er bewegte sich nicht. Die Sternschnuppe kam. Es gibt helle, grelle Sternschnuppen, bei denen man den Eindruck hat, man höre ein Geräusch wie von einem Tiefflieger. Sie durchziehen in einer Sekunde eine Distanz von zwanzig Kilometern, um dann irgendwo zu verschwinden. Und der Ozeandampfer stand still.

Ich habe mich am nächsten Tag erkundigt, was das für ein Ozeandampfer sei. Es waren die Lichter der Radarstation der amerikanischen Armee auf der Wasserkuppe, damals einer der größten Radarstationen auf der Welt. Mit Hilfe dieser Radarstation konntest du Telephongespräche in Warschau abhören. Wenn in Warschau ein Mann seiner Frau eine Ohrfeige gegeben hat, konntest du das auf der Wasserkuppe hören. Die Lichter dieser riesigen Radarstation sah ich von meinem Zimmer aus. Das war alles, was man sah, wenn es nachts schön dunkel war.

Ich bin später mal da raufgefahren. Selbstverständlich war das bis zur Wiedervereinigung militärisches Sperrgebiet – Schüsseln so groß wie Einfamilienhäuser, Reihe an Reihe, alle nach Osten gerichtet.

Etwa sieben, acht Kilometer Luftlinie von meinem Haus entfernt befand sich die sogenannte Zonengrenze. Vor der Grenze befanden sich, als Wasserpumpstationen getarnt, Depots für taktische Atomwaffen. In regelmäßigen Abständen, alle paar Kilometer, lagerte da eine Atombombe. Die waren alle miteinander verbunden, und der Plan war: Wenn der Russe kommt, drückt man in Florida oder auch in Frankfurt oder in Heidelberg auf einen Knopf, und dann fliegt ein etwa dreißig Kilometer breiter Streifen einschließlich meines Hauses und meines Dorfes in die Luft.

Der Krieg war in diesem Ort auf vielfältige Weise spürbar. Ein Teil der Männer war beim Bundesgrenzschutz oder bei der Bundeswehr. Einer meiner Freunde und Nachbarn, übrigens ein NPD-Wähler, war bei der Panzerwaffe, er hatte einen so hohen Dienstgrad, daß er einen eigenen Panzer hatte. Mit dem traf ich mich oft, und er erzählte mir dann, warum sein Panzer sämtlichen Panzertypen des Warschauer Paktes überlegen sei, und er schilderte mir, wie er von fünf Panzern des Warschauer Paktes, egal, welchen Typs, stünde er ihnen mit seinem Panzer gegenüber, vier allemachen würde. Der fünfte hätte auch keine Chance. Er erklärte mir, warum die ruhig kommen könnten. Die könnten ruhig kommen. Er schaffe das schon. Er mache das schon. Die Dorfbewohner waren in der Mehrzahl solche Leute.

Eigentlich waren sie alle Mondscheinbauern. Und sie waren Arbeiter. Sie arbeiteten in mittelgroßen Gewerbebetrieben, Schreinereien, Dachdeckereien und so weiter, sie waren Straßenarbeiter, sie waren Waldarbeiter – im Grunde richtiges Proletariat, aber geprägt durch das Dorf und die Abgeschiedenheit. Das ist eine andere Art von Proletariat als im sächsischen Industriegebiet oder in Dortmund. Soziologisch gesehen müßte man sie dazurechnen, aber sie haben ein ganz anderes Weltbild.

Sie leben unter Sternen in den Wäldern. Sie haben kaum Besuch. Man findet sie auch nicht, wenn man die Wege nicht kennt. Die Landschaft kontrastiert auf eine wirklich zauberhafte Weise mit der bellizistischen Struktur. Arno Schmidt nannte das, glaube ich, »Bodenbarock« – wenn die Landschaft gewellt ist und durchaus feminine Züge hat: überall noch eine Kuppel, noch eine Arschbacke, noch eine große Titte, wunderschöne Höhenrücken, in denen sich der menschliche Rücken abbildet. Guckt man einen Höhenrücken als Silhouette an, liegen die Frauen einfach so nackt herum, und aus ihren Wirbelsäulen wachsen Bäume.

Die bellizistische Struktur war nicht nur darin sichtbar, daß ein Großteil der männlichen Bevölkerung von der Landesverteidigung lebte, auch im Dienste der amerikanischen Streitkräfte, die sehr präsent waren. In Bad Hersfeld war zum Beispiel ein Strafbataillon. Wer immer sich in der amerikanischen Armee strafbar gemacht hatte, kam nach Bad Hersfeld. Da haben sie strafexerziert. Man saß im Straßencafé und aß sein Eis, und dann kamen etwa hundert Amis im Kampfdreß vorbei, dick bepackt. Hip! Hip! Hop! Im Laufschritt wurden sie durch die Stadt gejagt, stundenlang.

Bad Hersfeld war deshalb auch ein Drogenumschlagplatz, denn diese Amis kifften natürlich wie die Bürstenbinder oder spritzten Heroin. Daran haben wir Deutsche intensiv partizipiert, besonders unsere Kinder. Unsere Kinder verkehrten fast nur in den Kneipen, in denen die Angehörigen des Strafbataillons, wenn sie mal raus durften, rumhingen. Da kriegte man überall Haschisch und Gras, das fiel überhaupt nicht auf. Zudem gab es ein paar Lokale, in denen relativ gute Musik lief, was man in so einer Kleinstadt nicht erwartet. Aber die hatten eben eine Ami-Klientel – überwiegend Schwarze.

Viele Freundinnen auch meiner Söhne hatten immer wieder schwarze Liebhaber. Leuchtet irgendwie ein. Sehen besser aus und sind hipper, die Jungs, als diese käsebleichen Hamburgerfresser.

Daß ich nach Kruspis gezogen bin, hatte eine gewisse Vorgeschichte. Ich hätte auch irgendwo anders hinziehen können. Es war reiner Zufall, daß ich da gelandet bin. Ich kannte die Gegend vorher nicht, obwohl ich ja im Kasseler Becken aufgewachsen bin und bis 1955 gelebt habe. Der Grund war, daß die Luft in Rom absolut schlecht war.

Mich hat schlechte Luft nie gestört, im Gegenteil. Ich liebte verräucherte Kneipen, logischerweise, und schon als Kind habe ich Benzingeruch geliebt. Ich habe mit Vorliebe an Autos geschnüffelt. Ich habe nie etwas gegen Autoabgase gehabt und erst recht natürlich nichts gegen das Rauchen. Die stinkendsten, übelsten Zigarren habe ich mit Genuß nicht nur gerochen, sondern geraucht. All dieser Schrott, den man nach dem Krieg geraucht hat, hat mich überhaupt nicht gestört.

Aber es gibt bestimmte Gifte in der Luft, die für kleine Kinder gesundheitsschädlich sind. Eure beiden Brüder hatten im letzten Jahr in Rom massive gesundheitliche Probleme: schlechte Leberwerte, schlechtes Blutbild, dauerhafte Bronchitis – Pseudokrupp. Dadurch sacken die schulischen Leistungen ab, es gibt alle möglichen Symptome wie Fahrigkeit, Zittrigkeit, Konzentrationsschwierigkeiten und so weiter. Beide hatten das. Euer Bruder David verbrachte den Winter 1972/73 zur Hälfte im Krankenhaus, und es wurde nicht besser, er holte sich immer neue Infektionen, das ist ja bekannt. Das Reichsgericht hat schon Ende des 19. Jahrhunderts auf eine entsprechende Klage hin entschieden: Wer ins Krankenhaus geht, ist selbst schuld, wenn er sich eine Infektion holt.

Ich hatte schließlich eine Idee. Mein Freund Gunter, von dem ich eingangs sprach, hatte in der Nähe von Frankfurt, in einem kleinen Ort namens Heinzenberg, einen stillgelegten Bahnhof gekauft, einschließlich der Gleise. Wir hatten ihn im Jahr zuvor schon mal für einige Wochen in diesem Bahnhof besucht. Er und seine Frau und seine Tochter, die so alt ist wie David, erklärten sich nun bereit, den Jungen bei sich aufzunehmen und dort in die Schule zu schicken, damit er in gute Landluft kam.

Ende April hatte ich dann wieder mal in Deutschland zu tun. Ich hatte von Rom aus mehrmals im Jahr in Deutschland zu tun. Also fuhr ich in den Taunus, um unseren Davidino wieder abzuholen. Und da saß mein Sohn zusammen mit Gunter Rambows Tochter Ariane, einer wunderschönen, blonden Acht- oder Neunjährigen – es war mir völlig klar, warum sich mein Sohn in sie verliebt hatte –, auf dem Sofa, und die beiden sahen sich eine Schlagerparade im Fernsehen an. Das hat es bei uns nie gegeben.

Kurz: Ariane plus Dieter Thomas Heck und das ganze Viehzeug, das der Rambow hielt, Esel, Schwein, Enten, Gänse, Hühner, Ziege, und keine Autos, kein Gestank, all das hatte den Knaben so fasziniert, daß er sagte, ich könne alleine nach Rom zurückfahren, er bleibe da. Darauf reagierte meine Ex, wie jede Frau wahrscheinlich reagiert hätte, indem sie sagte: Dann müssen wir nach Deutschland ziehen.

Ich wollte nie mehr nach Deutschland ziehen, vor allem nicht im Sommer 1973. Ich war gerade Italiener geworden. Ich hatte einen italienischen Paß. Ich wollte den Rest meines Lebens in Rom verbringen. Ich war sehr zufrieden mit meiner Situation in Rom und mit dem Leben in Italien. Und nun mußte ich zurück nach Deutschland, weil sich der Sohn verliebt hatte. Und weil es in Deutschland Dieter Thomas Heck gab. Und die bessere Luft.

Ich habe dann im Großraum Frankfurt nach einer Hütte auf dem Land gesucht, nicht sosehr wegen der guten Luft, sondern wegen des Geldes. Ich hatte nicht so viel Geld, daß ich mir eine ordentliche Stadtwohnung hätte leisten können. Die konnte ich mir in Rom leisten, Rom war billig, aber die gleiche Wohnung hätte in Frankfurt oder in Berlin oder in Stuttgart oder in Köln mindestens das Vier- bis Fünffache gekostet. Ich ging auf die Suche, und irgendwann standen wir vor dieser ehemaligen Dorfschule in Kruspis. Die kaufte ich, und meine vierzigtausend Mark waren weg, und wir hockten in diesem Kaff.

Die Gesundheit meiner Söhne war allerdings nicht der einzige Grund, nach Deutschland zurückzukehren. Zu dem Zeitpunkt saßen meine Genossen von der RAF schon fast ein Jahr im Gefängnis, teilweise sogar ein bißchen länger. Als sie 1972 verhaftet worden waren, war ich zufällig mehrere Wochen in Deutschland gewesen, auch in diesem Dorf, in dem Gunter Rambow lebte. Deshalb bekam ich mit, wie in sämtlichen Dörfern im Hintertaunus nach Terroristen gesucht wurde und wie die noch nicht gefaßten Terroristen, die man von den Plakaten her kannte, ständig erkannt wurden. Meine Ex ist auch mehrfach als eine von den gesuchten Frauen erkannt worden und wurde von irgendwelchen Streitkräften überfallen, bis sich nach ein paar Minuten rausstellte, daß sie gut daran getan hatten, nicht gleich zu schießen, denn sie war keine Terroristin.

Ich selber bin auch ein paarmal in Verdacht geraten, einer von den gesuchten Terroristen zu sein, weil mich in diesen Dörfern im Hintertaunus keiner kannte, und wenn man einen nicht kennt, besteht immer das Risiko, daß er ein Terrorist ist. So ist das nun mal in Deutschland.

Wir waren also auch deshalb nach Deutschland gezogen, weil ich meinte, mich ein wenig in die Knäste begeben zu müssen. Der erste, den ich bald besuchte, war Andreas. Er saß in Ziegenhain in der Haftanstalt Schwalmstadt und wurde noch behandelt, er war ja bei seiner Verhaftung schwer verletzt worden.

Es gab einen dritten Grund für mich, nach Deutschland zurückzukehren. In der Anfangsphase der sozialliberalen Regierung hatte ich gedacht, die Sozialdemokratie könnte wenigstens ein klein wenig bewirken, sie könnte eine Chance sein. Daß sie die Revolution verraten hatten, war ja klar, daß sie sie immer verraten würden, war auch klar, aber trotzdem war das eine Alternative. Auch als nicht-sozialdemokratischer Linker konnte man einiges von dem, was die machen wollten, nachvollziehen.

Ich weiß noch, wie italienische Genossen, nicht nur Kommunisten, sondern richtige Linke, sagten, nachdem Willy Brandt 1972 dieses erstaunlich gute Wahlergebnis erzielt hatte: Mensch, bei euch in Deutschland geht es aufwärts, da bewegt sich doch mal was. Und ich dachte: Mensch, vielleicht kann man politisch doch wieder in Deutschland leben. Wir wußten alle, daß Willy Brandt ein rechter Sozialdemokrat war. Aber wir wußten, daß er immerhin Antifaschist war, und wir haben uns gewisse Hoffnungen gemacht.

Tatsächlich habe ich mich 1974 von dem Kollegen Peter Härtling und zwei, drei anderen Leuten überreden lassen, für die SPD bei den Landtagswahlen 1974 in die Bütt zu steigen und Wahlkampfreden zu halten. Ich habe ein einziges Mal in meinem Leben für die SPD Wahlreklame gemacht, für die sozialdemokratische Wählerinitiative. Bevor die Wahlen überhaupt stattfanden, war ich aber schon wieder ernüchtert.

Der Kandidat für das Amt des Ministerpräsidenten, ein gewisser Herr Oswald, der in Hessen als früherer Finanzminister »Dukatenossi« genannt wurde, lud uns ein, um uns zu erklären, wie er sich seine Politik als Ministerpräsident vorstelle. Das war eine dermaßen ernüchternde Rede, daß ich mir sagte: Es ist definitiv ein Fehler, für die Wahlreklame zu machen.

Auf der anderen Seite war die Gegend stark sozialdemokratisch geprägt. In den umliegenden Orten von Kruspis, auch in den Kleinstädten, waren alle vernünftigen Leute Sozialdemokraten. Ich wurde sofort vom sozialdemokratischen Ortsvereinsvorsitzenden hofiert, vom Jusovorsitzenden sowieso, vom Bürgermeister in der Großgemeinde Haunetal, der auch Sozialdemokrat war. Überall Sozialdemokraten, und die CDU war so was von medioker und dümmlich und bescheuert in ihrer Argumentation und in ihrem Lebensstil, daß man sagen mußte: Dann doch lieber Sozialdemokrat.

Man hat es den Leuten angesehen, ob sie in der CDU oder in der NPD waren. Die NPD spielte noch eine gewisse Rolle, mein Nachbar war kein Einzelfall. Als sich rumsprach, daß ich für die SPD Reklame machte, bestand gegenüber den CDUlern, von denen es auch nicht wenige gab, Erklärungsbedarf. Ich wurde, meinetwegen am Tresen, angepfiffen: Peter, stimmt das, daß du für die SPD Reklame machst? Ich sagte: Natürlich mache ich das. – Bist du wahnsinnig geworden? Ich: Paß mal auf, ich bin kein Sozialdemokrat, ich bin Anarchist. Ich mache bei denen nur mit, weil hier alle Sozialdemokraten sind. Man muß sich doch irgendwie anpassen.

Das hat ihm eingeleuchtet – daß man sich anpassen muß. Und daß man, wenn die Mehrheit sozialdemokratisch ist, als Zugezogener nicht gleich zu so einer revolutionären Partei wie der CDU geht, das hat ihm auch eingeleuchtet. In ähnliche Schwierigkeiten geriet ich später, als rauskam, daß ich Sympathisant der RAF war. Peter, sagte einer zu mir, der mit Nachnamen ausgerechnet Führer hieß, Peter, wenn das stimmt, hole ich meine Flinte, und dann bist du in fünf Minuten tot. – Nu', habe ich zu ihm gesagt, Hans, mach dich nicht unglücklich. Das hat ihm eingeleuchtet: Der Nutzen meiner Erschießung wäre nicht so groß gewesen wie der Schaden, den er dadurch gehabt hätte. Pragmatisch sind sie ja auf dem Land, das muß man ihnen lassen.

Sagen wir so: Ich habe mich mit den Leuten auf einer klaren Konfrontationsebene gut verstanden. Sie haben mir geholfen, wenn ich jemanden brauchte, um was zu tragen oder um eine Wand zu verputzen oder einen neuen Wasserhahn anzubringen. Ich bin nie zum Handwerker gegangen, sondern immer zum Nachbarn, weil ich wußte, daß er weiß, wie man einen Wasserhahn anschließt. Ich bin auch – das kannte ich aus meiner Kindheit – in einige Vereine gegangen. Ich war im Männergesangverein. Ich bin im

Sommer ein dutzendmal am Sonntagvormittag in irgendein Dorf gefahren, habe mich im Festzelt zusammen mit fünfundzwanzig anderen Herren hingestellt und »Still ruht der Sänger, dessen Ohr gelauscht hat an anderer Welten Tor« oder »Es löscht das Meer die Sonne aus« geschmettert. »Du holde Kunst, in wieviel grauen Stunden«. Das ganze Liedgut rauf und runter.

Dafür war ich mir nie zu fein. Ich habe ersten Baß gesungen. Und ich war, ich habe es ja schon erwähnt, in der Freiwilligen Feuerwehr. Das Argument hat mir vollkommen eingeleuchtet: Peter, wenn es bei dir mal brennt, willst du doch auch, daß wir kommen und löschen. Ich habe gesagt: Okay, ich gehe zur Freiwilligen Feuerwehr, ich gehe in den Gesangverein. Im Gesangverein brauchte man ja nicht singen zu können. Singen konnte keiner. Daß keiner singen kann, macht den Charme des ländlichen Männergesangvereins aus.

Bei der Freiwilligen Feuerwehr mußte man jedoch was können und sogar eine Schulung absolvieren. Über Wochen bin ich an den Wochenenden zum Oberfeuerwehrmann ausgebildet worden. Es war überwiegend Theorieunterricht. Die Schulungen fanden meistens in einem Klassenzimmer statt. In kleinen Bänken saßen diese dicken, schweren, hart arbeitenden Männer, und der Lehrgangsleiter kam rein: Morgen, Platz nehmen! Natürlich standen die gestandenen Männer auf, wenn der Lehrgangsleiter kam, obwohl sie seit zwanzig oder zehn Jahren nicht mehr in der Schule gewesen waren. Mehr als einen Hauptschulabschluß hatte keiner. Kameraden, setzen.

Dann sagte er: Jetzt nennt mal jeder seinen Namen, Wohnort und Beruf. Lutz Sailer, Automechaniker, Thomas Schott, Maurer, Edward Gögel, Fleischergeselle – und dann sagt einer: Peter Chotjewitz, Schriftsteller. Daraufhin brach ein gewaltiges Gelächter aus. Die haben sich schiefgelacht. Der Lehrgangsleiter hat sich das eine halbe Minute lang angehört, und dann hat er gesagt: Kameraden, Ruhe! Solche Leute muß es auch geben! Das ist für mich unvergeßlich – einerseits die Toleranz, andererseits den Zaun drumziehen. Beides steckte in der Bemerkung: Kameraden, solche Leute muß es auch geben.

Ich habe in den zehn Jahren viele Brände gelöscht. Mindestens einmal im Monat fielen wir über ein Nachbardorf mit der Begründung her, wir müßten mal gucken, wo die Wasserstelle sei – entweder der Hydrant oder der Feuerlöschteich. Meistens hatten die Käffer schon beides. Wir probierten mit unseren Schlüsseln aus, ob ihre Hydranten aufgingen. Wir suchten uns Dörfer im Umkreis von vielleicht zehn Kilometern aus. Weiter kamen wir nicht, dazu waren wir zu langsam. Wir kamen mit dem Bulldog, wir hatten kein Feuerwehrauto. Das Feuer wäre längst aus gewesen, wenn wir angekommen wären.

Aber das war kein Problem, denn wir inspizierten immer nur ein Dorf. Wir suchten uns das Kaff aus, in dem gerade Kirmes oder Sängerfest oder Feuerwehrfest war und ein Bierzelt stand. Wir trugen nicht etwa die Ausgehuniform, sondern den Blaumann, den man beim Einsatz trägt. Erst taten wir so, als ob wir gucken wollten, wo der Hydrant und der Feuerlöschteich ist, dann gingen wir ins Bierzelt, und es wurde ein Faß Bier gekauft und auf den Tisch gestellt.

An jedem dieser langen Tische saß eine Feuerlöschgruppe mit Entourage, denn zur Löschgruppe gehören nur etwa zehn Männer, und die anderen wollten ebenfalls Freibier. Aus Hechelmannskirchen saßen sie da, aus Stärklos und so weiter. Sämtliche umliegenden Feuerwehren prüften die Hydranten in dem Kaff, in dem Kirmes war, und gaben sich im Festzelt die Kante.

Das dauerte nicht lange. Auf dem Land wurde früh gegessen, um zwölf Uhr mittags löste sich das langsam auf, und ich bin im Sommer einmal im Monat gegen eins sturztrunken ins Haus getorkelt und habe gesagt: Ich kann jetzt nichts essen, ich muß mich erst mal eine Stunde hinlegen. Dann habe ich fünf Stunden meinen Rausch ausgeschlafen.

Wenn wir nicht Hydranten suchten, fuhren wir mit dem Gesangverein zu einem Sängerfest. Das fand ebenfalls in einem Bierzelt statt, und wieder saßen die Vereine an langen Tischen schön getrennt, nie gemischt, und hatten ein Faß Bier auf dem Tisch. Nacheinander wurden die Vereine aufgerufen und sangen jeweils drei Lieder – man durfte immer drei Lieder singen –, und wieder kam ich um zwölf, halb eins sturzbetrunken nach Hause.

Die meisten Menschen verachten ja den Männergesang. Aber sie übersehen einen Aspekt. Die kulturelle Hauptfunktion besteht darin, daß man sich zweimal die Woche trifft, einmal die Woche in der Gastwirtschaft zur Probe und einmal die Woche im Bierzelt. Da wird erst gesungen, und danach hockt man eine Weile zusammen und diskutiert.

Im Prinzip haben im Männergesangverein alle die gleiche Jacke an, das gleiche Hemd und den gleichen Schlips, aber jeder hat eine andere Meinung. Auf dem Schlips muß eine Harfe abgebildet sein. Die Hose spielt nicht so eine Rolle. Vor allem sollte man nie von Wahlergebnissen oder von demoskopischen Erhebungen auf die tatsächliche Meinung der Leute auf dem Land schließen.

Ich glaube, ich übertreibe nicht, wenn ich behaupte, daß ich damals ein gewisses Ansehen genossen habe. Ich hätte in dieser Gegend wahrscheinlich Bundestagsabgeordneter werden können, zumindest Landtags- oder

Kreistagsabgeordneter. Ich war in den Dörfern bekannt wie ein bunter Hund, denn unsere Feuerwehr und unser Gesangverein waren die einzigen, die einen Schriftsteller hatten. Das ging soweit, daß 1979, als ich den Roman *Saumlos* veröffentlicht hatte, etwas passierte, das ich fast rührend fand.

Auf jedem Tisch stand so ein längeres Schild mit einem Namen, Männergesangverein Holzheim oder Freiwillige Feuerwehr Stärklos. Nachdem der Roman *Saumlos* im Verlag Autoren-Edition im Athenäum-Verlag erschienen war, stand auf unserem Tisch »Männergesangverein Saumlos«. Ich glaube, daß wir der einzige Männergesangverein waren, der nach einem Roman benannt war – in ganz Deutschland.

Daß ich Schriftsteller bin, wußten die Leute einen Monat nach meinem Einzug. Nicht nur im Dorf, im ganzen Landkreis wußte man das. Ein Reporter von der *Hersfelder Zeitung* kam vorbei und machte einen ganzseitigen Bericht über den neuen Schriftsteller im Landkreis Hersfeld-Rotenburg. Von dem Augenblick an war die Sache gegessen. Nicht geahnt habe ich, auf welche Weise in einem solchen Milieu die Bekanntheit das Leben konditionieren kann.

Ich habe in keiner anderen Buchhandlung so viele Bücher verkauft wie in Bad Hersfeld. Hätten alle Buchhandlungen in Deutschland von meinen Romanen so viel verkauft, wäre ich ein reicher Mann gewesen. Nun habe ich mich natürlich darauf eingelassen, daß wenigstens die Leute in der Gegend meine Bücher lesen konnten, indem ich anders geschrieben habe. Das ist, was ich unter Dialektik der Ästhetik verstehe.

Ich habe mich nicht politisch verändert, ich habe meine Themen nicht geändert, aber ich habe andere literarische Methoden angewandt, wobei ich mich nicht um Fragen des Realismus oder der Verständlichkeit gekümmert, sondern mir gesagt habe: Wenn jemand, der vielleicht nur Hauptschulabschluß hat, aber interessiert ist und mich liest, weil er mich kennt oder von mir gehört hat, dann muß er wenigstens ungefähr begreifen, was ich da schreibe, worüber ich schreibe, was ich damit bezwecke. Also mußte ich meine Darstellungsweise ändern.

Ich weiß, daß diese Methode umstritten ist. Christian Geissler zum Beispiel, den ich schätze – politisch engagiert, Kommunist –, hat heiße Themen aufgegriffen, schreibt aber in einer Weise, die kein Proletarier versteht. Ich wollte damals verstanden werden.

Wenn ihr euch das erste Buch, das ich in Kruspis geschrieben habe, anguckt, werdet ihr merken, daß sich *Der dreißigjährige Friede* stark von vorherigen Arbeiten unterscheidet. Man kapiert die Story und die Geschichten, die Ereignisse. Die Personen nehmen deutlich Bezug auf die Lebensbedingungen der Arbeiterklasse oder der kleinen Leute, wie man gerne sagt. Sie beziehen insbesondere solche Dinge wie die Gastarbeiterproblematik und Fabrikschließungen mit ein, Dinge, die Mitte der siebziger Jahre bereits präsent waren. Auch damals wurden permanent Betriebe geschlossen oder Leute, weil sie gestreikt hatten, rausgeschmissen.

Zum Teil beruht *Der dreißigjährige Friede* auf Recherchen im proletarisch-kleinbürgerlichen Milieu. Ich hatte etwa ab 1974 einen Lehrauftrag an der Hochschule für bildende Künste in Kassel, bei Gunter Rambow. Er war inzwischen Professor geworden und leitete die Klasse Photographie und Design. Er wollte, daß seine Studenten nicht nur ordentliche Graphiker, Photographen und Designer werden, sondern auch, daß sie lernten, eine Geschichte zu recherchieren, daß sie lernten, die Hintergründe eines Photos oder einer Photoserie mit den Methoden eines Schriftstellers aufzuarbeiten. Deshalb war ich vier Semester lang Dozent am Fachbereich Graphik/Design und habe mit den Studenten, die eigentlich Kunst studierten, geübt, wie man recherchiert. Wie recherchiere ich, ob die Betriebsleitung versucht, Betriebsräte auszutricksen oder Vertrauensrätewahlen zu manipulieren oder mißliebige Beschäftigte rauszuschmeißen? Solche Probleme ließen sich in einer immer noch stark von gewerblicher Wirtschaft geprägten Großstadt wie Kassel gut aufarbeiten.

Wir gingen mit den Studenten in die Betriebe. Gunter organisierte Verabredungen mit Arbeitern im Hinterzimmer einer Kneipe. Da saßen zehn Arbeiter und vielleicht fünf, sechs Studenten. Wir machten Interviews, die wir auf Tonband aufzeichneten. Wir haben den Studis also ein bißchen das journalistische Arbeiten beigebracht. Das muß ein Photograph, wenn er später einen Illustriertenbeitrag machen oder fürs Fernsehen arbeiten will, beherrschen. Und das muß man üben. Ich habe denen also nicht das Dichten beigebracht, das kann ich selber nicht, dichten ist langweilig, sondern journalistische Praxis.

Dieses Material ist komplett in den *Dreißigjährigen Frieden* eingeflossen. Wenn man ihn liest, wird man das merken. Die Hauptfigur ist DKP-Mitglied. Es gibt sie wirklich. Auf der anderen Seite gibt es eine Hausverwalterin, das ist meine Mutter. Meine Mutter hat ziemlich früh begonnen, in Kassel Hausverwaltungen zu machen, von ihrer Zwei-Zimmer-Wohnung aus, die war ihr Büro. Sie hatte keine Sekretärin, sie hat nichts gehabt, aber sie konnte das. Sie konnte Handwerker zusammenscheißen, sie konnte Leute zusammenscheißen, die mit der Miete im Rückstand waren, das konnte sie alles. Sie hat natürlich immer auf die Interessen der Hauseigentümer, die sie vertreten hat, geachtet. In meinem Roman ist sie diejenige, mit der die Gastarbeiter Ärger haben, weil sie die über den Tisch zu ziehen versucht hat.

Dieser, sagen wir ruhig mal: Realismus – obwohl ich den Ausdruck nicht mag – ist eine Folge des neuen Milieus in Kruspis, nachdem ich davor in Westberlin in einem reinen Bohèmemilieu und in Rom wie ein Emigrant gelebt hatte. Die Hauptfigur, dieser, wie soll ich sagen, leidende, hysterische junge Arbeiter Jürgen Schütrumpf, deckt sich in Teilen mit meiner Biographie als Arbeiter. Ich habe da mein Unbehagen an meiner proletarischen Existenz als junger Mann in Kassel ausgebeutet.

Ein zweites großes Thema habe ich in diesen Jahren entdeckt. Das kommt in dem Roman *Saumlos* und in der Textcollage *Die mit Tränen säen – Israelisches Reise-Journal* zum Ausdruck. Wenn ich in dem früheren Klassenzimmer, das jetzt mein Arbeitszimmer war – ein Riesenraum mit gewaltigen Deckenbalken –, aus dem Fenster schaute, sah ich nicht nur den Ozeandampfer, sondern ich sah unten im Tal auch ein paar Häuser aus der Landschaft herausragen.

Es ist das Tal, das im Eingangskapitel von *Die Herren des Morgengrauens* geschildert wird, wenn das Einsatzkommando für Terrorbekämpfung raufkommt, um mir beziehungsweise meinem Romanhelden auf die Pelle zu rücken. Aus dem Tal kamen sie tatsächlich rauf, um mich zu überfallen.

Das Dorf, das man da ansatzweise sieht, heißt Rhina. Das Wort stammt eigentlich aus dem Keltischen und steckt in unserem Wort »Rhein«. Überall in Deutschland gibt es Flüsse, die Rhin heißen. Rhin heißt im Keltischen einfach »Wasser«. Und die Endsilbe »a« ist eine Abkürzung für »Aqua«, so daß der Ort Rhina im Grunde Wasserwasser heißt.

Rhina war der einzige Ort in Preußen mit einer jüdischen Bevölkerungsmehrheit. Das bedeutet nicht, daß dort besonders viele Juden lebten. Der Ort hatte nur achthundert Einwohner. Die Juden hatten aber eine andere soziale Position als gewöhnlich inne, da sie in der Mehrheit waren. Der Feuerwehrhauptmann war Jude, und andere Schlüsselstellungen waren ebenfalls von Juden besetzt. Die Gastwirtschaft, in die alle gingen und die selbstverständlich *König von Preußen* hieß, gehörte einer jüdischen Kriegerwitwe.

Was die Bürger von Rhina nicht gemacht haben: Sie haben nicht untereinander geheiratet, und Juden haben nie Ämter angestrebt, in denen sie am Sabbat was hätten tun müssen. Von denen haben sie sich selber ausgeschlossen. Und sie zogen am Sabbat, die Christen akzeptierten das, an beiden Ortsausgängen ein symbolisches Seil. Diese Grenze durfte der fromme Jude am Sabbat nicht mit Geld in der Tasche übertreten. Am Sabbat haben die Frauen der Christen für die Juden das Licht angemacht und das Vieh versorgt, denn die Juden waren auch Kleinbauern oder hatten wenigstens eine Kuh im Stall.

Es wurde in aller Offenheit geschächtet. Es gab auch eine jüdische Metzgerei. Wenn es nix gibt, koscher muß man essen, man kann nicht dieses verunreinigte Zeug essen. Und die Christen haben das akzeptiert. In aller Offenheit wurden die geschächteten Kühe oder Rinder auf einem öffentlichen Platz aufgehängt, das hat keine Probleme bereitet.

Zum Teil haben die Christen sogar bestimmte Eßgewohnheiten und gewisse sprachliche Eigenheiten der Juden übernommen. Die Juden sprachen überwiegend den Dialekt der Gegend, er klingt ein wenig thüringisch. Das Hessische und das Thüringische vermischen sich da. Und dazu kamen bestimmte Wörter aus dem Hebräischen, zum Beispiel das Wort für Markt: Schuck – oder das Wort für das beliebteste, wichtigste Tier, das Rind: die Pore. Diese Wörter benutzten auch die Nichtjuden. Die sagten nicht: auf den Markt gehen, die sagten: auf den Schuck gehen. Und wenn sie fragten: Was kostet die Kuh?, dann fragten sie: Was schuckt die Pore?

Es gab natürlich auch Konflikte, ganz sicher. Auch in Zeiten, in denen sie sich vertragen haben, gab es ein paar Juden, die echte Stinkstiefel waren und die Gojim gehaßt haben, und es gab ein paar Gojim, die Antisemiten waren.

Aber als gleich nach dem Ersten Weltkrieg der Antisemitismus ausbrach, haben sich die Juden bewaffnet, natürlich nur mit Knüppeln, und sind nachts Streife durchs Dorf gegangen. Selbstverteidigung, das ging noch. Hätte es einer gewagt, bei einem Juden auch nur in den Vorgarten zu pinkeln, hätten sie ihn verprügelt, und der jüdischen Streife wäre nichts passiert.

Dieses Dorf war in vielerlei Hinsicht wenn auch kein paradiesischer Zustand, so immerhin ein Modell für das Zusammenleben von Christen und Juden. Rhina war eine Möglichkeit, hätten sich in den zwanziger Jahren nicht die Deutschnationalen und später die Nazis durchgesetzt.

Nach und nach erfuhr ich von Rhinas Geschichte. Ich recherchierte nicht richtig, sondern führte lediglich Gespräche, in der Kneipe, im Kirmeszelt, bei Kaffee und Kuchen oder auf der Straße. Langsam wurde mir die Geschichte in vagen Umrissen klar, und plötzlich fiel mir ein, daß ich aus meiner Jugend die Geschichte jüdischer Gemeinden in Nordhessen kannte. Ich habe ja erwähnt, daß ich nach dem Krieg schon mal zehn Jahre in einem nordhessischen Dorf und in der dazugehörigen Kleinstadt gelebt habe, in Grebenstein. In Grebenstein hatte es auch eine relativ große jüdische Gemeinde gegeben, es waren, glaube ich, bis 1933 immerhin fünfzehn Prozent der Bevölkerung, 1938 waren alle diese Orte »judenfrei«, wie man das nannte.

Oder Meimbressen in der Nähe von Kassel, wo ich 1940 als sechsjähriger Junge einige Wochen gewesen war – in Meimbressen waren fünfundzwanzig Prozent der Bevölkerung Juden gewesen. Als ich 1940 da hinkam, stand noch die Ruine des ausgebrannten jüdischen Schulhauses. Später ist sie abgerissen worden.

Mir fielen also mehr und mehr Dinge ein, die darauf verwiesen, daß es in Kurhessen eine jüdische Präsenz gegeben hatte – 2,2 Prozent der Bevölkerung, wie ich dann herausbekam. Das war durch die liberale Politik des hessischen Landgrafen Philipp des Großmütigen erklärlich, der auch Protestanten aus Holland und Hugenotten aufgenommen hatte.

Er nahm jüdische Flüchtlinge in Hessen-Kassel auf, und dort fanden sie schon vor der Judenbefreiung durch Napoleon eine bessere soziale und ökonomische Situation vor als in anderen deutschen Landesteilen. Es ging ihnen nicht gut, aber besser als andernorts, vornehmlich in den katholischen Gegenden. Die Lutheraner waren antisemitisch, und die anderen protestantischen Konfessionen legten ebenfalls eine gewisse Animosität an den Tag, aber die Katholen waren noch größere Judenhasser. Die größten Judenhasser sind die Katholiken.

Das war also mein großes Thema in den Kruspiser Tagen. Das sprach sich schnell rum: Der Schriftsteller versucht rauszukriegen, was wir mit den Juden gemacht haben. Denn danach fragte ich natürlich. Und ziemlich bald habe ich den Sohn des letzten Lehrers getroffen, der in der jüdischen Gemeinde auch eine religiöse Stellung innegehabt hatte.

Auf dem Dorf gab es keinen Rabbi. Der Rabbi kam von weither angedackelt, ich weiß gar nicht, ob es in Fulda einen Rabbi gab, sicher gab es in Kassel und in Bad Nauheim einen. Die Leute vom Dorf konnten sich keinen Rabbi leisten. Dessen Aufgaben übernahm der Lehrer. Sprachlich ist ja Religionsunterricht und Lernen dasselbe. Lernen ist auch beten. Die Synagoge ist die Schule. Man sagte auf dem Dorf nicht: Ich gehe in die Synagoge, sondern man sagte: Ich gehe in die Schule. Der enge Zusammenhang zwischen Lernen und Religionsausübung war auf dem Dorf sehr gut sichtbar, und dem letzten jüdischen Lehrer in Rhina, Siegfried Oppenheim, ist es zu verdanken, daß von den jungen Leuten kein einziger ums Leben gekommen ist.

Er war ungemein hellsichtig. Er hatte bereits 1932 angefangen, dafür zu sorgen, daß alle jungen Leute aus Deutschland rauskamen. Ein Großteil ging nach Palästina, einige gingen nach Australien, überall sind die hingegangen. Die Eltern blieben da und wurden zum Teil ermordet. Manche konnten in letzter Minute nachgeholt werden, weil die Kinder schon drüben waren, auch in den USA.

Der Sohn dieses Lehrers war ein inzwischen pensionierter Major der israelischen Armee. Er war schon vor der Gründung des Staates Israel militärisch gegen die Engländer und im Selbstschutz gegen die Araber tätig gewesen. Er hatte einen jüdischen Namen angenommen, Zev Kately hieß er. Ich habe ihn zufällig aufgetrieben. Es war ziemlich kompliziert. Ich bin mit ihm durch Rhina gegangen. Tagelang. Seine Schulkameraden lebten noch. Er sagte: Mit dem da bin ich in die Schule gegangen. Ich sagte: Komm, Zev, wir gehen hin. Dann stellte er sich vor den hin und fragte auf hessisch: Kennst du mich noch? Der guckte ihn an, als sähe er einen Geist. Und er brauchte lange, bis er sagte: Bist du es, Walter? Walter sagte: Ich bin es.

Er hielt es nie lange in Rhina aus. Nach zwei, drei Stunden mußte er weg. Dann gingen wir wieder in mein Schulhaus. Ich fragte: Walter, was ist? Er sagte: Ich muß mich so was von beherrschen! Diese Leute, die mich damals vertrieben haben!

Katelys Vater und seine Mutter sind gerettet worden, seine Schwester ist gerettet worden, der Mann seiner Schwester ist gerettet worden, aus seiner Familie ist niemand umgekommen, aber er mußte sich bei jedem, den er sah, zusammennehmen, vor allem, weil er nicht wußte: Was hatte der nach 1933 gemacht?

Walter war schon 1933 weggegangen. Sein Vater ist '38 ausgewandert. Er war noch im KZ, in Buchenwald, sechs Wochen, glaube ich, danach durfte er nach Palästina ausreisen. Walter sagte: Was weiß ich, was die in all den Jahren gemacht haben? Was weiß ich, was jetzt in deren Köpfen vorgeht? Für ihn wäre es undenkbar gewesen, länger in diesem Dorf zu verweilen.

Es ist erstaunlich, wie traumatisiert jemand war, der keinen persönlichen Schaden genommen hatte – traumatisiert auf Grund von Informationen, die er erst nach 1945 bekommen hatte. Die meisten geflüchteten Juden haben erst nach '45 erfahren, was mit denen, die zurückgeblieben waren, passiert war.

Das war für mich eine wichtige Geschichte, die mich sehr verändert hat. Mein Verhältnis zur älteren Generation hat dadurch Schaden genommen. Ich habe zum Beispiel über drei Ecken rausgekriegt, daß einer meiner Nachbarn als junger Mann in der SA war. Der lief den ganzen Tag mit einem Karabiner rum und hatte keine andere Aufgabe, als sich um die Sklaven zu kümmern, die in den deutschen Betrieben beschäftigt waren.

Zwei, drei Dörfer hatte er zu betreuen. Der eine arbeitete beim Bauern, war ein Franzose, der andere arbeitete beim Schreiner und war ein Pole, und der dritte war vielleicht ein Engländer, und der arbeitete im Straßenbau, und abends ging mein Nachbar mit seinem Karabiner rum, sammelte seine zwei Dutzend Kriegsgefangenen ein und brachte sie in zwei Baracken unter, in einer für Männer, in einer für Frauen, in einem benachbarten Dorf.

Morgens kam er wieder mit seinem Karabiner vorbei, holte sie ab und verteilte sie auf ihre Arbeitsstellen. Mehr machte der nicht. Aber immerhin, er hat das gemacht, und er machte das in SA-Uniform, und er machte es mit einem Karabiner auf dem Rücken, und ich weiß nicht, welche Befehle er hatte.

Eines Tages kam er zu mir und sagte – er kam übrigens am Nachmittag öfter zu mir –: Herr Chotjewitz, ich muß Ihnen eine Geschichte erzählen. Hat quasi mit den Juden zu tun, die früher hier gewohnt haben. Ich habe mal bei einem Juden eine Cordhose gekauft, eine Arbeitshose. Die war billiger als eine Hose im Laden. Deshalb habe ich sie beim Juden gekauft. Dann habe ich sie ein paarmal angezogen, und plötzlich war die Hose kaputt. Da habe ich gedacht: Der Jude, der Saujud', hat der mir eine schlechte Hose verkauft.

Er ging dann in ein christliches Geschäft in Bad Hersfeld, kaufte noch eine Hose, wieder eine Arbeitshose. Aber was passiert? Sie werden es mir nicht glauben, sagt er, nach zwei Wochen war die Hose auch kaputt.

Danach schwieg er lange. Er sagte nicht: So war man damals. Man dachte: Wenn man bei einem Juden eine Hose kauft, geht sie schneller kaputt, als wenn man sie bei einem normalen Kaufmann kauft. Er sagte auch nicht: Was waren wir bescheuert! Was hatten wir für merkwürdige Vorurteile. Er ließ die Konklusion weg, das Ende offen. Er überließ es mir, mir meinen Teil zu denken.

Nun glaubt bitte nicht, daß dieser Nachbar ein Einzelfall war und daß er die Geschichte so erzählte, weil es um seinen Antisemitismus ging. In dem Milieu auf den Dörfern vermeidet man die klare Aussage, man verständigt sich in Anspielungen, und wenn ich gesagt hätte: Ich versteh' schon, was du sagen willst, Ernst. Du willst sagen, daß du damals antisemitische Vorurteile hattest, dann hätte er geantwortet: Herr Chotjewitz, das haben aber jetzt Sie gesagt.

Für mich war also diese Rhina-Geschichte eine sehr wichtige Erfahrung, auch, weil sie sich über Jahre hinzog. Ich habe überhaupt, wie ich finde, in der Gegend dort überraschende Dinge erlebt.

Nehmen wir Bad Hersfeld. Das war keine Nazistadt. Es war eine SPD-Stadt mit einem starken CDU-Anteil. Irgendwann, wohl 1974, wurde der Sozialdemokrat ab- und ein CDU-Bürgermeister gewählt, wobei man sagen muß, daß alle sozialdemokratischen Kommunalpolitiker, die ich in der Gegend kennengelernt habe, genausogut in der CDU hätten sein können.

Nun tagte in der Stadthalle von Bad Hersfeld plötzlich die HIAG, die Hilfsorganisation der Angehörigen der ehemaligen Waffen-SS. Da kamen mit den Ehefrauen und vielleicht auch Kindern und Kindeskindern schon ein paar hundert Leute zusammen. Das lief praktisch under cover. Das hatte keiner richtig mitgekriegt. Natürlich muß es die Stadtregierung erfahren haben, der gehörte die Stadthalle, die hatte sie vermietet. Wir Linken kriegten das erst mit, als die SS-Leute schon da waren. Wir haben sofort dagegen protestiert, und im Anschluß daran haben wir uns darauf vorbereitet, ihnen die Meinung zu sagen, und tatsächlich gelang es uns im nächsten Jahr, eine große Demonstration auf die Beine zu stellen, was zur Folge hatte, daß keine SS-Treffen mehr stattfanden.

Es kam zwar noch zu Auseinandersetzungen mit der örtlichen Gastronomie, die diese gutzahlenden SS-Leute gerne bei sich haben wollte, aber die Sache war damit erledigt, denn wir verteidigten ja die streitbare Demokratie ohne Nazis. Das dachten wir jedenfalls, denn später tauchte plötzlich eine Verfassungsschutzakte auf. Die streitbaren Demokraten waren observiert worden. Es war eine Akte mit Photos und mit der Rede, die ich da gehalten hatte. Sah richtig gut aus, wie ich da durch die Innenstadt flanierte, umgeben von ein paar tausend Antifaschisten, und einen Kinderwagen schob. Also, mein Kind war das nicht.

Das war übrigens nicht das erstemal, daß ich ganz nebenbei mitkriegte, daß der VS mich aufm Kieker hatte. Ich hatte ja, wie berichtet, 1978 diese Strafsache wegen Unterstützung der RAF laufen, und da hat der Staatsanwalt selbstverständlich auch meine Verfassungsschutzakte beigezogen. Nun ist es so: Solche Beiakten zu den Ermittlungen kriegt man als Angeklagter nicht zu Gesicht. Aber Anwälte haben Akteneinsicht und bekommen deshalb auch solche Beiakten zu sehen.

Mein Verteidiger war ein Sozialdemokrat, ein ehemaliger Juso aus Fulda, ein bürgerlicher Bonhomme, also kein Linker. Aber er war immerhin so vernünftig zu fragen: Willst du deine Verfassungsschutzakte sehen? Auf diese Weise sah ich, seit wann ich vom Verfassungsschutz observiert worden war. Ich hatte es nicht für möglich gehalten. Ich hatte gedacht: So was gibt es nicht im freien Westen.

Der erste Eintrag mit Photo stammte aus dem Jahre 1967, vom berühmten 2. Juni 1967. Ich war damals mit der Familie zur Schwiegermutter nach Ulm gefahren, um Ferien zu machen. Am 2. Juni war ich also nicht zu Hause in Westberlin. Ich wäre, wenn es hoch kommt, dreihundert Meter vom Ort des Geschehens entfernt gewesen, denn ich wohnte unweit der Deutschen Oper, wo der Schah-Besuch stattfand und Benno Ohnesorg erschossen wurde. Aber ich war ja in Ulm, und da passierte nun folgendes: Die Ulmer Genossen, insbesondere die von der Hochschule für Gestaltung, organisierten gleich nach dem 2. Juni eine große Demonstration vor dem Ulmer Schwörhaus.

Das Schwörhaus ist ein frühneuzeitliches Gebäude, ein riesiger Kasten, und auf dem Platz davor fand die Demo statt. Ich wurde als Redner eingesetzt, denn der 2. Juni ist, wie man heute weiß, nur ein Passus in der sehr langen Geschichte des Kampfes des Berliner Senats und der Berliner Gewerkschaften der Müllmänner und der Bauarbeiter gegen die Neue Linke und die APO.

Ich sollte schildern, wie es möglich ist, daß so etwas wie der 2. Juni stattfinden kann. Ich habe dann vor einer mehrtausendköpfigen Menschenmenge ein etwa viertelstündiges Referat gehalten, aber was ich nicht für möglich gehalten hätte: Auch dabei wurde man photographiert, und die Akte enthielt sogar eine Mitschrift meiner kleinen Rede, Angaben darüber, was für staatsfeindliche Äußerungen ich von mir gegeben hätte.

Das war natürlich längst nicht alles. An Hand dieser Beiakte konnte man auch feststellen, daß die deutschen Geheimdienste mich in Rom durch ihre italienischen Kollegen hatten beobachten lassen. Die wußten, daß Andreas und Gudrun 1969/70 in meiner Wohnung in Rom gelebt hatten. Ich hatte nie gemerkt, daß ich in Rom observiert wurde. Die beiden haben wahrscheinlich genausowenig gemerkt, daß sie, als sie unter falschen Namen in Rom bei mir wohnten oder mit mir in die Kneipe oder ins Kino gingen, unter ihren Klarnamen nach Deutschland gemeldet wurden.

Daß die Sache ein G'schmäckle hat, ist sonnenklar. Wenn die befreundeten Dienste wußten, wer meine Gäste waren, hätte man sie sofort verhaften müssen. Sie wurden schließlich gesucht, sie sollten ihre Haftstrafen antreten. Ich vermute, man hat es nicht getan, um erst mal zu gucken: Was stellen die noch alles an? Vielleicht können wir denen ja ein dickes Ding reinwürgen. Womit ich bei der RAF wäre, um die kein Weg herumführt, wenn wir über die Zeit nach 1973 sprechen. Das Hauptereignis dieser Jahre in politischer Hinsicht ist und bleibt die RAF. Auf die muß ich immer wieder zu sprechen kommen, auch wenn es vielleicht peinlich ist oder ihr sagt: Wieso redet unser alter Vater dauernd über die RAF? Die ist doch für uns so wichtig nun auch wieder nicht – und überhaupt.

Aber es ist nun mal so. Ich habe ja wohl schon erwähnt, daß ich sowohl Gudrun als auch Andreas und noch ein paar andere schon in den sechziger Jahren kannte und daß durch den Besuch in Italien daraus eine richtige Freundschaft wurde. Das war auch der Grund, warum ich 1974, gleich nach Erledigung der hauptsächlichen Renovierung, von Kruspis aus in den Hochsicherheitsknast in Ziegenhain gefahren bin, um Andreas zu besuchen.

Ich stellte sofort einen Besuchsantrag. Ich war damals noch nicht sein Anwalt, deshalb mußte ich einen Besuchsantrag stellen. Der wurde relativ schnell genehmigt. Ich weiß noch, wie die erste Fahrt verlief. Man braucht von Kruspis nach Ziegenhain mit dem Auto eine Stunde. Kaum hatte ich den vorhin erwähnten Höhenzug zwischen Haune und Fulda überquert, setzte sich im ersten Dorf im Fuldatal ein Fahrzeug hinter mich. Nachdem wir über die Fulda gefahren und in ein Nebental eingebogen waren – das Aulatal, es zieht sich bis Richtung Schwalm hin –, setzte sich ein zweites Fahrzeug vor mich.

Fortan konnte ich machen, was ich wollte. Und ich habe vieles gemacht. Ich bin ein Bier trinken gegangen, ich mußte dringend mal pinkeln, ich habe mir in der Dorfmetzgerei ein belegtes Brötchen geholt, ich bin falsch abgebogen – ich wurde die beiden Autos nicht los.

Wenn eine Sache so läuft, ist dir nach ein paar Kilometern natürlich klar, daß du eskortiert wirst. Die Eskorte begleitete mich bis Schwalmstadt. Irgend jemand muß es für nötig gehalten haben, mich zu begleiten, warum, habe ich nie begriffen. Haben sie vielleicht damit gerechnet, daß ich irgendwo haltmache und zwei, drei Selbstmordattentäter auflese oder mir eine Bombe auf den Beifahrersitz lege, um ein Loch in den Knast zu sprengen?

Wie der Besuch verlief und was ich mit Andreas besprochen habe, habe ich vor vielen Jahren in der Erzählung »Gefangenenbesuch« beschrieben. Sie steht in dem Erzählungsband *Durch Schaden wird man dumm*, der 1976 im Claassen-Verlag erschienen ist. Ich habe auch diese Begleitumstände beschrieben. Am wichtigsten war jedoch das Gespräch mit Andreas über die Frage: Sag mal, daß du jetzt hier im Knast sitzt, daß ihr alle im Knast seid, bedeutet das nicht, daß eure Initiative gescheitert ist?

Ich weiß noch wie heute, daß er vehement widersprach: Nein, wir sind nicht gescheitert. Wir sitzen zwar im Knast, aber wir sind nicht gescheitert. Und dann begründete er mir ausführlich – das hat er später noch öfter getan, bis zu seinem Tod hat er auf diesem Standpunkt gestanden –, weshalb sie zwar einerseits damit rechneten, daß sie demnächst umgebracht würden, daß sie andererseits aber nicht gescheitert seien. In dieser Erzählung habe ich dargestellt, wie er begründet hat, daß sie letztlich sogar siegen würden.

Nach dem Besuch habe ich mich als Anwalt niedergelassen. Ich hatte seit 1965 zwei juristische Staatsexamen, und es ist ein Klacks, Anwalt zu werden, wenn du die hast. Ich mußte damals hundert Mark abdrücken und mir eine Robe kaufen, das war kein Kunststück. Die Robe habe ich eurem Bruder Iwan geschenkt. Von den hundert Mark waren sechzig Mark für die Sterbekasse. Rechtsanwälte brauchen eine Sterbekasse, die dürfen nicht einfach verscharrt werden, die müssen standesgemäß beigesetzt werden.

Das standesgemäße Leben spielte bei einem Anwalt auch auf meinem Niveau eine gewisse Rolle, und dazu gehörte ein Schrank voller Fachbücher. Die habe ich aber nicht gekauft. Die hat mir mein Freund Michael Krüger besorgt, der damals Lektor bei Hanser war. Heute sieht man ihn sitzend zur Rechten Gottes. Ich weiß nicht, ob er mir noch Kommentare schenken würde.

Von dem Moment an, als ich Anwalt in Kruspis war, habe ich mich meistens einmal im Monat morgens um sechs ins Auto gesetzt und bin nach Stuttgart gefahren. Gegen neun war ich in Stammheim, und dann habe ich etwa zwei Stunden mit dem Andreas geklönt. Ich habe ihm Tabak mitgebracht und anderes. Wir haben in erster Linie politische Fragen besprochen. Er wollte wissen, was draußen los ist, und ich wollte wissen, was drinnen los ist. Wir haben auch besprochen, wie es weitergeht.

Man hatte ja immer die Hoffnung, daß der Kampf draußen weitergeht. Er hatte auch immer die Hoffnung, daß draußen etwas passiert, wodurch sie rauskämen – nicht in dem Sinne, wie heute in der Literatur fast einhellig behauptet wird, daß sie vom Knast aus Handlungsanweisungen gegeben hätten, was draußen passieren müsse.

Solche Handlungsanweisungen hätten nur über Leute wie mich erfolgen können. Und da ich die anderen Anwälte kannte und wußte, was die machten, kann ich mit sehr großer Sicherheit sagen, daß keiner der Anwälte jemals was rausgeschmuggelt hätte – einen Kassiber zum Beispiel: Als nächstes bitte Herrn Buback abknallen. Das sind Phantasien.

Wenn man es knapp sagen will: Mein Eindruck auf Grund der vielen Gespräche im siebten Stock mit Andreas bis zur Kontaktsperre war der, daß sie so gut wie nichts darüber wußten, was draußen abging. Mehr, als in der Tageszeitung stand oder in den Nachrichten kam, wußten sie nicht. Sie haben nicht gewußt, welche neuen Kommandounternehmen sich gebildet hatten, sie haben nicht gewußt, was die planten, sie haben es auch nur den Medien entnehmen können.

Sie mußten den Informationen genauso skeptisch gegenüberstehen wie jeder andere, denn der Staatsschutz hat über alles mögliche einen Haufen Enten verbreitet, um seine Ziele zu erreichen. Es wurden permanent Enten in die Welt gesetzt, die im wesentlichen darauf hinausliefen, wie gefährlich das Phänomen RAF sei und daß man dringend noch ein paar hundert Millionen mehr und noch tausend Beamte mehr und noch ein paar Schützenpanzer mehr und noch ein paar Sicherheitswesten und Stahlhelme mehr brauche.

Man muß sich darüber im klaren sein, daß diese Falschmeldungen hauptsächlich vom Bundeskriminalamt/Sicherungsgruppe Bonn mit Unterstützung der Bundesanwaltschaft in die Welt gesetzte Enten waren, um Staatsknete abzugreifen und um die Behörden ausbauen zu können. Allein die Rasterfahndung, die von Horst Herold für das Bundeskriminalamt aufgebaut wurde, verschlang unglaubliches Geld.

Vieles von dem, was man dazu sagen muß, habe ich in meinem Roman *Mein Freund Klaus* dargestellt, auch das, was im letzten halben Jahr vor dem Tod in Stammheim passiert ist, das will ich jetzt an dieser Stelle nicht weiter ausbreiten.

Eines nur: Die Eskorte, von der ich sprach, war bloß der Anfang. Fortan stand Kruspis etwa vier Jahre lang unter Observation. Es stand fast jeden Tag an beiden Ortseingängen, meistens hinter einem Gebüsch, je ein Auto. Die notierten jeden, der ins Dorf reinfuhr und der aus dem Dorf rauskam. Jeden. Wenn wir außer Haus waren, wurde durch die Hintertür oder den Schweinestall eingebrochen und das Haus durchsucht. Es war unschwer festzustellen, daß in unserer Abwesenheit bestimmte Räume durchsucht worden waren. Zwei- oder dreimal sind Nachbarn zu mir gekommen und haben gesagt: Sie waren wieder da.

Im Dorf war es ein offenes Geheimnis, daß von Zeit zu Zeit irgendwelche Schlapphüte in mein Haus einbrachen. Manche Dorfbewohner haben sich mit denen sogar ein Späßchen erlaubt. Mein Nachbar Jakob, genannt Jocks, ein dicker Bauer, mit dem ich bei Feuerwehrübungen meistens den Schlauchtrupp bildete, ging mal zu einem der Polizeiautos hin und fragte: Was machen Sie denn hier? Fahren Sie sofort weg! Soll ich vielleicht die Polizei rufen? Wollen Sie einen Überfall auf unsere Raiffeisenkasse machen?

Ein anderer, der in seinem Auto verfolgt wurde, weil sie dachten, ich säße in seinem Wagen, versuchte zu fliehen. Er wollte sie dazu provozieren, daß sie hinter ihm herrasen. Er kannte die Schleich- und Feldwege natürlich viel besser, so daß er immer einen Vorsprung hatte. Zum Schluß ist er auf Jocks' Hof eingebogen. Jocks hatte zwei Scheunentore, eins auf der Hofseite, eins auf der Gartenseite, da konnte man in einem Schlenker durchfahren und durch ein offenes Gatter wieder auf den Feldweg, und dann war er ganz schnell bei sich zu Hause.

Er raste also mit einem gewissen Abstand vor dem Polizeiauto her, bog für die Polizei völlig unbegreiflich ab, raste über den Hof, bretterte durch die Scheune, über den Wiesenweg, schlug noch einen Haken, stand auf seinem Hof, stieg aus, ging in die Küche und tat so, als würde er Kaffee trinken. Absolut filmreif.

Das heißt, meine Nachbarn hatten einen gewissen Spaß daran, die Bullen zu ärgern. Liegt in der Natur der Sache. Einerseits leben in den Dörfern auch Polizisten – in Kruspis hatten wir sogar zweie, no problem –, andererseits weiß der Bürger, daß der Polizist sein Gegner sein kann. Das weiß sogar der Polizist.

Als ich die Strafkammeranklage am Hals hatte, hat mir deswegen nie einer Schwierigkeiten bereitet oder die kalte Schulter gezeigt. Peter, sagten sie, das geht vorbei. Die geben auch wieder Ruhe. Sie wußten nicht, was ich gemacht hatte, sie unterstellten auf Grund unserer Bekanntschaft einfach, daß ich ein ordentlicher Mensch sei.

Gearbeitet habe ich in dieser Zeit viel, literarisch und als Funktionär. Ich bin 1975 Landesvorsitzender des Hessischen Schriftstellerverbandes in der IG Druck und Papier geworden, darüber habe ich bereits geredet. Einmal in der Woche fuhr ich nach Frankfurt am Main zum Gewerkschaftshaus und erledigte Dinge, die so ein Landesvorsitzender einer Berufsgruppe erledigen muß. Später war ich zusätzlich Mitglied des Bundesvorstandes, erst unter dem Vorsitzenden Carl Amery, dann unter Bernt Engelmann. Das zog sich bis 1983 hin.

Ich lebte schon in Hamburg, als ich alle Ämter niederlegte, weil mir der Laden nicht mehr gepaßt hat. Die Gewerkschaft war okay, da hatte ich Freunde. Ich war seit meiner Zeit auf dem Bau ein Anhänger der Gewerkschaftsidee und habe auch eingesehen, daß keine Gewerkschaft die Systemfrage stellen kann. Gewerkschaften sollen für die Arbeiter einen möglichst großen Teil des Mehrwerts erkämpfen, nicht das System beseitigen.

Was mir auf den Keks ging, war ein Teil der Mitglieder, vor allen Dingen aus dem Landesverband Berlin, aber auch in Hessen. Ich sagte mir: Soll ich für diese abgefuckten Reaktionäre, die sich noch dazu als große Moral- und Freiheitsapostel aufspielen, meine kostbare Zeit opfern? Man kriegt als Gewerkschaftsfunktionär ja kein Geld. Das ist ein Ehrenamt. Bestenfalls bekommt man mal ein Doppelbettzimmer in einem Tagungshotel, das Jugendherbergscharakter hat und in dem es zum Abendessen Pfefferminztee gibt.

Es gab Kollegen, die sagten: Mit dem Chotjewitz ist es als Schriftsteller aus, der ist jetzt Funktionär. Die taten so, als brächte man es in dem Augenblick, in dem man sich in einer berufspolitischen Organisation einsetzt, als Schriftsteller nicht mehr. Das sagten die einem ganz offen, diese Arschlöcher. Was wollten diese elitären Idioten eigentlich? Die sind selber ein korruptes Pack, das fortgesetzt, egal, auf welcher Ebene, ob im Rundfunk, in den Medien allgemein, in Verlagen, im Buchhandel, in der Nachbarschaft, mit korrupten Speichelleckern und Schmarotzern zu tun hat.

Die kamen plötzlich an und sagten: Guck doch mal, was für ein korrupter Verein deine Gewerkschaft ist. Ich meine, wir hatten ja einen Skandal, der ein richtiger Skandal war, Stichwort »Neue Heimat«. Der war für viele

Schriftstellerkollegen von mir ein Grund zu sagen, warum man nicht in der Gewerkschaft sein könne. Dabei waren sie umgeben von Leuten, die sich bereicherten. Wenn sie wirklich was gegen Korruption und Vetterleswirtschaft gehabt hätten, hätten sie ihren Beruf gleich an den Nagel hängen und in die Tonne kriechen können.

Nein, die Gewerkschaft war ihnen einfach zu poplig. Versteht ihr? Auf Gewerkschaftsversammlungen wird kein Champagner getrunken, da gibt es keine Langusten, da trägt man keine weißen Anzüge, da fährt man nicht hin, um einen Preis zu verleihen, um eine Jurysitzung in der Toskana zu verabreden. Das ist in einer Gewerkschaft nicht drin. Aber, wißt ihr, diese Kollegen, die mir damals auf den Keks gingen, die wollen ja gerade an der Lebensweise von Menschen, die sie in ihren Schriften kritisieren oder karikieren, schmarotzen, sie wollen schmarotzen am Essen, an den Getränken, an den Hotels und weiß der Teufel, woran noch, an den Armani-Anzügen.

Das sind die Tuis aus Brechts Stück *Turandot oder Der Kongreß der Weißwäscher*, diese Tuis, die immer nach dem Brotkorb springen, eine sehr schöne Parabel. Tuis sind sie. Und dann mokieren sie sich über Idealisten wie mich, die sagen: Okay, wir haben eine ganze Menge Schriftsteller, die es verdient hätten, daß sie ein bißchen besser honoriert würden – und wenn es nur ein gerechtes Honorar für eine Seite Übersetzung wäre oder wenn sie wenigstens in die Krankenkasse dürften.

Gewiß, was in der Gewerkschaft passierte, war zum Teil nicht immer sehr helle. Das Verhältnis, das manche Funktionäre zu Künstlern haben, ist heute noch etwas borniert. Das ist logisch. Die meisten Gewerkschafter sind einem anderen Milieu zugetan als die meisten Künstler. Sie neigen zu einem gewissen Paternalismus. Wir Schriftsteller sind eine kleine Berufsgruppe, und organisationstechnisch kostet die mehr, als sie durch Mitgliedsbeiträge einbringt. Für die politische Bedeutung einer Gewerkschaft sind die großen Berufsgruppen wichtig, die witzigerweise immer kleiner werden, während es immer mehr Schriftsteller gibt.

Als wir 1969 den Schriftstellerverband gründeten, waren zum Beispiel die Drucker noch eine riesige Berufsgruppe, auch die Tapetenhersteller. Heute wird ein Text von Muttern im Schlafzimmer verarbeitet und zurück zur Druckmaschine geschickt, und keiner sieht das jemals. Wir Schriftsteller sind eine ausgesprochen stabile Berufsgruppe, wenn auch ökonomisch prekär. Die Berufsgruppen, die damals der Stolz der IG Druck und Papier waren, gibt es nicht mehr.

Man muß sich angucken, was in der Gewerkschaft ver.di alles aufgegangen ist – nicht nur die IG Druck und Papier. In ver.di sind ein halbes Dutzend große Gewerkschaften aufgegangen, und zusammen bilden sie eine nicht sonderlich große Dienstleistungsgewerkschaft, wenngleich man sagen muß, daß ver.di immer noch eine der politischen Gewerkschaften ist. Na gut.

Das hat also viel Zeit gekostet: als Landesvorsitzender einmal die Woche nach Frankfurt, dazu die Kongresse und all diese Akten, Besuche beim Bundesvorstand und so weiter. Ich war zuständig für die Landesbezirke. Ich reiste mindestens einmal im Jahr in die damals zwölf Bundesländer – ich war eine Art Minister für Verbandssicherheit –, also einmal im Monat nach Saarbrücken und so weiter. Deshalb wußte ich auch, daß der Westberliner Landesbezirk von den literarischen Namen her der anspruchsvollste, aber gleichzeitig der reaktionärste Landesverband war. Wenn ich da hinkam, kriegte ich jedesmal die Biermann-Kacke voll aufs Haupt, deshalb gelte ich bei vielen im Literaturbetrieb noch heute als Stalinist.

Andererseits hatte die VS-Arbeit auch angenehme Seiten, vor allem, weil ich nicht nur im Inland als Reisekader eingesetzt wurde. Ich schätze, daß ich in den acht Jahren, die ich im Bundesvorstand aktiv war, ein Dutzend Reisen absolviert habe – Niederlande, Polen, Skandinavien, Spanien, Serbien, Kroatien, Mazedonien, Österreich, Italien sowieso –, meistens zu Kongressen, auf denen berufspolitische Erfahrungen ausgetauscht wurden.

Eine Reise ist mir besonders präsent, im Mai 1980, Schwerpunkte Moskau und Leningrad, weil sie so makaber war. Ich fühlte mich an eine Äußerung von Leonid Breschnews Tochter erinnert. Als man ihr vorwarf, sie nehme zu viele Privilegien für sich in Anspruch, erwiderte sie, wozu man eine soziale Revolution machen solle, wenn die Führer der Revolution danach keine Privilegien hätten.

Diese Haltung war in der Nomenklatur der Sowjetunion weitverbreitet. Majakowski hat das bereits in den zwanziger Jahren in seinem Theaterstück *Die Wanze* thematisiert, Bulgakows Roman *Der Meister und Margarita* stellt die neue Bourgeoisie und ihre Art, sich als Schmarotzer der revolutionären Errungenschaften zu gerieren, ebenfalls wunderschön dar. Aber hautnah zu erleben, wie das aussieht und daß dieses Schmarotzertum keine literarische Übertreibung ist, das war eindrucksvoll.

Du kommst am Flughafen an und bekommst sofort deine privilegierte Stellung aufs Butterbrot geschmiert, indem du dich nicht an der Paßkontrolle anstellen mußt, sondern im internationalen Bereich jemand steht und dich durch eine Nebentür führt. Wir mußten nicht mal den Ausweis zeigen, und schon waren wir draußen in der Sowjetunion.

Draußen wartete ein riesiger schwarzer Straßenkreuzer und kutschierte uns auf einer Sonderspur über die autobahnähnlichen Straßen, die Moskau umgeben, immer in der Mitte, und wenn sich unsere Wagenkolonne näherte, sperrten die Polizisten an den Kreuzungen den Verkehr, und wir hatten Vorfahrt. Wir hatten Scheibengardinen und rauschten da nur so durch, während der Rest der Autofahrer warten mußte.

Der Straßenkreuzer hatte hinterm Fahrer zwei Sitzbänke, auf der einen saßen der offizielle Abholer und Frau Engelmann, auf der anderen Bernt und ich, und zwischen uns hockte eine etwas pummelige Dolmetscherin, die gut Deutsch sprach und vermutlich auch geheimdienstliche Aufgaben hatte. Mir ist sie selbst im Bett nicht von der Seite gewichen, unter anderem im Schlafwagen von Moskau nach Leningrad. Bernt hat sie nicht bis ins Bett lassen müssen, weil er seine Frau dabeihatte.

Wir waren in den vierzehn Tagen durch und durch Teil der Nomenklatura. Wo immer wir hinfuhren, wurden wir in einer großen Limousine kutschiert. Wir wurden zu besonderen Geschäften gefahren, in denen man Kaviar, Champagner und andere Luxusartikel kaufen konnte, die es sonst nirgendwo in Moskau oder Leningrad gab.

Wir hatten aber auch Probleme. Das Hotel, in dem wir wohnten, fand Bernts Wohlwollen nicht. Mein Zimmer war ihm egal, aber seins war ihm zu poplig. Er fand, daß es nicht seiner Bedeutung entsprach. Der Hauptvorwurf war, daß es für ihn und seine Frau nur ein großes Zimmer gab, das obendrein keinen Kühlschrank hatte.

Er hatte wohl irgendwo gehört, daß Personen seines Ranges Anrecht auf einen Salon und ein Schlafzimmer und einen Eingangsraum und vor allem einen Kühlschrank hätten. Er protestierte sofort. Ich glaube, nach einer Nacht wurden wir in ein aus der Stalinzeit stammendes, schönes Hotel umquartiert, wo es dann auch einen Kühlschrank gab, der mit Champagner und Kaviar bestückt wurde. Mein Zimmer war wesentlich bescheidener als seine Suite, aber auch nicht schlecht. Einen Kühlschrank hatte ich nicht.

Es war nun auch klar, daß wir fortan in Restaurants einer höheren Kategorie essen würden. Wir kamen viel rum in den zwei Wochen. Bernt nahm immer seine Frau und mich mit, und oft war noch ein Herr dabei, oder es waren zwei Herren. Offiziell waren sie Gästebetreuer des Schriftstellerverbandes der Sowjetunion. Ich denke, zumindest einer von ihnen hatte eine politische Funktion – gucken, was wir so machen.

Doch man muß unseren Aufsehern eines lassen: Sie haben beide Augen zugedrückt. Sie haben nichts gesehen und nichts gehört, wenn wir gegen die Gesetze verstießen, das heißt, eigentlich verstieß Bernt gegen die Gesetze. Ich schaute nur zu, begünstigte ihn also bloß. Sie kannten das wahrscheinlich. Bernt kaufte zum Beispiel über die Kellner des Hotels regelmäßig zu einem falschen Wechselkurs Rubel, wenn wir mal ausgingen und selber zahlen mußten.

Das lief ja im ganzen Ostblock so. Wenn ich zum Beispiel nach Polen an die Masurischen Seen fuhr, um mit meiner Familie Urlaub zu machen, gingen wir zu viert in besseren Restaurants für fünf Mark essen – die Speisekarte rauf und runter, einschließlich italienischer Weißweine. Wir haben als Reisende den Ostblock systematisch ausgeraubt, indem wir den schwarzen Geldmarkt mit unserer Valuta bedient haben.

Etliche Leute sind dabei richtig schön auf die Schnauze gefallen, weil die Geldwechsler viele Westbesucher tüchtig übers Ohr hauten. Beliebt war zum Beispiel die Methode, Zeitungen so zu zerschneiden, daß sie die Größe von Banknoten hatten. Oben drauf legte man eine echte Banknote, das Ganze wurde zusammengerollt und von einem Gummiband zusammengehalten. Der Westler wußte natürlich nicht, daß der Geldwechsler diese Rolle in der Tasche hatte. Der zählte dem Westler das echte Geld vor.

In dem Augenblick, in dem das Geld übergeben werden sollte, sagte er: Oh, ich glaube, da ist ein Polizist – oder so was. Er lenkte den Westler kurz ab, tauschte die Rolle mit dem Zeitungspapier gegen die Rolle mit dem echten Papier aus und ging weg. Wenn der Westler dann zehn Sekunden später die Rolle aufmachte, hatte er Zeitungspapier in der Hand.

Ich weiß nicht, ob Bernt so etwas passiert ist. Er hat jedenfalls mehrfach bei einem der Frühstückskellner im Hotel getauscht. Das brauchte er, weil er, wenn wir mit unserer Luxuslimousine von einem Date zum nächsten fuhren, zwischendurch anhalten ließ. Er wußte, an welchen Ecken Schwarzhändler standen, die Kaviar verkauften, und er legte, wie gesagt, Wert darauf, daß wir in teuren Restaurants in diesen riesigen Zuckerbäckerpalästen aus der Stalinzeit aßen, egal, ob er zahlen mußte oder wir eingeladen wurden.

Es war damals selbst für einen Schriftstellerverbandsfunktionär nicht einfach, da einen Tisch zu kriegen. In diesen Restaurants reservierten die bessergestellten Sowjetbürger, wenn sie sechzehn waren, einen Tisch für ihren dreißigsten Geburtstag, und da mußten wir selbstverständlich essen. Was anderes kam für uns überhaupt nicht in Frage.

Diese privilegierte Situation war im Grunde zu erwarten gewesen, aber es hat mich doch amüsiert, wie bereitwillig jemand wie Bernt sich auf diesen korrupten Stil einließ. Es war für ihn eine Selbstverständlichkeit, daß wir die gleichen Privilegien genossen wie die höheren Funktionäre der Nomenklatur.

Ich habe das, wie gesagt, mit Amüsement registriert und auch genossen, nur eine Sache hat mich ein bißchen geärgert. Wenn Sitzungen stattfanden, im Schriftstellerverband oder in anderen Zusammenhängen, wurde natürlich nur Bernt das Wort erteilt, nicht mir. Er fuhr bei diesen Gesprächen eine klare politische Linie, völlig unbeeindruckt davon, wie man uns hofierte.

Er fuhr die bekannte antikommunistische Linie, wie sie in der der berühmten, von Böll, Grass und Carola Stern herausgegebenen Zeitschrift *L 76* zum Ausdruck kam. Das heißt, er hat sich in sogenannten Menschenrechtsfragen frank und frei im westlichen Sinne geäußert. Er sagte, er freue sich über den Empfang, aber er erwarte auch, daß man zur Kenntnis nehme, daß wir zum Beispiel die Sache mit diesem Sacharow nicht gutheißen und daß man jetzt mal Besserung geloben müsse, vor allem im Hinblick auf den Helsinki-Prozeß.

Ich denke mir, wenn er das so sagen konnte, muß es ungefährlich gewesen sein, denn die sowjetischen Genossen haben sich das ungerührt und ohne Kommentar angehört. Keiner hat gesagt: Ab heute keine schwarze Limousine mehr, ab heute keinen Kaviar mehr auf dem Schwarzmarkt.

Zwischen mir und Bernt hat es wegen seiner Reden allerdings Krach gegeben. Ich meldete mich nämlich zu Wort und sagte: Liebe Genossen, das, was der Kollege Engelmann hier gesagt hat, wird nicht von allen in unserem Verband geteilt. Wir haben auch echte Freunde der Sowjetunion in unseren Reihen.

Da war er stinksauer und schnauzte mich an, als wir wieder in seiner Suite saßen. Sich als Freund der Sowjetunion zu gerieren, das war zulässig, aber ihm öffentlich im Angesicht des Feindes zu widersprechen, das ging zu weit. Was glaubst du, wer du bist? Der Vorsitzende bin ich. Auch wenn du mein Vize bist, du hast das Maul zu halten, solange ich dich nicht auffordere, auch mal was zu sagen.

Tja, so sind sie, die sozialdemokratischen Platzhirsche, und deshalb richtet sich das, was ich hier sage, nicht gegen Bernt Engelmann, sondern gegen bestimmte Attitüden, die in der politisch-kulturellen Szene auch heute noch beliebt sind.

Erzählte ich schon, was in der Zeit in Kruspis aus meiner Feder floß und in der Bücherlandschaft versickerte?

Ein Buch hatte ich fertig, als ich dahin zog, es erschien im Herbst 1973, das Buch über Sizilien, *Malavita*. Die Rezeption setzte ein, viele Lesungen und all diese Sachen – das Buch war ein Erfolg, also bin ich im ersten Jahr viel gereist. Mein nächstes Projekt, auch darüber sprachen wir bereits, war das Buch über die italienischen Briganten im 19. Jahrhundert, eine sozialpolitische Studie über Revolution, über bewaffneten Kampf, die als Wagenbach-Quartheft erschien.

Außer den Büchern – *Der dreißigjährige Friede, Die Herren des Morgengrauens, Saumlos, Die mit Tränen säen* – und etlichen kleinen belletristischen

Texten im Verlag Eremiten-Presse, im Fackelträger-Verlag und in Zeitschriften habe ich in Kruspis viel übersetzt, etliche Stücke von Dario Fo, mit dem ich auch zusammen auf der Bühne gestanden habe, auch andere Autoren, zum Beispiel für Wagenbach, oder Nanni Balestrini, ein guter Freund von mir seit 1968.

Er arbeitet zweigleisig, einerseits experimentell, andererseits kraß realistisch. Seine sozialkritischen Romane sind auf deutsch im Verlag Assoziation A erschienen. Ein experimenteller Roman ist vergangenes Jahr bei Suhrkamp erschienen, ebenfalls übersetzt von mir.

Es überrascht mich, wenn ich das so erzähle, daß ich in Kruspis trotz der vielen Dinge, die ich gemacht habe, so viel schreiben konnte. Es flutschte zum Teil nur so. Ich habe kaum hingeguckt, da war schon wieder ein Buch fertig. Es schrieb sich gut in dieser Hügellandschaft, fast so gut wie später in Stuttgart und besser als danach in den zwei Jahren in Hamburg oder in den zwei Jahren in Florenz oder in den vielen Jahren in Köln. Das einzige, was ich in Kruspis nicht geschrieben habe, ist ein Text über meine Ehe, die immer schlechter lief, aber dazu sage ich nichts. Da müßte ich vermutlich erst mal tief in mich gehen. Was soll ich da?

Neuntes Kapitel

Ankunft in Rom, Happenings und Streiche, man besucht Partisanen, Erörterung zum Eurokommunismus

Am 14. Juni 1973, an meinem neununddreißigsten Geburtstag, haben wir auf einer Straße in Trastevere Abschied gefeiert. Mir kam es vor wie ein verfrühter Tod.

Trastevere war ein interessantes Stadtviertel. Ich bin auch dieses Jahr wieder sechs Wochen dagewesen, ich bin oft da, weil ein Bekannter eine Wohnung im Herzen von Trastevere hat, in einer Gegend, in der keine Autos fahren, ein paar hundert Meter von der Fußgängerbrücke über den Tiber entfernt, jener Brücke, die nach Papst Sixtus IV. benannt ist, dem Ponte Sisto.

Ich fahre immer noch gerne hin, aber es ist nicht mehr dasselbe Stadtviertel. Es ist transformiert worden, gentrifiziert, sagt man heute. Das ist nicht typisch für Rom, das sehen wir in Paris, in Berlin, in fast allen Metropolen Europas. Es hat auch wenig Zweck, sich im Detail darüber aufzuregen, was es da jetzt nicht mehr und was es statt dessen gibt. Solange wir den Kapitalismus haben und das Kapital und der Kapitalismus so funktionieren, wie sie funktionieren, wird es immer Gentrifizierungen als eine Methode geben, Kapital zu verwerten und zu vermehren. Sie wurde schon im alten Rom angewandt, als sich zeitweise eine gewisse Art von Kapitalismus entwickelt hatte.

Die Geschichte dieses Stadtteils ist trotzdem noch spürbar. Wenn man von meiner Wohnung aus etwa fünfzig Meter geht, führt eine ziemlich steile Treppe einen Berg hinauf. Er heißt Gianicolo. Gianicolo kommt von Janus, dem zweigesichtigen Kopf, der in die Zukunft und in die Vergangenheit schaut. Janus war ein etruskischer Gott, der zum Hausgott der Römer wurde.

Die Römer sind ja ihrer Herkunft nach Etrusker. Lange Zeit, ehe Rom etwa um 500 vor Christus Republik wurde, war Rom eine etruskische Königsstadt. Deshalb heißt dieser Berg Janusberg. Von ihm aus hat man einen wunderschönen Blick über die gesamte römische Innenstadt, bei schönem Wetter bis hinüber zu den Sabiner Bergen, über denen die Sonne aufgeht. Deshalb ging ich, wenn ich bis morgens um drei, vier gearbeitet hatte, nicht ins Bett, sondern ich ging erst auf den Platz, auf dem jeden Tag Markt war, trank meinen Kaffee und ging dann auf den Janusberg und schaute zu, wie im Osten über den Sabiner Bergen langsam die Sonne aufging.

Ich bin schon als Kind ein Vertreter der These gewesen: Wenn es in der Natur etwas gibt, das Anspruch darauf erheben kann, Gott zu sein, dann ist es die Sonne. Es sind nicht die Bäume, es ist die Sonne in ihren vielen Erscheinungsformen. Auch wenn der Sonnenaufgang seinen Ort nur unmaßgeblich ändert, tritt die Sonne doch jeden Tag anders in Erscheinung. Und immer ist da dieser Impact: Etwas Göttliches betritt die Welt im Osten, und es stirbt im Westen.

Das ist genau das, was die alten Ägypter geglaubt haben: Ex oriente lux, aus dem Osten kommt das Leben. Und wenn die Sonne sich langsam hochschiebt, dann erstrahlen die goldenen Spitzen der Pyramiden und der Stelen. Die standen überall in Ägypten, um vom Sonnenaufgang zu künden. Jetzt stehen sie zum Teil in Rom oder andernorts, wo keiner mehr an die Sonne glaubt.

Folgerichtig liegen in Ägypten die Gräber im Westen. Westlich des Nils sind die Totenstädte, die Pyramiden. Ihr werdet östlich des Nils kein Grab und keine Pyramide finden. Der Westen ist der Tod. Der Osten ist das Leben. Der Nil ist die große Wasserscheide.

Als Junge hatte ich in Schachten eine Art mystisches Erlebnis, wenn ich morgens mit dem Fahrrad zum Bahnhof fuhr, um von dort aus in die Schule und später zur Arbeit zu fahren. Denn zufälligerweise führte die Straße genau gen Osten auf einen kegelförmigen Berg zu, den Burgberg.

Hinter dem Burgberg ging zu einer bestimmten Jahreszeit die Sonne auf. Ich fuhr oder lief von Schachten nach Grebenstein, die Sonne ging auf, und sie haute voll in mich rein, ganz niedrig stehend, diese Sonne, nur an bestimmten Tagen, sagenhaft.

Genauso ging es mir auf dem Gianicolo. Ich ging nicht wegen der Stadt auf den Gianicolo, sondern um zu gucken, wie die Sonne aufging. Den Sonnenuntergang hat man in Rom übrigens von keiner Stelle aus besonders gut gesehen, da hätte ich nach Ostia ans Meer fahren müssen. Aber Sonnenuntergänge waren nicht so mein Ding.

Okay, ich ging also wegen des Sonnenaufgangs da hinauf und nahm das Naturschauspiel mit ins Bett. Es waren nie viele Leute da oben, wenn ich morgens raufkam, so daß ich in aller Ruhe auch die sonstigen Sehenswürdigkeiten genießen konnte.

Auf dem Janushügel befindet sich eine Allee. Sie überquert den Berg der Länge nach und ist gesäumt von Hermen, Sockeln mit Büsten obendrauf. Die Tradition, Leute so zu versockeln, stammt natürlich aus dem alten Athen. Die griechischen Hermen hatten dort, wo beim Mann das Geschlechtsteil ist, ein Loch, und in das konnte man ein steinernes männliches Geschlechtsteil reinschrauben. Von dieser Sorte gab es in Athen fünftausend Stück. Ein beliebtes Spiel war es, wenn die Kerle nachts besoffen nach Hause gingen, denen die Schwänze abzuschlagen. Das war ein Staatsverbrechen, denn es standen überwiegend Gottheiten und vergöttlichte Figuren auf den Sockeln.

Die Hermen auf dem Gianicolo haben keine Schwänze. Schaut man sie sich genauer an und liest die eingravierten Namen, stellt man fest, daß es Revolutionäre von 1848 sind. Sogar ein kleiner Junge ist darunter, ein vielleicht zwölf Jahre alter Knabe, der berühmt geworden ist, weil er den auf dem Gianicolo verschanzten Revolutionären, bevor sie umgebracht wurden, Essen brachte, bis er selber ums Leben kam. Die republikanische 48er Revolution, die von den Franzosen, der Schutzmacht des Vatikanstaates, blutig niedergeschlagen wurde, fand im wesentlichen in Trastevere statt – nicht drüben beim Vatikan oder oben beim Quirinalspalast, in dem der Papst damals wohnte, sondern in diesem Armeleuteviertel. Da hatten die Revolutionäre sich in den engen Gassen verbarrikadiert. Als sie immer weiter in die Enge getrieben wurden, zogen sie sich auf den Gianicolo zurück. Er war ihre letzte Verteidigungsbastion, da kamen noch mal ein paar hundert Leute ums Leben, und dann war die Revolution vorbei.

Der Geist der 48er Revolution ist in Trastevere jahrzehntelang lebendig geblieben. Trastevere war immer der Stadtteil der Diebe, Zuhälter und Staatsfeinde, natürlich auch der Nichtstuer, also der Leute, für die Polizisten nicht nur Bullen waren, sondern gekauftes Fleisch. Es gab im Italienischen den Ausdruck »carne venduta«, »gekauftes Fleisch«, damit bezeichnete man einen Polizisten, und so sah man in Trastevere die Staatsmacht. Selbst Mussolini ist es nicht gelungen, den Sumpf der Kleinkriminalität und der Subversion in Trastevere trockenzulegen. Immer wieder standen in Trastevere Barrikaden. Die haben im 19. Jahrhundert da gestanden, die haben gegen die Faschisten da gestanden.

Es war ein aufmüpfiger Stadtteil, bevor die Schickeria die Häuser renovierte, der Stadtteil der armen Leute, aber auch der kleinen Händler, Handwerker und so fort. In den späten sechziger Jahren, als ich da hinzog, hat man noch viel davon gespürt. Man ging in ein Lokal, in dem gab es eine Erbsensuppe, und das war alles. Der Wein kam nicht aus Flaschen, sondern aus kleinen Fässern, die auf dem Tresen standen. Dann kam eine Gemüsefrau mit einem Korb voller Pferdebohnen vorbei, und innerhalb weniger Minuten war der Fußboden zentimeterhoch mit den Schalen der frischen Bohnen bedeckt, die von den Gästen ausgepult wurden. Zwischen ihnen stromerten Hunde herum und suchten nach weggeworfenen Knochen. Oder man brachte sich sein Essen selber mit und zahlte nur ein Glas schlechten, billigen Wein. Es gab noch die Armeleutekultur der Geselligkeit.

1972 oder '73 besuchte mich ein Wiener Künstler mit einem großen Citroën, Marc Adrian. Er dachte, wenn er das Auto hinter meinem Haus abstellt, wird nichts geklaut, und ließ unter anderem seine Kamera und seine Bilder drin liegen. Am nächsten Morgen war alles weg. Das hätte ich ihm gleich sagen können. Er jammerte furchtbar und sagte: Na gut, die Kamera und all das Zeug kann ich mir neu kaufen, aber die Bilder …

Ich ging mit ihm in eine meiner Stammbars gleich um die Ecke und sagte: Paßt mal auf, das und das ist passiert. Wenn die die Kamera nicht wieder rausrücken, gut, kann man nichts machen, aber die Bilder, die möchte mein Kumpel ganz gerne wiederhaben. Die haben für den Dieb keinen Wert, die kann nur mein Kumpel losschlagen.

Der Typ, den ich in Verdacht hatte, die Diebe und Hehler zu kontrollieren, war etwa fünfzig und saß im Rollstuhl. Er hatte keine Beine mehr und wurde von Mal zu Mal kürzer – irgendein Morbus, der ihn von unten her auffraß. Er sagte nur: Salute, Don Piero, komm nachher wieder vorbei. Vielleicht kann man was machen.

Als ich später in der Bar nachfragte, war der größte Teil der Beute wieder da. Das hat den Wiener natürlich ein bißchen was gekostet. So funktionierte Trastevere noch Anfang der siebziger Jahre. Ich könnte euch etliche Beispiele für Kleinkriminalität als Bestandteil des täglichen Lebens, als Subsistenzwirtschaft nennen. Auch deshalb habe ich da so gerne gelebt. Ich habe da sehr gerne gelebt. Aber jetzt noch mal zu dem schon erwähnten Abschiedsfest am 14. Juni auf der Straße vor der Gastwirtschaft *Da Mazzini*. Heute ist in dem Haus eine beschissene Nobeldisko.

Da kamen natürlich auch viele Leute, die mich aus dem Quartier kannten. Meine Freunde hatte ich zum Essen und Trinken eingeladen, und die Leute aus dem Stadtviertel haben höflichkeitshalber auch was getrunken, aber nicht viel, ein Glas vielleicht. Die Römer sind feine Leute, gerade die Plebejer, die wissen, was sich gehört. Vuoi favorire? – Si, tanto per gradire.

Der Wirt hieß nicht Mazzini. Giuseppe Mazzini war ein Anführer der Republikaner im 19. Jahrhundert gewesen, in der Garibaldi-Zeit. Zeitweilig hatte er in einem Triumvirat die Römische Republik angeführt. In Erinnerung an diesen republikanischen, also nicht-papistischen, nichtchristlichen, sondern antichristlichen Politiker nannte der Wirt sein Lokal *Da Mazzini*. Die Rechnung habe ich noch.

Als wir uns richtig schön vollgefressen hatten, brach eine Massenschlägerei aus. Es fing damit an, daß zwei deutsche Maler ihre Söhne dabeihatten, und die spielten mit den römischen Straßenjungen. Irgendwann gerieten sie in Streit, und einer der Straßenjungen beschimpfte einen der Malersöhne. Das wäre ja in Ordnung gewesen. Kein Problem. Aber dieser deutsche Maler, ich will jetzt keinen Namen nennen, obwohl er inzwischen weltberühmt ist, stand auf und herrschte den italienischen Jungen an, wie er es wagen könne, seinen Sohn zu beleidigen, und dazu machte er eine bedrohliche Geste. Deshalb kriegte er sofort von einem meiner italienischen Freunde eine in die Fresse, und im Nu war die schönste Keilerei im Gange. Die halbe Straße hat sich geprügelt, mindestens fünf Minuten lang, bis man sich wieder beruhigt hatte. Ich habe dann eine Runde spendiert, die relativ viel gekostet hat, andererseits aber auch sehr wenig. Der lokale Wein kostete damals in solchen Kneipen so gut wie nix, der Liter umgerechnet ungefähr eine Mark. Er schmeckte auch danach. Aber es gibt ein italienisches Straßenlied, das besagt: Lieber schlechter Wein als dieses beschissene Leben.

»Der Wein von den Schlössern« heißt das Lied, aber die Castelli Romani sind keine Schlösser, sondern das ist ein Landstrich südöstlich von Rom – Richtung Castel Gandolfo, in dem der Papst im Sommer hockt, und von dort kam damals ein ziemlich mittelmäßiger Wein. Diesen Vino dei Castelli tranken die armen Römer. Das war der billigste Wein, inzwischen wird er vielleicht fünf Euro kosten, aber er ist wahrscheinlich auch nicht mehr so schlecht wie damals.

Was die Prügelei angeht, so muß ich nachtragen, daß ein paar Westberliner Maler sich damals oft geprügelt haben, und sie haben nicht immer gewonnen. In den sechziger Jahren sind sie einmal von Andreas und seiner Entourage plattgemacht worden – eine legendäre Keilerei in der Potsdamer Straße. Später, als sie älter wurden, spielten sie nur noch Fußball. An der Akademie in Karlsruhe gab es mal eine Malerklasse, in die kamen keine Frauen rein, und die Jungs liefen im Fußballerdreß rum. Es gehörte dazu, daß man sich als Künstler proletarisch gab, auch wenn die Eltern Geld hatten.

What else?

Einen Tag nach dem Essen bei Mazzini begann ich, zusammen mit zwei italienischen Freunden einen großen Wagen zu beladen und anschließend zum Güterbahnhof zu fahren. Den adressierte ich nach Kassel, weil ich ja noch nicht wußte, wo ich in Deutschland leben würde. In Kassel wohnten immerhin eure Großeltern und euer Onkel mit seiner Sippe. Die sollten mich benachrichtigen, wenn mein Güterwaggon angekommen war.

Die komplette Einrichtung einer Elf-Zimmer-Wohnung habe ich nach Nordhessen verschickt. Ich hatte, ob ihr es glaubt oder nicht, in Trastevere eine Elf-Zimmer-Wohnung mit zwei Salons von etwa vierzig Quadratmetern Größe und einer Menge kleiner Zimmer sowie drei Bädern. Das Ganze kostete, das sagte ich schon, etwa ein Viertel von dem, was man in Frankfurt oder Berlin für eine Vier-Zimmer-Wohnung gezahlt hätte. In manchen Monaten zahlte ich überhaupt keine Miete. Ich zahlte im Schnitt zehn Monatsmieten pro Jahr.

Ich mußte das Geld selber bei der Hauseigentümerin vorbeibringen, einer gewissen Frau Giovannini. Sie empfing mich in ihrem Salon in einem schönen Altbau, und jedesmal, wenn ich zu ihr »Signora« sagte, sagte sie: Signorina, bitte. Sie war um die achtzig, aber sie legte Wert darauf, als Signorina angeredet zu werden.

Daß ich die ohnehin geringe Miete nicht immer gezahlt habe, wird sie nicht weiter getroffen haben, denn offensichtlich war sie stinkreich. Wenn ich klingelte, machte eine Zofe mit Tändelschürzchen auf. Zum Geldzählen führte sie mich in die Bibliothek ihres Vaters. Die schweren, dunklen Bücherregale standen noch da, es waren nur keine Bücher mehr drin. Der Schreibtisch war leer, und davor standen zwei Lederklubsessel. In einen davon setzte ich mich. Sie setzte sich hinter den Schreibtisch, die Zofe kam mit einem kleinen Tablett rein, und sie sagte: Gradisca uno aperitivo? Oder: Gradisca uno liquore? Ich nickte und bekam ein Gläschen, so groß wie ein Fingerhut, mit einem Stiel.

Da war entweder ein Dessertwein oder ein schrecklich süßer, nach Zitrone schmeckender Likör drin, aber so wenig, daß einem davon nicht schlecht werden konnte. Sie trank nichts. Ich mußte jedesmal, wenn sie »gradisca« sagte, an eine Szene aus einem Film denken. »Gradisca« kommt von »gradire«. »Gradire« heißt »etwas mögen«. Mögen Sie? »Gradisca« ist eine etwas umständliche grammatikalische Form, es heißt ungefähr: »Würden Sie genießen mögen?« Oder: »Möchten Sie genießen?«

In dem Film, in dem das Wort »gradisca« vorkommt, räkelt sich die Frau auf einem kitschigen französischen Bett im Grand Hotel und läßt ihr Negligé vom Schenkel gleiten. Sie ist ungemein schön, und die Jungs in der Kleinstadt, die diese Nutte natürlich alle bewundern, nennen sie »Die Gradisca«. Das tun sie, weil berichtet wird, daß während der Mussolini-Zeit eines Tages ein hoher Beamter des Negus in Rimini eintraf, ein Operettenfürst.

Um ihm den Aufenthalt angenehm zu gestalten, legte der lokale Fascho ihm die Gradisca ins Bett. Als der Abgesandte des Negus sein Schlafzimmer betrat, sagte sie: Gradisca. Genießen Sie. Woher die Leute das wußten, wird in dem Film nicht gesagt, wohl aber, daß diese Edelnutte seither »La Gradisca« hieß.

Der Film ist wunderschön, ein Kultfilm. Er spielt in der Zeit des Faschismus. In ihm kommt auch die Zigarettenverkäuferin vor, die so große Brüste hat, daß sie wie Kürbisse aussehen. Fellini liebte Riesenbrüste – wie Russ Meyer.

Wenn die jungen Burschen in den Laden kommen, um ein Bonbon zu kaufen, macht sie sich manchmal das Vergnügen, ihre Riesenbrüste auf den Tresen zu legen – eine typische Fellini-Szene. Die Jungs werden fast krank und rennen sofort weg, um sich einen runterzuholen. In diesem Film erklingt eines Nachts vom Glockenturm des Doms plötzlich die Internationale, was natürlich eine Razzia auslöst. Alle bekannten Antifaschisten werden festgenommen und kriegen Rizinusöl zu trinken.

Wie kam ich jetzt darauf? Wegen der Frage der Signorina: Gradisca? Also, ich gab dem »Fräulein« die Monatsmiete, achtzigtausend Lire, abgezählt. Sie saß hinter dem Schreibtisch ihres lange verstorbenen Vaters und zählte die achtzigtausend Lire nach. Sie tat das, wie alle reichen Leute Geld zählen: langsam, sorgfältig und zweimal. Später erfuhr ich, daß der guten Frau halb Trastevere gehörte.

Wenn sie das bißchen Geld gezählt hatte, stand sie auf und sagte: Dann bis nächsten Monat, reichte mir ihre winzige Hand und überließ mich der Zofe. Ich antwortete: Dann bis nächsten Monat, aber zweimal im Jahr kam ich nicht, einmal im Sommer und einmal im Winter. Wenn ich dann im übernächsten Monat kam, sagte sie nie: Sie waren vorigen Monat nicht da. Sie fragte immer nur: Gradisca uno liquore?

So war Trastevere, aber in Trastevere lebte ich nur in der letzten Phase. Um von Rom zu erzählen, müßte ich sechs Jahre früher anfangen.

Ich war 1967 sehr glücklich, daß ich nach Rom durfte. Ich habe da viele deutsche Künstler kennengelernt, auch Dichter, die ganz unglücklich waren. Die hatten das Stipendium der Villa Massimo angenommen, weil es eine Ehre ist, weil es ein Atelier gibt und ein bißchen Geld. Sie wären viel lieber in ihrem muffigen Berlin, in Schöneberg am Bayerischen Platz, in ihrer Muffbude hängengeblieben und hätten die Knete genommen.

Die konnten mit Rom nichts anfangen. Die waren auch zu blöd, Italienisch zu lernen, die waren zu blöd, sich auf die italienische Lebensart einzulassen. Sie empörten sich über die Unsauberkeit von Gaststätten, von Klos. Ich dagegen war im wesentlichen nur mit der Villa Massimo unzufrieden, mit der Direktion vor allem, über die ich schon einiges erzählt habe, so daß ich mich hier auf eine Story beschränken kann.

Es mag Oktober oder November gewesen sein, da wurden alle Preisträger und ihre Ehefrauen zu einem Begrüßungsempfang eingeladen, auch die sogenannten Ehrengäste, zu denen Ernst Jünger gehörte. Den hatte ich natürlich gelesen in meiner Zeit am Abendgymnasium in Kassel, also vor 1955. Empfohlen hatte ihn mir ein Deutschlehrer, ein Sozialdemokrat, der meinte, ich könnte meiner Eins in Deutsch ein Sahnehäubchen aufsetzen durch ein Referat übers Ernschtel. Ich las also kleinere Schriften, die dieser Sozialdemokrat für eine verkappte Kritik am Nationalsozialismus hielt, *Auf den Marmorklippen*, *Afrikanische Spiele*, aber auch Jüngers Kriegsgeschichten *In Stahlgewittern*, und setzte meiner üblichen Eins das Sahnehäubchen auf.

Ich habe später noch anderes von ihm gelesen, Tagebücher zum Beispiel, aber bald wurde mir langweilig, und als ich vor ein paar Jahren noch mal reinschaute in die alten Schwarten, sagte ich mir: Der Kerl wird überschätzt. Das ist kein Stilist, das ist ein Worthülsenakrobat.

Der Begrüßungsabend also. Ein tristes Ereignis. Im Ambiente eines preußischen Oberregierungsrates von 1923. Die Preisträger standen auf dem Teppich rum, hielten Gläser in den Händen, wußten nicht, was sie sagen sollten, und Elisabeth die Nullte zeigte, daß sie kein Benehmen hatte. Jedem, der reinkam, hielt sie eine Zigarettenschachtel hin und fragte: Möchten Sie rauchen? Aber vielleicht wollte sie damit auch nur sagen, daß es in diesem Interieur eines stinkreichen Kohlenhändlers trotzdem erlaubt sei zu rauchen.

Ich sagte also zu dem Maler Hödicke: Man darf rauchen. Soll ich uns einen Joint drehen?

Gesagt, getan. Wir setzten uns auf das Sofa, drehten einen Joint, und da, wir wollten gerade anfangen, geschah es. Von der Tür ertönte die unbeholfene Stimme der Direktorin: Guten Abend, Herr Jünger, darf ich Ihnen eine Zigarette anbieten?

Er war es tatsächlich, kam herein, ließ sich ein Glas andrehen, schaute sich nach einem Sitzplatz um, sah, daß neben Hödicke und mir noch was frei war, sagte zunächst mal nichts, schnupperte nur etwas und sprach schließlich – betont genießerisch, denn wir hatten inzwischen den Joint angeworfen –: Ah, das gute Cannabis indica. Ich sagte: Gut erkannt, Herr Jünger, mögen Sie auch mal? Er nahm den Joint, den ich ihm reichte, und sagte: Ja, aber nur mal probieren.

Ich weiß nicht, meine lieben Mädels, ob euch der Name Jünger was sagt. Ihr braucht es wirklich nicht zu wissen. Wissen aber solltet ihr, daß mancher Femme de lettres die Haare zu Berge stehen würden, wenn sie hören müßte, daß euer kleiner Vater mal mit Jünger aufm Sofa gesessen hat, ohne mehr zu sagen als: Mögen Sie auch mal?

Es dauerte Jahrzehnte, bis ich schließlich auch noch erfuhr, was für ein Sofa das war, auf dem ich mit Jünger im Spätherbst 1967 einen durchgezogen hatte. Da fiel mir nämlich eine Festschrift aus der Nazizeit in die Hände, in der mit Photo dokumentiert ist, wie Hitlers Reichspropagandaminister Joseph Goebbels gleich 1933 der Villa Massimo einen Besuch abstattet. Da sitzt er arrogant und aasig rum, und im Begleittext steht, was Goebbels in Rom zu tun hatte. Erst ließ er sich vom Bildhauer Breker, der damals Preisträger war, die scheußlichen Skulpturen vor den neuen gigantomanischen faschistischen Bauwerken zeigen, beauftragte den Arschkriecher Breker, ebensolche Kraftprotze für den Führer zu produzieren, und dann fragte er den Bildhauer, ob er irgendeine Beschwerde vorzubringen habe. Der antwortete zackig und beflissen: Jawoll, Herr Minister! Es ist für einen deutschen Künstler schwer erträglich, mit einem Juden als Nachbar zusammenzuleben. – Ihr Nachbar ist ein Jude? – Jawoll. – Wie heißt er? – Felix Nussbaum, Maler. – Ein Jude in der Villa Massimo? Is' ja unerhört! Es heißt, bevor Goebbels seinen Arsch vom erwähnten Sofa gelupft hatte, war Nussbaum auf der Rückfahrt nach Deutschland. Breker dagegen wurde Hitlers Lieblingsbildhauer und durfte nach 1945 für deutsche Großaktionäre bildhauern.

Das war nun ein entzückender Auftakt, der Abend mit Jünger aufm Sofa, auf dem schon Goebbels saß, aber er war auch paradigmatisch für die bizarre Stimmung. Viele Preisträger waren stockunglücklich, und unter den zehn Preisträgern pro Jahr gab es anschließend mindestens eine Scheidung.

Nur ich war glücklich. Ich wollte nach Rom. In meinem Roman *Hommage à Frantek*, der 1965 bei Rowohlt erschienen war, ein unlesbares Werk, spielt ein ganzes Kapitel in einem römischen Palast, im Palazzo Spada.

Im Palazzo Spada war ich tatsächlich schon gewesen, so um 1963 herum, würde ich sagen. Was mich an Rom damals so fasziniert hatte, war das manieristische Rom, nicht wie später das antike oder das barocke. Es weiß ja kaum einer, daß es in Rom Zeugnisse des Manierismus gibt, auch architektonische, und als ich dann nolens volens ein bißchen Kunstgeschichte studierte, habe ich Gustav René Hockes Studien zum Manierismus gelesen, und da war ich nicht nur auf die vielen manieristischen Kunstwerke gestoßen, die es überall zwischen den Alpen und Sizilien gibt, sondern auch auf den Palazzo Spada. Er ist eines der Hauptwerke der manieristischen Architektur. Deshalb taucht er in *Hommage à Frantek* auf.

Nie hätte ich gedacht, daß ich wegen des Romans nach Rom kommen würde. Ich hatte einen schwulen Freund, auch ein Jurist, wir hatten zusammen Zweites Staatsexamen gemacht, der war inzwischen Senatsrat. Wir verkehrten in denselben Schwulenlokalen, zum Beispiel in *Ellis Bierbar*, über die ich einen Artikel für den Katalog des Schwulen Museums in Kreuzberg geschrieben habe, und wir verkehrten in denselben Künstlerlokalen, die es in den sechziger Jahren in Westberlin in schwachen Ansätzen gab.

Eines davon, in Wilmersdorf, hieß *Bei Wilma*. Ein anderes, das war kein Schwulenlokal, in Kreuzberg hieß *Die kleine Weltlaterne*, und dieser Senatsrat, Peter Thilo, verkehrte da ebenfalls. Im Herbst 1965 kam, wie gesagt, *Hommage à Frantek* raus, und Peter gehörte zu denen, die den Roman verschlungen hatten. Er sagte zu mir: Pit, du kennst Rom! Dieses Kapitel über Rom in deinem Roman – du mußt unbedingt nach Rom!

Ich sage: Wie soll ich nach Rom kommen? Sagt er: Ich sorge dafür, daß du nach Rom kommst. Er verwaltete die der Stadt Westberlin zustehenden Plätze in der Villa Massimo. Er bestimmte, wer von den bildenden Künstlern, Architekten, Musikern, Schriftstellern nach Rom durfte. Er managte das, und drei Wochen später sagte er: Im Herbst 1967 fährst du nach Rom. Das heißt, ich bin wegen eines Romankapitels über einen manieristischen Palast in der römischen Altstadt für dieses Stipendium ausgewählt worden, und mir scheint, ich habe es gut genutzt. Italienisch habe ich gelernt, italienische Geschichte im allgemeinen und römische im besonderen studiert, viele weite Reisen in Italien gemacht, und manchmal sagen italienische Freunde zu mir: Pit, du kennst Italien besser als ich.

Tagsüber hockte ich meist in meinem Arbeitsraum, schrieb wie ein Wilder, oder ich besuchte die vielen Veranstaltungen in der Stadt, Konzerte, Ausstellungen, Filme, und nachts war ich sowieso stundenlang draußen.

So gut gefiel mir Rom, daß ich im Frühjahr 1968 eine Idee hatte, wie ich ein zweites Jahr mietfrei auf dem Gelände der Villa Massimo bleiben könnte. Auf dem Areal befand sich gleich neben dem Eingang ein ehemaliges Gärtnerhaus, halb verfallen, da lebten nur Ratten und Spinnen drin. Ich ging deshalb zu Elisabeth o. und sagte: Ich bin gelernter Maler und Anstreicher. Würden Sie mir erlauben, das Haus so herzurichten, daß man drin wohnen kann? Ich würde es möblieren. Für Sie hätte das nur Vorteile. Die Hütte wäre nicht mehr so ein Schandfleck, und Sie könnten die Immobilie anschließend als Gästewohnung nutzen.

Sie sagte: Das schaffen Sie nie! Ich sagte: In zwei Monaten habe ich das Haus komplett renoviert. Und dann habe ich dieses kleine Haus, was für mich als gelernten Bauhandwerker überhaupt kein Kunststück war, renoviert, jeden Tag ein paar Stunden. Nach zwei Monaten war es schmuck, und als das erste Jahr rum war, brauchten wir unsere Klamotten nur ein Haus weiter zu bringen. Die Möbel habe ich auf dem Flohmarkt an der Porta Portese für wenig Geld gekauft, die habe ich zum Teil heute noch. Auf die Art und Weise habe ich zwei Jahre lang kostenfrei auf dem Gelände der Villa Massimo gelebt.

Es gab übrigens einen zweiten Grund, nicht nach Berlin zurückzukehren. Westberlin hatte sich in vielerlei Hinsicht zu seinem Nachteil entwickelt, und tatsächlich bin ich nach 1967 nur noch kurz dagewesen.

Der erste Zwischenfall ereignete sich schon im Winter 1968. Da kriegte ich einen Anruf aus Westberlin von meinem Freund Rolf Haufs, der war ein Nachbar von mir. Er sagte: Pit, dein Haus wird abgerissen.

Ich hatte in einem wilhelminischen Haus in der Leibnizstraße eine ziemlich große Wohnung, die ich an den Schriftsteller Nicolas Born und seine Frau weitervermietet hatte. Die erwarteten ein Kind, und ich wußte gar nicht, daß sie nicht mehr da wohnten. Ich habe dann mühsam rausgekriegt, was passiert war. Ein Investor hatte in der Zwischenzeit das Haus gekauft und es geschafft, alle Mieter rauszukriegen – bis auf mich. Aber da er nicht wußte, wo ich war, hatte er meine Fünf-Zimmer-Wohnung einfach leergeräumt, die Möbel irgendwo eingelagert und begonnen, das Haus abzureißen. Ich hätte also in Berlin keine Wohnung mehr gehabt.

Nun jut, wie war jetzt das Leben in der Villa Massimo im ersten Jahr? Im Grunde hatte ich nur zu drei Mitstipendiaten einen engeren Kontakt.

Meine Nachbarin war Gabriele Wohmann. Sie litt unter Iwan und David, weil die ihr teures Auto, einen Renault, demolierten. Sie strichen es zum Beispiel an und versuchten dann, die Farbe mit Sand wegzuwischen. Oder sie klingelten bei ihr. Gut war auch die Beziehung zu Hubert Fichte, der ein Haus weiter wohnte. Mit Hubert Fichte habe ich viel unternommen. Wir gingen zusammen auf seine Kosten teuer essen, machten Ausflüge, seine Frau Lore Mau photographierte mich, und manchmal hat er mich mitgenommen, wenn er seine schwulen Abenteuer unternahm, ins Kolosseum oder so, oder wenn er zum Schneider ging.

Er blieb nicht lange in Rom, nur ein paar Monate. Er sagte, die römischen Strichjungen seien unsauber. Er meinte, in Tunesien oder Marokko seien sie viel sauberer. Deshalb fuhr er lieber nach Tunesien und Marokko. Der war ein amüsanter Bursche, wenn auch zu eitel, und so hat mir das ein bißchen leid getan, daß er abreisen mußte.

Richtig befreundet war ich mit dem Maler Karl Horst Hödicke. Das lag unter anderem daran, daß er ebenfalls kiffte. Manchmal saßen wir die ganze Nacht draußen und sahen zu, wie der Mond auf der einen Seite der Zeile, wo die Künstler wohnten, aufging, einen Bogen beschrieb und auf der anderen Seite wieder unterging. Alle zehn Minuten machten wir ein Photo. Wir sagten: Wir bleiben so lange auf, bis der da drüben wieder untergegangen ist. Das war unser Kino. Ich glaube, wir hatten uns bequeme Sessel rausgestellt. Wir haben so lange gekifft, bis der Mond nicht mehr zu sehen war, und dann gingen wir ins Bett.

Oder wir machten andere Sachen. Wir stellten zum Beispiel eine Wanne auf den Fußboden des Ateliers. Eine Gießkanne hingen wir in etwa vier Metern Höhe leicht geneigt an die Decke und banden einen Bindfaden dran. Einer von uns zog an dem Bindfaden, so daß in Abständen von zwei, drei Minuten ein Tropfen Wasser von der Decke in die Wanne fiel, in der sich Wasser befand.

Wenn ein Wassertropfen aus vier Metern Höhe auf eine Wasserfläche fällt, entsteht ein ziemlich lauter Ton. Außerdem erzeugt der Tropfen Ringe. Auf die Wasserfläche hatten wir einen Projektor gerichtet – und zwar so, daß die Spiegelung der Ringe an die gegenüberliegende Wand des Ateliers projiziert wurde und die Wellen abbildete.

Wir hockten in bequemen Sesseln und schauten uns acht Stunden lang einen Film an, der ausschließlich daraus bestand, daß alle zwei, drei Minuten ein Tropfen in diese Wanne fiel – also ein Tonfilm: Plopp, Wellen, plopp, Wellen. Sobald die Ringe verschwunden waren, zog man wieder an der Tülle, und der Film begann von vorne – ein absolut nachtfüllendes Programm. Mit solchen Abenteuern haben wir viel Zeit verbracht.

Das erste Jahr habe ich, wie berichtet, in der Hauptsache damit zugebracht, mich Rom mental zu nähern und die Sprache zu lernen. Ich sprach schon ganz gut italienisch, aber ich wollte es viel besser können, insbesondere seit ich wußte, daß ich dableiben würde.

So blöd, in eine Sprachenschule zu gehen, war ich natürlich nicht. Ich habe es bei einem kleinen Versuch belassen. Aber nachdem wir in der zweiten Stunde den Satz »Lo zio porta lo zaino« beigebracht bekommen hatten, auf deutsch: Der Onkel trägt den Rucksack, habe ich mir gesagt: Wenn ich morgen auf den Markt gehe und zum Verkäufer sage: Der Onkel trägt den Rucksack, dann kriege ich nie im Leben Tomaten.

Also sagte ich mir: Du mußt das Italienische praktisch lernen. Zu diesem Zweck ging ich jeden Tag nachmittags in ein Kino, in dem nur schlechte Filme liefen, schlechter als B-Movies, in dem der Eintritt umgerechnet fünfzig Pfennig kostete und in dem man natürlich rauchen durfte.

Die Dialoge im Kino, zumal in einem schlechten Film, verstehst du auf Anhieb, weil sie in Bildern sprechen. Wenn zum Beispiel einer mit einer Pistole in der Hand zum anderen sagt: Mani in alto!, und der andere hebt die Hände, lernst du schlagartig, was »Hände« und was »hoch« heißt. Das ist eine viel pragmatischere Art, eine Sprache zu lernen, denn was hoch und was eine Hand auf italienisch heißt, weiß man immer gerne.

Das Kino war ein sogenanntes Parochialkino, von denen gab es in Rom viele. Parochialkinos gehören zu einer Kirche. In einem Nebenraum der Kirche werden für die Jugendlichen der Umgebung Filme gezeigt.

Die Parochialkinos waren fast immer voller grölender Jugendlicher. Ich saß mittendrin, um mich kundig zu machen: Wie lebt man in Italien? Deshalb schaute ich mir auch kitschige Komödien an, Problemfilmchen, Schnulzen, da kriegt man alle Wörter mit, weil sie bebildert werden, und das brauchte ich jetzt. Ich war zwar schon oft in Italien gewesen, aber nie mit der Perspektive, ein Italiener zu werden.

Ziemlich oft ging ich für landeskundliche Studien auch in Bars, vor allem nachts, wenn da die Plebs rumhängt, oder in eine berühmte Diskothek namens *Piper Club*, wegen der ich einmal fast Ärger gekriegt hätte.

Die Villa Massimo wurde nämlich eines Tages von Polizisten oder Carabinieri heimgesucht, die einen jugoslawischen Rauschgifthändler suchten. Sie haben einen Teil des Gartens umgegraben, das ganze Häuschen wurde durchsucht, aber sie haben kein Haschisch gefunden. Sie haben auch keinen Jugoslawen gefunden. Ich habe darüber ein Hörspiel geschrieben, *Supermenschen in Paranoia*. Es war so erfolgreich, daß neben dem, was ich zum Leben brauchte, genug Geld übrigblieb, um mir Jahre später das Haus in der Vorderrhön zu kaufen. Es wird heute noch manchmal gesendet und ist ein ziemlich witziges Stück, muß ich sagen.

Es handelt davon, daß ein junger Jugoslawe eines Tages in die Villa Massimo kommt und einen dort wohnenden Dichter darum bittet, bei ihm ein Kilo Haschisch verstecken zu dürfen und ihm für zwei, drei Nächte Unterschlupf zu gewähren, bis er über einen Kurier ein Visum aus Jugoslawien kriegt, das es ihm ermöglicht, nach Belgrad zurückzukehren. Der junge Mann ist der Sohn eines hohen serbischen Politikers und gehört in Serbien zur Hautevolee, zur Jeunesse dorée. Da hat man ein Kilo Haschisch, wenn man auf sich hält.

Und deshalb kommt dann ein jugoslawischer Regierungsbeamter mit einem Diplomatenpaß, und ich fuhr in einer Nacht- und Nebelaktion zum Flughafen Fiumicino, um den Diplomatenausweis in Empfang zu nehmen, bretterte damit zurück zur Villa Massimo, gab diesem Serben die Papers und fuhr ihn, jetzt mit Ausweisen, die wahrscheinlich echt waren, vor allem aber Immunität gegenüber der italienischen Polizei garantierten, zum Flughafen, von wo aus er ungehindert nach Belgrad kam. Erst zwei Tage später rückten die erwähnten Carabinieri an, um nach ihm und dem Haschisch zu suchen. Aber er war längst weg. Und das Haschisch auch.

Das Ereignis war übrigens der Grund, weshalb ich einbestellt wurde und unterschreiben mußte, daß ich das Gartenhaus sobald wie möglich zu verlassen hätte, was ich auch tat, im Juli 1969, um in diese Riesenwohnung in Trastevere zu ziehen, wo ab Spätherbst auch Andreas und Gudrun wohnten, in einem Raum neben unserem Schlafzimmer, wo sie nachts Geräusche produzierten. Meine damalige Frau fragte mich jedenfalls: Sag mal, hältst du es für möglich, daß Andreas sadistisch ist? Ich versuchte es ihr auszureden. Es gelang mir nicht.

Über den Besuch der beiden habe ich, soweit ich mich entsinne, an anderer Stelle schon berichtet. Ich will mich deshalb darauf beschränken, was wir so gemacht und worüber wir gesprochen haben. Verzeiht mir, falls ich auch das schon erzählt haben sollte.

Die beiden interessierten sich, was ich anfangs nicht verstand, für das unterirdische Tunnelsystem, also für Katakomben und andere halb verschüttete Bauwerke. Die seien doch, meinten sie, bestens geeignet für eine Stadtguerilla. Ob es so was nicht gebe in Rom. Ich faselte was von Genossen, die halb klandestine, bewaffnete Aktionen propagierten.

Verstehen konnte ich dagegen ihr Interesse für ehemalige Partisanen, denn die interessierten mich ebenfalls. Ich kannte einige dieser Genossen. Die wohnten zwar nicht alle in Rom, aber immerhin in der Umgebung – Leute, die noch ihre Waffen vergraben hatten. Zu denen führte ich sie, und mit Hilfe meiner Übersetzungskünste haben sie sich mit ihnen über die Geschichte des antifaschistischen Partisanenkampfes unterhalten, auch über die Frage, warum es in den unmittelbaren Nachkriegsjahren keinen bewaffneten Widerstand gegeben hatte.

Das war ja ein interessantes Phänomen. In Italien hatten nicht nur Kommunisten und Sozialisten, sondern auch bürgerliche Leute unter Waffen gestanden, einige hunderttausend, nehme ich an. Die Linken hatten nach dem Sieg über den Hitlerfaschismus und den italienischen Faschismus, also nach der Ermordung Mussolinis, noch eine Zeitlang versucht, Italien von der rechten Brut zu säubern. Da wurden hohe Faschisten von italienischen Partisanen standrechtlich abgeknallt, im Minutentakt wurden die Faschisten in den ersten Wochen nach der Befreiung füsiliert. Es sah jeder ein, daß das viel besser war, als sie zu verhaften, vor Gericht zu stellen und zu erleben, wie sie nach ein paar Jahren wieder rauskommen und Regierungs- oder Wirtschaftsämter übernehmen.

Es gab auch Partisanen, die dafür waren, weiterzukämpfen, die sogenannten Barricatisti: gegen die Bourgeoisie, gegen das Kapital, gegen die Monarchie, gegen die Klassen, die ihnen den Faschismus eingebrockt hatten. Aber sie taten es nicht. Denn sie hatten nicht mit den Amis gerechnet, die dafür plädierten, diese nicht-rechtsstaatlichen Maßnahmen zu beenden, und die Kommunistische Partei unter Druck setzten. So kam, was kommen mußte, denn die KP war schon auf dem Weg zum Revisionismus. Auch die Anhänger der Forderung, der Kampf müsse weitergehen, folgten dem Aufruf der Kommunistischen Partei unter Togliatti, die Waffen abzugeben. Viele haben sie, wie gesagt, im Garten vergraben. Kleine Waffen kann man im Garten vergraben.

Es ist eines der interessantesten Phänomene, daß es dem US-Geheimdienst gelang, die real existierende Möglichkeit, für die sozialistische Revolution in Italien weiterzukämpfen, abzuwürgen. Togliatti, der gerade aus dem Exil in der Sowjetunion zurückgekehrt war, sagte jedenfalls: Nein, wir sind alle Italiener, wir wollen keinen Bürgerkrieg. Wir einigen uns auf eine mehr oder weniger beschissene Verfassung und eine mehr oder weniger beschissene Republik. Wir verlangen noch nicht mal die Absetzung des Königs, sondern wir sind damit einverstanden, daß eine Volksbefragung darüber stattfindet, ob der König bleiben darf oder ob er gehen soll.

Das bot er an, obwohl das Königshaus dafür gesorgt hatte, daß Mussolini und die Faschisten 1923 an die Macht gekommen waren. Ohne das Königshaus wären die Faschisten in den zwanziger Jahren in Italien nie an die Macht gekommen. Und dieses Königshaus wollten die Kommunisten nicht einfach absetzen und auf irgendeine pazifische Kleininsel exportieren, sondern sie ließen eine Volksbefragung durchführen. Ein Skandal sondergleichen.

Natürlich haben viele italienische Genossen, vor allem ehemalige Partisanen, bis zu ihrem Tod damit gehadert, daß sie sich damals die Möglichkeit der sozialen Revolution haben aus der Hand nehmen lassen. Über solche Dinge sprachen wir, wenn ich mit Gudrun und Andreas zu diesen Leuten ging.

Es gab auch noch eine relativ militante, kleine Abspaltung der Sozialistischen Partei, die Sozialistische Partei der Proletarischen Einheit, PSIUP. Von der haben sie logistische Unterstützung bekommen. Später haben wir dafür gesorgt, daß sie eine Wohnung am Golf von Neapel kriegten. Da habe ich sie mal besucht. Ich brachte LSD mit. Erst schluckten wir das Acid, und dann fuhren wir bei Nacht über die Berge und aßen in Positano in einer Kneipe am Meer Spaghetti.

Ich hatte wohl einen bad trip erwischt, denn als ich auf meinen Teller guckte, bewegten sich die Spaghetti. Ich hatte einen Teller voller Würmer vor mir stehen. Aber ich habe die Würmer gegessen. Damit muß man leben, wenn man Acid einwirft. Wir fuhren auch nach Pompeji, warfen LSD ein und spazierten durch die Ruinen. Das ist natürlich ein ganz anderes Feeling. Italien ist überhaupt hervorragend. Ich habe auf dem Palatinhügel, wo angeblich Romulus und Remus saßen, mehrfach LSD genommen. Das ist großartig, sage ich euch, versucht bloß nicht, das nachzumachen. Es verreißt euch, wenn ihr Pech habt. Man muß jedenfalls immer eine Tüte Downer dabeihaben.

Eines Tages, ich habe es selber erlebt, trat ein deutscher Gesangverein in den Chor der riesigen Maxentiusbasilika auf dem Forum Romanum. Man sah den Verein vom Palatin aus, wo Jean-Marie Straub einen tollen Film gedreht hat, sehr gut. Dieser Gesangverein stellte sich auf und sang ein deutsches Kirchenlied. Es war die reine Hölle. Ich stand da oben, etwa hundert Meter Luftlinie entfernt, und hörte plötzlich den ganzen Himmel voller Gesang. Voller deutscher Stimmen. Deutscher Worte. Deutscher Musik. Höllische Töne, ich bin fast ausgeflippt.

Ich habe bewußt an bestimmten Orten LSD genommen, zum Beispiel am Meer. Oder in der Nacht. Die Sterne singen plötzlich. Man hört plötzlich den Krach, den das Weltall macht. Man hört eine Weltallsymphonie. Abgesehen davon, sind plötzlich Farben in der Welt. Die Welt ist nicht mehr so blaß. Gerade in Italien neigt die Welt dazu, blaß zu sein. Wenn aber LSD ins Spiel kommt, explodieren die Farben plötzlich. Ich würde sagen, in einer Apfelweinwirtschaft in Sachsenhausen sollte man es nicht nehmen. Das bringt einfach nichts. Aber in den Ruinen von Pompeji oder auf dem Palatin im Zentrum von Rom, dem Hügel, der unmittelbar an das Ruinenfeld des Forum Romanum angrenzt, kann LSD eine sehr nützliche Droge sein, wenn nicht gerade ein deutscher Gesangverein auftritt.

Im Februar 1970, schätze ich, kamen Gudrun und Andreas vom Golf von Neapel zurück und wohnten wieder bei mir. Sie fragten mich sogar, ob ich mitmachen wolle. Ich sagte: Nein, das mache ich nicht. Das heißt, es war gar nicht nötig, daß ich das sagte. Ich muß ein bißchen dumm geguckt haben, und Gudrun brauchte nicht viel, um zu verstehen, was los war. Sie guckte mich an, dann Andreas, und dann sagte sie: Laß ihn, laß ihn. Sie wußte, daß ich ihnen in jeder Hinsicht helfen würde, so gut ich das mit meinen Möglichkeiten konnte, aber daß ich nicht der geeignete Typ dafür bin, mit oder ohne Knarre in eine Bank reinzurennen und zu brüllen: Das ist ein Überfall! Und auch noch heil wieder rauszukommen, ohne mir, als wäre ich Woody Allen, in den Fuß zu schießen. Das hat sie gespürt, nehme ich an.

Danach fuhren sie mit dem Mercedes, mit dem sie schon in Paris gewesen waren, und ihren sauschlecht gefälschten Pässen zurück nach Berlin. Alles, was ich noch für sie tun konnte, war, unter Freunden eine kleine Sammlung durchzuführen, damit sie wenigstens ein bißchen Knete hatten, und Andreas meinen Ausweis und Führerschein zu schenken, damit er wenigstens einen ordentlichen Paß hatte. Mit dem Ausweis ist Andreas dann zwei Monate später in Westberlin verhaftet worden. Daß es ein ordentlicher Ausweis war, hat ihm nichts genützt. Dieser Mensch war ja, wie soll ich sagen – er schwebte über solchen Dingen. Er konnte die Frage, wie viele Kinder er hat, wie sie heißen und wann sie Geburtstag haben, nicht beantworten. Deshalb sagte der Polizist: Würden Sie bitte mal mitkommen? Er glaubte ihm nicht, daß er der Schriftsteller Peter O. Chotjewitz sei, wenn er noch nicht mal wußte, wie viele Kinder er hatte und wann sie geboren waren. Dabei hätte er wenigstens wissen müssen, daß ich zwei Söhne habe. Er hatte lange genug bei mir gewohnt.

Vermutlich ist durch diese Panne einiges schiefgelaufen, zumindest am Anfang. Nur durch diese Verhaftung war es nötig, ihn zu befreien, und nur durch die Befreiung war es nötig, so voreilig die RAF zu aktivieren. Ich denke, die RAF sollte im Mai 1970 noch gar nicht in Aktion treten. Das sollte später geschehen, ordentlich vorbereitet. Aber nachdem die Befreiung gelaufen war – er war zwar befreit, aber gleichzeitig waren drei oder vier Leute plötzlich gezwungen, in den Untergrund zu gehen –, ist die RAF so früh gesucht worden und unter Druck geraten. Nun ja, das ist eine andere Geschichte.

Zu der Geldsammlung, von der ich sprach, gibt es ein hübsches Detail. Verschiedene Deutsche in Rom und Umgebung hatten wiederholt geäußert, daß sie Sympathien für Andreas und Gudrun haben. Einer von ihnen war der Komponist Hans Werner Henze, der damals ein ganz radikaler Bursche war. Eine andere war Luise Rinser, von der ich schon sprach. Luise hat ein bißchen Geld gegeben. Aber Hans Werner Henze hat allen Ernstes Sachen wie ein T-Shirt und eine Pudelmütze gegeben. Die konnte ich nur wegwerfen. Ein anderer war ein Mann im diplomatischen Dienst in Rom, dem ich natürlich nicht gesagt habe, wofür ich Geld brauchte. Ich habe lediglich gesagt: Das sind Leute, die ich unterstützen möchte, die haben es verdient, es ist ja auch nur ein kleiner Betrag. Es ging um ungefähr dreihundert Mark. Und was sagte dieser Schalk? Er habe keine dreihundert Mark einstecken, er könne mir jedoch einen Scheck in dieser Höhe geben. Ich nahm den Scheck und versuchte ihn einzulösen. Er hatte mir allen Ernstes einen ungedeckten Scheck gegeben – ein ungedeckter Scheck auf die RAF von einem deutschen Diplomaten.

Wie es weiterging? Sie hockten jetzt also in Berlin, ich hockte in Rom, und irgendwann kam das erste Papier: Sieg im Volkskrieg, die Rote Armee Fraktion aufbauen und so weiter. Die Papiere sind veröffentlicht. Da wußte ich, daß es jetzt losgeht. Vereinbart hatten wir lediglich, daß, müßte einer abhauen oder zum Arzt, ich in Rom für ihn eine Unterkunft hätte und dafür sorgen würde, daß er ins Krankenhaus käme. Tatsächlich brauchte ich nichts davon zu machen. Von Zeit zu Zeit kam jemand vorbei und ging bald wieder. Manchmal lag auch nur ein Zettel im Briefkasten. Kein Wunder, die aktive Phase hat ja nur etwa zwei Jahre gedauert. Im Sommer 1972 saßen die meisten schon im Knast.

Auf die Idee, deshalb nach Deutschland zurückzukehren, wäre ich trotzdem nicht gekommen. Italien war viel zu interessant, vor allem in politischer Hinsicht. Gut, die kunsthistorischen Interessen, Manierismus, Barock, Caravaggio, Malerei, Bernini, Brunnen und so weiter und so fort, auch die Antike bis in Details, die die meisten Touristen nie kennenlernen wollten, auch das waren ganz wichtige Gründe, in Rom zu bleiben, und dann gab es Orte wie den schon erwähnten Gianicolo, zu denen bin ich regelmäßig hin – und sei es nur wegen der Aussicht. Von der Porta del Popolo gehen drei ellenlange Boulevards ab, jeder mit einer anderen Perspektive, und die drei Perspektiven werden auf dem großen Platz vor der Porta, auf dem ein Obelisk steht, gebündelt.

Oberhalb des Platzes liegt der Pincio, da stand früher die Villa des Lukullus. Lukullus kennen wir aus dem Lateinunterricht – ihr nicht, ihr hattet statt dessen Russisch. Er war einer dieser reichen Römer, die riesige Villen besaßen. Seine Villa ist wenigstens teilweise erhalten. Sie liegt hinter und seitlich der berühmten Spanischen Treppe.

Ich bin die Spanische Treppe rauf und habe mir vom Pincio aus Rom angeguckt. Allein die unglaublichen Mengen an Kuppeln und Türmen – stundenlang hätte ich da sitzen und glotzen können. Zu Fuß kommt man vom Ponte Sisto in vierzig Minuten hin, aber ich fuhr meistens mit dem Auto. Man konnte damals noch mit dem Auto überall hinfahren.

Ich war deshalb so oft da, weil unterhalb der Spanischen Treppe die ARD residierte. Ich lebte in Rom nach dem ersten Jahr überwiegend von publizistischen Arbeiten. Ich habe so gut damit verdient, daß ich in besseren Lokalen essen und Frau und Kinder ernähren konnte. Das lief ganz easy. Ich erhielt morgens einen Anruf aus Köln, aus Berlin, aus Stuttgart, aus Baden-Baden: Herr Chotjewitz, hier kommt eben die Meldung übern Ticker, die Schweizergardisten haben neue Unterwäsche gekriegt. Könnten Sie uns bis 13 Uhr einen Vier-Minuten-Kommentar machen?

Ich fuhr sofort rüber zur Spanischen Treppe und redete vier Minuten lang über die neuen Unterhosen der Schweizergardisten. Es waren nicht immer Unterhosen. Es war auch mal ein neuer Staatspräsident oder ein Besuch des deutschen Bundespräsidenten, der sich den *Rosenkavalier* angeguckt hat. Was sagt man dem deutschen Radiohörer mittags um eins zu der Tatsache, daß sich ein deutscher Bundespräsident in der römischen Oper den *Rosenkavalier* reinpfeift?

Ich bekam in einem solchen Fall selbstverständlich eine Freikarte. Ich konnte mir also sowohl den *Rosenkavalier*, eine meiner Lieblingsopern, als auch die Deppen in der Präsidentenloge angucken. Aber was schreibt man über ein solches Highlight? Ich kann unmöglich darüber schreiben, wie die Aufführung gewesen ist. Ich kann auch nicht darüber schreiben, was für einen Frack der deutsche Bundespräsident anhatte oder daß es voll war. Für den Schriftsteller Chotjewitz war das eine Herausforderung sondergleichen: einen vier Minuten langen Text über etwas zu schreiben, über das man nicht schreiben kann. Das war häufig so.

Wenn ich einen Fernschreiber brauchte, mußte ich ein paar Straßenecken weiter in die Büros der sogenannten Stampa Estera gehen, der Auslandspresse. Ich hatte einen Presseausweis, ich war beim Außenministerium akkreditiert, deshalb wurde ich dann auch Italiener. Man mußte fünf Jahre in Italien sein, um Italiener zu werden, nicht länger. Ich konnte nachweisen, wovon ich lebte, und wahrscheinlich hat das Außenministerium zumindest zum Teil gelesen und gehört, wie und worüber ich aus Italien berichtet habe. Mit dem Ausweis der Auslandspresse konnte ich umsonst mit den italienischen Staatsbahnen fahren.

Durch diese Tätigkeit war ich in höchstem Maße privilegiert. Wenn irgendwo eine Straßensperre war, zeigte ich den Carabinieri meine Tessera, den Presseausweis, und sie trugen mich beinahe rein. Ich wurde sogar zu Staatsempfängen und zum Sommerfest des italienischen Staatspräsidenten eingeladen.

Für mindestens ein Dutzend Zeitungen habe ich einmal die Woche einen Artikel geschrieben. Meine Spezialität war, da ich nicht festangestellt war und nicht für ein großes Blatt schrieb, sondern für kleine Zeitungen – *Nürnberger Nachrichten*, *Schwäbische Donau-Zeitung*, *Saarbrücker Zeitung*, *Kölner Stadt-Anzeiger* und so fort –, daß ich denselben Text an drei, vier Zeitungen geschickt habe. Entweder nahmen sie ihn, oder sie nahmen ihn nicht, und jedesmal gab es fünfzig oder fünfundsiebzig Mark. Beim Funk gab es selbstverständlich erheblich mehr. Und wenn ich fertig war, ging ich die Spanische Treppe rauf, stellte mich an den Rand der Villa des Lukullus und schaute mir meine Welt von oben an. Das war gewissermaßen mein Lebensrhythmus.

Ich habe auch große Sendungen gemacht, Rom-Features, die ich selber gesprochen habe, bestimmt ein Dutzend in diesen sechs Jahren, vielleicht auch zwei Dutzend einstündige Features. Ich habe über nahezu alles geschrieben. Ich habe eine Sechzigminutensendung über Wahlplakate der

Kommunistischen Partei geschrieben oder über die auf sämtlichen kommunistischen und gewerkschaftlichen Massenveranstaltungen zu hörenden italienischen Klassenkampflieder. Einige sind auch in Deutschland bekannt geworden. Ich habe natürlich mit Musikeinspielungen gearbeitet.

Ich habe die merkwürdigsten Sendungen gemacht. Ich bin rausgefahren und habe einen einstündigen Bericht darüber gemacht, wie man in den Bergdörfern in den Abruzzen lebte. Die Menschen lebten da mit Mofa, TV und Kühlschrank am Rande der Steinzeit.

Wie lebten die Mafiosi auf den zwischen Sizilien und Tunesien gelegenen Inseln, auf die sie verbannt wurden? Ich fuhr auf eine dieser Inseln, interviewte zwei Mafiosi, kam mit dem O-Tonmaterial ins Studio, habe es im Original abgespielt, einen Teil habe ich übersetzt, ein paar Kommentare, dazu eine ordentliche Landschaftsbeschreibung und einen kleinen Exkurs darüber, daß diese Schwerstverbrecher auf einer Insel saßen, zu der das Wasser mit dem Tankschiff gebracht werden muß – im Nu hatte ich eine einstündige Sendung voll.

Über die absurdesten Themen habe ich einstündige Sendungen gemacht, über italienische Schlager zum Beispiel. Ich brauchte nur die Schallplatten, die aus allen Radios dudelten, zu kommentieren und auszugsweise vorzuspielen. Das war keine Arbeit. Es gab im italienischen Radio die Sendung *Un disco per l'estate, Eine Schallplatte für den Sommer*. Die begann kurz nach Weihnachten, damit, wenn es dann wirklich Sommer wurde, alle italienischen Familien diese Schallplatten besaßen.

In jedem Jahr gab es zwei Dutzend Sommerhits. Die Italiener hatten damals ein spezielles Gerät, den Plattenspieler für den Sommer. Er hieß »Schallplattenesser« und hatte ein wenig Ähnlichkeit mit einer externen Festplatte. Die Wiedergabequalität des Schallplattenessers war gräßlich. Aber jede italienische Familie hatte am Strand einen dabei – alle drei Meter ein Schallplattenesser, und jeder spielte eine andere Schallplatte für den Sommer. Das war absoluter Featurestoff, klarer Fall, wenn man auch die Hörschäden bedenkt, die das System anrichtete, in Straßenbahnen, an Tankstellen, an Stränden, in Ausflugsgaststätten, bei Bergwanderungen, denn jede Gruppe von vier bis fünf Personen hatte um den Hals einen Schallplattenesser hängen und hörte den neusten Fausto Leali oder Adriano Celentano.

Mit solchen Themen konnte man, als der deutsche Funk noch hörenswert war, im Jahr zwanzig Stunden Programm füllen und außerdem bei der VG Wort Radiotantiemen abkassieren. Auch das war in diesen sechs Jahren eine wichtige Einnahmequelle.

Ich habe natürlich auch geschrieben. In Rom habe ich gleich im ersten

Jahr, als ich noch nicht journalistisch arbeiten konnte, unter anderem den Photoroman mit Gunter Rambow gemacht, *Roman – Ein Anpassungsmuster*. Ich bin sehr stolz auf das Buch. Es enthält eine Menge Aktphotos von mir.

Morgens um sechs pirschten wir durch den Park der Villa Massimo, es war April, saukalt, ich zog mich aus, Gunter photographierte, seine Frau Inge assistierte, ich zog rasch den Bademantel wieder an, schon wegen der Kälte. Eine Photosession machten wir in einem Eichenwald bei Palestrina, das sind die wildromantischen Photos in dem Buch, das heute eine gesuchte Rarität ist. Im Eichenwald mußten wir weniger auf Spaziergänger achten als auf die Vipern. Die Aktphotos konterkarierte Gunter mit Photos von alten Schuhen, zumeist Strandgut, und ich schrieb dazu eine Menge verrückter, auch sinnloser Texte. Gunter, der ein genialer Buchgestalter ist, machte daraus ein tolles Werk, eine Inkunabel der 68er Ästhetik. Nur die Literaturkritiker reagierten säuerlich.

Wenn ihr das Buch seht, werdet ihr nicht glauben, wie spontan die Aktphotos im Kasten waren. Ich sagte zum Beispiel: Du, auf den da könnte ich mich mal draufsetzen. Es war eine Büste, die halb in eine Wand eingelassen war, von irgendeinem Typen mit einem unglaublich gezwirbelten Schnurrbart. Er sah ein wenig wie ein preußischer Junker oder wie ein Gardeoffizier aus. Ich kletterte also drauf, setzte mich auf den Kopf und ließ meinen Penis so über seine Stirn hängen, daß die Nase eine Verlängerung meines Genitals bildete. Daraus haben wir später sogar ein Plakat gemacht.

Wir wußten nicht, daß die Büste Kaiser Wilhelm II. darstellt. Und es lebte zu der Zeit noch eine entfernte Verwandte von ihm, ich glaube, eine Großnichte. Die hat uns einen Prozeß an den Hals gehängt. Das war möglich. Ich wußte nicht, daß es im Jahre 1968 noch verboten war, sich nackt auf Kaiser Wilhelms Kopf zu setzen. Das Ganze kam erst raus, als ich schon nicht mehr in der Villa Massimo wohnte, und war einer der Gründe, warum ich Hausverbot bekam, denn diese Kaiserdame strich den Zuschuß für die Villa Massimo, einen nicht unerheblichen Betrag. Sie meinte, für solchen Schweinkram bezahle sie nicht auch noch.

Ich sagte vorhin, ich hätte auch viel über die Kommunistische Partei Italiens geschrieben, und ich muß zugeben, das stimmt, der Verein hat mich fasziniert, und eine Zeitlang habe ich sogar erwogen, in die PCI einzutreten. Die hätten mich auch aufgenommen.

Es war eine sehr seltsame Partei. Das Merkwürdige war eigentlich nicht, daß sie zu ihren besten Zeiten dreißig Prozent der Wählerstimmen bekommen hat. Das Merkwürdige war auch nicht, daß sie von den Alliierten, aber auch von faschistischen, reaktionären italienischen Kräften für gefährlich gehalten wurde und man sagte: Wenn die an der Macht beteiligt werden, geht Italien unter, dann geht die NATO unter, dann geht der größte Flugzeugträger der USA im Mittelmeer unter.

Italien war de facto der größte Flugzeugträger der USA im Mittelmeer. Für die Beherrschung des Mittelmeerraumes war Italien seit Kriegsende eine zentrale Größe. Woher sie die Idee hatten, daß das durch die Regierungsbeteiligung der Kommunistischen Partei in Gefahr gewesen wäre, habe ich nie verstanden. Man weiß heute ja, daß der Präsident der Christdemokratischen Partei, Aldo Moro, unter anderem deshalb ermordet wurde, weil er dafür war, die Kommunistische Partei an der Regierung zu beteiligen. Deshalb wurde er von den Roten Brigaden entführt und ermordet – und zwar auf Wunsch der USA und der reaktionären christdemokratischen und sonstigen politischen Kreise in Italien, aber das war reine Hysterie.

Alles, was man der Kommunistischen Partei hätte vorwerfen können, war eine ungemein plausible Revolutionsrhetorik. Sie hatte nie ihr Godesberg, sondern berief sich nach wie vor auf ihre revolutionären Anfänge nach dem Ersten Weltkrieg, auf Bordiga, auf Gramsci, auf andere Größen. Las man die Schriften und hörte man die Reden, hätte man denken können: Wenn die an die Macht kommen, ist Italien innerhalb weniger Monate eine sozialistische Republik. Aber das war ganz unwahrscheinlich, denn de facto waren die Kommunisten in weiten Teilen Italiens an der Macht, in Regionen, in den Kommunen, selbst in der Zentralregierung, in der sie mit Ausnahme einer kurzen Zeit unmittelbar nach der Befreiung nie gesessen haben.

Die Spatzen pfiffen es von den Dächern, daß aus dem Topf, aus dem die Parteien illegal finanziert wurden, aus dem Korruptionstopf, auch die Kommunisten ihren Anteil erhielten. Es wurde gerecht aufgeteilt. Die Christdemokraten bekamen als größte Partei das meiste, die Kommunisten als zweitgrößte Partei das zweitmeiste. Alle wichtigen Deals, egal, auf welcher Ebene, wurden so abgewickelt, daß man sich bei den Kommunisten rückversicherte und ihre Genehmigung einholte.

Es gibt diesen berühmten, auch verfilmten Roman von Leonardo Sciascia, er heißt *Todo modo oder das Spiel um die Macht*, in dem die Kommunistische Partei dahinter kommt, daß der rechte Flügel des Parteiensystems einen Putsch plant, um ein autoritäres Präsidialregime zu errichten. Es gelingt der Partei zusammen mit anderen zivilen Kräften in letzter Minute, diesen Putsch abzuwenden. Und nun geht ein Journalist zum Vorsitzenden der Partei und will, daß der öffentlich bekanntgibt, daß dieser Putsch unmittelbar bevorstand und nur dank des großen Einflusses der KPI verhindert wurde.

Der Kommunist weigert sich natürlich, diese Erklärung abzugeben, aus einem einleuchtenden Grund: Der wahre Einfluß der KPI auf die Politik darf nicht publik werden. Es darf nicht publik werden, daß die KPI längst ein Teil und eine unerläßliche Größe des verrotteten Systems der parlamentarischen Demokratie ist, daß sie ökonomisch, gesellschaftlich und politisch längst von der Macht profitiert. Das war die Kommunistische Partei, die dann Anfang der neunziger Jahre verschrottet wurde.

Nun muß man sagen: Sie ist zu Recht verschrottet worden. Sie war keine sozialistische und noch nicht mal eine demokratische Alternative. Das hat mich so fasziniert an dieser Partei, versteht ihr, diese Scheinhaftigkeit – daß die deutschen Sozialdemokraten noch in den siebziger Jahren Angst hatten, sich mit der KPI offiziell an einen Tisch zu setzen, daß sie wer weiß welche Hilfskonstruktionen brauchten, etwa die Chimäre des Eurokommunismus, um sich gelegentlich mit einem rechten Kommunisten zusammensetzen zu können. Nach außen hat die imperialistische Welt fünfzig Jahre lang an der Fiktion festgehalten, die Kommunistische Partei sei eine kommunistische Partei.

Diese Erfahrung der Scheinhaftigkeit politischer Diskurse konnte ich nur in Italien machen. Im gesamten Landesdrittel des italienischen Nordens waren die Fabrikbesitzer, waren die Ausbeuter in der KPI – wie ihre Arbeiter. Das heißt, es war Faschismus. Wenn der Fabrikbesitzer Kommunist ist und die Arbeiter, die er ausbeutet, auch Kommunisten sind, was ist es dann? Das ist Faschismus.

Aber nach außen hielt sich das ganze Land an der Lüge fest, die KPI kämpfe für die Freiheit, der Sozialismus werde siegen. Dieses Auseinanderfallen von Fiktion und Realität war großartig. Wir haben das Phänomen in allen Demokratien des Westens, auch in der Bundesrepublik. Aber das Beispiel der KPI oder auch der kommunistischen Gewerkschaft, die in Italien sehr stark war, zeigt, daß es in Italien Dimensionen hatte, von denen man bei uns nur träumen konnte.

Hätte man die Deutsche Kommunistische Partei gelassen, hätte man das mit den deutschen Kommunisten möglicherweise auch machen können. Die Kommunisten in der DDR waren ja ebenfalls Kapitalisten. Das ökonomische System in der DDR war ein kapitalistisches, natürlich anders akzentuiert, mit anderen Bedingungen und Möglichkeiten als das kapitalistische System in Westdeutschland, aber die Grundpraktiken des Wirtschaftens in der DDR waren kapitalistischer Natur. Man praktizierte Kapitalismus auch in der Sowjetunion und nannte es Sozialismus. Doch das Auseinanderklaffen von Behauptung und ökonomischer Realität war in Italien wirklich einmalig.

Zehntes Kapitel

Man baut eine Mauer, man sucht einen Autor, man schreibt keine Doktorarbeit

Es gab noch einen Grund, einen gar nicht so unerheblichen, weshalb ich 1967 ausgesprochen gerne nach Rom gegangen bin. Ich wohnte bis dahin in Westberlin und hatte irgendwie die Nase voll von der Stadt. Obwohl ich gebürtiger Berliner bin und da, wie ich meine, sehr gute Möglichkeiten hatte und gut gelebt habe, auch ökonomisch, hatte ich irgendwie die Schnauze voll.

Zum einen war da der Literaturbetrieb. Ich war spätestens seit 1964 fest eingebunden in den kleinen, aber feinen Westberliner Literaturbetrieb, und der ist mir immer auf den Keks gegangen. Er wurde von einigen Platzhirschen beherrscht, und die kleinen Lichter wie ich hatten nur die Möglichkeit, und das haben einige getan, den Großdichtern Zucker in den Hintern zu blasen, damit sie ein bißchen mitspielen durften. Die Großdichter machten zur Voraussetzung, daß man ihre Rolle akzeptierte, daß man keine Kritik formulierte, daß man sie anbetete. Speichellecken ist eine unangenehme Tätigkeit, in den Arsch kriechen ist eine unangenehme Tätigkeit, selbst Zucker in den Hintern blasen ist eine unangenehme Tätigkeit.

Zum anderen mißfiel mir die Neue Linke, diese Selbstgerechtigkeit, diese Verlogenheit, diese Arroganz und Wirklichkeitsferne mancher Leute, die damals Wortführer der APO waren. Zu denen gehörte zum Glück oder auch leider eine ganze Reihe heute noch recht bekannter Schriftsteller. Vergleicht man deren Äußerungen von den Jahren 1965/66 bis in die frühen siebziger Jahre mit dem, was sie später von sich gegeben haben, sind das diametrale Gegensätze. Die merkten es wahrscheinlich nicht mal oder nehmen für sich das Recht in Anspruch, daß man seine Meinung ja auch mal ändern dürfe. Aber es ging nicht um Lernen, es ging um Opportunismus.

Das waren Intellektuelle, akademisch gebildet, hochintelligent, und sie haben dummes Zeug geredet. Sie hätten nur an die FU gehen und sich die Vorlesungen zur Geschichte der KPdSU und der Sowjetunion und anderer Bewegungen anhören müssen, um zu erkennen, daß das, was sie an politischen Vorschlägen unterbreiteten, Quatsch war.

Es waren im Grunde relativ wenige Leute, die um die Führerschaft stritten. Man muß sich auch mal darüber im klaren sein, daß die Massendemonstrationen, die Sit-ins und Go-ins in Berlin im wesentlichen Versammlungen von Gefolgsleuten waren. Denen konnte man dies zurufen, dann ging es da lang, und das zurufen, dann ging es da lang, und skandieren kann jeder, wenn die Sprüche vorfabriziert sind, dann kann jeder brüllen.

Ich will das jetzt nicht verallgemeinern. Es gab sicher viele, die zwar nicht zu den Leuten in der ersten Reihe gehörten, aber die selbständig gedacht haben, die anders gedacht haben als die in der ersten Reihe, in der immer dieselben Gesichter marschierten, die Allgegenwärtigen. Man kennt die Photos zur Genüge.

Ich gebe offen zu, daß ich mich auch persönlich angegriffen fühlte. Ich könnte ein Beispiel nennen. Von einem bestimmten Punkt an stieß das, was ich literarisch machte, bei linken Kollegen auf Ablehnung. Es war interessant, wie etliche Leute Positionen zur Musik oder zur Literatur oder zur bildenden Kunst einnahmen, von denen sie sich später wieder distanzierten. Ich weiß nicht mehr, welcher berühmte Komponist es war, der um 1968 herum in einem Pamphlet allen Ernstes forderte, die Opernhäuser stillzulegen, weil da eine bürgerliche, affirmative Geschmackskultur zelebriert würde.

Oder es wurde die Abschaffung der Literatur gefordert. Eine ganze Nummer des *Kursbuches* forderte die Abschaffung der Literatur. Das gleiche galt selbstverständlich für die bildende Kunst und so weiter. Das waren dieselben Leute, die vorher durchaus ordentliche ästhetische Arbeit geleistet hatten. Unter dem Eindruck der Neuen Linken wollten sie plötzlich nur noch solche Kunstwerke akzeptieren, die eine gesellschaftsverändernde Wirkung besaßen. Nachdem die erste Begeisterung abgeklungen war, konnten sie dann wieder konventionelle Künstler und Schriftsteller werden.

Ich bin also in Kneipen und auf Veranstaltungen von Kollegen beschimpft worden, ich sei ein spätbürgerlicher Schriftsteller, ein Klassenfeind. Ich habe richtige Auseinandersetzungen führen müssen. Deshalb bin ich ganz gerne aus Berlin weggegangen, obwohl das keine Geschichten waren, die meine Anwesenheit in Berlin generell verunmöglicht hätten. Hätte ich das Romstipendium nicht bekommen, wäre ich in Berlin geblieben und mit der Situation fertiggeworden, das wäre für mich kein Problem gewesen.

Es war also keine Flucht aus Berlin. Der Umzug von München nach Berlin einige Jahre zuvor war eher eine Art Flucht, allerdings eine Flucht mit merkwürdigen Begleitumständen.

Ich hatte in München 1961 in einer Nachtbar eine Frau kennengelernt. Ich habe sie geliebt, obwohl es ziemlich lange dauerte, bis sie mit mir ins Bett ging. Im Sommer hatte ich schon mal eine Zeitlang mit ihr zusammengewohnt, und dann hatten wir uns wieder getrennt. Wir hatten uns eine Weile aus den Augen verloren, und irgendwann im August, kurz vor meinem mündlichen Staatsexamen, lief sie mir in Schwabing an einer Straßenecke über den Weg. Sie studierte an der Akademie der Bildenden Künste am Siegestor, obwohl sie unbegabt war. Wir landeten im Bett. Monatelang hatte es nicht geklappt, jetzt landeten wir im Bett.

Ich hatte in Schwabing eine hübsche Zweieinhalb-Zimmer-Wohnung, die von einer Frau bezahlt wurde, die ein Pharmaunternehmen besaß und manchmal nach München kam. Möglicherweise gab es bei der Kunststudentin auch eine Art Mitleideffekt, einschließlich einer gewissen sexuellen Neugier, denn als sie in die Wohnung kam, stellte sie als erstes fest, daß man das Badezimmer nicht benutzen konnte.

Nicht, daß die Badewanne verdreckt war, aber sie stand voller Geschirr. Ich stellte das benutzte Geschirr immer in die Badewanne. Wenn die Wanne voll war, duschte ich das Geschirr ab. Sie dachte, nehme ich an: Was ist denn das? Sie war eine höhere Tochter aus dem akademischen Milieu. Eine solche Mischung aus jemandem, der gerade dabei ist, das Erste juristische Staatsexamen zu machen, und auftritt wie Graf Koks von der Gasanstalt und dann eine Badewanne voller Geschirr in einer Wohnung, in der man sich nirgendwo hinzusetzen traut, weil man Angst haben muß, sich sofort einzusauen, das hat sie vielleicht ein bißchen gereizt.

Vielleicht hat sie gereizt, mal richtig im Schmutz zu versinken: Ich habe einen Mann, den viele möchten, und der ist ein entsetzliches Schwein. Sie wollte sich von einem Schwein entjungfern lassen, nicht von einem, der aus ihrem Stall kam. Ich könnte mir denken, so war das.

Ich hatte schon damals immer zwei oder drei Drugs im Haus, zum Turnen und um Phantasien zu entwickeln. Meskalin habe ich gerne genommen. Auch sehr gerne habe ich, das war hervorragend, Präparate genommen, die später unter der Sammelbezeichnung Speed liefen – Amphetamine. Es gab Tabletten, die hießen Preludin, Prellus nannten wir die. Man konnte aber auch Thomapyrin nehmen, eine entsprechend große Menge, ich würde sagen: zwanzig Stück, und vielleicht zwei Liter Bier drauf. Das ergab eine schöne Wirkung. Da bist du zehn Zentimeter über dem Erdboden geschwebt.

Preludin war allerdings besser. Preludin hat die deutsche Wehrmacht eingesetzt. Bevor sie die Nahkampftruppen in den Tod jagten, wurden die mit Preludin vollgepumpt und kriegten einen Viertelliter Branntwein. Dann ließen die sich abschlachten und fanden ein großes Vergnügen daran.

Ich hatte einen Freund, der viel mit Kunzelmann zusammen war, bei den *Unverbindlichen Richtlinien* zum Beispiel, der war Chemiestudent und konnte Meskalin beschaffen. Unter Meskalin hat man Farbillusionen und Halluzinationen. Es ist eine Droge, die kreative Möglichkeiten freisetzt. Schreiben unter Meskalin führt zu Aussetzern, die faszinierende Texte erzeugen. Écriture automatique. Es wirkt ganz offensichtlich auch auf die sprachlichen Kontrollmechanismen ein. Man redet nicht viel. Ich habe jedenfalls unter Meskalin nie viel geredet. Keiner hat gemerkt, was ich erlebt habe.

Na gut, ich habe dieser höheren Tochter, die in meinem Bett landete, Meskalin angeboten, und das mag dazu beigetragen haben, daß sie irgendwie hingerissen war, neben der Musik, klar, Musik war immer wichtig – und zwar möglichst Musik, die vor dem Hintergrund eines Elternhauses, in dem außer Johann Sebastian Bach nichts gehört wurde, was wirklich Neues war, Charly Parker zum Beispiel, also nichts Dolles.

Bebop war um 1960 herum, zumindest in den Jazzlokalen in München, noch in. Da wurde fleißig Bebop gespielt und gekifft. Bebop und kiffen kommt gut, muß ich sagen. Die Musiker müssen auch kiffen.

Ich erinnere mich an das erstemal, als ich mit ihr ins Bett gegangen war. Es war hell, ich lag da und suchte nach dieser Frau. Ich sagte mir: Die muß doch irgendwo sein, und dann saß sie am Kopfende wie auf einem Heiligenbildchen der Engel. Sie machte nichts weiter, als diesen schlafenden Penner mit einem glückseligen, hingerissenen Gesichtsausdruck zu beobachten. Es turnt ungemein, wenn dich eine Frau so anguckt. Die hat mir vielleicht zwei Stunden lang dabei zugeguckt, wie ich meinen Rausch ausgeschlafen habe.

Diese Faszination hielt zwei oder drei Tage an. Wir haben die Wohnung dann verlassen, als wir was essen und trinken mußten. Es war vormittags, glaube ich. Unten im Haus war ein Wienerwald. Da aßen wir Hendl und tranken ein paar Bier dazu. Und da lag eine *Bild*-Zeitung rum. Es war wohl ein Dienstag. Die *Bild*-Zeitung war vom Montag. Aus der war zu erfahren, daß in Berlin am Sonntag eine Mauer gebaut worden war. Das heißt, während am 13. August in Berlin der Mauerbau begann, lagen wir drei Tage lang im Bett, und als wir wieder unten waren, war Berlin geteilt.

Was war die Folge dieses Ereignisses? Eine doppelte. Wir beschlossen, zusammenzubleiben und nach Westberlin zu ziehen. Da mußte man jetzt hin. Nachdem ich zwei Wochen später mein mündliches Staatsexamen gemacht hatte, packten wir unsere Rucksäcke und sind erst mal ein paar Wochen lang durch den Süden Frankreichs getrampt, und dann haben wir langsam begonnen, unseren Abgang nach Westberlin zu organisieren. Wir haben die Möglichkeiten abgecheckt, was man in Westberlin machen kann, denn es ging mir in München ja ganz gut, abgesehen davon, daß München grottenteuer war.

Du mußtest schon damals für eine relativ miese Bude in Schwabing, Wohngemeinschaften gab es noch nicht, zweihundert Mark im Monat hinblättern. Man konnte in München zwar alles mögliche unternehmen, um Geld zu verdienen, man konnte wunderbar klauen, man konnte wunderbar schnorren, aber du mußtest einen Grundstock haben.

Aus dem westdeutschen Osten wurde in den folgenden Wochen gemeldet, daß viele Westberliner die Stadt verließen. Du kriegtest nach dem Bau der Mauer wochenlang keinen Möbelwagen von Westberlin in Richtung Westen. Die Wohnungen standen leer, die Mieten fielen. Ich habe, wie ich schon sagte, 1964 für eine hundertfünfzig Quadratmeter große Fünf-Zimmer-Wohnung im Monat vierundneunzig Mark Miete bezahlt. Dafür bekamst du in München in einem Doppelzimmer eine der beiden Schlafstellen.

Der Westberliner Senat und die Bundesregierung haben sehr schnell versucht, den Abfluß von Menschen zu stoppen, indem sie die unglaublichsten Anreize boten. Westberlin war der einzige Ort der Welt, an dem man mehr netto als brutto hatte. Wenn du in Berlin brutto vierhundertfünfzig Mark im Monat verdient hast – das war mein Anfangsgehalt als Rechtsreferendar –, wurden dir fünfhundertfünfzig ausgezahlt. Du zahltest nicht nur keine Steuern, sondern bekamst noch Geld obendrauf. Die Berliner hatten dafür den schönen Ausdruck »Zitterprämie«.

Tatsächlich haben die Leute, die in Berlin geblieben waren, zu einem nicht geringen Teil gezittert. Noch jahrelang konnte man am Ku'damm Berliner beobachten, die Westbesuch hatten. Der Westbesuch sagte: Schön hier. Der Berliner antwortete: Ja, nur schade, daß das alles mal der Iwan kriegt. Ganz Berlin war überzeugt davon, daß das alles mal der Iwan kriegen würde – und nicht umgekehrt. Deshalb wollte jahrelang niemand in Westberlin investieren. Erst ab etwa 1966/67 änderte sich das.

Nun muß man sich aber mal überlegen, wie angenehm das Leben in einer Stadt ist, in die keiner investieren will. In einer solchen Stadt gibt es Baracken und keine Hochhäuser. Baracken sind viel angenehmer zum Leben als Hochhäuser. Es gibt keine Armee, keine Autobahnen. Manches funktioniert nicht, die meisten leben von der Hand in den Mund, aber man hat keinen Streß.

Andere Dinge kamen hinzu. In Westberlin gab es keine Branntweinsteuer. Die hätte man nicht einführen können. Der Dichter Günter Bruno Fuchs hat Berlin mal als Trinkerrepublik bezeichnet. Du konntest die Leute im Grunde nur halten, indem du den Schnaps- und den Bierpreis gesenkt hast. Also bekam man in den frühen sechziger Jahren die berühmte Rentnerlage Molle und Klarer für fünfzig Pfennig. In Westdeutschland kostete ein gewöhnlicher Schnaps damals schon eine Mark oder achtzig Pfennige. In den Westberliner Abfüllstationen hieß es: Ein Genickschußwasser, bitte. Man bestellte einen Schnaps, und der Kellner servierte ein Genickschußwasser.

So war das Zeug auch, extrem billiger Stoff. Und wenn die Getränke billig sind, sind auch bestimmte Lebensmittel billig. Bouletten, Soleier sind billig, Knackwürste. Als Mitte der Sechziger in Berlin die Branntweinsteuer eingeführt wurde, wurden auch die Bouletten teurer. Ich fragte: Warum werden denn jetzt die Bouletten teurer? Aber es ist logisch, daß eine Relation zwischen dem Schnapspreis und dem Preis für Soleier, Bouletten und saure Gurken besteht.

Es gab in Berlin, im Gegensatz zum gesamten Bundesgebiet, keine Polizeistunde. Man hätte die unmöglich einführen können. Wenn eine Stadt so wenig zu bieten hat wie Westberlin Anfang, Mitte der sechziger Jahre, konnte man das nicht machen. Man mußte die Kneipen vierundzwanzig Stunden offenhalten, damit die Leute ein Zuhause hatten. In Westberlin gab es zudem keine Wehrpflicht. Du mußtest als junger Mann im wehrpflichtigen Alter nur rechtzeitig nach Westberlin ziehen, dann brauchtest du nicht zum Bund. Du durftest allerdings nicht bereits erfaßt sein.

Obwohl, wie sollte man die Leute, die im Westen schon erfaßt waren, aus Westberlin rauskriegen? Einer der Gründe, weshalb ein paar junge Männer zur RAF gegangen sind, war, daß man Ende der sechziger Jahre ein paar von Rechts wegen wehrpflichtige junge Männer mit Polizeigewalt aus Westberlin verschleppt hat, um sie in die Bundeswehr zu stecken. Es gibt Photos davon.

Ich habe gerne in Westberlin gelebt, weil es so abgehängt war, auch verkehrstechnisch. Bahnfahrten nach Westdeutschland erinnerten mich immer an meine Kindheit im Krieg und in der unmittelbaren Zeit danach.

Absurd war auch der innerstädtische Verkehr. Nach dem Bau der Mauer hatte der Springer-Konzern, dem viele Westberliner Zeitungen gehörten – *Bild*, *B.Z.*, *Die Welt* und so weiter –, dekretiert: Wir fahren nicht mehr mit der S-Bahn.

Warum? Die S-Bahn war das wichtigste und effizienteste Nahverkehrsmittel in Berlin, aber sie stand unter der Verwaltung der Reichsbahn, die in Ostberlin angesiedelt war. Das S-Bahnnetz war exterritoriales Gebiet der DDR. Zum Ausdruck kam das unter anderem dadurch, daß auf allen Westberliner S-Bahnsteigen in einem großen Kasten das Zentralorgan der Sozialistischen Einheitspartei Westberlins aushing. Das konntest du nirgendwo kaufen. Du mußtest zum S-Bahnhof gehen, da konntest du die SED-Zeitung lesen.

Die Beschäftigten der Deutschen Reichsbahn, die für die S-Bahn in Westberlin zuständig waren, unterstanden arbeitsrechtlich einer in Ostberlin sitzenden Behörde. Absurderweise wurden sie in DDR-Mark bezahlt. Aber das Geld wurde eins zu eins komplettiert, andernfalls wären die armen Reichsbahner im Westen verhungert.

Die S-Bahn fuhr also nach wie vor im gleichen Takt, wurde gewartet und war völlig leer. Die braven Westberliner, diese Idioten, fuhren mit den Ersatzbussen der BVG. Uwe Johnson hat damals in der *Zeit* einen schönen Text darüber publiziert, über den sich die Westberliner Faschos aufgeregt haben. Die Bahnhöfe waren leer, die Kioske auf den Bahnhöfen waren geschlossen, weil sie sich nicht mehr rentierten, es gab keine Schalter mehr.

Okay, was habe ich gemacht, als ich 1961 nach Westberlin kam? Ich habe, kaum daß ich da war, angefangen zu schreiben. Schon als Junge wollte ich schreiben. Ich habe immer Schreibversuche unternommen, aber es hatte nie richtig geklappt. Als ich im Winter '61/62 in Westberlin saß, funktionierte es plötzlich. Ich begann, experimentelle Texte zu schreiben, und schrieb ununterbrochen an zwei Romanen gleichzeitig: an *Die Insel – Erzählungen auf dem Bärenauge* – das Bärenauge ist Berlin – und an *Hommage à Frantek.*

Es war aufregend. Kaum hatte ich ein paar Zeilen geschrieben, fühlte ich mich schon als Literat und meinte, ich müßte jetzt zur Westberliner Literaturszene gehören. Ich ging zu literarischen Veranstaltungen, bei denen ich früher nie gewesen war. In Frankfurt war ich nie bei literarischen Veranstaltungen gewesen. Jetzt tat ich so, als verstünde ich irgendwas vom Schreiben, von der Literatur. Die meisten Leute ließen sich überzeugen. Ich hatte jedenfalls überhaupt keine Probleme, Anschluß an den Literaturbetrieb zu finden, auch in den paar Kneipen nicht, in denen die Literaten verkehrten.

Das führte schließlich dazu, daß ich im Frühjahr 1964 ein Stipendium erhielt, vom Literarischen Colloquium Berlin. Man bekam immerhin sechshundert Mark pro Monat und hatte eine Reihe anderer Vergünstigungen. Da lernte ich nun einen Haufen Schriftsteller kennen, vor allem aus meiner Generation, Piwitt, Peter Schneider, Hans Christoph Buch, Elfriede Gerstl, mit der ich lebenslang befreundet war, Corinna Schnabel, auch ältere Autoren, die gewissermaßen als Lehrpersonal eingesetzt wurden, Peter Rühmkorf, Heinar Kipphardt.

Von Kipphardt und Rühmkorf habe ich unglaublich viel gelernt, von Grass, der da auch dozierte, habe ich nichts gelernt. Komischerweise habe ich auch von Bloch, der gelegentlich Vorträge hielt, nicht viel gelernt, auch nicht von Andersch. Aber von Rühmkorf und von Heinar Kipphardt habe ich gelernt. Die waren in der Lage, einem zu sagen, worauf es beim Schreiben ankommt – welches Thema suche ich mir aus, wie gehe ich an das Thema ran, solche Dinge.

Den ganzen Sommer 1964 über hockte ich einen Großteil meiner Zeit zusammen mit vielleicht einem Dutzend anderer Leute, die ebenfalls literarische Ambitionen hatten, in einer Villa am Wannsee. Wir lasen uns unsere Texte vor und diskutierten mit den älteren Autoren darüber, wie man Literatur machen sollte. Das war gewissermaßen meine Schreibschule – nur daß ich zu dem Zeitpunkt, im Mai 1964, schon meinen ersten Roman, *Hommage à Frantek*, fertig hatte. Der wurde da auch gelesen, und die Jungs und Mädels fanden das auch alle ganz prima.

Wie ich zum *Frantek* kam, das ist eine Episode für sich. In München gab es die Literaturzeitschrift *Nesyo*. Die wurde von einem hasenschartigen Mann in Alleinregie gemacht und nachts in Kneipen vertrieben. Sie war sehr gut gemacht, mit sehr guten Texten. Über irgendwelche Kontakte hatte der meine Adresse rausbekommen und druckte dann ein paar Auszüge aus diesem Roman ab. Und bei Rowohlt saß ein Lektor namens Jürgen Becker, ein Autor, später war er Leiter der Hörspielabteilung des Deutschlandfunks in Köln. Der las auch so abartige Dinger wie dieses *Nesyo*.

Eines Tages kam ich in eine meiner Nachtstammkneipen in der Kantstraße, sie hieß *Sorgenpause* und war eine typische Westberliner Abfüllstation, mit Bierlachen und Besoffenen, die morgens um drei vom Barhocker fielen. Ich bin da morgens um drei rein, und da sagt der Kellner zu mir: Du, es war einer da, der hat nach dir gesucht, einer von einem Verlag. Kennst du da einen? – Nö.

Der war erst ins Literarische Colloquium in der Carmerstraße gegangen, zum Wolfgang Maier, glaube ich, und hatte gesagt, er suche einen Mann, der ein bißchen schreibt, der soll hier in Westberlin leben, der heißt Chotjewitz.

Wolfgang Maier, der ja auch Alkoholiker war, wußte, daß ich nachts, bevor ich nach Hause ging, für die letzten zwei, drei Bier immer noch in die *Sorgenpause* einfiel, wo ich übrigens auch Horst Tomayer regelmäßig traf, der damals als Ghostwriter für Wolfgang Neuss und andere tätig war und in denselben Kneipen verkehrte. Es gab etwa ein Dutzend Literaturszenekneipen. In der einen oder anderen verkehrten die besseren Leute wie Walter Höllerer und Günter Grass und Udo Jürgens.

In den *Blauen Nachtfalter* oder die *Sorgenpause* wäre Günter Grass nie reingegangen. Ich war mal mit Grass und Raddatz vom Rowohlt-Verlag, ich glaube, der Piwitt war auch dabei, in so einer Kneipe, die hieß schlicht *Rein und raus*. Es war eine Idee von Raddatz, dem ich sehr viel verdanke, mich mit Grass zu verkuppeln. Er dachte, der Grass lege ein gutes Wort für mich bei der Gruppe 47 ein, aber der dachte nicht daran. Der konnte mich nicht leiden, weil ich ihn für einen grottenschlechten Zeichner halte.

Das *Rein und raus* machte nie zu. Da wurde Raddatz die Brieftasche geklaut, mit einem relativ hohen Geldbetrag. Das waren die Kellner. Die Kellner im *Rein und raus* waren dafür berühmt, daß sie Brieftaschen klauten. Sie stellten sich dumm, und der Gast hatte nicht die geringste Chance. Da konnten auch Leute wie ich, die wußten, wo das Geld war, nichts machen, obwohl ich zu einem der Kellner sagte: Wenn ihr dem Raddatz die Brieftasche wiedergebt, klaue ich dem Grass die Börse und gebe sie euch.

Der Raddatz ging dann zur nahegelegenen Polizeistation am Bahnhof Zoo, und plötzlich fielen drei Polizisten über dieses Tag-und-Nacht-Lokal her. Die fingen an, den Mollo zu machen, aber die Brieftasche war weg.

Solche Lokale waren das. Die waren hervorragend, und so kam es, daß der Zapfer der *Sorgenpause* morgens um drei sagte: Hier hat einer nach dir gesucht, und der will morgen nachmittag um fünf wiederkommen.

Ich wäre nie nachmittags um fünf in die Kneipe gegangen. Das machen nur Rowohlt-Lektoren. Leute wie der Jürgen Becker gehen nachmittags um fünf in die Kneipe. Aber nicht ich. Deshalb sagte ich zu dem Zapfer: Sag ihm, nicht vor ein Uhr nachts.

Als ich um ein Uhr nachts hinkam, lag da nur ein Zettel von diesem Herrn Jürgen Becker, er wohne im Hotel am Steinplatz, kommen Sie morgen nachmittag um fünf da vorbei, ich habe ein interessantes Angebot zu machen. Na gut, bin ich hingegangen. Ins Hotel am Steinplatz konnte man auch nachmittags um fünf gehen. Da hat man sich nicht blamiert, da hat einen keiner gesehen. Und Jürgen Becker fragte, ob diese Auszüge Teil eines größeren Projekts seien. Ich sagte: Ja, ein fertiger Roman, *Hommage à Frantek*. – Können wir den haben? Ich sagte: Nein, ich möchte den nicht veröffentlichen. Ich mache Ihnen einen Vorschlag: Ich schreibe ein neues, ein besseres Buch, und Sie zahlen dafür ein Jahr lang jeden Monat fünfhundert Mark. Aber er wollte unbedingt diesen *Frantek* haben.

Ich habe ihm das Typoskript dann gegeben und wurde, nachdem meine Zeit im Literarischen Colloquium vorbei war, im Herbst 1964 nach Reinbek eingeflogen. Es war das erstemal in meinem Leben, daß ich geflogen bin. Das müßt ihr euch mal vorstellen: Damals mußte man dreißig Jahre alt werden, um das erstemal ein Flugzeug zu besteigen. Man flog von Tempelhof aus. Es waren Propellermaschinen. Die machten einen fürchterlichen Krach und wackelten so entsetzlich, daß man dachte, das Ding breche gleich auseinander. In Hamburg wurde ich von Raddatz mit einem Porsche abgeholt, in einem ordentlichen Hotel einquartiert und sofort erst mal irgendwo im Bismarckwald zu einem hervorragenden Essen eingeladen.

Danach teilte man mir mit, daß man *Hommage à Frantek* nun veröffentlichen wolle, und gab mir, ihr werdet es nicht glauben, zweitausend Mark mit auf den Weg – zweitausend Stutz für ein Buch, von dem dann nicht mal tausend Exemplare verkauft wurden. Von dem Vorschuß kaufte ich mir ein Auto für fünfhundert Mark, klar.

Das waren die Anfänge meiner literarischen Karriere. Sie begann in der *Sorgenpause* in der Kantstraße morgens um drei, und das Buch war ein rauschender Erfolg, wenn auch nicht an der Ladenkasse. Es gab Besprechungen, mit denen ich nie gerechnet hätte, lange, lobende. Ich habe nie begriffen, warum dieses Buch so gut gewesen sein soll. Aber es stand in allen Zeitungen, in der *FAZ* mit Photo, ohne Photo und ganzseitig in der *Zeit*. Die Crème de la Crème der Literaturkritik jubelte über dieses Buch, und ich verstand das überhaupt nicht. Denn ich hatte das Buch geschrieben, und ich wußte: Das Buch war dilettantisch.

Das alles führte dazu, daß ich bei Rowohlt ohne Probleme sofort einen neuen Vertrag bekam, über zwei Jahre hinweg sechshundert Mark im Monat für einen Roman, den ich fast zwei Jahre lang nicht geschrieben habe.

Irgendwann mußte ich ihn schreiben. Ich schrieb deshalb die *Insel*, an der ich seit Jahren zugange war, im Sommer 1967 innerhalb weniger Wochen um, so daß sie wie ein Roman aussah, in Ulm übrigens. Ich schrieb das Buch in einem Keller im Haus meiner damaligen Schwiegermutter. Ich hab's in die Maschine gehackt und hingeschickt.

Einerseits fanden sie's gut, andererseits sagten sie, es müsse dringend verschlankt werden, mindestens ein Drittel müsse raus. Das war ein Kampf. Sie haben sich große Mühe gegeben, mich zu überzeugen. Sie haben Gutachten eingeholt, zum Beispiel von Helmut Heißenbüttel und von Heinrich Vormweg, von Leuten, die ich selber schätzte und bei denen jeder wußte, daß die auch von der Art Literatur, die ich damals machte, was verstehen. Und alle sagten, das müsse unbedingt gekürzt werden. Schließlich holten sie mich im Sommer 1967 nach Hamburg, und da saß ich dann drei Tage mit Piwitt rum, wir soffen uns die Hucke voll und haben an dem Text herumgetüftelt, das heißt vor allem gestrichen, möglichst immer gleich ganze Kapitel, um uns Arbeit zu sparen.

Auf diese Weise blieb unheimlich viel Text übrig, und diese Reste, die Paralipomena gewissermaßen, waren so gut, fand ich jedenfalls, daß ich daraus sofort ein anderes Buch gemacht habe. Das hieß dann *Vom Leben und Lernen* und erschien im Frühjahr 1969 im MÄRZ-Verlag, und das kam so.

Ich hatte eine Lesung in Darmstadt, und hinten im Publikum saß der Jörg Schröder, der im Herbst 1968 unseren Photoroman verlegt hatte. Ich las ein paar der Paralipomena vor, und irgendwann wollte einer wissen: Was ist das? Wollen Sie das veröffentlichen? – Ja, sagte ich, das ist ein Buch, ich würde es gerne veröffentlichen, aber ich habe noch keinen Verlag dafür. Jörg Schröder hatte gerade einen Verlag geklaut, deshalb rief er: Doch, es gibt einen Verlag. Das Buch erscheint im MÄRZ-Verlag, den wir gerade gegründet haben.

Aber der Verlag war zu dem Zeitpunkt, als das Buch erschien, schon wieder so prekär, daß er keine Zeit und kein Geld für ein Lektorat und die Korrektur hatte. Deshalb findet ihr in dem Buch etwa vierhundertfünfzig zum Teil grob entstellende Druck- und Satzfehler. Zum Teil gehen sie auf mein Konto, zum Teil auf das Konto des Setzers.

Große Teile des Buches versteht man deshalb nicht, weil sie so fehlerhaft sind. Andere Teile versteht man nicht, weil die Texte so absurd sind. Ich weiß nicht einmal, ob es Rezensionen gab. Ich hatte immer den Verdacht, daß der Schröder keine Zeit und kein Geld hatte, um Besprechungsexemplare rauszuschicken und das Buch in den Handel zu drücken. Meiner Ansicht nach ist das Buch sofort wieder verramscht worden, so daß es im Grunde ein Scheinbuch ist.

Vom Leben und Lernen – Stereotexte bildet im Prinzip eine Einheit mit *Die Insel – Erzählungen auf dem Bärenauge*. Da gehören diese Texte hin. Als mich kürzlich ein Verleger anrief und fragte, ob er *Die Insel* verlegen könne, sagte ich, das könne er gerne machen, aber ich würde ihm raten, in den Band auch *Vom Leben und Lernen* aufzunehmen, vielleicht mit einem kurzen Klappentext von mir, in dem ich erzähle, daß die beiden Bücher ineinandergeschoben gehören, und der Leser könne überlegen, wo was hinkäme.

Daß die zwei Bücher zusammengehören, merkt man daran, daß die *Insel* an verschiedenen Stellen Zeitangaben enthält. Da steht dann: Es ist jetzt 12.54 Uhr. Diese Angaben sind folgendermaßen entstanden: Bevor ich im Sommer 1967 Westberlin verließ, habe ich die *Insel* im Europa-Center an der Gedächtniskirche komplett vorgelesen, im obersten Stockwerk. Ich begann nachmittags um siebzehn Uhr. Zwischendurch ging mal ein Gewitter nieder, so daß man fast nichts verstand, und irgendwann saß nur noch einer schlafend in der ersten Reihe. Am Anfang waren die üblichen dreihundert dagewesen. Als es aufs Ende zuging, am nächsten Tag, saßen wieder hundert oder zweihundert Leute da.

Wenn ich aufs Klo mußte, bat ich einen aus dem Publikum, für mich weiterzulesen. Oder ich trank mal einen Kaffee, aß eine Currywurst, und danach las ich weiter. Von Zeit zu Zeit habe ich auf die Uhr geguckt und ins Manuskript geschrieben: Es ist jetzt 15.36 Uhr.

Liest man das Buch heute, egal, wie schnell oder wie langsam, stimmen die Zeiten alle nicht, selbst wenn man so anfängt, wie es da steht: »Fangen Sie heute um siebzehn Uhr an.« Man kommt nie auf die Zeitangaben, weil die Texte dazwischen fehlen. Würde man beim Lesen überprüfen, wo noch Text rein müßte, zwanzig Minuten hier, zehn Minuten da, müßte man aus dem anderen Buch Texte entsprechender Länge raussuchen und einfügen. Dann bekäme man es auf die Reihe. Aber ich glaube nicht, daß man das bei einer Neuveröffentlichung machen sollte.

War eine sehr hübsche Lesung, muß ich sagen, diese Vierundzwanzig-Stunden-Lesung. Tatsächlich dauerte sie vierundzwanzig Stunden.

Die Insel – Erzählungen auf dem Bärenauge war, das finde ich heute noch, ein überraschender Erfolg, denn die fragmentarisierte Art zu erzählen – ohne durchgehende Handlung, ohne Diskurs, man könnte fast von Cut-up-Methode sprechen – war damals eine minoritäre Position. Ich war sicher nicht der einzige, der so geschrieben hat, in anderen Ländern wurde auch so verfahren, aber in der Literaturarbeitswelt war es nicht der Regelfall. Die Lesegewohnheiten forderten auch damals schon einen Handlungsverlauf von A nach B. Es durfte Abzweigungen geben, Abweichungen, Beulen, eine Parallelhandlung, aber es mußte in der anerkannten Literatur letztlich immer alles aufeinander zulaufen, ob bei Böll oder Walser oder ganz besonders bei Siegfried Lenz, eigentlich auch bei Günter Grass, obwohl sich der bemüht hat, sprachlich ein wenig vom Mainstream abzuweichen, und ein bißchen Eigenart an den Tag legte.

Weil sie deviant war, fand ich den Erfolg der *Insel* erstaunlich. Ich glaube, Rowohlt hatte bei der letzten Ausgabe, die innerhalb von wenigen Wochen vergriffen war, »3. Auflage, zehntes Tausend« draufgedruckt.

Ein Grund für den relativen Erfolg war sicher auch, daß Rowohlt zwei Ausgaben gemacht hat, eine Hardcoverausgabe für neunzehn achtzig und eine Paperbackausgabe für neun achtzig. Als erstes ging natürlich die Ausgabe für neun achtzig weg, weil von vornherein klar war, daß das kein Buch für den klassischen Leser war, sondern für die neue Leserschaft, die sich mit der APO entwickelte. Als ich Andreas 1969 in Rom wiedertraf, hatte er das Buch gelesen und war begeistert. Es war ein Buch, das auch jemand, der die RAF gründen wollte, lesen konnte, obwohl es ein hochartifizielles Buch ist.

Auf der anderen Seite reflektiert es das Westberlin der sechziger Jahre. Die ganzen seltsamen Zeiterscheinungen sind in einer manchmal fast kabarettistischen Form dargestellt, zum Beispiel der obligate Besuch des ausländischen Staatsgastes an der Mauer. Es gab tatsächlich, zum Beispiel am Potsdamer Platz, Aussichtsplattformen, und wann immer ein auswärtiges Staatsoberhaupt – bis hin zum amerikanischen Präsidenten – nach Westberlin kam, mußte der mit seiner Fahrzeugkolonne zu einem Streifen Ödland fahren, mußte da eine kleine, schiefe Holztreppe raufklettern und mußte dann nach drüben blicken. In einer solchen Szene mußte der Staatsgast mimisch und gestisch seine Erschütterung über diesen Kolossalbau der Menschenverachtung ausdrücken. Derartige Situationen werden in der *Insel* persifliert, manchmal nur in ganz kurzen Absätzen.

In die Zeit fällt auch die berühmte Beerdigung von Konrad Adenauer im April 1967. Es erinnert sich ja niemand mehr daran, daß der aufgebahrt auf dem Rhein hin- und hergefahren und daß das über Stunden im Radio übertragen wurde. All diese Geschichten, der Kennedy-Besuch, das Leben der Bohème, auch eine karikierende Darstellung der APO-Leute, das ist alles da drin, das Nachtleben und die Verlogenheit und die Scheiße, und wenn man wollte, konnte man in dem Buch die völlig andersartige Darstellung von realem Leben, von realen politischen Ereignissen und gesellschaftlichen Vorgängen lesen.

Logisch, Leute wie Reich-Ranicki, der einfältige Erzählmuster liebt, konnte man mit dem Buch nicht hinterm Ofen vorlocken. Aber es gab, wie ich schon sagte, eine Menge Literaturkritiker bei den großen Blättern, die das Waghalsige, auch Verrückte an diesem Buch geschätzt haben. Es ist, wenn man so will, auch der Roman der APO, der Roman dieser Frontstadtsituation Berlin, dieser Inselsituation Berlin – und zwar dieser Insel, die jeder fickt.

Westberlin wurde jahrelang von allen penetriert. In Westberlin konnte man, wenn auch mit anderem Vokabular, den Westen präsentieren. Berlin war das Schaufenster des Westens. Das heißt: Die Stadt wurde gebraucht, um die Nachteile des sozialistischen Systems und die Vorteile und vor allem die Leidensfähigkeit des kapitalistischen Systems darzustellen. Das war die Aufgabe.

Der Riß, der durch Berlin ging, war die Vagina, gar keine Frage. Deshalb lautet der Untertitel *Erzählungen auf dem Bärenauge*. Das Bärenauge ist die ganze Stadt Berlin, und in den Riß in der Mitte stoßen sie alle rein. Auch die Ossis stoßen in diese Vagina rein, in das Bärenauge. Wir sagten nicht

Fotze, wir sagten Bärenauge. Das war mehr als eine Metapher, es benannte eine Tatsache. Die Ähnlichkeit zwischen dem Auge und dem weiblichen Geschlechtsteil ist stupend. Die Interaktionsfähigkeit des Auges, eines Organs, das aufnimmt, wahrnimmt und gleichzeitig wegwirft, ausstrahlt, entspricht dem weiblichen Geschlechtsteil. Da können wir Männer überhaupt nicht mithalten. Unsere Schwänze können, zumindest auf der kategorialen Ebene, niemals so viel leisten wie das weibliche Geschlechtsteil, wie das Bärenauge.

Okay, ich war also gut aufgestellt in Westberlin, wie man heute sagt, obwohl ich auch Niederlagen erlitten hatte, eine davon zwei Jahre vor der erwähnten Lesung. Im Herbst 1965, fast zur selben Zeit, als *Hommage à Frantek* erschienen war und bejubelt wurde, fand nämlich im Haus des Literarischen Colloquiums am Wannsee eine Tagung der Gruppe 47 statt, zu der ich eingeladen worden war, sicher auf Betreiben von Raddatz.

Da saßen jetzt diese Bettnässer, die nichts so sehr haßten wie das literarische, politische Experiment. Wenn man die Geschichte bis in die unmittelbare Nachkriegszeit zurückverfolgt, als die Zeitschrift *Der Ruf* gegründet wurde, weiß man, was für mediokre Leute die 47er waren. Damit meine ich nicht sämtliche Autoren, die eingeladen wurden und kamen. Unter denen waren gute und interessante Leute – Gerd Fuchs und Christian Geissler und Heißenbüttel und Höllerer, der ein wirklich interessanter literaturwissenschaftlicher Typ war und viel für mich getan hat. Aber da hockten auch Figuren rum, deren Unsäglichkeit von den meisten nicht erkannt wurde. Heute ist herrschende Meinung, daß Joachim Kaiser ein Schaumschläger ist. Damals war der jung und frisch. Heute geben sie einem recht, daß Hellmuth Karasek ein Dünnbrettbohrer ist. Damals machten diese Leute auf progressiv und fortschrittlich und links und so weiter und so fort, und sie sahen ja auch ein bißchen dünner und nicht ganz so beschissen aus. Aber wer so ist wie Hellmuth Karasek heute, kann mir nicht weismachen, daß er 1965 kein Dünnbrettbohrer war. Er kann mir höchstens weismachen, daß er damals gewisse schauspielerische Fähigkeiten hatte.

Ich war eingeladen worden und las vor. Man durfte ja keine veröffentlichten Texte lesen. Später wurde mein Text in der Zeitschrift *Drucksachen* veröffentlicht, ich habe ihn 1976 auch in den Erzählungsband *Durch Schaden wird man dumm* aufgenommen. Ich las also »Von Witwen und Waisen« vor. Vielleicht ist der Text wirklich schwach. Ich fand ihn hervorragend. Auf jeden Fall ist er vom Publikum unter der Wortführerschaft von Günter Grass verrissen worden.

Ich meine, das eigentliche Versagen dieser Dumpfmeier bestand darin, daß sie nicht einmal schnallten, wie man den Text verreißen könnte. Man kann jeden Text verreißen, selbst den besten. Aber diese Idioten hatten den Text überhaupt nicht begriffen. Die wußten gar nicht, was ich da vorgelesen hatte.

Die schwafelten ein bißchen rum. Ich erinnere mich an eine Äußerung von Joachim Kaiser, der damals Cheffeuilletonist der *Süddeutschen Zeitung* war. Der meinte, er spüre etwas von der Weite und Gelassenheit und Menschenleere der Landschaft, die in dem Text beschrieben werde, auch auf der sprachlichen Ebene.

Nun gut, wer sich jemals mit den Stehaufmännchen der Literaturkritik beschäftigt hat, ist sich darüber im klaren, daß es keine ungeeignetere Form gibt, über Literatur zu sprechen. Gruppe 47, Klagenfurt, das sind Showveranstaltungen, und die Heinzelmännchen, die heute die Rolle der Schiedsrichter spielen, sind Replikanten, die ihrer angemaßten Funktion, über Literatur zu reden, nicht gerecht werden. Aber ich muß gestehen, daß mich dieser Verriß ein bißchen genervt hat.

Was den danach geschriebenen Roman *Die Insel* und andere Texte betrifft: Sie waren nicht so sehr von literarischen Traditionen beeinflußt, sondern von aktuellen Tendenzen in der bildenden Kunst und der Musik. Sie versuchten auf der literarischen Ebene das weiterzuführen, was man mit den bekannten Schlagwörtern Fluxus, Happening, Neo-Dada bezeichnet. Eine der Galerien, in der ich aktiv mitgearbeitet habe, war die Galerie René Block am Nollendorfplatz. Da traten Künstler wie Joseph Beuys und Bazon Brock und Charlotte Mooreman auf, veranstalteten Happenings und Fluxusaktionen, das war ein Bereich zwischen Aktionen und Kunstmanifestationen.

Natürlich stellte Block auch Bilder aus, etwa von meinem Freund Karl Horst Hödicke, ich habe hier sogar ein Bild von ihm hängen, über dem Klo, wo die schwarze Scheiße zum Fenster reinkommt. Der malte ja sehr viel. Der ließ es nicht nur von der Decke tropfen oder guckte dem Mond zu. Die Jungen Wilden sind nicht denkbar ohne die Arbeit von Karl Horst Hödicke.

Ich habe auch an Fluxuskonzerten teilgenommen, schon auf dem ersten Fluxusfestival in Wiesbaden. Es würde jetzt zu weit führen zu erzählen, was da los war, was Fluxus bedeutet hat. Der Mann, der das in die Welt gesetzt hatte und erfolgreich propagierte, war George Maciunas. Maciunas war ein Litauer, ein politisch denkender Mensch. Eine seiner Ideen war, daß die Musik, die unter Stalin in der Sowjetunion von Amts wegen gefördert wurde, dem historisch-philosophischen Niveau des Sozialismus nicht gerecht werde. Das sei einfach bürgerliche Kunst, und politisch sei die Sowjetunion weit darüber hinaus. Er versuchte, in der SU Fluxuskonzerte zu veranstalten.

Wie geht Fluxus? Die Anweisung zu einem klassischen Fluxuskonzert, ich meine, sie stammt von Nam June Paik, lautet schlichtweg: Jemand besorgt ein Kilo Nägel und einen Hammer. Das ist die gesamte Partitur für ein Klavierkonzert. Der Pianist nagelte dann die Klaviertasten fest. Bei einem Fluxuskonzert in Wiesbaden wurde mal von sämtlichen anwesenden Pianisten ein Klavier zertrümmert, worüber die Mutter von Maciunas sehr verärgert war. Sie sagte, ein Klavier zertrümmere man nicht. Sie fand auch, daß das mit dem Tastenfestnageln zu weit ginge.

Ein sehr schönes Fluxusquintett war: In einem auf Notenpapier exakt festgelegten Rhythmus setzen fünf schwarzgekleidete Personen ihre Zylinder auf und ab, zehn Minuten lang vielleicht. Fluxuskonzerte waren immer hervorragend. Das waren großartige Sachen. Diese Art, Kunst zu machen, habe ich in der *Insel* auf die Struktur eines Romans zu übertragen versucht.

Sehr wichtig für mich in den sechziger Jahren war Ostberlin. Westberliner durften nicht nach Ostberlin. Westdeutsche durften Tagesausflüge nach Ostberlin unternehmen, wenn sie einen gültigen Reisepaß der Bundesrepublik Deutschland besaßen. Es war dementsprechend eine leichte Gedankenübung, wie man als Westberliner nach Ostberlin kam. Man verlor seinen Westberliner Personalausweis, meldete sich in Westdeutschland an, beantragte einen Reisepaß, meldete sich in der Bundesrepublik Deutschland wieder ab, ohne den Reisepaß abzugeben, und hatte nun zwei Pässe, und schon durfte man nach Ostberlin. Also konnte ich, sooft ich wollte, nach Ostberlin fahren, von morgens bis abends, und davon habe ich reichlich Gebrauch gemacht, um ins Theater am Schiffbauerdamm oder in eines der anderen großen Ostberliner Theater zu gehen; oder um kubanische Zigarren zu kaufen, die da spottbillig waren; oder einfach nur so, um in Kneipen abzuhängen und mit den Leuten zu labern.

Als Westdeutscher durftest du dich innerhalb der Stadtgrenzen von Ostberlin völlig frei bewegen. Ich frage mich, warum meine Westberliner Freunde davon so wenig Gebrauch gemacht haben. All die Jahre, die ich in Westberlin gelebt habe, habe ich mindestens einmal pro Woche einen halben Tag in Ostberlin verbracht. Auch das war ein Standortvorteil von Westberlin. Ich meine, wie sonst hätte man in den sechziger Jahren die Hauptstadt der DDR so relativ gut kennenlernen sollen? Ich fuhr zum Baden an den Müggelsee. Der war nicht so voll wie der dumme Wannsee. Und das Bier und das Essen waren billig und gut.

Manchmal besuchte ich Leute, die ich nur vom Hörensagen kannte, Johannes Bobrowski zum Beispiel. Er war ein hervorragender Dichter, den ich bewunderte, beispielsweise sein Buch *Sarmatische Zeit*. Er hatte ein Büro im Union-Verlag direkt an der Mauer und empfing mich wie einen alten Bekannten. Ungemein sympathisch. Auch in der Westliteratur kannte er sich aus. Er redete wie ein Wasserfall, schimpfte auf gewisse Parteifunktionäre im Literaturbetrieb. Einen nannte er »der Hitlerjunge«, was mich verwunderte. Ich hatte nicht geglaubt, daß man in der DDR so ungeniert über Parteifunktionäre lästern konnte, wenn man den Mut dazu hatte. Johannes hatte ihn. Er publizierte später auch im Westen, bei Wagenbach.

Ein bißchen waghalsig war ich eines Tages im glühendheißen August 1962. Wenn das herausgekommen wäre, hätte ich vermutlich eine Weile gesiebte Arbeiter- und Bauernluft geatmet. Ich setzte mich über das Verbot hinweg, Ostberlin, die Hauptstadt der DDR, zu verlassen, und fuhr mit dem Zug in eine Bezirkshauptstadt, in der eine Schriftstellerin lebte, die auch Vorsitzende des regionalen Schriftstellerverbandes war. Sie schrieb historische Romane über Geistesgrößen, was mich methodisch reizte, und wir hatten ein paarmal korrespondiert.

Leider hatte der Besuch auch unangenehme Facetten. Sie wohnte in einer kleinen Wohnung in einem Neubau, den ich potthäßlich fand, heute nennt man diese Dinger Plattenbauten. Warum sie in diesem Haus lebe, fragte ich vorsichtig. Sie bemerkte den Hintersinn und behauptete, es sei ein Privileg, in einem solchen Haus wohnen zu dürfen.

Natürlich schimpfte auch sie über die Funktionäre und die Lebensumstände. Das taten viele, die ich im Laufe von dreißig Jahren traf. Gleichzeitig aber ließ sie nicht zu, daß ich mich zur DDR äußerte. Wir im Westen könnten nicht mitreden. Wir hätten keine Ahnung, unter welchen Mühen und Leiden sie die DDR aufgebaut hätten. Uns sei es immer gutgegangen. Sie hingegen hätte auf alles verzichtet, um ein besseres, antifaschistisches Deutschland zu schaffen. Sie schien ein wenig stolz darauf zu sein, in der Bredouille zu stecken.

Zum Abschied schenkte sie mir ein Glas Würstchen. Sie überreichte es mir wie einen Wertgegenstand. Aber gib gut acht, und iß sie nicht gleich auf. Angeblich handelte es sich um Würstchen, die nur an privilegierte Kreise verkauft wurden.

Ich versprach ihr, sie nicht zu essen, sondern ins Vertiko zu stellen, als bleibende Erinnerung. Sie lächelte matt.

Ich habe später, in den siebziger und achtziger Jahren, als es endlich offiziell erlaubt war, etliche Reisen in die DDR unternommen – siehe meine Erzählung »Theaterreisen nach Babylon«. Keine ist mir so präsent wie jene im Hochsommer 1962, ein Jahr nach dem Mauerbau.

Ich habe, worüber wir ja schon sprachen, in Westberlin an der FU auch noch mal studiert. Das ging, weil die Referendarausbildung so lasch war. Das heißt: Mein Hauptberuf war Justizreferendar am Kammergericht.

Dafür bekam ich zum Schluß fast sechshundert Mark im Monat, weil ich verheiratet war und zwei Kinder hatte. Man brauchte dafür aber nicht viel zu tun. Man holte sich gelegentlich bei einem der Ausbilder eine Akte ab, palaverte ein Stündchen mit dem, bis er sagte, er habe schrecklich viel zu tun, dann ging man und hatte eine Woche frei. Das war die gesamte Ausbildung. Und das viereinhalb Jahre lang. Hervorragend.

Ich war immer ein Anhänger der bezahlten Arbeitslosigkeit. Schon als junger Mensch hatte ich die größte Freude, wenn der Chef sagte, meistens montags: Chotjewitz, Freitag ist Schluß hier.

Ich hätte ihm um den Hals fallen können. Das hieß nämlich, daß ich zum Arbeitsamt gehen, mir die paar Kröten, die ich brauchte, abholen konnte und das tun durfte, was das Ziel aller Menschen sein sollte: nach Weisheit streben. Die Referendarausbildung, das muß man der Westberliner Regierungsmafia lassen, ließ mir genügend Zeit für die wirklich wichtigen Tätigkeiten, wie sich das für einen angehenden Schriftsteller gehörte, für einen richtigen Bohèmien, und außerdem konnte ich noch zur Uni zu gehen, was damals eine erfreuliche Tätigkeit war.

Um ein Haar hätte ich am Otto-Suhr-Institut sogar promoviert. Der erste, der mir ein Thema für eine Doktorarbeit geben wollte, war Georg Kotowski. Sein Opus magnum war eine Biographie über Friedrich Ebert, obwohl er CDU-Mitglied war. Kotowski hatte noch beim ollen Friedrich Meinecke gehört. Der machte unter anderem ein Seminar über die Bismarcksche Reichsverfassung. Mindestens zwei Semester habe ich bei dem alles gepaukt, was man über die Bismarckzeit wissen muß, die ganze späte Hohenzollern- und Preußengeschichte bis zum Ersten Weltkrieg, das gehört alles in den Kontext. Ich glaube, er war echt erfreut, daß er einen Studenten hatte, der diese doch relativ abstrakte, schon damals etwas antike Lektion schätzte.

Leider konnte ich bei ihm nicht promovieren, weil er wollte, daß ich über Jellinek arbeite. Jellinek war Antidemokrat. Dem war Bismarck zu demokratisch. Er wollte einen Ständestaat. Wenn ich gemein sein wollte, könnte ich unterstellen, daß der Kotowski mich für einen Linken hielt und daß für einen CDU-Professor der Ständestaat ein bißchen was mit der Räterepublik zu tun haben mag.

Der zweite, der eine Doktorarbeit bereithielt, war Harry Pross. Ihn habe ich verehrt. Bis zu seinem Tod habe ich den Kontakt zu ihm gepflegt. Er war Professor am Institut für Publizistik, das von einem ehemaligen Nazi namens Dovifat geleitet wurde – wir nannten ihn Dofi –, und das an der FU, die von den Amis als Hort der Freiheit gegen die Humboldt-Uni gegründet worden war.

Für Pross habe ich eine Reihe von Referaten gehalten, und ich saß immer in seinen Seminaren. Er wollte, daß ich über Thomasius schreibe. Ernst Bloch hat eine kleine Schrift über Christian Thomasius verfaßt, einen deutschen Aufklärer, den ersten Professor, der im Gehrock und nicht im Talar unterrichtete und der nicht lateinisch, sondern auf deutsch schrieb. Er hat sehr viel für die Toleranzidee getan, besonders in Brandenburg.

Nach dem Grundsatz »Cuius regio, eius religio« bestimmte ja der Landesherr, welche Religion sein Volk auszuüben hatte. Nun hatte aber der Landesherr die Religion gewechselt, und er konnte schlecht das ganze Volk auffordern, jetzt gefälligst mal die Religion zu wechseln. Das war zu dieser Zeit nicht mehr so einfach. Er hätte eine Revolution im Haus gehabt. Die hätten ihn zum Teufel gejagt und gesagt: Jetzt wählen wir auch mal. Wir sind das Volk. An dieser Stelle hat sich Thomasius zu Wort gemeldet.

Thomasius hat auch die ersten Frauenzeitschriften herausgegeben. Er war ein Vorkämpfer der Frauenbewegung. Und Christian Thomasius war ein Dandy, ein Geck auf dem Katheder, eine witzige, brillante Persönlichkeit.

Harry Pross meinte, das sei eine Figur, über die ich schreiben könnte. Blochs Schrift war noch nicht erschienen. Meine Doktorarbeit wäre wahrscheinlich eine echte Neuheit gewesen. Auf der anderen Seite war klar: Eine Doktorarbeit über philosophische Köpfe zu schreiben war damals schon eine Kärrnerarbeit. Da muß man auf vieles verzichten. Ich hätte keine Literatur machen können, ich hätte nicht zum Literarischen Colloquium gehen können, ich hätte nicht zu den Veranstaltungen der im Entstehen befindlichen APO gehen können.

In Westberlin entstand, würde ich sagen, ab 1965 die APO. Es fanden die ersten großen Demonstrationen gegen den Vietnamkrieg statt, auch bereits auf dem Ku'damm, in Neukölln erst recht. Spätestens '66 waren die Anti-Vietnamkriegsdemonstrationen riesig. Da war schon mächtig Randale. Und wenn du an einer Doktorarbeit hängst, kannst du das nicht mehr mittragen.

Ich habe ja immer dabeigestanden. Ich rannte zu allen Demos, um zu gucken, was da abging. Deshalb habe ich die Doktorarbeit dann nicht geschrieben. Ich glaube nicht, daß sie mir gefehlt hat.

Wo ich immer hinrannte, das waren die Seminare und Vorlesungen von Weischedel. Den kennt kaum noch einer. Weischedels Steckenpferd war Heidegger. Weischedel hat nie Kritik an Heidegger durchblicken lassen, weder in philosophischer noch in politischer Hinsicht. Tugendhat ist sein Schüler. Jedenfalls stand ich kleines Licht in den Jahren, als ich bei Weischedel saß, Heidegger viel kritischer gegenüber, als sich sein Apologet

Weischedel geäußert hätte. Trotzdem muß man sagen, daß die Darlegungen von Weischedel, gerade in seinen Vorlesungen und Seminaren über *Sein und Zeit*, auch über Heidegger hinausgingen. Die umfaßten den gesamten Bereich der Existentialphilosophie, zumal in ihrer französischen Ausprägung.

Okay, auch diese kleinen philosophischen Ausflüge sind Teil meiner Biographie. Dazu würde ich morgen gerne noch ein bißchen was sagen. Es war jedenfalls kein Zufall, daß ich an der FU im Nebenfach Philosophie studiert habe. Die Philosophie spielte spätestens, seit ich fünfzehn, sechzehn war, wenn auch auf einer dilettantischen, autodidaktischen Ebene, eine Rolle. Die Philosophie spielte damals für junge Leute überhaupt eine größere Rolle als heute, insbesondere die Existentialphilosophie. Die Existentialphilosophie ist die zentrale Ideologie der frühen fünfziger Jahre, auch in Deutschland.

Worüber soll ich morgen erzählen? Viel haben wir nicht mehr. Ich sage euch, was ich noch auf der Pfanne habe. Ich habe einen relativ kurzen Abschnitt darüber, was die zwei Jahre in München für mich bedeuten. Dann habe ich einen meiner Ansicht nach nicht besonders großen Abschnitt darüber, was die fünf Jahre in Frankfurt am Main für mich bedeutet haben. Dann lebe ich schon zehn Jahre in Schachten, in diesem hessischen Dorf. Darüber gibt es ein bißchen was zu erzählen, aber schrecklich viel ist das auch nicht. Es gibt zwei Jahre in der Uckermark, über die gibt es recht wenig zu erzählen. Und dann gibt es einiges zu erzählen über die Zeit vor 1943 in Berlin, ohne daß die Zeit viel mit persönlichen Erfahrungen zu tun hätte.

Das sind fünf oder sechs Blöcke. Aber die sind nicht so lang wie die Blöcke in den vergangenen drei Tagen. Ich meine, daß wir mit diesen Takes morgen locker fertig werden sollten, und dann wollte Jürgen, dieser unschätzbare Verwalter der Tonbandgeräte, mit mir noch ein Interview machen, das natürlich auch zu dieser Éducation sentimentale gehören wird.

Elftes Kapitel

Homunkulus, Schund gelesen, Lawrence von Arabien,
Tante Lisbeth, man schreibt, um zu schreiben

Als Junge, ich war vielleicht sechzehn, siebzehn Jahre alt, hatte ich eine Halluzination. Wir wohnten in diesem Dorf in Nordhessen, in Schachten. Im Haus gab es eine Treppe. Wir wohnten oben. Ich ging die Treppe runter. Da war kein Spiegel, da war nichts, was mich zu dieser seltsamen Illusion hätte anregen können. Ich hatte plötzlich das Gefühl, eine Art Frankensteinsches Monster zu sein.

Es wird ja meistens übersehen, daß Frankenstein nicht das Monster ist, sondern der Arzt. Das, was der Arzt erzeugt, ist das Monster. Eigentlich ist es auch gar kein Monster.

Zwei Dinge machen seine Eigenart aus. Zum einen ist es ein aus Körperteilen anderer Menschen zusammengesetzter Körper, es hat keinen eigenen Körper, es ist ein Konglomerat. Zum anderen sind ihm Geist, Verstand und die Seele von Dr. Frankenstein eingehaucht worden.

Daß man das, als Mary Shelley am Comer See diese Geschichte schrieb, mit Hilfe der Elektrizität machte, ist klar. Kein Mensch wußte damals, wie Elektrizität funktioniert, auch das elektrische Licht war noch nicht erfunden, man hat die Städte noch mit Gas beleuchtet. Dr. Frankenstein benutzt, wenn ich mich richtig entsinne, Elektrizität, um diesem von ihm geschaffenen Wesen Leben einzuhauchen.

Ich hatte also das Gefühl, eins von Frankensteins Geschöpfen zu sein. Ich konnte mir sogar vorstellen, woraus ich zusammengesetzt war, nämlich aus Menschenbildern, auf die ich in Romanen, in Filmen und in meiner näheren Umgebung gestoßen war.

Ein wichtiger Teil dieses Körpers, aus dem ich bestand, waren Verhaltensweisen, Gesten, Körperhaltungen meines Vaters. Ich war nicht nur eine Folge der Samenverteilung meines Vaters, sondern er hatte in mich auch Formen des Benehmens hineingepflanzt. Und die Energie, die er in mir erzeugt hatte wie der Strom das Monster des Dr. Frankenstein, war die Energie meiner Umwelt. Meine Umwelt gab Energie ab, und sie war in mich hineingeflossen und hatte mich zum Leben erweckt.

Ich war gewissermaßen durch ein naturwissenschaftliches Experiment entstanden – und zugleich mit Hilfe der menschlichen Gesellschaft, in der ich lebte, in der ich aufgewachsen war, insonderheit mit Hilfe des Vaters. Er war in unserer Familie die dominante Figur, wie fast überall.

Mir war in diesem Augenblick klar: Wenn das so mit mir ist, ist das mit allen Menschen so, und es ist immer so gewesen. Jeder Mensch ist eine Figur, wie sie im 20. Jahrhundert in der Science-Fiction-Literatur und im Film aufgetaucht ist, in so schlechten Filmen wie *Die Truman Show* zum Beispiel.

Da lebt einer in einem Filmstudio und merkt es erst, als er schon dreißig Jahre alt ist, und seine Frau ist gar nicht seine Frau, sondern eine Filmschauspielerin, und sein Leben ist nichts weiter als die Summe der ausgestrahlten Bilder, und draußen sitzen Fernsehzuschauer und gucken zu, wie er geboren wird, wie er aufwächst und wie er lebt.

Ungefähr diese Vorstellung hatte ich Anfang der fünfziger Jahre auf der Treppe. Wir alle sind, insbesondere, was unsere geistig-seelische Formation betrifft, das Produkt vielfältiger, langwieriger Sozialisationsmaßnahmen und Erziehungsprojekte. Das wußte ich damals alles nicht, ich hatte ja noch kein Abitur, ich war ein kleiner Malergeselle, der morgens um Viertel vor sechs zur Arbeit ging, und trotzdem fühlte ich das.

Ich finde es interessant, daß ich das Gefühl einer Existenzform habe, die in einem schlechten Film nachgespielt werden könnte. Diese Illusion war überhaupt nicht schockartig. Sie hat vielmehr mein späteres Leben und meine Auffassung vom Leben und auch meine politische, ideologische Haltung geprägt.

Wenn man dieses Lebensgefühl hat, wird der Mensch im Umkehrschluß auch beeinflußbar, dann bekommt Politik eine reale Funktion. Wäre der Mensch ein ganz und gar eigensinniges, reines, weil naturwüchsig entstandenes Wesen, wäre die ganze Politik zwecklos. Dann könnten wir nur noch sagen: Leute, so ist es, auf Wiederschauen, ich gehe mal ein Bier trinken.

Politik und Erziehung können nur funktionieren, Literatur und Kunst können nur funktionieren, wenn man akzeptiert, daß die Zielpersonen durch Zusammensetzung entstanden sind, denn nur dann kann man wiederum Einfluß nehmen, indem man die Zusammensetzung der Zielperson verändert.

Daraus ergibt sich keinesfalls, daß Menschen beliebig manipulierbar wären. Es gibt Naturkonstanten, die Grenzen der Einflußnahme darstellen und dazu führen, daß ein einigermaßen kompliziertes Gedicht nur von sehr wenigen Menschen verstanden wird. Über solche Grenzen kommst du nur schwer hinweg.

Das betrifft genauso die Politik. Aber wenn du den Menschen so interpretierst, wie ich das als Pubertierender ohne große Bildung getan habe, schafft das Raum, um anders zu leben. Ich selber kann anders leben. Ich kann sagen: Okay, die anderen haben mich geschaffen, aber ich kann auf mich Einfluß nehmen, ich kann mir eine andere Richtung geben.

Wichtig war vielleicht auch der Raum, zu dem die Treppe runterführte. Es war ein mickriges Häuschen, in dem wir wohnten. Es gehörte dem ehemaligen Kutscher des Grafen, der aber nur noch den Milchwagen zur Molkerei brachte. Jeden Morgen fuhr er durchs Dorf und sammelte die Milchkannen ein, auch auf dem Gutshof.

Als ich da einzog, ich war ungefähr elf Jahre alt, betrat ich diesen düsteren, immer kühlen Vorraum, der nicht größer als ein Bauernwohnzimmer war. Von ihm ging das Scheißhaus ab, das war ein Raum mit einer Sitzbank, in der ein Loch war. Man schiß in eine Grube, und da lag die Scheiße dann.

Der Eingangsraum stank deshalb immer ein bißchen, vor allem im Sommer. Die Grube wurde ja nur geleert, wenn sie richtig voll war. Sie zog auch viele große, schöne, bunte Scheißschmeißfliegen an, die das ganze Haus eroberten, und im Winter gefror die Scheiße. Von Zeit zu Zeit warf der Kutscher oder mein Vater mit einem hinter dem Haus stehenden dikken, langen Stock diesen Baumkuchen um. Wenn einen die festgefrorene Scheiße am Arsch zu kitzeln begann, zerbröselte sie einer der beiden Männer, und dann konnte man wieder in Ruhe scheißen.

Als ich in dieses Haus zog, das dürfte im Januar 1946 gewesen sein, hörte ich, wenn ich durch den Vorraum ging, immer ein entsetzliches Stöhnen. Ich habe dann erfahren, daß das die Frau des Kutschers war, die in einem kleinen Zimmer lag und starb. Damals gab es noch keine Schmerzmittel, man hatte keine Opiate, man konnte den Leuten, die Schmerzen hatten, nicht helfen.

Man konnte sie nur so weit weglegen, daß man ihr Stöhnen und vielleicht auch ihr leises Schreien und Rufen nicht hörte. Nachdem diese gute Frau gestorben war, bin ich mal in dieses Zimmer geschlichen, und da sah ich etwas, das sprichwörtlich ist. Damals wußte ich noch nicht, daß es sprichwörtlich ist. Später habe ich wiederholt in literarischen Texten gelesen, daß es das gebe – eine von den Fingernägeln zerkratzte Tapete. Die Tapete war bis auf den Putz herunter abgekratzt.

Sie hatte, was später in Splatterfilmen immer wieder auftaucht, in ihrem Todesschmerz die Wand zerkratzt. In Splatterfilmen werden Menschen meistens in Särgen lebendig begraben, und wenn man draufkommt, daß der vielleicht noch am Leben war, als man ihn begraben hat, wird der Sarg wieder rausgeholt, und dann stellt man fest, daß der Scheintote die Ausfütterung des Sarges abgerissen und zerkratzt oder angefangen hat, das Totengewand aufzufressen.

In diesem Zimmer trat der Topos der zerkratzten Wand das erstemal in Erscheinung, und vielleicht war es dieses Bild, das ich meinte, als ich die Treppe runterging und diese Illusion von mir als einem von Dr. Frankenstein geschaffenen Wesen hatte. Denn diese gute Frau wurde, nachdem sie gestorben war, in der Diele aufgebahrt. Da lag sie, und es war sehr heiß. Sie stank. Ab und zu ging ihr Mann hin und versprühte Kölnisch Wasser, oder es wurde Weihrauch aufgestellt, um den Gestank der Leiche zu überdecken.

Genau weiß ich nicht, wann ich angefangen habe, darüber nachzudenken, daß ich gerne schreiben würde. Aber ich bin sicher, daß ich schon sehr früh literarische Versuche unternommen habe, wahrscheinlich mit einem Bleistift und einem Fetzen Papier. Ich weiß auch, daß ich später, wenn ich mit dem Fahrrad durch Deutschland reiste – meine erste große Fahrradtour habe ich 1951 gemacht –, gelegentlich irgendwas aufschnappte und darüber ein Gedicht schrieb. Das schickte ich meinem Bruder.

Ich habe meinem Bruder lange Zeit kurze Texte geschickt. Ich wollte von ihm hören, wie sie ihm gefielen. Mein Bruder war fünf Jahre jünger. Wenn ich ihm mit siebzehn auf einer Postkarte ein schlechtes Gedicht schickte, sagte er, er war zwölf, immer nur: Das Gedicht taugt nichts. Und ich glaubte ihm. Keine Ahnung, warum ich ihm zutraute, meine Gedichte zu beurteilen.

Als ich fast neunzehn war, hatte ich eine Freundin. Mit der konnte ich eigentlich kaum verkehren. Ihre Eltern hatten es verboten. Sie ging mit mir in eine Klasse. Ich sah sie nur während des Unterrichts. Wir hockten natürlich ständig nebeneinander und haben auch während des Unterrichts gefummelt, oder wir waren in der Pause auf dem Klo.

Außerdem hatten wir das Pech, daß ihr ein Jahr älterer Bruder in unsere Klasse ging. Er war sitzengeblieben. Und er petzte. Hätte der irgendwas mitbekommen, hätte das noch am selben Tag ihr Vater erfahren, und sie wäre vermöbelt worden. Also beschränkte sich unsere Kommunikation aufs Schriftliche.

Sie schrieb nicht viel. Aber ich schrieb alles für sie auf. Sie verschlang es, und jedesmal liebte sie mich um so mehr und sagte: Peter, du wirst mal ein großer Schriftsteller. Du wirst mal ein großer Dichter. Sie ist wahrscheinlich nicht ganz schuldlos, daß ich mir immer eingebildet habe, ich wäre ein relativ guter Schriftsteller.

Gerade die Ferien waren eine besonders schwierige Zeit. Da sahen wir uns überhaupt nicht. Sie wohnte in Kassel, ich wohnte in diesem Dorf in der Nähe, aber wir durften uns nicht treffen. Ich konnte höchstens mal an ihrem Haus vorbeigehen, und wären wir verabredet gewesen, hätte sie hinter dem Fenster gestanden und gewunken.

Sie hätte keinesfalls raus gedurft. Ihr Vater hätte gefragt: Wo willst du hin? Diese Väter hatten damals ununterbrochen Angst, daß ihre Töchter nur deshalb an die frische Luft gingen, weil sie mal einen reingeschoben bekommen wollten. Davon waren diese erzreaktionären Arschlöcher fest überzeugt. Und deshalb schrieb ich ihr permanent, postlagernd.

Nehmt mal an, ich war bei irgendwelchen Bauern auf einer Silvesterfeier gewesen, dann legte ich im Nu eine fünfzehn Seiten lange Schilderung der Feier hin. Ich schilderte alles, was dazugehört, wenn sich auf dem Dorf eine Horde von zwanzig, dreißig Personen im Laufe einer Nacht besäuft und die Bude vollkotzt, wenn sie den anderen Frauen an die Titten gehen und so weiter.

Thematisch gab es keine Schranken. Wenn auf einer Kirmes die Bauersfrauen, nicht nur die unverheirateten, auch die verheirateten, zwischendurch mal rausgingen, wurden sie immer ganz schnell von einem Nachbarn von hinten beglückt. Nach fünf Minuten waren sie wieder drinnen, der Mann stellte sich an die Theke, und alle wußten, daß in so einer Kirmesnacht ununterbrochen beglückt wurde.

Die dörfliche Kirmes in meiner frühen Jugend war geradezu eine Swingerparty. Es fand keiner was dabei. Es wurde nicht gefragt: Wo warst du die letzten zehn Minuten? Der Ehemann stand ja die meiste Zeit an der Theke und soff den selbstgebrannten Schnaps. Der war froh, wenn die Alte ihn in Ruhe ließ. Da konnte er mit seinen Kumpeln die Nacht durchsaufen. Deshalb tanzten auf diesen Festen meistens die Frauen miteinander. Es ist noch heute auf den Dörfern häufig so, daß sich die Männer die Kante geben und die Frauen miteinander tanzen.

Hunderte solcher Situationen schilderte ich meiner Freundin, die nicht raus durfte. Wenn wir uns nach den Ferien wiedertrafen, hatte sie vielleicht fünf derartige mehr oder weniger lange Erzählungen von mir gelesen, Erzählungen, die nicht die geringste Erfindung enthielten, sondern platte, plumpe Aufzeichnungen dessen waren, was ich erlebt hatte.

Natürlich waren auch Liebesbriefe dabei. Das Problem entstand eigentlich erst später, lange nachdem ich diese ersten literarischen Versuche unternommen hatte.

Ich fuhr jeden Abend zusammen mit einem Mädchen gegen zehn Uhr mit dem Fahrrad vom Bahnhof in unser Dorf. Sie war ein bißchen älter als ich. Ich glaube, sie hieß Gerti. Sie war, soweit ich mich entsinne, ein Flüchtlingsmädchen und mit ihren Eltern bei einem Großbauern in einer Stube einquartiert worden. Es lebten damals auf den Dörfern sehr viele Städter, die evakuiert worden waren.

Auch Gerti besuchte das Abendgymnasium für Berufstätige in Kassel. Wir kamen am Bahnhof an, und ich denke, sie wollte als junges Mädchen von siebzehn, achtzehn Jahren nicht drei Kilometer mit dem Fahrrad alleine durch die Dunkelheit fahren. Nun, sie sagte zu mir: Was du da immer liest, das ist Schund, und das stimmte natürlich. In dem Milieu, in dem ich lebte und zu dem auch meine Eltern gehörten, las man Schund, wenn man überhaupt las.

Gerti las richtig gute Literatur – oder was sie dafür hielt. Und Gerti sagte zu mir: Das mußt du lesen. Das waren Hans Carossa, Edzard Schaper, Ina Seidel und, noch schrecklicher, Ernst Wiechert, *Das einfache Leben*, also Autoren, die zum Glück längst vergessen sind. Damals wurden sie viel gelesen. Es gehörte auch Bergengruen dazu, *Am Himmel wie auf Erden*, der ist deutlich besser.

Ich habe dann all die Dinger, die mir Gerti empfahl, gelesen, Thomas Mann war auch darunter. Und ich stellte fest, daß das anders geschrieben war als das, was ich immer an meine Freundin Margarethe schickte. Ich hatte zum erstenmal das Gefühl: So wirst du nie schreiben können, und hörte mit dem Schreiben wieder auf. Nur weil ein paar Autoren, von denen ich heute sage, daß sie überhaupt keine Schriftsteller sind, etwas geschrieben hatten, sagte ich mir: Das schaffst du nie.

Richtig wieder angefangen zu schreiben habe ich, das habe ich erwähnt, erst Anfang der sechziger Jahre. Da war ich über fünfundzwanzig Jahre alt. Es hatte auch wieder mit einer Frau zu tun. Die Kunststudentin, die ich in Schwabing in der Bar *Babalu* kennengelernt hatte, Renate war, ich sagte es schon, ihr werter Name, las Ingeborg Bachmann und Heinrich Böll und die *Blechtrommel* von Grass, Martin Walsers *Halbzeit* und Günter Eichs Gedichte und Ilse Aichingers Kurzprosa.

Da sah ich mit meiner hausbackenen Literaturtradition, die sich seit dem Abi nicht groß verändert hatte, ein bißchen alt aus. Für Renate war schon Thomas Mann hausbacken, obwohl sie sonst eher etwas rückständig war. Ich nannte sie aus Spaß manchmal »die Witwe«, weil sie etwas Altjüngferliches hatte, und die anderen aus der Clique übernahmen den zärtlichen Ausdruck. Leute, ich muß weg, ich bin noch mit der Witwe verabredet. Also, ich muß offen zugeben, daß ich auf ein paar bestimmte

Texte, die Namen habe ich eben genannt, durch die Witwe gestoßen worden bin.

Was sie las, gefiel mir. Von Ingeborg Bachmanns *Dreißigstem Jahr* war ich angetan. Mein Verhältnis zu Ingeborg Bachmann hat sich später verschlechtert. Wenn wir die *Blechtrommel* lasen, nicht kontinuierlich, sondern hier eine Stelle, da eine Stelle, und die lasen wir uns gegenseitig vor, fand ich das prima. Ich war nicht immer so ein Grass-Gegner, wie ich später einer geworden bin. Ich muß sagen, daß der schon ein paar ganz gute Einfälle hatte und ein paar ganz gute Geschichten geschrieben hat.

Aber das Vorlesen reichte natürlich nicht, um diese Frau zu beeindrucken, jedenfalls dachte ich das. Du mußt selber schreiben, dachte ich. Das tat ich. Und mir war klar: Erzählende Literatur konnte ich erstens nicht, und zweitens war das Zeug viel zu lang.

Um eine Frau zu beeindrucken, ist eine Geschichte von zehn oder zwanzig Seiten viel zu lang. Der Text muß knackiger sein. Er muß klingen, als sei er einem gerade erst eingefallen. Anschließend hatte man sie mit Hilfe der Worte weichgekocht und konnte mit ihr ins Bett gehen. Das hoffte ich jedenfalls.

Ich habe Texte geschrieben, während ich Jazzmusik hörte. Ich hörte Stücke von Miles Davis, ich war immer noch ein Fan von Miles Davis, von Charly Parker, schon die ganzen fünfziger Jahre hindurch, auch von den neuen Popsachen, insbesondere von den Rock 'n' Rollern, angefangen bei Little Richard. Ich ließ ein Stück laufen und sagte mir: Ich schreibe jetzt genau auf die Phrasierung der Musik einen Text, und der richtet sich nicht nach dem Sinn dessen, was ich schreibe, sondern nach den Längen und der Anzahl der Silben der Wörter, die auf die Musik passen.

Wenn du nicht in erster Linie auf die Bedeutung des Textes, der da entsteht, achtest, sondern die Wörter einfach so rauskommen läßt, daß sie auf die Musik passen, entstehen schöne Texte. So waren meine ersten Texte auch. Man konnte sie sich merken.

Ich hatte damals eine bestimmte Technik drauf. Wenn wir in der Kneipe saßen und soffen, habe ich ein paar von diesen Texten von mir gegeben, und sie klangen, als redete ich frei. Dabei hatte ich sie schon öfter vorgetragen. Die, die drum herum saßen, sagten: Mein Gott, was redet der denn da?! Das ist ja unglaublich, was der da redet.

Zur damaligen Zeit, wir waren alle Anfang bis Mitte zwanzig, machte einer, der so seltsam redete, einen enormen Eindruck. Literatur entsteht dann auch durch die Stilisierung dessen, der da redet. Sie entsteht auch dadurch, daß er, vielleicht ohne zu wissen, wie er es anstellt, so etwas wie eine Aura erzeugt.

Die Aura ist unglaublich wichtig. Wenn man sich das mal genauer anschaut, läßt sich literarischer Erfolg in vielen Fällen mit einer auf unterschiedliche Weise erzeugten Aura erklären. Ingeborg Bachmann hatte Erfolg im wesentlichen ihrer Performance wegen. Das gilt für Grass genauso. Man hat ihm seine Texte geglaubt, weil er eine gute Performance hatte. Es war nicht meine Art von Performance. Er hatte die Performance, mit der man Deutschlehrer und Zahnarztgattinnen verführen konnte. Die konnten nichts dafür, daß sie ihn für einen großen Dichter hielten.

Ich habe damit dann nicht mehr aufgehört. Ich las nun auch Sachen, bei denen ich mir sagte: Mensch, so müßte man schreiben. Einer der ersten Autoren, von denen ich das dachte, war Robbe-Grillet.

Ich las seinen Roman *La Jalousie*. Im Frühjahr 1962 fuhr ich mit der Witwe mehrere Monate nach Almería in Andalusien. Heute ist der Ort versaut. Damals war das eine Kleinstadt, eine Provinzhauptstadt, im Hintergrund die Berge, davor das Meer, Nordafrika, Melilla fast schon in Sichtweite. In Almería gab es nichts außer einem vergammelten Alcázar, in dem Ziegen hausten, und einem Fisch, den ich nie zu Gesicht bekam und der auf dem Rücken einen giftigen Stachel hatte.

Er wühlte sich im flachen Wasser in den weichen Sand, so daß nur der Stachel herausragte, und wartete auf mich. Als ich barfuß auf ihn trat, stach er zu. Der Fuß schwoll an und tat höllisch weh. Ich hatte nicht geahnt, daß es solche Schmerzen geben kann. Man schleppte mich zum Medicus, der schon wußte, daß mich ein Fisch gestochen hatte. Er gab mir eine Spritze.

Was gab es sonst in Almería?

Ich ging jeden Tag aufs Dach der Pension, in der wir uns ein Zimmer gemietet hatten. In dem Haus gab es so gut wie kein Wasser. Damals gab es da unten kaum Wasser. Es gab keine Bäume, es regnete fast nie, Wasser war Mangelware. Die Kamine verströmten den Geruch von verbranntem Öl und Knoblauch, und ich saß da oben und blickte auf die ungeheuer kahlen, inzwischen wahrscheinlich mit Immobilien zugeschissenen Hänge und zur anderen Seite hin aufs Meer.

Ich beschrieb, was ich sah – wie Robbe-Grillet in seiner *Jalousie*. Ich merkte, daß eine rein deskriptive, verknappte Schreibweise einerseits eine unglaubliche Faszination ausüben kann, andererseits aber auch pädagogisch ist. Sie zwingt den Schreibenden dazu, genau hinzugucken und einen möglichst kurzen, präzisen Ausdruck für das zu finden, was er sieht – und zwar einen, der den Leser in die Lage versetzt, wenigstens in etwa das gleiche zu sehen.

Einige von diesen Texten habe ich aufgehoben und in meinen Roman *Die Insel* gepackt. In der *Insel* findet man auch Briefe in einem stümperhaften Englisch. Das war der Briefwechsel, den ich nach der Zeit in Almería mit einem Freund aus der Stadt geführt habe. Er war so alt wie ich und tat nichts. Ich traf ihn auf der Straße und fragte ihn: Was machst du? Daraufhin sagte er: Ich bin Seemann. Er nahm mich mit auf sein Kämmerlein, und tatsächlich war in seinem Zimmer nichts weiter als ein karges Bett, ein kleiner, klappriger Schrank, in dem nichts drin war, ein klappriger Tisch, und an der Wand hing ein Rucksack an einem Nagel.

Das Zimmer befand sich in einem villenartigen Bürgerhaus an der Hauptstraße von Almería. Sein Vater war Notar, also etwas Besseres, und seine Mutter eine ganz, ganz feine, zierliche Frau. Er hieß David Esteban Araez und stammte aus einer sehr angesehenen Familie. Aber er lebte wie ein Dropout. Ihm zuliebe habe ich euren Bruder David genannt.

Wenn wir saufen gingen, gingen wir nie in ordentliche Lokale, sondern immer in irgendwelche Baracken fast ohne Mobiliar, nicht zu vergleichen mit Bars, wie es sie heute in Spanien überall geben mag. Man kam sich wie in einem Banditenfilm vor, wie auf dem Sloop John B. Wir tranken den Kognak aus Wassergläsern, und David zahlte nie. Er brauchte nicht zu bezahlen. Wahrscheinlich ging ab und zu jemand aus der Kneipe zu seiner Mutter oder zu seinem Vater, und dann zahlten die einfach, was er inzwischen versoffen hatte.

Mit David bin ich viel rumgelaufen. Durch ihn habe ich in dieser damals überhaupt noch nicht für den Tourismus entdeckten Stadt die merkwürdigsten Dinge erlebt. Die schrieb ich alle auf die erwähnte Art und Weise auf.

Wir gingen zum Beispiel durch eine Zigeunersiedlung. Die lebten in den Berghöhlen oberhalb der Stadt. Es gab vielleicht tausend Zigeuner in Höhlen, die wahrscheinlich seit ein paar tausend Jahren bewohnt waren. Vor jeder Etage war eine breite Rampe, die als Dach der darunterliegenden Höhle fungierte. Man konnte in Serpentinen drei, vier, fünf Etagen raufgehen. Da spielten schmutzige, halbnackte Kinder, Männer hockten rum, rauchten und schauten einen seltsam an, und die Frauen saßen im Schatten.

Alleine hätte ich mich da nie rein getraut. Später haben mich die Spaziergänge durch diese Höhlenstadt an den Film *Plötzlich im letzten Sommer* mit Elizabeth Taylor erinnert, in dem ein junger Schönling in einer Favela von Jugendlichen zerfleischt wird. Das habe ich auch mal erlebt. Sie hängen wie Kletten an dir, zwanzig, dreißig Jugendliche. Erst wollen sie Geld, dann wollen sie die Uhr, und zum Schluß wollen sie deinen Anzug, deinen Schlips und deine Schuhe, und wenn du dann bloß noch eine Unterhose anhast, zerfleischen sie dich. Das ist mir selbstverständlich nicht passiert, ich bin auch nie ausgezogen worden, aber in diesem großartigen Film nach einem Stück von Tennessee Williams passiert es.

In der Zeit, als ich in Almería war, wurde in den umliegenden Wüsten und Bergen der Film *Lawrence von Arabien* mit Peter O'Toole gedreht. Dazu brauchte man Komparserie. Das ist ja ein reiner Komparsenfilm. Es gibt eine Einstellung, die Peter O'Toole als Lawrence von Arabien auf einem Pferd oder einem Kamel in einer gewaltigen Wüstenlandschaft zeigt, und in der Ferne folgen ihm zehntausend Araber, die mit ihm nach Akaba reiten, dort die Türken verjagen und Arabien befreien.

Man brauchte also die Zigeuner aus den Berghöhlen. Die reichten allerdings nicht, und so sammelten sich täglich mehr Zigeuner auf einem großen Platz am Bahnhof und campierten da. Zum Schluß waren es womöglich drei-, viertausend Zigeuner mit ihren Wagen, ihren Kindern und mit ihren nächtlichen Feuerstellen.

Wegen der Dreharbeiten blieb ich länger als geplant in Almería. Ich wollte wenigstens den Beginn und das Eintreffen der Stars beobachten. Es gab in Almería kein einziges Hotel, in dem man einen Filmstar hätte unterbringen können. Es mußten Notunterkünfte errichtet werden.

Das alles fand in dem Intervall zwischen dem Bau der Mauer und Frühjahr 1962 statt, bevor ich endgültig nach Westberlin zog. Ich kam also mit vollkommen neuem Erlebnisstoff nach Berlin, den ich in den Monaten davor in dieser Einöde gesammelt hatte – nicht nur mit dem, was ich vorher in Frankfurt oder in München an Erfahrungen gesammelt hatte.

Andalusien war die reaktionärste, rückständigste Provinz Spaniens, das seinerseits topreaktionär war. Während ich in Almería auf dem Dach saß und anfing zu schreiben, wurden gleichzeitig einige Leute, ich glaube, es waren auch Basken unter ihnen, mit der Garrotte hingerichtet.

Andalusien ist die Gegend, in der Lorca ermordet worden ist, das ist die Gegend, in der Franco gelandet ist, als er aus Nordafrika kam, um die Republik und die Demokratie zu zerschlagen und seine Diktatur zu errichten. Man kann sich, wenn man heute nach Spanien fährt, kaum vorstellen, wie das Land im Frühjahr 1962 ausgesehen hat – ein rigides, klerikal-faschistisches Regime, das nur darauf ausgerichtet war, sozialen und wirtschaftlichen Stillstand zu garantieren.

Es durfte sich nichts bewegen, damit die herrschenden Klassen, die auf die Faschisten und auf Franco gesetzt hatten, ihre gesellschaftliche Rolle behalten konnten. Das wirklich Aufschlußreiche waren deshalb nicht so sehr die Hinrichtungen, war nicht das faschistische Regime, war nicht, daß es keine Meinungsfreiheit und keine Zeitungen gab, sondern war die Armut, die erzeugt worden war, um jede gesellschaftliche Dynamik zu unterbinden.

Wir fuhren an der Küste entlang, wir hatten nicht viel Geld und sind immer getrampt. Die Straße von Perpignan bis runter an die Südspitze, über

Almería hinaus, bis nach Málaga, hatte nicht die geringste Ähnlichkeit mit einer westdeutschen Bundesstraße. Eine halbe Stunde lang war kein Auto zu sehen. Wo sich heute wahrscheinlich eine vierspurige Autokarawane entlangwälzt, Tag und Nacht, kam irgendwann vielleicht mal ein Horch oder ein Wanderer von 1928 vorbei, aus dem fünfundzwanzig Personen ausstiegen, um noch zwei Tramper aufzunehmen, me and Bobby McGee.

Es gab keine Raststätten, es gab keine Hotels, es gab höchstens hie und da eine primitive Baracke, in der außer ein bißchen Brot und eventuell einer scharfen, harten Wurst und was zu saufen nichts angeboten wurde.

Auf dieser Fahrt in den Süden, die zwei, drei Tage dauerte, wurde ich zwei- oder dreimal mit Kognak abgefüllt. Man wurde eingeladen von den Leuten, die einen mitnahmen. Die waren dann auch völlig besoffen. Einmal habe ich einem das Auto angezündet, weil ich so voll war, daß mir die Zigarette zwischen die Sitze fiel und ich es nicht merkte. Es fing an zu stinken, er hielt an, und ehe wir richtig draußen waren, schlugen neben dem Sitz bereits die Flammen raus. Er war nicht böse. Wir haben das Feuer gelöscht, und er lachte.

Für uns als Ausländer stellten Franco und der Faschismus kein Risiko dar. Wir haben das eigentlich nicht richtig wahrgenommen. Für einen Sohn aus sehr angesehenem Hause wie meinen Freund David, der wie ein Penner rumlief und nichts tat, war der Franquismus ebensowenig eine Gefahr. Ich bin sicher, daß seine Eltern keine Faschisten waren, obwohl es eigentlich keine Rolle spielte. Er hatte schlichtweg keine anderen Möglichkeiten, als die Hauptstraße auf und ab zu gehen und sich gelegentlich zu besaufen.

Ich saß zum Schreiben nicht nur mehrere Stunden am Tag auf dem Dach. An der Hauptstraße gab es ein schönes Lokal mit großen Fenstern zur Straße, das *Café Colón*. Ich habe ihm in meinem Roman *Die Insel* ein Denkmal gesetzt. Da saßen ausschließlich gutgekleidete Männer herum, offensichtlich aus dem Bürgertum des Ortes, Ärzte, Notare, Rechtsanwälte, vielleicht auch Verwaltungsbeamte, Unternehmer, Großbauern.

Die Atmosphäre war mehr oder weniger wie in einem englischen Klub, aber südländisch, Bananenbäume, Palmen, viel Licht. Unglaublich hell und grazil war dieses Gebäude aus dem 19. Jahrhundert, vermute ich. Ich war ein-, zweimal dran vorbeigelaufen und sagte mir: Das ist der richtige Platz zum Schreiben. Ich schrieb nur mit der Hand. Ich hatte auch kein Geld für richtiges Papier. Ich hatte mir Packpapier besorgt. Das habe ich mit dem Taschenmesser auf Größe DIN A 4 zugeschnitten.

Ich setzte mich ins *Café Colón*, und niemand nahm Anstoß daran, obwohl ich so gekleidet war, wie man als Tramper eben angezogen ist. Die Kellner trugen lange Schürzen und schwarze Anzüge. Was mir auch sehr gut gefiel: Wenn man wollte, daß der Kellner kommt, hatte man in Spanien damals die Angewohnheit, dezent in die Hände zu klatschen. Die Kellner hatten ein Ohr für dieses Klatschen, und dann kamen sie angerannt.

Die Herren, die da saßen, verzehrten nicht viel. Die bekamen einen Kaffee und vielleicht mal einen Brandy. Ich setzte mich immer an einen der Tische direkt an den Fenstern zur Straße. Eines Tages, ich hatte schon ein paar Tage da gesessen, lief draußen mein Freund David vorbei. Ich winkte, er solle reinkommen, er winkte zurück, nein, er wolle nicht reinkommen, und er gab mir Zeichen, ich solle rauskommen.

Ich habe meine Sachen zusammengepackt und bin rausgegangen. Er sagte: Bist du größenwahnsinnig, dich in dieses Lokal zu setzen? Und so erfuhr ich, daß das *Café Colón* nur Herren der besseren Gesellschaft betreten durften. Das hat mich verblüfft. Denn die Kellner und die Gäste taten so, als bemerkten sie diesen Bohèmien nicht, der irgendwas auf Packpapier schrieb und stundenlang bei einem Glas Wasser saß. Ich habe nicht gemerkt, daß das eine Off-limits-Kneipe war.

Das ist mir in meinem Leben oft passiert. Ich glaube, daß ich bei vielen Leuten zum Teil auch deshalb so unbeliebt war, weil ich solche Dinge nicht wahrgenommen habe. Ich habe nie gemerkt, wenn ich etwas falsch gemacht habe. Ich habe ständig was falsch gemacht und es nicht gemerkt. Wahrscheinlich hatte ich, ohne je groß darüber nachgedacht zu haben, immer ein Verhältnis zur Welt, das besagte: Quod licet Iovi, non licet bovi. Wahrscheinlich bin ich mit dem Gefühl zur Welt gekommen – ganz uneitel –, ein Jupiter und kein Ochse zu sein.

Das war Almería. Ich bin dann mit meinem Packpapier wieder zurück nach Deutschland und habe die Witwe geheiratet, die keine war. Sie war verwandt mit einer der reichsten, angesehensten Familien Ulms. Ihr Vater war im Krieg gefallen. Ihre Mutter war mit ihren drei Kindern aus der DDR geflüchtet und hatte bei der Ulmer Verwandtschaft Unterschlupf gefunden, weil Kinder aus der gesellschaftlichen Klasse, zu der sie gehörte, in den ersten Jahrzehnten in der DDR kein Abi machen und nicht studieren durften.

Die Ehe war nicht ganz comme il faut. Die Schwiegermutter mußte sie dulden, aber es fing schon damit an, daß ich keinen Personalausweis und keinen Anzug besaß. Ich hatte zwar das Erste Staatsexamen, aber keinen Personalausweis und keinen Anzug. Den Perso hatte ich in dem Lokal *Alter Simpl* gelassen, weil ich die Zeche nicht bezahlen konnte.

Das war damals üblich. Konnte man die Zeche nicht bezahlen, ließ man den Personalausweis da. Die Wirte gingen davon aus, daß man nach ein paar Tagen wiederkommen würde. Bloß, ich habe mir gesagt: Bist du blöd?

Zahlst eine Zeche von zwanzig, fünfundzwanzig Mark, um deinen Perso wiederzukriegen?

Daß wir überhaupt heiraten wollten, war der Familientradition geschuldet. Nachdem wir den 13. August vergeigt hatten und ich gesagt hatte: Wie wär's, wenn wir nach Westberlin ziehen?, sagte die junge Dame zu mir: Wir können nicht nach Westberlin ziehen, wir sind nicht verheiratet. Darauf ich: Wieso müssen wir heiraten, um nach Westberlin zu ziehen? Sie sagte, sie bekäme Ärger mit ihrer Mutter und ihrer Verwandtschaft, wenn sie im Konkubinat leben täte. Das wolle sie nicht auf sich nehmen.

Es gab also keine vernünftigen Gründe, daß sie heiraten wollte. Sie wollte ihre liebe, arme Mutter, die so viel durchgemacht hatte, nicht vor den Kopf stoßen, zumal sie sich zwei Jahre zuvor verlobt hatte, inklusive einer großen Verlobungsfeier. Ein ganzer Raum war mit Verlobungsgeschenken vollgestopft gewesen. Die Verlobung hatte sie meinetwegen gelöst. Schon das war für die Familie ein Skandal gewesen. Da schenkt man dem Mädel eine Kaffeemaschine, und dann löst sie nach ein paar Monaten die Verlobung wegen dieses dahergelaufenen Menschen aus der Unterschicht auf.

In Rechnung stellen muß man auch: Wenn man damals in eine Pension kam, wollte der Hotelier den Trauschein sehen. Deshalb hatte jeder einen Trauring in der Jackentasche, und alle behaupteten, sie hätten gerade erst geheiratet und noch keine Zeit gehabt, die Ausweise umschreiben zu lassen. Ja, darf ich dann mal Ihren Trauschein sehen? – Den haben wir nicht dabei. Sie sehen doch, daß wir Ringe tragen.

Wenn du eine Wohnung mieten wolltest, fragte der Vermieter erst recht: Sind Sie verheiratet? Mir passierte es 1962, als ich die erste Wohnung in Westberlin mietete, daß der Hauseigentümer den Beweis sehen wollte, daß wir verheiratet sind. Das hatte nicht nur moralische Gründe. Es war strafbar, Unverheirateten ein Zimmer zu vermieten. Das galt als Kuppelei. Es gab einen Kuppeleiparagraphen. Das ist heute unvorstellbar. Und in einer solchen Zeit habe ich als junger Mann, der immerhin schon Mitte zwanzig war, gelebt, das wollen wir mal nicht vergessen.

Wir mußten also heiraten, aber ich besaß, wie gesagt, keinen Perso und keinen Anzug. So kam es, daß mir die Schwiegermutter in spe, die nur eine kleine Kriegerwitwenrente hatte, fünfhundert Mark von ihrem sauer ersparten Geld in die Hand drückte und mich nach München schickte – Perso holen, Anzug kaufen. Aber komm wieder! rief sie mir nach.

Den Perso auszulösen war kein Problem. Ich traf mich mit Uli und ging mit ihm in den *Alten Simpl*. Danach der Anzug. Uli meinte, es gehe unter keinen Umständen, daß ich in einem schwarzen oder grauen Anzug heirate. Er bestand darauf, daß ich mir einen zitronengelben Anzug kaufen solle. Er meinte auch, das normale Schuhwerk, in dem man auch laufen kann, sei völlig unangemessen. Ich mußte mir lange, spitze Schuhe kaufen.

Kurz, wir haben billig eingekauft, es war Geld übrig, und das mußten wir erst noch ausgeben. Derweil saßen die in Ulm rum, und ich kam nicht. Wo bleibt er nur, wo bleibt er nur? Sie waren drauf und dran, die Hochzeit abzusagen, als ich mit Uli und meinem gelben Anzug und meinen spitzen Schuhen ankam. Nun stand dem großen Ereignis kaum noch etwas im Wege.

Uli trug diese olivgrüne Mütze, die die kubanischen Revolutionäre getragen hatten, als sie in Havanna einmarschiert waren. Er saß als mein Trauzeuge auf der einen Seite, meine Zukünftige hatte keine Trauzeugin gefunden, sie hatte ihre Mutter nehmen müssen, und dahinter saßen die Cousins und Cousinen, Onkel und Tanten, alle ein bißchen pikiert.

Von meiner Seite waren nicht viele gekommen, nur mein alter Freund Benno aus Frankfurt, mein kleiner Bruder und ein paar Leute, die ich aus München kannte: Cäsar, der auf der Leopoldstraße Bilder und Armreifen verkaufte, der Haschischzwerg, der Geschäftsführer des *Babalu*, Rosi, die Ägyptologin, mit ihrem Mann und so weiter.

Vor uns der Standesbeamte, da mußte ich durch, doch nichts geschah. Der Standesbeamte saß auf seinem Stuhl und guckte uns an. Alle schwiegen, der Standesbeamte schwieg ebenfalls, und nichts geschah. Irgendwann sagte Uli, der mit solchen Situationen keine Probleme hatte: Ist was? Offensichtlich wußte er, daß was war. Ich wußte nicht, daß was war. Ob die anderen wußten, daß was war, weiß ich nicht.

Der Standesbeamte sagte: Die Mütze. Uli sagte: Die Mütze? Der Standesbeamte: Ja, die Mütze. Uli: Was ist mit der Mütze? Der Standesbeamte sagte sinngemäß: Während der Zeremonie trägt man keine Mütze. Oh, sagte Uli, ließ die Mütze aber auf.

Wir haben also die Verhandlung unterbrochen, ein paar Worte gewechselt, und es war klar, daß Uli die Mütze nicht absetzen würde. Nicht daß er die Zeremonie boykottieren wollte, er hatte ja mit mir extra den Anzug gekauft und außerdem ein paar Monate zuvor eine Tochter von Tante Lisbeth geheiratet. Nein, es ging ums Prinzip. Man kann sich von einem Standesbeamten nicht vorschreiben lassen, ob man eine olivgrüne Mütze trägt oder nicht, wenn ein Freund heiraten will, mit dem man schon als Kind die Schulbank gedrückt hat.

Wie die Geschichte ausging, habe ich vergessen. Ich habe sie in den vergangenen fünfzig Jahren so oft erzählt, daß ich verdrängt habe, wie das Problem gelöst wurde. Wahrscheinlich wurde Onkel Carl angerufen, der einer der reichsten Männer der Stadt und, nebenbei, Ulis Schwiegervater war – sehr zu seinem Leidwesen –, und der könnte kraft seines Ansehens dem Beamten verklickert haben, er möge die Ehe mit Mütze schließen. Es seien nämlich diese Ehen seiner Töchter und Nichten im Grunde null und nichtig, weil grob standeswidrig.

Ich weiß nur noch, daß ich plötzlich verheiratet war, eine weinende Schwiegermutter hatte und daß anschließend ein Sektempfang stattfand.

Der Sektempfang fand in der Villa von Tante Lisbeth statt. Tante Lisbeth war die Schwägerin meiner Schwiegermutter, eine Schwester ihres im Krieg verstorbenen Gatten, der ein nationalsozialistischer Wirrkopf gewesen war. Tante Lisbeth war mit Onkel Carl verheiratet. Die Firma hat sich im Laufe der Jahre stark vergrößert. Tante Lisbeths Sohn, der inzwischen wahrscheinlich auch um die achtzig ist, gehört heute zu den zweihundertfünfzig reichsten Männern der Bundesrepublik. Er ist ein Pressezar.

Andere Familienmitglieder hatten Fabriken verschiedener Art. Die alten Herren dieses Familienclans waren selbstverständlich Nazis gewesen. Sie waren es längst nicht mehr, aber man spürte am Lebensstil, daß sie die Vorteile des Nationalsozialismus zumindest ökonomisch genossen hatten. Die hatten sich in der Nazizeit kräftig bereichert, das spürte man auf Schritt und Tritt.

Tante Lisbeth, die eine durch und durch unpolitische Frau war, ergänzte das Geschäftsgebaren ihres Mannes, indem sie eine führende Persönlichkeit im Paritätischen Wohlfahrtsverband war. Ein Teil des Geldes ihres Mannes gab sie für Waisenkinder und arme Leute aus, und sie engagierte sich furchtbar in verschiedenen Sozialeinrichtungen. Ihr Mann nannte das abfällig: die Sozialfabrik meiner Frau. Er hatte eine richtige Fabrik, sie hatte eine Sozialfabrik. Wo ist Tante Lisbeth? Die ist in ihrer Sozialfabrik.

Tante Lisbeth richtete also die kleine Feier nach dem Standesamt aus, und da traten nun auch wieder meine Freunde Uli Kasten und Uve Schmidt in Erscheinung, die zwei von Tante Lisbeths Töchtern geheiratet hatten, während ich nun mit deren armer Cousine verehelicht war, aber das spielte keine Rolle.

Schmidt, Kasten und ich waren, seit die Tochter eines Millionärs einen Nichtsnutz heiraten konnte, der eine olivgrüne Mütze trug und behauptete, er sei Künstler, der Beweis dafür, wie schwierig es war, die Mädels anständig unter die Haube zu bringen. Auf Familienfesten saßen wir zumeist auf einem Dreiersofa, hinter dem wir alkoholische Getränke versteckten, mokierten uns über allerlei und verwandelten den Etepeteteverein vor unseren Augen in eine Gespenstertruppe à la James Ensor. Uve, der Sensibelste von uns dreien, litt offensichtlich am meisten.

Ich entsinne mich einer Familienfeier. Mensch, hör doch auf, flüsterte ich ihm zu, aber er konnte nicht an sich halten. Immer wieder schnappte er sich eines der silbernen Messer, die überall herumlagen, brach es durch und versteckte die Reste unterm Sofa.

So war es zuweilen unvermeidlich, daß wir uns für ein Stündchen oder zwei absentierten, um uns in der Kneipe nebenan ein paar Lagen reinzuschütten, in niveauvoller Gesellschaft und der Nähe einer standesgemäßen Musikbox, in der zum Beispiel Freddy Quinns »Der Weg nach Haus' ist schwer für einen Legionär« auflag. Wir standen damals auf diese abgefahrenen Schnulzen, auf Nana Mouskouris »Ich schau' den weißen Wolken nach und fange an zu träumen« und so weiter. Auch Hans Albers stand hoch im Kurs. Nichts Schöneres gab es.

Nun werdet ihr vielleicht fragen: Wer sind Uli Kasten und Uve Schmidt? Beziehungsweise: Wer waren sie?

Zu Uli kann ich später vielleicht einiges sagen, zu Uve zu so später Stunde nur so viel: Er hat nie viel geschrieben, ist aber ein großartiger Sprachartist, vor allem auf dem Gebiet der Lyrik. Als ich ihn kennenlernte, lebte er in Stierstadt im Taunus in der Baracke des Verlegers Victor Otto Stomps, kurz: VauO.

Nun weiß heute kaum noch jemand, wer VauO war. Das ist bedauerlich. Im Verlag Eremiten-Presse wurden keine Bücher hergestellt, wie man sie normalerweise im Buchhandel findet, sondern da lag irgendwo in der Ecke ein Stapel Packpapier, und irgendwann wurde dieses Packpapier bedruckt, teils mit Texten, teils mit Graphiken. Fünfzig oder hundert Exemplare wurden aufgebunden und kamen in wenige ausgesuchte Buchhandlungen. Geld brachte das nicht.

Es sind wunderbare Bücher, es gibt hunderte davon. Seit den fünfziger Jahren wurden sie produziert. Heute sind das Raritäten. Ich habe selber einen Gedichtband bei VauO gemacht, 1965, mit Graphiken von Johannes Vennekamp, mit dem ich noch heute dicke befreundet bin.

Der Verlag befand sich in einer Behelfsbaracke, wie man sie nach dem Krieg aufgestellt hatte, um Flüchtlinge unterzubringen. Sie stand an einem Bahndamm, alle drei Minuten rauschte ein Zug vorbei. »Bohème« ist eine freundliche Umschreibung für die Art und Weise, wie VauO und seine Mitarbeiter da wohnten und arbeiteten.

Im Hinterzimmer lebte eine Nichte von Stomps, die nymphoman war. Auch deshalb war die Baracke beliebt. Man hatte eben auch keine sexuellen Probleme, wenn man bei VauO ein Buch machte.

Es gibt viele Legenden über das Leben in Stierstadt. Das Haus hieß Schloß Sanssouris, Schloß ohne Mäuse. Harry Pross hat ein wunderbares Buch über den Verlag und VauO gemacht. Stomps hat mal den Fontane-

Preis gekriegt. Er war im Ersten Weltkrieg Artillerieoberst gewesen – schwul oder bi, aber Artillerieoberst. Je älter er wurde, desto bekleckerter war sein Anzug. Ich habe ihn immer nur in diesem ausgebeulten, abgetragenen Anzug gesehen. Aber er muß vor fünfzig Jahren eine gewisse Eleganz ausgestrahlt haben.

In der Eremiten-Presse publizierte die Crème der Literatur: Cyrus Atabay, Christa Reinig, Marie Luise Kaschnitz, es gibt kaum einen guten Schriftsteller der fünfziger und frühen sechziger Jahre, der nicht ein Bändchen bei VauO gemacht hat. Und Uve Schmidt war einer seiner Gesellen. Ich weiß nicht, wie viele Jahre er mit ihm zusammengearbeitet hat.

Als Uve dann Tante Lisbeths Tochter heiratete, hat VauO ihm das ein wenig übelgenommen. Er war ein großzügiger Mensch, aber er konnte es nicht leiden, wenn sich seine Mitarbeiter für Frauen interessierten.

Okay, aber kommen wir zurück nach Ulm. Es waren seltsame Familienfeiern, die ich da miterleben durfte, ganz anders als in meiner Jugend in Schachten bei den Kleinbauern und Proletariern, bei meinen Eltern zu Hause – und erst recht ganz anders als die Studentenfeste in Frankfurt am Main und München oder in der Westberliner Bohème der sechziger Jahre.

Diese Ulmer Mischpoche, diese reichen, reaktionären Säcke mit ihren merkwürdigen Frauen, ihren Villen und ihren Problemen, das war seltsam, auch wenn es für Uli und Uve eigentlich nur Vorteile gebracht hatte, denn als sie heirateten, bekamen Onkel Carls Töchter zwar kein Bargeld, dafür jedoch eine Druckmaschine, so daß sie bis an ihr Lebensende ausgesorgt hatten, da alles, was die Maschine erwirtschaftete, den Töchtern als Apanage zufloß.

Sie lebten deshalb stets in ordentlichen Häusern und konnten sich die etwas besseren Getränke leisten – solange jedenfalls, wie die Ehen hielten. Leider hielten sie nicht lange. Die Gründe dafür verschweige ich lieber, schon der Kinder wegen. Meine Ehe hielt ziemlich lange, einundzwanzig Jahre, genau gesagt, wenn auch katastrophal, aber die Witwe hatte ja auch keine Apanage, die kriegte nur manchmal einen großen Schein zugesteckt von einer der Tanten oder ihrem Cousin, dem Pressezar.

Aber weiter. Ich sagte vorhin, zu meinen Trauzeugen habe der Geschäftsführer der Bar *Babalu* gehört, und so werdet ihr sicher bereits erwartet haben, daß ich auch zu diesem Etablissement ein paar Worte verliere.

Nun denn, das *Babalu* spielt für mein Wohlbefinden und mein Gedächtnis noch heute eine gewisse Rolle. Die Wände waren von dem Münchener Kunstprofessor Mac Zimmermann im surrealistischen Stil bemalt worden. Die Bar lag in einer Seitenstraße zwischen Leopoldstraße und Englischem Garten. Ich hatte sie bis dahin nicht wahrgenommen, weil ich andere Adressen hatte. So verkehrte ich in Schwabing in einem Jazzlokal, das es nicht mehr gibt, in der *Tarantel.* Da gab es ausschließlich Livemusik, jeden Abend von acht bis mindestens morgens um eins, immer erstklassigen Jazz. Musiker, die zufällig da waren, hielten Jamsessions ab.

Ich war mit einem Argentinier befreundet, der war fast ein Zwerg, und er war ein kleiner Dealer. Deshalb hieß er bei uns nur »der Haschischzwerg«. Weil er auch diese Szene mit Dope bediente, hatte ich Kontakt zu den Jazzmusikern.

Ich hockte oft in der *Tarantel.* Die Musiker, die so gut wie nichts verdienten und sich kein Hotel leisten konnten, mußten irgendwo pennen. Die Türen zu meiner Wohnung standen immer offen, und wenn ich nachts um drei, vier, fünf nach Hause kam, lagen da irgendwelche Jazzmusiker aus der *Tarantel* rum. Zum Schluß konnte ich auf dem Fußboden schlafen, weil überall, wo man liegen konnte, Jazzmusiker pennten. Ausgezogen bin ich, nachdem ich zum drittenmal nicht mal mehr einen Platz auf dem Fußboden gefunden hatte. Das war die Geschichte mit der *Tarantel* und der Jazzmusik in München.

Zwischendurch ging ich ins *Fendstübchen.* Das gibt es noch immer. Das kann ich jedem Biertrinker empfehlen. Heute fällt es aus dem Rahmen, denn Schwabing hat sich verändert, so, wie sich die ganze Welt in den vergangenen fünfzig Jahren verändert hat. Nur das *Fendstübchen* sieht noch so aus wie Anfang der Sechziger, bis auf die Wirtin, die ist höchstens sechzig und kann also damals nicht die Wirtin gewesen sein. Als ich vor zwei, drei Wochen das erstemal seit fünfzig Jahren wieder im *Fendstübchen* saß, fragte ich: Sagen Sie mal, wo ist früher die *Tarantel* gewesen? War die in dem Haus, oder war die in dem Haus?

Alle sagten: *Tarantel*? Nie gehört. Ich: Das war ein großes Jazzlokal. – Hier war nie ein Jazzlokal.

Das war nicht zum Aushalten. Ich saß in einer winzigen Kaschemme direkt gegenüber der ehemaligen *Tarantel*, und niemand von denen, die da seit dreißig Jahren sitzen, niemand von den älteren Herren und Damen wußte, wo die *Tarantel* gewesen war.

Ich hätte es auch nicht gewußt, wenn ich nicht die Ecke genau gekannt hätte, an der jetzt irgendein abstoßender Dienstleister sein Geschäft betreibt. Das passiert mir, seit ich älter werde, immer häufiger: daß aus der Zeit von vor fünfzig oder vierzig Jahren nur noch ein paar Versatzstücke präsent sind. Niemand weiß mehr was. Die Geschichte hat sich ins Nichts verflüchtigt.

Es ist gewissermaßen der gleiche Vorgang, der dazu geführt hat, daß auf dem Forum Romanum nur noch drei Säulen stehen. Als Goethe sie zum erstenmal sieht und zeichnet, hat er keine Ahnung, was das für Säulen sind. Er stellt sich die dollsten Dinge vor – was das für ein Haus gewesen sein könnte. Die Archäologen hätten es ihm sagen können, aber da war er längst tot. Das gleiche, was im Laufe eines längeren Prozesses auf der hochkulturellen Ebene geschieht, kann dir selbstverständlich mit deiner Stammkneipe von 1961 passieren. Noch schlimmer wäre es gewesen, wäre das *Fendstübchen* auch weggewesen.

Daß ich damals oft in diese süße, kleine Abfüllstation ging, hatte auch damit zu tun, daß ich mit einem Philosophen befreundet war, der noch promovierte. Er hieß Fend. Fend verkehrte auch im *Fendstübchen*. So waren wir uns nähergekommen.

Eines Nachts stand ich da wieder am Tresen, als mein Freund Uli Kasten reinkam, und er hatte einen Eimer dabei. Der Eimer war halb mit Wasser gefüllt, und darin schwammen drei Oberhemden. Uli war in Ulm gewesen, wo er einen Job als Bühnenbildner hatte, und da hatte es ihn plötzlich gepackt: Ich muß nach München fahren. Weil er seine Oberhemden gerade eingeweicht hatte, nahm er den Eimer mit.

Ich fragte, denn ich hatte ihn ein Jahr nicht gesehen: Was machst du denn hier? Er sagte, er habe in Ulm eine Frau kennengelernt, die in München Kunst studiere und nebenher in einer Bar hinterm Tresen ein bißchen Geld verdiene. Nach der Bar suchte er nun, hatte aber deren Namen vergessen.

Uli hatte in Düsseldorf bei Teo Otto Bühnenbild studiert, und Teo Otto hatte ihn ans Ulmer Theater vermittelt. Ein paar Tage hat er das gemacht, aber länger als einen Monat hat Uli keinen Job ausgehalten. Länger als einen Monat hat er nie etwas gemacht, außer nichts zu tun und zu saufen.

Nun hatte ich natürlich Verständnis dafür, daß man nicht in Ulm bleiben mag. Eines meiner frühesten Gedichte in der von Günter Bruno Fuchs herausgegebenen Anthologie *Die Meisengeige*, die 1964 im Hanser-Verlag erschien, handelt davon.

In der *Meisengeige* stehen wunderbare Gedichte, unter anderem von meinem Freund Oskar Huth, der übrigens, darüber könnte man noch ein paar Worte verlieren, eine apokryphe Persönlichkeit ist. Er kommt zum Beispiel in Hans Magnus Enzensbergers Buch *Hammerstein* als ein Mann vor, der durch seine Fälscherkünste verfolgten und untergetauchten Leuten das Leben rettet.

In der *Meisengeige* steht eines seiner seltenen Gedichte: »An der Doppelsaale / hellem Doppelstrande / stehen Doppelburgen / stolz und doppelkühn. // Ihre Doppeldächer / sind verfallen, / und der Wind / streicht durch die Doppelhallen. // Doppelwolken / ziehen drüber hin.« Solche Gedichte schrieb Oskar Huth.

Ich schrieb für die *Meisengeige* das Gedicht »ich / bin mit dem Zug nach Ulm gefahren / ich bin / mit dem Zug nach Ulm gefahren / ich bin mit / dem Zug nach Ulm gefahren / ich bin mit dem / Zug nach Ulm gefahren«. So geht das noch eine Weile weiter. In dem Gedicht war mein Verhältnis zu Ulm ausgedrückt. Deshalb hatte ich, wie gesagt, Verständnis dafür, daß Uli einen Wassereimer dabei hatte und diese Kunststudentin suchte.

Er bat mich inständig, ihm zu helfen, diese Bar zu finden. Nun könnt ihr euch vielleicht vorstellen, daß es ziemlich schwer ist, in Schwabing eine Bar zu finden, wenn man keinen Namen und keine Adresse hat. Es hat, glaube ich, drei Tage gedauert, bis wir sie gefunden hatten, natürlich mit Pausen tagsüber. In den Nächten haben wir Schwabing abgeklappert, bis wir wieder im *Fendstübchen* saßen.

Ich hatte genug Zeit, mit Uli die Bar zu suchen, weil ich begonnen hatte, mein Erstes juristisches Staatsexamen zu machen, und daher gedanklich die Frage beantwortet hatte, wie ich mein seit fünf Jahren andauerndes Jurastudium beenden sollte. Ich hatte meine Anträge gestellt, irgendwann würde ich die Aufforderung kriegen, eine Hausarbeit zu schreiben, Klausuren zu schreiben, zu einer mündlichen Prüfung zu erscheinen, das zieht sich monatelang hin. Ich brauchte nur zu warten und irgendwann anzutreten.

Auf die Idee, jetzt noch fürs Examen zu arbeiten, wäre ich nie gekommen. Wenn man zu dem Zeitpunkt noch lernt, macht man sich nur verrückt und vergißt auch noch das bißchen, was man in fünf Jahren nebenbei mitgekriegt hat.

Geld hatte ich auch. Das hatte zur Folge, daß Uli zum Beispiel zu meiner künftigen Frau sagte, bevor er uns vorstellte: Der hat immer Geld. Meine Frau, die erwähnte Witwe, hat das noch lange nach unserer Trennung geglaubt. Auch als wir uns fünf Jahre lang über die Scheidung gestritten haben, ging es im wesentlichen darum, daß sie davon überzeugt war: Der hat Geld.

Ich weiß nicht, wie ich es geschafft habe, bei manchen Leuten den Eindruck zu erwecken, daß ich Geld hätte, aber geschadet hat es mir selten, nur mit den Berbern in der Fußgängerzone gab's manchmal Ärger, wenn ich sagte: Hab' kein Geld.

Ich habe wirklich nie viel Geld gehabt. Bloß geglaubt hat mir keiner – und das alles nur, weil Uli im Frühjahr 1961 gesagt hatte, ich hätte welches. Das zog sich bis ins hohe Alter hin. Als euer Bruder Iwan und seine Frau vor zehn, fünfzehn Jahren ein kleines Häuschen in Babelsberg kaufen wollten, rief er an und fragte: Vater, kannst du nicht soundsoviel zigtausend Mark zuschießen, ich gebe es dir in Raten zurück? Ich sagte: Wo soll ich das denn herhaben? Wir palaverten hin und her, ich sagte, ich hätte nichts, er meinte, ich sei wohlhabend. Wahrscheinlich hatte seine Mutter zu ihm gesagt, er solle mich anpumpen, ich hätte immer Geld.

Ich weiß bis heute nicht, warum mir mein Busenfreund Uli diesen dummen Streich spielen mußte – vielleicht weil er, es waren inzwischen einige Wochen vergangen, die Kunststudentin wieder loswerden wollte. Vielleicht dachte er: Wenn ich behaupte, der Pit hat Geld, dann läßt sie mich in Ruhe, und er hat sie am Hals, und so kam es dann auch.

Im Grunde hätte er mit einem solchen Gedanken nicht einmal schiefgelegen. Die Menschen aus wohlbetuchten Kreisen, auch wenn sie inzwischen verarmt sind, wissen meistens gar nicht, welche Rolle Geld für sie spielt. Sie sagen zwar immer: Geld spielt keine Rolle. Doch wenn du ein bißchen kratzt, merkst du, wie besessen sie von Sicherheit sind, und Geld verspricht Sicherheit. Geld ist die Sicherheit im Leben, nicht das, was sie im Kopf haben, nicht eine Begabung für dieses oder jenes, nicht diese oder jene Fähigkeit. Nein! Es manifestiert sich alles im Geld, im Kontostand. Nun gut.

Wir kamen also wieder ins *Fendstübchen*, und wer saß am Tresen? Mein Freund Fend, Sonjas Liebhaber, der Philosophie studiert hatte.

Jetzt war es so, daß Uli immer viel philosophiert hat. Im Grunde war er Philosoph. Er hat nie Abi gemacht. Er ist irgendwann von der Schule geflogen. Ich ging mit ihm von 1946 bis 1948 in eine Klasse. Dann lernte ich Maler und Anstreicher, Uli wurde Schaufensterdekorateur. Deshalb hat er später Bühnenbild studiert. Er hat nie eine Uni besucht, aber er war belesen, er nahm auch immer die neuesten Dichter zur Kenntnis.

Schon 1953 hatte er am Jungen Theater in Göttingen assistiert. Er konnte einige Passagen aus *Warten auf Godot* auswendig, und er konnte sie an passender Stelle unterbringen: »Worauf warten? Gehen wir. Nein. Was machen wir? Wir warten.«

Diese Passagen streute er in der Kneipe vor allem in den Morgenstunden ein, wenn er besoffen war. Das machte einen guten Eindruck. Auch was die neuesten Tendenzen in der bildenden Kunst betrifft, war er stets auf dem laufenden.

So kam es, daß Fend und Uli sofort anfingen, sich ihre Zitate zuzuspielen, bis ich keine Lust mehr hatte, mir dieses bildungsbürgerliche Pingpongspiel anzuschauen, und sagte: Sag mal, Fend, du kennst dich doch aus in Schwabing. Wir suchen da eine Nachtbar. – Was ist das für eine Bar? Name, Straße? Begriffliche Definition? Puff oder Abfüllstation? – Das wissen wir alles nicht. Wir wissen nur, daß da eine Kunststudentin hinterm Tresen arbeitet.

Damit war die Frage hinreichend geklärt. Er sagte nämlich: Ihr meint bestimmt meine Freundin Sonja.

Später erfuhr ich, daß auch Sonja Kunststudentin war und Fend jede Nacht zu ihr ins Bett kroch, weil er keine Bude hatte. Geheiratet haben sie nie, aber er schenkte ihr seine Gedichte, soweit ich weiß. Wann immer ich in Sonjas Zimmer kam, guckten ihre bleichen Nasen unter der Decke hervor.

Sonja lebte in einer Art Wohngemeinschaft in der Königinstraße direkt am Englischen Garten und jobbte nachts als Barfrau. Das war nun zwar immer noch kein definitiver Hinweis auf Ulis dringend gesuchte Kunststudentin, aber das focht Fend nicht an. Er war ein ausgesprochener Hintertreppenphilosoph, einer von denen, die mittags aufstanden, mal kurz ins philosophische Seminar gingen, um was nachzuschlagen, dann Kaffee bei Tchibo, Five o'clock tea im Schwabinger *Nes*, beide an der Leopoldstraße, und danach ins *Fendstübchen* oder in den Bierkeller in der Tengstraße und so weiter. Mehr brauchte ein guter Philosoph damals nicht zum Leben.

Fend sagte: Wir gehen jetzt mal ins *Babalu*. Vielleicht kann Sonja uns helfen. Wir gingen also die drei Stufen runter, und da standen zwei Ladies hinter der Theke, Fends Sonja und die, die Uli suchte, die Kunststudentin, beide animiermäßig rausgeputzt, obwohl letztere sich damit im Milieu vertan hatte.

Mit Sonja bin ich heute noch befreundet. Sie ist kurze Zeit später nach Paris gezogen – sie nennt sich seither »Hopf« – und Kunstprofessorin in Marseille geworden. Heute lebt sie mit einem wunderschönen, etwa fünfzehn Jahre jüngeren Mann am Montparnasse. Ich besuche sie regelmäßig, sie ruft manchmal an, um zu fragen, wie es mir geht. Aus Sonja ist was geworden.

So lernte ich das *Babalu* kennen und schätzen, das es zum Glück nicht mehr gibt, das Lokal mit den pseudo-surrealistischen Bildern von Mac Zimmermann. Schon die machten deutlich, daß der Geschäftsführer, den ich erwähnte, weil er bei meiner Hochzeit zugegen war, den Ehrgeiz hatte, daraus ein Künstlerlokal zu machen.

Er sagte: Ich mache daraus ein Künstlerlokal. Wenn das mal ein Szenetreff ist, kommen mehr Touristen. Denn der Keller war bis dato nicht sonderlich gut besucht.

Ich sagte zu ihm: Paß auf, wenn du ein Künstlerlokal willst, brauchst du Künstler. Du kannst nicht bloß den Kitsch von Mac Zimmermann an der Wand haben und zwei Kunststudentinnen hinter die Bar stellen, du brauchst Künstler – und zwar solche, die auch so aussehen. Wenn man reinkommt, sitzen die nicht in ordentlichen Anzügen an Tischen, sondern die sitzen so da, wie sich der Ostfriese einen Schwabinger Künstler vorstellt.

Nun hatte das Lokal im hinteren Bereich eine Wendeltreppe, die man gleich sah, wenn man reinkam. Sie war so breit, daß auf ihr drei Leute nebeneinander sitzen konnten. Also sagte ich zu ihm – und er hat das dann zum Glück übernommen –: Paß auf, da sitzen jeden Abend mal eine Stunde lang Künstler auf der Wendeltreppe. Nicht an den Tischen.

Das sah er ein. Die Tische brauchte er für das Publikum, das er abkassieren wollte. Und die Künstler kriegen ein Bier, solange sie da sitzen, sagte ich.

Fortan saßen auf dieser Treppe Künstler. Nur, es ist natürlich die Frage, wie man erkennt, daß das Künstler sind. Er wollte sein Bier ja nicht verschenken. Deshalb sagte ich: Ganz einfach. Du machst mich zum Rausschmeißer. Ab sofort bin ich Türsteher, und ich achte darauf, daß auf der Wendeltreppe nur Leute sitzen, die wie Künstler aussehen.

Ich arbeitete dann einige Wochen lang als Türsteher, nur um dafür zu sorgen, daß die Mädels und Jungs aus meiner Clique auf der Treppe saßen und Freibier bekamen. Das funktionierte hervorragend.

Das war aber nur eine meiner kleinen Einnahmequellen. Eine andere war wichtiger. Etwa zwanzig Stunden in der Woche habe ich beim Flüchtlingskommissariat der Vereinten Nationen in einer Villa in Bogenhausen gearbeitet. Da war die Zentralstelle für Bayern. Es gab damals immer noch unglaubliche Mengen von Deportierten und Flüchtlingen. Das waren zum Teil kroatische Faschisten, die sich nicht nach Jugoslawien zurücktrauten. Sie hatten einen behelfsmäßigen Ausweis und waren in Lagern der UNO untergebracht, alles keine Deutschen.

Meine Aufgabe bestand darin, die zu zählen und zu gucken, ob noch alle da waren. Das habe ich praktisch seit meiner Ankunft in München im Frühling 1960 bis zu meinem Abgang im Herbst 1961 gemacht. Es wurde gut bezahlt, und ich hatte Zeit, um mich aufs Examen vorzubereiten, ich hatte Zeit für die nächtlichen Abenteuer, oder ich war im Ungererbad oder im Englischen Garten. Es war eine ausgesprochen angenehme Lebensweise.

Okay, aber jetzt sollte ich vielleicht noch das Kapitel Uli Kasten zum Abschluß bringen, nachdem er diese Braut endlich an der Theke des *Babalu* gefunden hatte. Das heißt, er zog mit seinem Wassereimer bei ihr ein, merkte jedoch rasch, daß sie nicht zu dem Teil der Familie gehörte, der Geld hatte, und heiratete deshalb ihre Cousine, wovon ich schon sprach. Die Kunststudentin verkuppelte er mit mir, auch das hatten wir schon. Will sagen: Er hat meine erste Ehe wirklich gestiftet, was ich ihm nicht übelnahm, auch später nicht, als klar wurde, in was für einen Fehler ich da reingetappt war.

Ich war bis zu seinem Tode mit ihm befreundet. Wir haben uns allerdings seltener gesehen, denn er ging mir auf die Nerven, als wir beide älter wurden. Er war ein alkoholmedizinisches Wunder. Als er den ersten Schlaganfall hatte, ist er nur deshalb nicht daran gestorben, weil durch den vielen Alkohol sein Gehirn so geschrumpft war, daß das austretende Blut genug Platz hatte, sich auszubreiten.

So war Uli ein Beweis dafür, daß es der Gesundheit dienen kann, wenn man konsequent säuft. Es kann eine Überlebensstrategie sein, führt aber zur sozialen Vereinsamung. Er hat jahrelang, wenn auch im Rollstuhl, überlebt. Ich war auf seiner Beerdigung, und wenn ihr in einen der Bände meiner *Fast letzten Erzählungen* reinschaut, werdet ihr meine Trauerrede finden.

An dieser Stelle möchte ich noch mal auf mein Verhältnis zum Schreiben zurückkommen. Ich bin mir nicht sicher, ob ich dieses Thema vorhin korrekt abgeschlossen habe. Ich sagte sinngemäß, daß ich in München zu schreiben begonnen hätte, um den Leuten aus meiner Clique und dieser Kunststudentin, die ich an dem Abend mit Fend und Uli an der Bar kennengelernt hatte, zu imponieren. Das ist nicht ganz richtig.

Natürlich schreibt man auch, um Eindruck zu machen oder um eine Existenzberechtigung nachzuweisen. Man kann in der modernen Welt nicht einfach nichts tun. Was machen Sie so, ich meine: beruflich? – Ich? Oh, nichts. Ich mache gar nichts.

Das geht nicht. Der moderne Mensch tut etwas. Deshalb war Uli sein Leben lang Maler, ohne zu malen. Hat man diese existentielle Virtualität einmal durchschaut, stellt man fest, wie viele Leute in ihr leben. Der größte Teil der Menschheit lebt mit einer Scheinlegitimation. Die Menschen sind irgend etwas, aber das sind sie gar nicht. Jeder Mensch erzählt dir, was er macht, aber wenn du guckst, was der tut, dann tut er nichts.

Ich habe einen Freund, der seit fünfundzwanzig Jahren an seiner Doktorarbeit schreibt. Wann immer ich ihn treffe, frage ich ihn: Wie geht's, Huber? Was macht die Doktorarbeit? – Ja, sagt er, die wird bald fertig. Eine Freundin von mir, sie geht auf die sechzig zu, schreibt ungelogen seit ihrer Studienzeit an einer Doktorarbeit über ein Motiv in der bildenden Kunst. Sie hat inzwischen zwei Doktorväter überlebt. Kürzlich rief sie an. Ich fragte: Was macht die Doktorarbeit? Sie antwortete: Du, ich habe wieder angefangen, ich habe einen neuen Doktorvater.

Aber das Schreiben ist nicht einfach nur eine Existenzberechtigung, es ist obendrein eine privilegierte. Wenn du schreibst, hast du ein Anrecht darauf, hinter dir die Tür zuzumachen und um Ruhe zu bitten. Du darfst nicht gestört werden. Fast alle Familiengeschichten von Dichtern enthalten die Stelle, an der der Vater durchs Haus brüllt: Ruhe da unten, ich arbeite!

Du darfst dich bei der Arbeit betrinken, zwei Nebenfrauen haben, miesepeterig und asozial sein, beknackte Ansichten vertreten, schnorren, unordentlich sein, Wollschlipse tragen, in Cordhosen rumlaufen. Du brauchst überhaupt nicht zu schreiben. Alles wird dir nachgesehen, wenn du behauptest, du seist Schriftsteller oder Künstler. Das ist alles erwiesen, aber man schreibt nicht nur aus derart banalen Gründen. Ich jedenfalls nicht.

Gut, ich gebe zu, daß ich später, als ich nicht mehr Rechtsreferendar war und diese Einkünfte wegfielen, das war ab 1966, für Geld geschrieben habe. Ich hatte inzwischen zwei Kinder, eine große Wohnung, ein altes Auto, einen Kühlschrank, eine Waschmaschine, eine anspruchsvolle Ehefrau, die sich weigerte, arbeiten zu gehen und etwas zum Haushalt beizutragen. Da mußte ich notgedrungen Geld dafür nehmen, daß ich gelegentlich was aufschrieb.

Aber mein eigentlicher Beweggrund war auch das nicht. Es war so, daß ich ab Mitte der sechziger Jahre das unwiderstehliche Gefühl hatte, schreiben zu müssen. Seither schrieb ich, um zu schreiben, nicht aus anderen Gründen. Und deshalb hatte ich nie Probleme damit, wenn ich nicht schrieb. Schreiben und nicht schreiben waren identisch geworden. Man ist auch dann Schriftsteller, wenn man nichts schreibt und publiziert, und man ist auch dann Künstler, wenn man keine Kunst macht. Der Begriff Künstler oder Schriftsteller bezeichnet in erster Linie eine Existenzform und erst lange danach eine berufliche Tätigkeit oder eine soziale Legitimation.

Ich habe ja von 1980 bis ungefähr 1997 wirklich fast nichts geschrieben, auf jeden Fall nichts, was man hätte publizieren können. Ich habe mal ein Hörspiel geschrieben oder ein Artikelchen oder eine Erzählung, aber auf die gesamte Distanz bezogen könnt ihr sagen, ich hätte in der Zeit nichts geschrieben. Das war für mich kein Problem, und ich habe darunter nicht gelitten.

Als ich mit Cordula 1990 nach Rom zog, hielt sich da der Dichter Modick auf. Der fragte: Pit, was schreibst du? Hast du irgendwelche Projekte? Ich sagte: Du, Klaus, nichts. Ich habe aufgehört zu schreiben. Er schaute mich an, als wäre ich ein sehender Maulwurf. Ein Schriftsteller, der nicht schreibt, war für ihn vermutlich unvorstellbar, und für Elisabeth die Nullte war ich das ja auch.

Für mich hingegen war es von Anfang an eine Möglichkeit. Aus diesem Grund sagte ich damals zu Jürgen Becker, als er sagte, er wolle meinen Roman veröffentlichen, das sei nicht nötig. Ich hatte nämlich schon meinen ersten Roman, *Hommage à Frantek*, nicht geschrieben, um ihn zu veröffentlichen. Das sieht man an meinem Urmanuskript. Große Teile habe ich nicht mit der Schreibmaschine auf DIN-A-4-Blättern geschrieben, sondern ich hatte mir Papierrollen besorgt, auf diesem Papier schrieb ich.

Man konnte den Roman wie ein Rollenbild lesen. Die einzelnen Kapitel waren mehrere Meter lang. Erst später habe ich das alles auf einer Schreibmaschine, die ich für fünfzehn Mark auf dem Flohmarkt gekauft hatte, abgetippt, weil ich Einzelpapier dann doch praktischer fand, als immer eine Rolle mit mir rumzuschleppen.

Ein anderer Gedanke kommt hinzu, wenn ich so über das Nichtschreiben nachdenke. Wir sprachen, glaube ich, vorgestern über Arno Schmidts Berechnungen zur Relation zwischen dem, was man lesen müßte, und dem, was man schaffen kann. Er meinte, es gebe bereits so viel, das sich zu lesen lohne, daß man nichts mehr zu schreiben bräuchte. Eigentlich bräuchten wir alle nichts mehr zu schreiben.

Hermann Gremlizas Vorschlag, daß man Leute dafür bezahlten sollte, daß sie nicht schreiben, war insofern keine Kritik an einzelnen Autoren, sondern allgemeingültig. Man sollte die Leute dafür bezahlen, daß sie nichts schreiben, damit endlich mal das Zeug gelesen wird, das gelesen oder wiedergelesen werden sollte. Das ist ganz meine Meinung. Ich habe selten Neuerscheinungen gelesen, auch wenn sie in der Zeitung gelobt wurden. Ich fand Sachen, die längst vergessen sind, mindestens genauso interessant.

Zwölftes Kapitel

Man hat eine musikalische Psychose, man wird Bauarbeiter,
ein Nazi schlägt zu, die SPD, die Mandoline, die Bundestagswahl 1953

Damit bin ich bei einer Frage angekommen, die mir bisher niemand beantworten konnte. Warum wird ein Mensch künstlerisch tätig? Mir stellte sich diese Frage ungefähr 1951, als ich anfing, nach einer Möglichkeit zu suchen, meinem Leben und Tun eine Perspektive zu geben. Da bin ich zunächst auf die Musik gekommen. So, wie andere Leute auf den Hund kommen, kam ich auf die Musik. Ich weiß sogar noch genau, wie ich auf die Musik gekommen bin.

Wir hatten selbstverständlich ein Radio zu Hause. Aber entscheidend war folgendes: Ich war damals sehr verliebt in einen jungen Mann. Das Bild von ihm habe ich noch gut in Erinnerung, aber was ich am besten in Erinnerung habe, ist sein Geschlechtsteil. Er hatte bereits mit zwölf, dreizehn Jahren ein exorbitant schönes Glied.

Seine Familie war aus Mähren, sie gehörte zu den sogenannten Heimatvertriebenen. Die Mutter hatte ein Klavier, das heißt, in ihrer beengten Behelfswohnung stand ein Klavier. Warum? Ich weiß nicht, ob sie es aus Mähren mitgebracht hatten. Ich kann mir nicht vorstellen, daß sie mit einem Klavier im Gepäck gekommen waren. Die sogenannten Heimatvertriebenen konnten, jedenfalls, wenn man Frau Steinbach glauben darf, auf keinen Fall ein Klavier mitnehmen.

Alexanders Mutter, ich nannte Alexander Bimbo, hatte eins, und auf dem spielte sie stundenlang. Ich lag nebenan mit ihrem Sohn im Bett, streichelte Bimbos Bimbo, sie spielte Schumann, Schubert, Beethoven-Sonaten, Mozart, das spielten damals die Ehefrauen von Heimatvertriebenen in der Fremde, auf dem Dorf, wo sie völlig deplaziert waren und litten, weil sie aus gutkleinbürgerlich-städtischen Zusammenhängen kamen und plötzlich in diesen Landpöbel, mit dem sie nichts anfangen konnten, hineingeworfen worden waren – ein Trauma, das sie ihren Enkeln vererbt haben.

Ich hörte sie also während unserer Liebesspiele spielen und sagte mir: Man müßte Klavier spielen können. Das mag euch verwundern, ihr hattet nie den Drang, aber mir hat es immer eingeleuchtet, daß man sich als Pubertant sagt, man müßte Klavier spielen können.

Wolfgang Dauner, der berühmte Jazzpianist, der hier in Stuttgart lebt und mit dem ich befreundet bin, sagte mal, daß er genau auf diese Weise zum Klavierspielen gekommen sei. Er hatte eine Oma oder Tante, die Klavierunterricht gab, und er lag im Zimmer nebenan, war acht Jahre alt, und sagte sich, daß man Klavier spielen können müßte. Und dann lernte er Klavier.

Meine erste Klavierlehrerin war die Mutter meines ersten Freundes. Meine Begeisterung für das Instrument war so groß, daß sich mein Vater, der ein gemütvoller Mensch war, eines Tages bereiterklärte, ein Klavier anzuschaffen. Wir wohnten in einem großen Raum, der durch eine Bretterwand in eine Wohnküche und ein Elternschlafzimmer unterteilt war, in dem, solange wir klein waren, auch der Thomi und ich schliefen.

Später hat der Kutscher eine Kammer, die nicht mal verputzt und nicht beheizbar war und die man von der Wohnküche aus betreten konnte, leergeräumt. In die zogen wir Jungs. Da standen unsere Betten, da stand mein Schreibtisch, ein kleiner Bollerofen, und jetzt wurde noch ein Klavier reingestellt. Da war das Kämmerchen voll.

Das Klavier ging kaum die Treppe rauf, jene Treppe, auf der ich die Frankensteinvision hatte. Ich glaube, es hat fünf Mark gekostet. Es wurde von einem Bauern, mit dem euer Opa befreundet war, mit dem Ackerwagen gebracht.

Infolge der Klavierstunden war ich binnen kürzester Zeit fest davon überzeugt, daß ich musikalisch sei und etwas Großes in mir stecke. Mit fünfzehn, sechzehn ist es leicht, sich in einen solchen Irrtum zu stürzen. Ich fing umgehend an, mich mit meinen Eltern zu streiten, was im Radio laufen dürfe. Ich hatte strikt verboten, schlechte Musik zu hören. Es mußte Beethoven oder Wagner oder Liszt oder auch moderne Musik sein.

Meine armen Eltern litten schrecklich darunter. Mein Vater war, obwohl er ein Anarchist war, letztlich doch ein Anhänger der deutschen Marsch- und Blasmusik. Er war ein guter Tänzer, also akzeptierte er noch Tanzmusik, während der Musikgeschmack meiner Mutter darin gipfelte, daß sie für Franz Lehár schwärmte. Puccini war für sie die Obergrenze. Und ich hörte in dieser beengten Situation Wagner-Opern und Beethoven-Symphonien.

Mein Freund Alexander teilte meine Liebe zur Musik. Eines Tages kam er an und sagte, sie seien am zweiten Weihnachtsfeiertag in der Oper in

Kassel gewesen und hätten die *Zauberflöte* gesehen. Er beschrieb mir die *Zauberflöte*, nicht nur die Musik, sondern die gesamte Inszenierung, mit so eindringlichen Worten, daß ich mir sagte: Das muß ich gesehen haben.

Zu der Zeit, also 1951, fuhr man von Schachten nach Kassel folgendermaßen: Erst mußte man über eine Kalkschotterstraße, auf der man sich komplett einsaute, drei Kilometer zum Bahnhof laufen, oder man nahm das Fahrrad. Damals ging man noch mit geputzten Schuhen und einer ordentlichen Hose in die Oper oder ins Konzert. Es war also schon mal ein großes Problem, diese Schmutzstrecke zu meistern. Dann fuhr man mit einem Bummelzug an etwa zehn Misthaufen vorbei, bis man in Kassel war. In Kassel fuhr man mit der Straßenbahn zur relativ weit entfernten Stadthalle, da das Opernhaus ausgebrannt war.

Kassel hatte ein Opernhaus, das man für wenig Geld hätte wiederherrichten können. Es war in besserem Zustand als die Alte Oper in Frankfurt. In Kassel hatte schon Louis Spohr dirigiert, hier hatte Schumann dirigiert, aber die Oper mußte abgerissen werden, weil die ortsansässige Mafia einen Architekten begünstigte, der eine neue Oper bauen wollte.

Die alte Kasseler Oper stand jahrelang unrenoviert leer, und die Opernaufführungen fanden in der Stadthalle statt, wo ich 1953 auch Willy Brandt zuhören durfte. Da pfiff ich mir jede Opernaufführung rein, die *Zauberflöte*, den *Fliegenden Holländer*, die *Meistersinger von Nürnberg* und den *Barbier von Sevilla, Zar und Zimmermann, Der Waffenschmied, Der Freischütz.*

Ich erinnere mich an das erste Opernerlebnis – ein Schock. Als die ersten Töne aus dem Orchestergraben erklangen – ich saß ziemlich weit vorne –, war ich von diesem Federnden, Leichten der ersten Takte der Ouvertüre völlig hingerissen. Dieser Klang … Das war ja nicht der Klang, den ich aus dem Radio kannte.

Ihr müßt berücksichtigen, welche Musikerfahrungen ich überhaupt hatte. In Schachten gab es einen einzigen Plattenspieler. Der stand in einer Gastwirtschaft. Er wurde mit einer Kurbel an der Seite aufgezogen, innen drin war eine Feder, und die Feder trieb den Plattenteller an, auf dem eine Schellackplatte lag, die man wie ein rohes Ei behandeln mußte.

An dem Tonarm, den man auf die Platte setzte, war kein Saphir, sondern eine Art Stecknadel. Die hielt auch nicht lange. Das war der einzige Plattenspieler im Dorf, und der einzige, der ihn benutzte, war ich. Mit zwölf, dreizehn, vierzehn Jahren ging ich nachmittags in die leere Gastwirtschaft, um mir die paar Schallplatten anzuhören.

Ich erinnere mich noch an die Erschütterung, als ich die erste Symphonie von Brahms zum erstenmal hörte. Mein Entsetzen war so groß, daß ich es nicht aushielt und nach ein paar Minuten rauslaufen mußte.

Die hatten in dieser Dorfgastwirtschaft nur solche Platten, die keinem zu gehören schienen, und auch das Vorhandensein des Plattenspielers war ein Rätsel. Ein Plattenspieler war kein Gerät, mit dem man die Gastwirtschaft beschallte. Ein Plattenspieler war etwas ganz Außergewöhnliches. Wenn man Musik hören wollte, engagierte man einen Geiger, einen Saxophonisten und einen Schlagzeuger, die im Saal dahinter auftraten. Das war Musik. Aber das Grammophon war etwas, das kein Mensch benutzte. Deshalb hatten sie dort ausschließlich Schallplatten, die kein Mensch außer mir hörte.

Wie die da hinkamen, ist mir schleierhaft – und dann die Erste von Brahms, dieser Generalbaß, über dem langsam das Thema aufsteigt, bomm, bomm, bomm ... Darüber erheben sich die Streicher. Mich hat das so mitgenommen, daß ich hysterisch reagiert habe. Ich bin ja ohnehin ein Hysteriker. Aber meine ersten hysterischen Anfälle hatte ich wegen der seelischen Erschütterungen, die Musik damals in mir auslösen konnte. So ging es mir dann auch in der Oper und im Konzertsaal. Ich weiß noch, während der *Wanderer-Fantasie* im Kasseler Ständehaus habe ich einmal so laut geheult und so heftig gezittert, daß mich die Saaldiener rausgeworfen haben.

Ab 1950 habe ich in Kassel als Malergeselle auf dem Bau gearbeitet. Meistens haben wir gar keine richtigen Malerarbeiten verrichtet. Es waren überwiegend Großbaustellen, auf denen wir gearbeitet haben, es wurden ganze Stadtteile hochgezogen, die komplette Stadt war zerstört. Man baute nicht hie und da mal eine neue Hütte, sondern vollständige Stadtviertel. Auf den Großbaustellen haben Hunderte von Bauarbeitern diverser Berufe geschuftet.

Später, wenn ich durch Kassel ging, besoffen oder auch nicht, mit meinem Bruder oder auch nicht, blieb ich manchmal vor irgendwelchen Häusern oder Straßenzügen stehen und sagte: Habe ich gebaut. Ich habe immer in dem Bewußtsein gelebt, ich habe Kassel, so schrecklich es aussieht, gebaut, und das stimmt ja auch.

Die Arbeit fing morgens um sieben an. Du mußtest fünf vor sieben auf der Baustelle sein. Die drei Kilometer über die Piste aus Kalkschotter, die Zugfahrt, der Weg vom Bahnhof zur Arbeitsstelle – spätestens um Viertel vor sechs brach ich in Schachten auf. Das hieß, ich mußte um Viertel nach fünf aufstehen, bis halb fünf arbeiten, mich waschen – richtig waschen konnte man sich auf den Baustellen nicht – und, wenn ich in die Oper oder ins Konzert wollte, auch noch feinmachen.

Ich nahm an solchen Tagen eine Tasche mit einem weißen Oberhemd, einem silbergrauen Schlips und einem schwarzen Anzug auf die Arbeit mit. Die Kollegen spotteten: Innen pfui und außen hui – aber es mußte sein. Anders wärst du nicht in die Oper reingekommen. Kurz vor Mitternacht war ich dann wieder auf meinem Dorf.

Je mehr Opern ich mir anguckte, je länger ich mich mit Musik beschäftigte, desto fester war ich davon überzeugt, daß ich die Fähigkeiten besaß, ein Großer zu werden, nicht nur als Dirigent, sondern auch als Komponist. Ich war überzeugt, ich könnte komponieren. Ich hatte nie eine Kompositionslehre in der Hand gehabt oder mir auch nur Gedanken darüber gemacht, wie man Musik schreibt, aber ich kaufte mir Notenpapier. Ich saß dann am Klavier, tippte gelegentlich einen Ton an und komponierte.

Ich habe keine Ahnung, wie das, was ich auf Notenpapier notierte, geklungen hätte, aber ich war sicher, es klänge wie die Musik, die ich gehört habe, wenn ich spazierenging. Ich ging viel raus. Ich lief über die Felder und Wiesen, und dann habe ich, es war der reine Wahnsinn, wirklich Musik gehört. Die Wolken und der Wind und die Wälder, alles tönte. Es war eine jahrelange Psychose.

Natürlich hörte ich die Musik, die ich vorher im Radio gehört hatte. Ich habe zum Beispiel die *Pastorale* gehört. So musikalisch war ich offenbar doch, daß ich sie ohne Tonträger in meinem Kopf hören konnte.

Es gibt wilde Musik, es gibt sanfte Musik, und ich ging umher, und die Leute aus dem Dorf hielten mich für verrückt. Da schreitet einer über die Flur, wo sie die Rübenfelder verzuppeln, und gestikuliert mit den Armen. Sie wußten ja nicht, daß ich ein großes Orchester dirigierte. Sie sahen mich nur dahinstürmen. Der spinnt. Der hat nicht alle Tassen im Schrank. Ein Malergeselle, ein Malergeselle, der den Verstand verliert.

Am meisten Sorgen machte sich meine Mutter. Sie erbrach sogar mein Tagebuch, um zu gucken, ob ich was über mein rätselhaftes Leben geschrieben hatte. Damals schrieb ich eine Zeitlang Tagebuch, was ich später nie wieder gemacht habe. Sie las auch von meinen Selbstmordphantasien. Das hat sie furchtbar erschrocken.

Eines Tages hatte sie, sie war ja eine pragmatische Frau, eine glänzende Idee. Jetzt schauen wir mal, sagte sie sich, ob der Junge nicht vielleicht doch musikalisch ist. Sie selber konnte das ja nicht beurteilen. Sie fuhr nach Hofgeismar und ging zum Musiklehrer am dortigen Gymnasium, auf das ich bis 1948 gegangen war. Er hieß Blume. Dem zeigte sie einige Notenblätter von mir und schilderte ihm ihre Pein mit diesem Sohn.

Herr Blume sagte: Das ist überhaupt kein Problem, Frau Chotjewitz, schicken Sie ihn mal her. Ich war mittlerweile achtzehn. Herr Blume schaute sich meine Kompositionen an, ließ mich Klavier spielen und sagte: Wir lassen das alles jetzt erst mal ein bißchen ruhen. Sie hören jetzt erst mal auf zu komponieren, in die Oper und ins Konzert dürfen Sie weiterhin gehen, aber Sie kriegen jetzt erst mal Klavierunterricht bei mir. Und da Herr Blume wie alle ländlichen Musiklehrer ein Laienorchester hatte, sagte er: Sie dürfen mir assistieren, wenn ich etwas einstudiere.

Er studierte ständig Stücke ein, *Die Jahreszeiten* von Haydn zum Beispiel, mit Solisten, Chor und kleinem Orchester. Wenn ich Zeit hatte, weil ich zum Beispiel arbeitslos war, war ich zwei-, dreimal in der Woche bei Herrn Blume und hörte ihm zu.

Im Frühjahr 1953 war ich soweit, daß ich mir sagte – ich hatte mittlerweile auch ein bißchen Klavier spielen gelernt –: Jetzt guckst du mal, ob sie dich nicht vielleicht sogar am Konservatorium der Stadt Kassel nehmen. Ich debütierte also mit dem ersten Satz der A-Dur-Sonate von Mozart, dem Variationensatz, und wurde prompt in die Klasse für Schulmusiker aufgenommen, warum, weiß ich nicht – vielleicht, weil ich in Latschen und kurzen Hosen auftrat, kein Jackett trug, sondern nur ein altes kariertes Oberhemd, und so neben der Kappe war.

Daß ich anfing, Musik zu studieren, verärgerte Herrn Blume sehr. Herr Blume wollte mich, glaube ich, behalten. Fortan, also von Frühjahr 1953 bis 1954, arbeitete ich nicht mehr auf dem Bau, ging auch nicht zum Arbeitsamt und verarmte und vergammelte deshalb immer mehr.

Ich war so arm, daß ich mir keine Schuhe leisten konnte, Kleidung sowieso nicht. Ich war wahrscheinlich der einzige Musikstudent in Kassel, der barfuß zum Unterricht kam – und das in dieser etwas feineren Gesellschaft der Musikpädagogen, aber das juckte mich nicht. Jeden Tag, spätestens morgens um neun, halb zehn, war ich da und absolvierte das volle Programm, sogar Eurhythmie und Pentatonik pfiff ich mir rein, nicht nur Musikgeschichte, Kompositionslehre und den Chorleiterkurs.

Meine Klavierlehrerin war Eva-Maria Kaiser, eine lange Dürre in langen, fließenden Gewändern. Sie langweilte mich, ihr Unterricht war zäh, obwohl sie eine gute Pianistin war, und fast hätte ich den Spaß am Klavierspiel verloren, denn offensichtlich mochte sie mich nicht, weil ich pennerhaft rumlief.

Aber es stellten sich auch Lerneffekte ein. Der Professor zum Beispiel, der Neue Musik unterrichtete, war ein ungeheurer Gewinn. Bei ihm sah ich zum erstenmal in meinem Leben ein Tonbandgerät. Es war ein gigantischer Apparat. So habe ich 1953 ein Konzert für sieben Staubsauger gehört. Er spielte uns auch ältere Sachen vor, einen Walzer beispielsweise, und dann mußten wir raten, von wem er war. Ich war der einzige, der wußte, daß es der Walzer aus dem *Rosenkavalier* war, weil ich natürlich auch diese Oper schon gehört und gesehen hatte.

Allerdings wiederholte sich nun, was mir ein Jahr zuvor mit der Literatur passiert war. Ich mußte nämlich einsehen, daß ich nie würde so komponieren können, wie die richtigen Komponisten das konnten. Das hatte durchaus Einfluß auf meine musikalische Entwicklung, denn ich habe nie wieder komponiert, weil ich mir sagte: Ich lasse lieber die Finger davon.

Nun werdet ihr vielleicht fragen: Warum bist du dann nicht wenigstens Musiklehrer an der Haupt- und Realschule Grebenstein geworden? Ganz einfach. Nach dem zweiten Semester ließ mich der Rektor, ein netter Opa, in sein Büro kommen, sagte, er finde es ja ganz schön, daß ich an seinem Konservatorium sei, ich sei ihm auch sympathisch, obwohl er es nicht gut finde, wie ich immer rumliefe, ich sei auch ein lustiger Bursche, aber er habe mit den Kollegen geredet, und sie seien zu der Überzeugung gekommen, daß ich ziemlich unmusikalisch sei. Es wäre vielleicht besser, wenn ich einen anderen Beruf ergreifen würde, und ob ich sehr böse wäre, wenn er mir nahelege, die Schule freiwillig zu verlassen.

Ich habe keinen Widerspruch eingelegt. Ich habe gesagt: Okay, wird wohl stimmen. Ich war geheilt von dem Wahn, ein musikalisches Genie zu sein, im Gegensatz zu manchen Schriftstellerkollegen, die ihr Image daraus ableiten, daß sie eigentlich Musikgenies seien. Das habe ich von mir nie wieder behauptet.

Allerdings, die Liebe zur Oper, die ist mir geblieben. Ich bin, ob ihr es glaubt oder nicht, von 1951 bis 1955 jedes Jahr zu den Bayreuther Festspielen gefahren, anfangs zusammen mit Bimbo. Wir sind getrampt. Es gab, meldete man sich ein paar Wochen vorher brieflich an, Eintrittskarten für fünf Mark, sogenannte Hörkarten. Heute zahlen die Leute viertausend Euro für eine Eintrittskarte.

Man saß oben im dritten Rang hinter einer Säule. Neigte man den Kopf nach links oder rechts, um auch mal was von der Bühne zu sehen, kriegte man von den Leuten, die hinter einem saßen, einen Anschiß. Aber es ging uns ja nur um die Musik. Das, was man sah, war in Bayreuth nie besonders wichtig. Und das Bayreuther Festspielhaus hat einen besonderen Klang.

Ich war in vielen Opernhäusern. Ein guter Konzertsaal zeichnet sich durch einen spezifischen Klang aus. Es gibt Räume, die überhaupt keinen Klang haben. Die Stuttgarter Liederhalle hat einen beschissenen Klang. Der Saal in der Kasseler Stadthalle hatte sowohl für Symphoniekonzerte als auch für Opernaufführungen einen recht ordentlichen Klang.

Aber zurück nach Bayreuth. Man schickte den schwarzen Anzug mit der Post voraus, trampte auf einer mehrtägigen Odyssee nach Bayreuth, schlief in Jugendherbergen, holte sich die Fünfmarkkarten ab und pfiff sich ein paar Opern rein. Das war aber nicht nur ein musikalischer Genuß. Es war für mich auch politisch lehrreich. Denn ich stellte zum erstenmal fest, daß mein Verhältnis zur Ideologie offensichtlich etwas indifferent ist.

Es ist ja bekannt, daß Wagner ein Reaktionär war. Er hat sich in Dresden ein bißchen an der 48er Revolution beteiligt, und er mußte dann in die Schweiz fliehen, was für ihn den Vorteil hatte, daß er die Ehefrau eines reichen Mannes namens Wesendonk anhimmeln und *Tristan und Isolde*, die *Wesendonk-Lieder* und das Tribschen-Idyll schreiben konnte, das »Siegfried-Idyll«, das er anläßlich der Geburt seines ersten Sohnes Siegfried komponierte, der übrigens schwul war, aber im Kern war Wagner wohl immer schon ein kleinkarierter Antidemokrat, und die Sympathien für den Aufstand von 1848 waren karrierefördernd, wenn man weiß, daß die 48er Revolution antisemitische Elemente enthielt.

So konnte er 1850 diese Schrift gegen Mendelssohn Bartholdy über das *Judenthum in der Musik* verfassen, eine üble Hetzschrift, ohne die er ab Ende des 19. Jahrhunderts nicht diese Karriere gemacht hätte, vor allem dann unter den Nazis.

Wer sich in der Musik ein bißchen auskennt, weiß, daß Wagners Behauptung, es gebe jüdische Musik, so schwachsinnig ist wie der Gedanke, es gebe eine jüdische Mathematik oder Physik. Nein, ich behaupte, daß Wagner einfach neidisch war. Der hat Mendelssohn Bartholdy beklaut, der war eifersüchtig, so entsteht sein Antisemitismus.

Ganz typisch auch, wie er seinen Antisemitismus in Szene setzt. Nur wenige wissen, daß die berühmte Krawallszene in den *Meistersingern von Nürnberg*, die Hans Sachs am nächsten Morgen mit den Worten »Wahn, Wahn, überall Wahn« besingt, einem Judenpogrom in Dresden nachgebildet ist, das im Zuge der 48er Revolution stattgefunden hatte.

Die meisten wissen genausowenig, daß die ersten großen antisemitischen Kundgebungen in Deutschland nach dem Beginn der Assimilation und der Gleichstellung stattgefunden hatten, Anfang des 19. Jahrhunderts. Die wurden später dadurch beschönigt, daß man sie Hep-Hep-Krawalle nannte. »Hep! Hep!« war der Ruf der Antisemiten. »Hep! Hep! Wir schlachten Juden!« Hep-Krawalle, das klingt irgendwie lustig. In Wirklichkeit gab es schon im Vormärz antisemitische Manifestationen.

Weshalb ich euch das erzähle: Ich habe es gewußt. Ich war neunzehn oder zwanzig, als ich in meiner Begeisterung die Wagner-Biographie von Houston Stewart Chamberlain las. Chamberlain war nicht nur ein Schwiegersohn Wagners, sondern auch ein wütender Antisemit. Er bezieht sich auf Rassismustheoretiker, die im Schwange waren. Der Antisemitismus Wagners ist also verankert in einer Ideologie, von der ein Weg nach Auschwitz führt.

Noch schlimmer wurde es, als Wagner die Tochter von Liszt heiratete, die berüchtigte Cosima Wagner. Die war eine noch üblere Antisemitin. Sie lebte bis 1930. Und die Schwiegertochter, Winifred, die mit dem schwulen Siegfried verheiratet war, mit dem einzigen Sohn von Cosima und Richard Wagner, war die Frau, die das Papier, auf dem Adolf Hitler *Mein Kampf* schrieb, ins Gefängnis nach Landsberg am Lech schickte.

Sie hat wesentlichen Anteil am Aufstieg Hitlers und anderer derartiger Männer, egal, ob es stimmt, daß Winifred Wagner mit Adolf Hitler im Bett war. Diese Tradition führte schließlich dazu, daß der kürzlich verstorbene Enkel Wolfgang und sein immer noch hochgelobter älterer Bruder Wieland in der Reichskanzlei Nudelsuppe gegessen und zu Adolf Hitler »Onkel Wolf« gesagt haben.

Wie gesagt, mein Freund Bimbo und ich, wir wußten das alles, aber es hat uns nicht gestört. Das ist der Knackpunkt, warum ich mir diese kleine Abschweifung gestattet habe.

Natürlich hat uns der Antisemitismus gestört. Natürlich fanden wir Antisemitismus schrecklich. Wir hatten nicht die geringste Affinität zu dem, was bis 1945 passiert war, nicht die geringste. Doch der Eindruck der Musik und seltsamerweise auch der Sujets war so stark, daß uns die ideologische Abartigkeit dieser Szene nicht gestört hat. Will sagen, ich war Wagnerianer, obwohl ich alles gehaßt habe, was Bayreuth politisch, weltanschaulich, gesellschaftlich bedeutet hat. Ich kann es mir nicht erklären, aber so ist es. Später habe ich von Intellektuellen, die ich ernst nehme, gehört und gelesen, daß sie genau dieselbe Teilung vorgenommen haben, daß sie Wagner zerlegt haben in den, den sie akzeptieren, das ist der musikalische, und den, den sie ablehnen.

Die übertriebene Beschäftigung mit Musik, vor allem die Illusion, ich könnte ein begabter Musiker sein oder werden, hörte, wie erwähnt, 1954 auf. Zu der Zeit wurde ich ein bißchen pragmatischer. Ich fragte mich, was ich machen sollte, wenn ich in einem Jahr das Abitur haben würde. An dieser Stelle war Margarethe eine enorme Hilfe.

Margarethe wollte nach dem Abi studieren. Sie war bei der Dresdner Bank angestellt. Das war später der Hauptgrund, warum ich mein erstes Konto bei der Dresdner Bank eröffnete, als ich längst nicht mehr mit ihr zusammen war. Margarethe wollte Deutschlehrerin werden und in Frankfurt studieren. Eigentlich wollte das ihr Vater, denn eine Schwester von ihm lebte in Frankfurt am Main. Deren Mann war ein hoher Bonner Ministerialbeamter, der in einem Reihenhaus für Bundesbedienstete wohnte.

Es hatte ja bis 1949 Bestrebungen gegeben, Frankfurt zur Hauptstadt der Bundesrepublik Deutschland zu machen. In Frankfurt entstanden deshalb die ersten großen Verwaltungsbauten, in Frankfurt hatte der Wirtschaftsrat unter Erhard, dem späteren Wirtschaftsminister und Bundeskanzler, seinen Sitz. Einer der Säle des Hessischen Rundfunks hat deshalb so eine merkwürdige Struktur, weil er als Plenarsaal vorgesehen war. Die alten Büros des Hessischen Rundfunks sollten die Abgeordnetenbüros sein.

Daher lebte dieser Schwager des Vaters meiner Freundin in Frankfurt. Er war von der vorbundesrepublikanischen Verwaltung übernommen worden. Bei ihm sollte Margarethe wohnen. Die Onkel und Tanten sollten aufpassen, daß ich ihr nicht zu nahe kam. Es war die größte Sorge des Vaters, daß seine Tochter mit diesem popeligen Malergesellen ins Bett ging.

Dieses gute Mädchen mußte, während sie studierte, ihren Stundenplan vorlegen, und dann wurde kontrolliert, ob sie auf dem schnellsten Wege von der Universität in die Wohnung zurückgekehrt war, so daß für mich auch nach den Seminaren und Vorlesungen wenig Chancen bestanden.

Ich hatte mir große Hoffnungen gemacht. Der Hauptgrund, warum ich in Frankfurt studieren wollte, war die Hoffnung, daß es da mit Margarethe besser liefe. Doch es war wegen des familiären Drucks wenig zu machen. Ich hatte eine Bude drei Schritte von der Universität entfernt, und in den Pausen kam Margarethe zu mir rauf, und wir konnten wenigstens mal zehn Minuten im Bett liegen. In ihrer Wohnung bin ich nie gewesen.

Margarethes wegen studierte ich Jura. Um bei ihrem Vater eine Chance zu haben – ich hatte ja noch keine –, mußte ich studieren, das wußte Margarethe. Ihr Zukünftiger mußte entweder Volkswirt, Betriebswirt oder Jurist sein. Andere Fächer gingen nicht.

Ich hatte immer Probleme mit Margarethes Familie gehabt. Sie wohnten in einer Villa in einer der feinsten Wohngegenden Kassels, in Brasselsberg am Osthang des Habichtswaldes, auf dem der berühmte Herkules steht. Auf der gegenüberliegenden Seite liegt Schloß Wilhelmshöhe sehr malerisch im Walde. In ihm ist eine herrliche Gemäldegalerie untergebracht, Napoleon hat da gewohnt. Der Landschaftspark ist einer der bekanntesten Europas.

In der Gegend besaßen Margarethes Eltern eine Villa, in der sie mit einem großen Hund und einer Tochter und zwei Söhnen lebten. Margarethe hatte, da war sie noch nicht ganz sechzehn, eines Tages, als das neue Schuljahr anfing, im Klassenzimmer gestanden. Es könnte im Spätsommer 1953 gewesen sein. Wir unterhielten uns auch darüber, was unsere Väter machen. Mein Vater war Malermeister, aber immer noch als Geselle bei einer Kasseler Malerfirma tätig.

Margarethe wußte, daß sie mit einem Freund, dessen Vater Malergeselle ist, gar nicht erst anzukommen brauchte. Es gelang mir in diesen zwei Jahren in Kassel nur ein einziges Mal, in ihr Elternhaus vorzudringen. Nach beharrlichem Drängen bekam ich eine Einladung zum Nachmittagstee. Der Vater trat nicht in Erscheinung. Er war nur durch die Ängste seiner Tochter anwesend.

Jetzt saß ich mit der Mutter, die mich bediente, und Margarethe in einem großen, schwarzen Wohnzimmer. Durchs Fenster sah ich, adrett gekleidet, den Vater und Margarethes Bruder durch den Park wandeln. Die beiden trugen Anzüge, und sie hatten Hüte auf. Das Gesicht des Vaters habe ich nicht erkannt, obwohl sie da draußen lange herumspazierten. Sie wußten, daß ich sie sehen mußte, deshalb gingen sie da auf und ab.

Es war ungemein düster in diesem Wohnzimmer, nicht nur wegen der schwarzen Möbel, sondern auch wegen der Vorhänge und weil es ein grauer Nachmittag war. Ich saß an einem kleinen, runden Tisch und bekam Tee und ein Stück trockenen Kuchen serviert. Die Mutter aß nichts, Margarethe aß auch nichts. Der Besuch zog sich hin, es könnte sein, daß ich eine Stunde da gesessen habe.

Als ich schließlich wieder gehen wollte, ging die Mutter für einen Augenblick raus, kam wieder rein und sagte: Bleiben Sie noch einen Moment. Nach wenigen Minuten kam das Dienstmädchen mit Häubchen und Tändelschürze rein und brachte einen Teller Bratkartoffeln. Ich aß das Zeug, und dann begleitete mich Margarethe aber wirklich nur bis zur Haustür, nicht bis zur Gartentür.

Man kann sich heute nicht mehr vorstellen, daß man eine Tochter so mißhandeln kann, wie dieses Mädchen mißhandelt worden ist. Und sie ließ es sich vor allen Dingen gefallen. Sie hat ihren Vater nicht mit der Axt erschlagen.

Als Margarethe sechzehn wurde, schwänzten wir die Abendschule. Wir schwänzten, um ihren Geburtstag zu feiern. Aus irgendeinem Grund hatte ich überhaupt kein Geld, doch Margarethe hatte etwas gespart. Es war jedenfalls so viel, daß sie den Besuch einer Tanzbar bezahlen konnte. Aber da die Schule um neun aus war und Margarethe beim besten Willen nicht länger als bis zehn überziehen konnte, mußten wir so früh in die Tanzbar, daß die gerade eben aufmachte und noch keine Gäste da waren.

Wir waren so gekleidet, wie sich das damals gehörte. Damals zog man sich für den Besuch einer Tanzbar so ähnlich an wie für einen Opernbesuch. Als Mann trug man einen schwarzen Anzug, eine Krawatte und ein weißes Hemd. Die Frauen, vor allem die jüngeren, bevorzugten einen schwarzen, weiten Taftrock, der an der Taille relativ eng anlag, und eine weiße, ein wenig durchsichtige Bluse. Auf alten Photos kann man das sehen, selbst auf Photos von APO-Leuten haben die Mädchen oft noch dieses Zeug an.

Man sah ein kleines bißchen den BH, nur schemenhaft. Das gehörte dazu. Aber es gab selbstverständlich keinen Ausschnitt. Die Bluse war hochgeschlossen. Der Knopf blieb immer zu. In diesem Outfit saßen wir gegen sieben in dieser Tanzbar. Wir waren lange die einzigen Gäste.

Die Getränke, die man in diesen etwas besseren Etablissements trank, waren nahezu ungenießbar. Bei den Frauen war ein süßlicher französischer Weißwein in kleinen Flaschen sehr beliebt, der Haute Sauternes, der gräßlich schmeckte, bei Männern das Herrengedeck. Es bestand aus einem Bierfläschchen und einem Weinbrand. Man konnte auch Besseres bekommen, doch das war die Grundausstattung. Ich kriegte mein Herrengedeck, und Margarethe kriegte ein Fläschchen Haute Sauternes, das sie aber gar nicht trinken konnte, das hätte der Vater gemerkt. Also mußte ich sowohl mein Gedeck als auch ihren halben Liter Haute Sauternes saufen.

Es war ein bitterkalter Abend im Februar 1954, es hatte vielleicht zwanzig Grad unter null. Gegen neun, halb zehn mußten wir aufbrechen. Sie ging nach Hause, ich fuhr zurück nach Schachten, stramm wie eine Hacke. Als ich aufwachte, war mir speiübel, und der Zug stand auf einem Abstellgleis in Hagen in Westfalen. Es war morgens um eins, und es war noch kälter. Der Bummelzug brauchte von Kassel bis Hagen drei Stunden.

Im Bahnhof war außer dem Wartesaal alles geschlossen. Da wartete ich, bis der erste Zug wieder Richtung Osten, zurück nach Grebenstein fuhr. Morgens um acht wankte ich in Schachten rein. Ich erinnere mich nicht mehr, wie meine Mutter reagierte. Wahrscheinlich war sie entsetzt: Junge, wo warst du die ganze Nacht, wie siehst du denn aus? Ich war vollgekotzt, aber der armen Margarethe erging es noch schlimmer.

Als ich abends um fünf in die Schule kam, hatte sie ein blaues Auge. Ihr Vater hatte irgendwie mitgekriegt, daß sie mit mir zwei Stunden in einem Tanzlokal gesessen hatte. Aus heutiger Sicht würde ich sagen, das war einer der Mißbrauchsfälle, wie sie zur Zeit in Internatsschulen und Priesterseminaren aufgedeckt werden.

Die Liebe hatte dann irgendwann ein Ende, im Herbst 1957, soweit ich mich entsinne, doch den Grund habe ich vergessen. Ich weiß nur noch, daß ich mich anschließend mit ihrem Bruder in der Gaststätte *Malepartus* betrank und daß wir fortan dicke Freunde waren. Margarethe ging nach Würzburg und machte ihr Lehrerexamen. Ich habe sie noch ein einziges Mal kurz getroffen, in Westberlin, da war sie längst Studienrätin, doch jetzt kommt der Clou der Story, denn diese Familie hatte ein schreckliches Geheimnis, von dem ich damals, in den fünfziger Jahren, unmöglich etwas ahnen konnte. Ich habe es erst in den achtziger Jahren rausgekriegt – oder noch später.

Es gibt eine mehrbändige Publikation, erschienen bei Zweitausendeins, die heißt *OMGUS* und dokumentiert die Strafverfahren gegen Direktoren und sonstige Verantwortliche der Dresdner Bank. Da ist dokumentiert, warum diese Herren nach dem Krieg angeklagt wurden und was sie in der Nazizeit gemacht hatten. Ich blätterte ein wenig lustlos und ohne große Absicht in dem Wälzer herum, und plötzlich stieß ich auf Margarethes Mädchennamen, und so ergab sich kurzgefaßt folgende Lebensgeschichte:

Der Vater war Doktor der Volkswirtschaft und schon in relativ jungen Jahren ins Bankfach gegangen, zur Dresdner Bank. Deshalb lernte seine Tochter Bankkauffrau bei der Dresdner Bank in Kassel. Er war bereits vor '33 Nationalsozialist gewesen – Nazi, katholisch – und machte deshalb nach der »Machtübernahme« eine steile Karriere.

Er übernahm die Aufgabe, die Bank judenfrei zu machen, und erhielt dafür einen Vorstandsposten. Zum zweiten mußten sämtliche jüdischen Beteiligungen abgewickelt werden. Selbstverständlich haben die Banken gut daran verdient, daß alle diese Beteiligungen arisiert wurden, auch jüdische Betriebe, jüdische Immobilien und so weiter. Das passierte erst im Reich und später, nachdem man das sogenannte Protektorat Böhmen und Mähren gegründet und Polen erobert hatte, auch im Osten.

Es ist ja bekannt, wie die deutschen Banken an den Naziverbrechen verdient haben, und der Vater meiner Freundin war, nachdem die Bank judenfrei war, schließlich dafür zuständig, sich das polnische Kapital anzueignen und dem Vermögen der Dresdner Bank zuzuführen. Er hat auf die Art und Weise von Verbrechen profitiert, auch wenn er vielleicht selber keine Verbrechen begangen hat.

Deshalb stand er dann in einem Kriegsverbrecherprozeß vor Gericht. Und das war der Grund, weshalb dieser Kerl nicht arbeiten ging. Ich habe nie rausbekommen, was der eigentlich machte. Wie konnte der sich die Villa leisten? Wovon lebte er?

Jemand wie er wurde nach '45 nicht mehr gebraucht. Er war schlecht fürs Image, fürs Geschäft. Wir wissen: Viele Nazis sind in die Wirtschaft gegangen, aber es gab Leute, die derart viel Dreck am Stecken hatten, daß man sie nicht einmal bei der Dresdner Bank gebrauchen konnte. Tatsächlich war er nach dem Krieg unter falschem Namen noch eine Zeitlang Prokurist in Westfalen, ist dann aber enttarnt worden. Doch offensichtlich haben ihn seine alten Kameraden, vielleicht sogar von der Dresdner Bank, weiterhin so alimentiert, daß er einen gewissen Lebensstil aufrechterhalten konnte – und diesen entsetzlichen Standesdünkel. Meine Tochter kann nur einen Juristen heiraten.

Solche Erfahrungen haben ganz wesentlich zu meiner politischen Entwicklung beigetragen. Es ist ausgesprochen nützlich, wenn man derartige Dinge erfährt, denn nur so wird der Gegner faßbar. Er ist nicht mehr so schwer durchschaubar. Er kann vor allen Dingen nicht mehr gut sein. Er kann nicht mehr nett sein, wenn man so was über einen Menschen weiß. Der kann zehnmal sagen: Kommen Sie doch morgen abend zu uns zum Essen. Mit diesem Wissen bekäme ich keinen Bissen runter. Ich war, als ich das erfuhr, rückblickend froh, daß ich damals nur ein Stück trockenen Kuchen, eine Tasse Tee und einen Teller trockene Bratkartoffeln gekriegt hatte.

Nun werdet ihr vielleicht denken: Vatta, da warst du aber noch mit zwanzig reichlich naiv, könnte man sagen. Das stimmt nicht. Es war Ende der vierziger Jahre für einen Jugendlichen fast unmöglich, keinen politischen Durchblick zu haben. Man mußte bescheuert sein oder mit Scheuklappen durch die Welt laufen, um nicht mitzukriegen, was politisch los war.

Das erstemal, daß ich mich fragte: Was passiert denn da?, war 1946 vor den Landtagswahlen an einer Landstraße in der Nähe von Schachten. Da fuhr ein offener Lastwagen vorbei, auf dem zwanzig, dreißig Männer mit roten Fahnen standen, vielleicht auch ein paar Frauen. Sie sangen ein Klassenkampflied.

Ich wußte, was die roten Fahnen und dieses Lied bedeuteten. In der nachmaligen DDR hatte man schon im Sommer 1945 rote Fahnen gesehen. Ich wußte, die rote Fahne ist das Symbol des Kommunismus, das Symbol der Roten Armee, das Symbol eines gesellschaftlichen Systems, vor dem wir geflüchtet waren. Als Kleinbürger hatte mein Vater Angst vor den Bolschewiken. Die waren eine echte Gefahr für seine Denk- und Lebensweise, nicht, weil er ein Rechtsradikaler war, sondern weil er den kleinen Handwerksbetrieb, der durch den Krieg verlorengegangen war, wiederaufbauen wollte.

Also, ich, zwölf Jahre alt, lief entsetzt nach Hause und fragte, was das zu bedeuten hätte. Da erfuhr ich, daß es auch im Westen eine Partei gab, die sich mit roten Fahnen schmückte und Arbeiterlieder sang, die SPD. Ich war geschockt, daß das jetzt auch im Westen möglich war. Bis ich vierzehn, fünfzehn war, dachte ich, daß es eine rote Gefahr gebe, im Sinne von Adenauers Slogan an die Adresse der SPD: »Alle Wege des Marxismus führen nach Moskau.«

Diese Propaganda, mit der er bereits 1949 die Bundestagswahl gewinnt und die am Anfang der Bundesrepublik steht, erschien mir einen historischen Augenblick lang plausibel. Wegen der roten Fahnen und der Arbeiterlieder mußte die SPD das gleiche Gesocks sein, vor dem wir geflüchtet waren.

Im April 1950 habe ich die Malergesellenprüfung abgelegt. Ich habe im Kleinstbetrieb meines Vaters gelernt. Er hatte gleich im Winter 1945/46 in Schachten einen Malerbetrieb aufgemacht. Meistens hatte er ein, zwei Gesellen und einen Lehrling. Ab 1948 war ich einer seiner Lehrlinge.

Mein Mitlehrling war aus dem Dorf und hieß Käse. Käse hatte ein Jahr früher ausgelernt. Bis 1950 arbeiteten wir in den Dörfern rundherum, und dann war der Betrieb meines Vaters infolge der Währungsreform pleite. Er konnte mir nicht mal mehr mein Taschengeld auszahlen.

Die Währungsreform von 1948 hatte eine unglaubliche Wirtschaftskrise zur Folge. Das Land hat die Umstellung von der Tauschwirtschaft auf die Realwirtschaft nicht so schnell verstanden, und es mußte auch erst mal Kapitalakkumulation betrieben werden. Da hatten kleine Betriebe auf dem Land keine Chance. Die Leute warteten mit der Renovierung des Schlafzimmers lieber ein paar Jahre, als sich zu verschulden.

Mein Vater hatte keine Arbeit mehr, also ging ich ab Frühjahr 1950 zum Arbeiten nach Kassel. Mein Vater war stinksauer. Er sagte: Die Ratten verlassen das sinkende Schiff. Ich fuhr mit dem Fahrrad die zwanzig Kilometer nach Kassel, weil ich kein Geld für den Zug hatte, ging zu einem Malermeister und fragte: Meister, habt ihr Arbeit? Der Meister sagte: Montag kannst du anfangen. Über den Lohn wurde nicht gesprochen.

Das erste Gebäude, in dem ich als Maler gearbeitet habe, war das Landgericht – auch nicht untypisch, daß ich zuerst ein Justizgebäude angestrichen habe und dann Jurist geworden bin.

Es war von Anfang an klar, daß der Malerberuf nichts für mich ist. Schon als sechzehnjähriger Geselle hat mich das fertiggemacht. Das hing auch mit der schlechten Bezahlung und den fürchterlichen Arbeitsbedingungen zusammen. Ich sagte mir: Wenn der Job nichts taugt, muß er wenigstens gut bezahlt werden. Das und vor allem meine vielen, vielen anderweitigen Interessen, das ging nicht zusammen.

Wenn du morgens um halb sechs aufstehst und bis fünf arbeitest, kannst du nicht mehr viel machen. Du bist fertig. Ich sehnte mich nach der Schule zurück. Ich wollte Bücher lesen, Musik hören, meine philosophischen Interessen befriedigen oder einfach nur dahocken.

Wir hatten eine Achtundvierzigstundenwoche und arbeiteten am Samstag bis um eins. Wenn du krank warst, gab es kein Geld. Urlaubsgeld gab es ohnehin nicht. Sobald die Nachfrage ein bißchen nachließ, wurdest du arbeitslos. Die Firmen behielten lediglich ein paar Stammkräfte, die sie brauchten, um den Betrieb am Laufen zu halten. Hatten sie einen größeren Auftrag, stellten sie wieder ein.

Die meisten Stellen, die ich in den frühen fünfziger Jahren hatte, hatte ich einen Monat lang, sechs Wochen. Dann kam der Meister an und sagte: Freitag ist hier Schluß. Ich sagte ja schon, daß ich recht gerne arbeitslos war, dann hatte ich endlich Zeit. Doch auf der anderen Seite war klar, daß das keine Existenzform ist, mit der man eine ökonomische Perspektive aufbauen kann, selbst wenn du noch so bescheiden bist. Damals dachte ich noch, der Mensch müsse ein bißchen Geld verdienen.

Ich habe mich beholfen, indem ich ab Frühjahr 1951 nach der Arbeit auf das Abendgymnasium für Berufstätige in Kassel gegangen bin. Mir war sonnenklar, daß nach dem Abi Schluß sein würde mit der Maloche. Das hat dann immerhin fast fünf Jahre gedauert.

Kassel war damals noch eine reine Industriestadt. Es weiß heute keiner mehr, was für Industriebetriebe sich in Kassel befanden, zum Beispiel die riesigen Henschel-Werke. Die Henschel-Werke trugen wesentlich zur Industrialisierung Deutschlands bei, indem sie Großanlagen bauten. Gleichzeitig hatten sie eine der größten Gießereien, die nicht nur Kanonen, sondern auch überdimensionale Denkmäler herstellen konnte. Der Kern der alten Gießerei steht heute noch. Der berühmte Bonifatius auf dem Marktplatz in Fulda, ein riesiges Bronzedenkmal, ist Mitte des 19. Jahrhunderts in den Henschel-Werken gegossen worden.

Als dann die Industrialisierung lief, haben sie Lokomotiven gebaut. In meiner Jugend fuhr alle paar Stunden auf einem Gleis, das von einer bestimmten Fabrik der Henschel-Werke zum Bahnhof führte, eine Lokomotive. Die fuhr einfach durch die Stadt und wurde am Bahnhof aufs Gleis gesetzt.

Wenn du Arbeiter bei Henschel warst, Henschelaner hießen sie, hattest du ausgesorgt, über Generationen hinweg, denn bei Henschel arbeiteten nur die Söhne von Henschelanern. Die Leute wohnten in Siedlungen, die von Henschel gebaut worden waren, zahlten ihre Miete an Henschel und kauften ihre Lebensmittel in einem Laden, der den Henschel-Werken gehörte. Die Lebensmittelläden wiederum wurden mit Speck und Kartoffeln und Eiern von Gütern beliefert, die der Firma Henschel gehörten.

Nachdem der amtierende Henschel 1945/46 von den Amerikanern ins Internierungslager gesteckt worden war, weil er an den Verbrechen der Nazis gut verdient hatte, schickten ihm die Henschel-Arbeiter nicht nur einen Teil ihres Lohns, sondern er bekam für sich und die Verbrecherbande, die mit ihm zusammen im Lager saß, regelmäßig Gänse, Speck, Eier, Butter von seinen eigenen Gütern. Die Henschel-Bosse lebten im Internierungslager in Saus und Braus.

Aber es gab nicht nur die Henschels. Es gab zwei riesige Fabriken, in denen Eisenbahnwaggons gebaut wurden. Eine andere Firma hieß Spinnfaser. Bei der waren ebenfalls ein paar tausend Leute beschäftigt. Die stellte Zeltplanen her. Die Nazis hatten fürs Kriegsführen unglaubliche Mengen an Zeltplanen gebraucht. Krieg führt man noch heute im wesentlichen von Zelten aus.

Die Spinnfaser war eine gefährliche Fabrik. Ich habe da mehrfach gearbeitet. Da kam von Zeit zu Zeit immer mal ein Arbeiter um, weil er zuviel Gift eingeatmet hatte.

Dann gab es in Kassel die Schmidt'sche Heißdampf. Um eine Lokomotive zu betreiben, brauchst du einen Dampfkessel. Man hatte damals viele Dampfkessel als Kraftmaschinen. Im Saarland zum Beispiel kann man heute noch Hallen besichtigen, in denen Dampfkessel so groß wie Vierfamilienhäuser stehen. In denen wurde der Dampf produziert, den man in der gesamten Fabrikanlage brauchte, um die Maschinen in Gang zu halten. Die Maschinen wurden ja auch nach dem Krieg noch nicht mit Elektrizität, sondern mit Dampf betrieben.

Ich weiß nicht, wie viele zigtausend Arbeiter in Kassel wohnten. Im Umkreis von mindestens fünfzehn, zwanzig Kilometern gab es nicht ein einziges Dorf, in dem nicht die Mehrheit der Einwohner in den großen Industriebetrieben in Kassel gearbeitet hat – und zwar schon seit dem 19. Jahrhundert. Das waren Leute, die oft eine Nebenerwerbslandwirtschaft hatten und deshalb nicht nur proletarisch fühlten.

Das ist der Grund dafür, daß die SPD und die Gewerkschaftsbewegung in Kassel und im Umland so konservativ waren. Hier lebte nicht das wurzellose Proletariat, das man aus anderen Industriezonen kennt. Die Fabrikherren selber haben das relativ gutgestellte Proletariat gefördert. Das war auch notwendig, denn es hat Produkte herstellen müssen, die man als Dummkopf, als Hilfsarbeiter nicht produzieren kann.

Das waren Facharbeiter. Der Kern des Kasseler Proletariats waren qualifizierte Leute. Natürlich wählten sie weder FDP noch CDU. Sie waren Sozialdemokraten dieses rechten Schlages, für die schon Gustav Heinemann ein Repräsentant der Linken war. Der langjährige hessische Ministerpräsident Georg August Zinn und Holger Börner verkörperten diese rechte SPD, die zeitlich verwandelt ihre Fortsetzung in Gerhard Schröder gefunden hat.

Die SPD war aber nicht die einzige Arbeiterpartei im Kasseler Becken. Auch die Kommunistische Partei war bis zu ihrem Verbot 1956 ziemlich stark. Die habe ich bei Henschel kennengelernt, wo ich wochenlang als Maler in der Hammerschmiede tätig war. Es war die Hölle. Ein ohrenbetäubender Lärm. Die Büros, in denen die Vorarbeiter saßen, die Klos, die Gänge, alles mußte gestrichen werden, und so kam ich in Kontakt mit den sehr aktiven kommunistischen Betriebsgruppen, die es in jeder Fabrik gab.

Bei Henschel waren sie in bestimmten Produktionszweigen, etwa in der Hammerschmiede, ziemlich stark. Einer meiner Freunde damals war ein Henschelaner. Er hatte gerade ausgelernt, ich glaube, er hatte Polsterer gelernt, die hatten ja ihre eigene Polsterei für die Lastwagen, die sie herstellten. Zu allem Überfluß war er auch noch rothaarig. Er war bei den Jungkommunisten, und er schleppte mich mit zu den Schulungsabenden.

Mindestens einmal pro Woche wurde man von älteren Genossen geschult. Sie unterrichteten einen in der gesamten Geschichte des Klassenkampfes seit dem 19. Jahrhundert. Für die gab es selbstverständlich nichts Höheres als die Sowjetunion. Das war die erste große Etappe, die erreicht worden war. Ich lernte über die Schulung eine Menge älterer Kommunisten kennen, auch beim Verteilen von Handzetteln und auf Demos. Ich fand diese Mobilität, die auch in die Gesellschaft hineinreichte, faszinierend.

Manche Aktionen waren illegal, zum Beispiel Plakate zu kleben, Zeitungen zu verteilen und nachts in anderen Betrieben auf Klos Handzettel auszulegen, damit die Arbeiter dort erfuhren, wo es langgeht.

Die älteren Kommunisten haben einem die Augen geöffnet – und zwar zum Teil, kann man ruhig sagen, mit Bagatellen.

In Kassel wurden in Vorbereitung auf die entstehende Bundeswehr Kasernen gebaut. Die von den Nazis hinterlassenen Kasernen reichten nicht. Wir haben einen riesigen Komplex von Kasernen und Wohnungen gebaut. Ich schätze, da waren dreitausend Bauarbeiter am Werk.

Eines Tages lief ich einem meiner kommunistischen Freunde über den Weg, und er sagte: Du mußt nachher zur Versammlung kommen. Die hatten es tatsächlich geschafft, die Bauarbeiter aus diesen vielleicht hundert oder zweihundert verschiedenen Betrieben dazu zu kriegen, eine gemeinsame Versammlung abzuhalten. Da waren dann ungefähr tausend Leute.

Einer fragte mich: Bist du in der Gewerkschaft? – Nein, ich bin nicht in der Gewerkschaft. – Du mußt in die Gewerkschaft, in die Bau, Steine, Erden. Ich habe nichts gesagt, nichts gemacht, ich stand da bloß rum, und im Grunde haben die Leute, die diese Veranstaltung organisiert hatten, über nichts weiter geredet als darüber, daß dreitausend Leute den ganzen Tag auf einem relativ beengten Raum zusammen waren und noch nicht mal ein Scheißhaus hatten.

Wir konnten uns nirgendwo die Hände waschen. Auf dem Bau hatte man damals einen Eimer Wasser, und nach Feierabend gingen zwanzig, dreißig Mann an diesen Eimer. Es gab eine einzige Regel, die man einhalten mußte: Man wusch sich nicht in den Eimer rein, man wusch sich aus dem Eimer raus, damit das Wasser sauber blieb. Du hast zwei Hände voll Wasser genommen und sie dir ins Gesicht geschmiert, und das übriggebliebene Wasser hast du neben den Eimer geschüttelt. In einem zweiten Eimer konntest du dir danach die Hände abspülen.

Klos gab es überhaupt keine. Man schiß auf eine Schaufel, machte eine flotte Bewegung, und die Scheiße flog durch das noch nicht vorhandene Fenster. Es gab keinen Umkleideraum. Daran war gar nicht zu denken.

Ich habe bei Henschel mal zwei Monate lang auf einer Bühne in dreißig Metern Höhe gearbeitet. Sie war halb so groß wie ein Fußballfeld. Die Arbeiter, allesamt Maler, wurden in einem Korb rauf- und runtergezogen. Aber bloß zum Pinkeln hat man den Flaschenzug nicht in Bewegung gesetzt. Du hättest mindestens eine Minute gebraucht, bis du unten gewesen wärst. Also pißten wir da oben in einen Eimer.

Du wurdest morgens rauf- und abends wieder runtergezogen. Alles, was wir da oben gemacht haben, war, Stahlträger mit Rostschutzfarbe anzustreichen und die dazwischenliegenden Flächen zu kalken. War man mit diesem Teil der Decke fertig, wurde das ganze Gerüst abgehängt und an einer anderen Stelle wieder aufgebaut, und dann hockten wir wieder da oben.

Warum waren die Hallen so groß und so hoch? In denen sollten Hubschrauber gebaut werden. Da brauchte man solche Hangars. Das waren Arbeitsbedingungen, von denen man sich keine Vorstellung macht.

Auf dieser Versammlung, von der ich sprach, stellte der Redner im Grunde nur die Forderung auf, daß da endlich mal Toiletten auf die Baustellen hinkämen, nicht etwa eine Kantine und ein Kiosk. Toiletten, selbst dazu waren die Unternehmer zu geizig.

Es gibt literarisch gute Bücher über die Bedingungen, unter denen in der DDR Großbaustellen betrieben wurden. Im Westen wurden diese Erzählungen sehr viel später als Beispiele für die Inhumanität der Arbeitswelt in den sozialistischen Staaten rezipiert. Niemand ist auf die Idee gekommen, mal mit mir ein Interview zu machen. Ich hätte ihm erzählen können, wie in Westdeutschland in Fabriken und auf Großbaustellen gearbeitet worden ist, lange bevor Wallraff seine Reportagen aus der Arbeitswelt schrieb oder der Werkkreis Literatur der Arbeitswelt begann, einzelne Kollegen zu animieren, darüber zu schreiben, was sie in den Bergwerken und Fabriken erlebt hatten. Jeder deutsche Arbeiter wußte in der ersten Hälfte der fünfziger Jahre, daß es in Westdeutschland nicht einen Deut besser war als in der DDR.

1953 standen erstmals Bundestagswahlen an. Es waren die zweiten, aber für mich waren es die ersten. 1949 war die Bundesrepublik gegründet worden, da hatte noch keiner so recht gewußt, wo er sein Kreuzchen machen sollte. Deshalb war der erste Bundestag ein zusammengewürfelter Haufen. Wenn heute darauf hingewiesen wird, daß Adenauer mit seiner eigenen Stimme zum Bundeskanzler gewählt worden ist, kann man ihm das nicht ernsthaft vorwerfen. Richtige Koalitionen waren damals noch nicht möglich. Die erste Adenauer-Regierung war ja ein widersprüchlicher Haufen. Es gab eine Menge Kleinparteien, zu denen die KPD gehörte, auch mehrere kleine rechtsradikale, und zwei große, die sich einerseits beharkten und in wichtigen Fragen unterschiedliche Ziele verfolgten, jedoch in der entscheidenden Frage an einem Strang zogen. Beide waren antisozialistisch.

Die SPD unter Kurt Schumacher war in der Systemfrage keine linke Partei. Es ist interessant, daß Adenauer behaupten konnte, die SPD sei eine Gefahr für den Kapitalismus. Die Kurt-Schumacher-Partei war keine Gefahr. Kurt Schumacher und nicht Adenauer oder Erhard war der erste Politiker, der nach Washington eingeladen wurde.

Schumacher fuhr nach Washington, um sich von der amerikanischen Regierung sagen zu lassen, wie sie sich die Nachkriegsordnung in Deutschland vorstellten. Er hat das brav exekutiert. Heute gilt er als Lichtgestalt. Wie Annemarie Renger, seine Lebensgefährtin, die spätere Bundestagspräsidentin, ihn stützt, das ist ein berühmtes Photo.

Politisch war die Kurt-Schumacher-SPD eine Katastrophe. Der bereits in den zwanziger Jahren einsetzende Prozeß der Entwürdigung der Partei hatte in Schumacher und seinen Genossen eine wunderbare Fortsetzung gefunden. Deshalb war die KPD eine echte Alternative, jedenfalls für mich.

Bevor ich das Klavier entdeckte, hatte ich mir, schon 1950, eine Mandoline gekauft. Eines Tages sah ich nach der Arbeit in einem Trödelladen in Kassel eine Mandoline. Sie gefiel mir in erster Linie als Gegenstand. Ich wußte nicht, wie man sie spielt. Ich sagte zu einem dicken Henschel-Arbeiter: Du, ich habe mir eine Mandoline gekauft. Kennst du nicht jemanden, der mir zeigen kann, wie das Ding funktioniert?

Er sagte: Komm morgen zu mir. Ich ging hin, in dem Jahr ging ich noch nicht zur Abendschule. Er saß in einer engen Wohnküche. Die Bratkartoffeln auf dem Herd verströmten einen betörenden Duft. Das war der echte Mief einer Arbeiterwohnküche, in der überm Herd, der mit Holz geheizt wurde, die Unterhosen trockneten. Man saß auf einer Eckbank an einem Tisch, der mit einer karierten, abwaschbaren Decke überzogen war.

Auf dem Tisch standen ein paar Flaschen Bier und eine Flasche Schnaps. Drum herum hockten drei, vier Jungs. Alle hielten eine Mandoline in der Hand, und am Kopfende saß dieser große Arbeiter, der so dicke Finger hatte, daß man meinte, die Mandoline würde zerbrechen. Er hatte seit vielen Jahren mit seinen Händen so zugepackt, daß aus ihnen unförmige Werkzeuge geworden waren.

Er nahm die Mandoline und spielte so zarte Melodien und so reine Akkorde, das war einfach unfaßbar. Was er spielte, waren Märsche und kitschige Volkslieder, »Ännchen von Tharau« und so was. Doch er spielte das großartig. Wir versuchten mühsam, ähnlich schön wie dieser vielleicht fünfzigjährige, unglaublich massige Arbeiter aus einer der Schwerstarbeiterfabriken zu spielen.

Er war Kommunist. Deshalb brachte er uns auch Arbeiterlieder bei. Sein Traum war es, mit seinen Jungs, wenn die einigermaßen in der Lage wären, ein Programm von einer halben Stunde zu gestalten, bei einem der bunten Abende der Kommunistischen Partei aufzutreten.

Es gelang ihm tatsächlich. Ein einziges Mal bin ich mit ihm aufgetreten und habe auf einem bunten Abend Arbeiterlieder gespielt, schlecht, stümperhaft, das gebe ich offen zu. Das habe ich damals selber gemerkt. Trotzdem muß ich sagen, daß der Auftritt zu einem der Höhepunkte meines Lebens zählt.

Von diesen Höhepunkten zehre ich, auch von meiner geradezu romantischen Liebe zur damaligen Arbeiterklasse, die es nicht mehr gibt. Sie ist untergegangen wie der Mercedes, der maximal achtzig km/h schaffte.

Ich liebe sie nicht als Klasse, sondern einzelne Persönlichkeiten, an die ich mich voller Gefühl erinnere. Diese Liebe hat in solchen Episoden eine materielle Funktion. Die Ideologie oder, meinetwegen, die Theorie – der Marxismus, die Utopie, das Nichtrealisierbare – wird von einem Gefühl getragen, das entsteht, wenn ein Kommunist zu dreitausend Zuhörern sagt: Ihr habt das Recht auf ein Klo. Oder: Wir müssen so weit kommen, daß wir eine halbe Stunde lang vor Publikum Mandoline spielen können.

Ich sehe ihn noch heute da sitzen, diesen dicken, großen Kommunisten, von dem ich niemals eine kommunistische Äußerung vernommen habe. Er sprach, nachdem ich mich offenbart hatte, mit mir nur über Mandolinenmusik.

Dennoch spielten Massenerlebnisse keine geringe Rolle. Ich sprach von der ersten richtigen Bundestagswahl 1953. Adenauer und seine Clique wollten ihre Basis verbreitern, das war auch für einen neunzehnjährigen Jungen nicht zu übersehen. Gespürt haben das wahrscheinlich viele Leute, ohne von Politik viel mitgekriegt zu haben. Ich glaube auch, daß viele gespürt haben, daß man vor einer Weichenstellung stand, selbst Leute, die nur die *Bild*-Zeitung lasen oder bloß gelegentlich die Nachrichten im Radio hörten.

Man kann das in *Mein ärgerliches Vaterland* von Erich Kuby nachlesen. Die Weichenstellung war sogar lautstark angekündigt worden. Man könnte beinahe sagen, daß 1953 die letzten freien Wahlen in Westdeutschland stattfanden, in dem Sinne, daß den Leuten tatsächlich gesagt wurde, was sie wählen, wenn sie eine bestimmte Partei wählen. Das war vielen bewußt, nicht in den Details, aber in den Kernfragen.

Eine Kernfrage war der Umgang mit den alten Nazis. Adenauer stand auf dem Standpunkt, daß wir die alten Nazis brauchten, und der reaktionären Clique ist es gelungen, in großen Teilen der Bevölkerung die Überzeugung zu wecken: Wenn wir weiterkommen wollen, können wir auf die Sachkompetenz der alten Nazis nicht verzichten. Die müssen jetzt endlich wieder in ihre Ämter und in ihre Schlüsselstellungen rein, wir brauchen die.

Das war nicht nur eine Rücknahme der Entnazifizierung, es war eine Renazifizierung. Ich weiß nicht, ob man die Bundesrepublik so, wie sie aufgebaut worden ist, ohne die alten Nazis hätte aufbauen können. Die Bevölkerung glaubte zu großen Teilen Adenauer.

Der zweite Punkt war die Ausscheidung aller linken Kräfte, insbesondere der Kommunistischen Partei, zunächst, indem man verhinderte, daß sie wieder in die Parlamente einziehen konnte, und dann, indem man sie verbot. Darum ging es bei der Bundestagswahl 1953, und darum ging es, wenn Adenauer behauptete, von der SPD ginge eine sozialistische Gefahr aus.

Es ging darum, der SPD eine Möglichkeit zu bieten, sich deutlich von den tendenziell sozialistischen Kräften abzugrenzen, und gleichzeitig darum – das ist ein Kapitel, das sehr selten angerissen wird –, die linken Kräfte in der SPD und der Gewerkschaftsbewegung zu eliminieren.

Es weiß heute kaum noch jemand, wie viele linke Sozialdemokraten und Gewerkschafter damals fertiggemacht wurden. Plötzlich waren sie weg vom Fenster. Die SPD und die DGB-Gewerkschaften haben sich ihrer eigenen linken Kräfte entledigt, haben für das westdeutsche Kapital die Drecksarbeit gemacht.

Das ist ein elementarer Punkt. Es ging nicht nur um die KPD. Es ging um die Linke insgesamt, die eine sozialistische Entwicklung in Gang setzen wollte. Darum ging es.

Ein weiterer zentraler Punkt war die Westbindung. Große Teile auch des deutschen Bürgertums, des deutschen Kapitals und des deutschen Kleinbürgertums tendierten noch in den frühen fünfziger Jahren zu einem Ausgleich mit der Sowjetunion. Man erinnerte beispielsweise daran, daß es das bedrängte Preußen auf dem Höhepunkt der napoleonischen Expansion mit Hilfe Rußlands geschafft hatte, die Franzosen wieder zurückzuwerfen. Es wurde an die alte Waffenbrüderschaft nach dem Ersten Weltkrieg zwischen dem reaktionären Deutschland und Rußland erinnert. Diese Option gelte es offenzuhalten.

Diese Strategie zielte nicht darauf ab, in Deutschland den Sozialismus einzuführen, sondern darauf, Deutschland nicht einseitig einem Block zuzuordnen, Deutschland nach beiden Seiten offenzuhalten. Das hatte sicher auch was mit Ökonomie zu tun. Denn in dem Augenblick, in dem man sich, wie man es dann tat, gegenüber dem sogenannten Warschauer Pakt abschottete, beraubte man sich der enormen wirtschaftlichen Möglichkeiten auf den riesigen Märkten des Ostens. Was hätte man alles in den Osten exportieren können, was hätten wir alles importieren können.

Es spielte eine große Rolle, daß in dieser Frage noch keine Entscheidung gefallen war. Einseitige Festlegung auf den Nordatlantikpakt, die USA, die reaktionären Regime in England und so weiter oder aber eine Art Zwischensituation – das geisterte noch lange unter dem Schlagwort »Finnlandisierung« durch die politische Debatte.

»Finnlandisierung« war ein Schlagwort der NATO-Befürworter. Wir können doch Deutschland nicht finnlandisieren. Noch auf dem Höhepunkt der politischen Auseinandersetzungen des Schriftstellerverbandes mit den Dissidenten und uns, also Anfang der achtziger Jahre, wurde das Gespenst der Neutralisierung Deutschlands an die Wand gemalt. Bernt Engelmann und seine Genossen sagten auf der anderen Seite: Wir müssen versuchen, eine Zwischenposition einzunehmen, also raus aus den Militärblöcken, raus aus den Wirtschaftsblöcken.

Das große Projekt der Bonner Clique um Adenauer und auch eines großen Teils der SPD war dagegen seit den frühen fünfziger Jahren die einseitige Anbindung an den Westen und die Abschottung gegenüber dem Osten. Das ging 1947 los, in München, wo lieber die Teilung Berlins hingenommen wurde als ein Ausgleich mit der Sowjetunion.

Nach dem Krieg war Berlin, das weiß ja keine dumme Sau mehr, lange ungeteilt gewesen. Die U-Bahnen fuhren durch, wir hatten gemeinsame Wasserleitungen, Stromleitungen und so fort. Die wurden nach 1947 vom Westen gekappt. Die deutsche Teilung ist vom Westen her vollzogen worden, nicht vom Osten her.

So ging es bei der Wahl 1953 um die zentrale Frage: Ziehen wir die Sache mit der Wiederbewaffnung und der Teilhabe an den Segnungen des Imperialismus jetzt endgültig durch? Brauchen wir eine Armee?

Strauß hatte noch 1949 gesagt: »Wer noch einmal ein Gewehr in die Hand nehmen will, dem soll die Hand abfallen.« Und nun ging es im Vorfeld der Bundestagswahlen 1953 darum: Wiederbewaffnung ja oder nein? Es wurde tatsächlich in dieser Klarheit gesagt: Wenn ihr uns wählt, gibt es die Wiederbewaffnung, und dann gibt es Wohlstand und Freiheit. Wenn ihr SPD wählt, gibt es keine Wiederbewaffnung, dann gibt es Stagnation, dann gibt es Armut, die Westrepublik wäre den bevorstehenden kriegerischen Angriffen aus dem Osten schutzlos ausgeliefert. Die Chimäre, daß die Gefahr aus dem Osten real sei, brauchte man.

Wir hatten schon angefangen, Hallen zu bauen, ehe die Frage entschieden wurde, ob wir überhaupt Hubschrauber bauen würden. Man wollte, wenn man die Wahl gewonnen hatte, vorbereitet sein, um dann gleich richtig klotzen zu können. Alle einschlägigen Betriebe wurden bereits auf die Produktion, die erforderlich sein würde, umgestellt, also Pflugschare zu Schwertern.

Das führte zu Massendemonstrationen. Insbesondere die Kommunisten, aber auch Teile der Gewerkschaft und der SPD sagten: Wir wollen keine Wiederbewaffnung. Wir wollen nicht, daß die Kasseler Betriebe wieder zu Rüstungsbetrieben werden. Sie waren bis '45 Rüstungsbetriebe gewesen. Das heißt, das Kasseler Proletariat hat gegen die Wiederbewaffnung gekämpft, jedenfalls konnte man den Eindruck haben.

Doch dann kam Adenauer persönlich. Er trat in einer Halle von Henschel auf, in die fünftausend Malocher reinpaßten. Ich könnte mir vorstellen, daß es das einzige Mal war, daß er vor einer so großen Versammlung von Arbeitern geredet hat.

Er setzte ihnen die Pistole auf die Brust, indem er sagte: Okay, wenn ihr keine Rüstungsgüter produzieren wollt, dann produziert ihr gar nichts mehr. Es werden hier keine Lokomotiven mehr gebaut, es wird hier kein Lastwagen mehr gebaut, auch in den anderen Betrieben nicht, es gibt keine öffentlichen Aufträge mehr. Wir lassen Kassel verhungern. Wir können woanders produzieren. Das war Wasser auf die Mühlen derjenigen Gewerkschafter und Sozialdemokraten, die ohnehin für die Bundeswehr waren, die konnten das wunderbar umsetzen. Die sagten: Wollen wir wirklich arbeitslos werden? Wollen wir wirklich nichts mehr zu fressen haben? Dann bauen wir denen doch diese Scheißpanzer. Wir bleiben doch trotzdem Malocher, die für den Sozialismus sind. Tun wir ihnen doch den Gefallen in unserem Interesse.

Da kippte die Stimmung in den Betrieben in Kassel, in der Bevölkerung sowieso, und Adenauer fuhr zum einzigen Mal eine absolute Mehrheit ein – auf der Basis dieser zentralen Fragen, die ja auch vor dem Hintergrund des herrschenden Massenelends – 1953 waren die deutschen Städte im großen und ganzen noch genauso kaputt wie 1945 – relativ leicht zu vermitteln waren.

Ich erinnere mich daran, wie ich in dieser Masse stand – ich war ja Hysteriker, total übersensibel. Doch trotz meiner psychotischen Kaputtheit ging ich irgendwie in dieser Menge auf. Da habe ich zum erstenmal gespürt, daß der in der älteren soziologisch-psychologischen Literatur behauptete Antagonismus zwischen der Sensibilität des Individuums und der Masse keiner ist. Es gibt beides. Wenn du mit Genossen zusammenstehst, spürst du, daß sie genauso sensible Wesen, daß auch sie Individuen sind.

Ich spürte zum erstenmal, daß man auch als Intellektueller, der ganz anders als die Arbeiterschaft tickt, zu denen gehören kann, daß die auch mich vertreten. Denn ich wollte ja auch keine Armee. Ich wollte keine Wiederbewaffnung. Ich wollte keinen Kalten Krieg. Ich wollte keinen Eisernen Vorhang. Mit neunzehn weißt du bereits, was das alles bedeutet. Ich hatte nichts gegen die Amis, im Gegenteil, ich mochte die Amis, ich habe ihren Jazz geliebt, ich habe den amerikanischen Way of Life geliebt, aber es war für mich gleichzeitig klar: Ich möchte nicht in einer amerikanischen Kolonie leben.

De facto war die Bundesrepublik jahrzehntelang eine amerikanische Kolonie. 1966, als ich zum erstenmal nach New York flog, saß neben mir ein Ami. Er hielt eine Rede darüber, daß er überhaupt nicht verstehe, warum die Bundesrepublik nicht den Antrag stelle, ein Staat der USA zu werden. Der hat das für eine Möglichkeit gehalten.

Zugleich zeigt die Episode, wie insbesondere Westdeutschland von den Amis gesehen wurde. Wir waren kein deutscher Staat, wir waren eine amerikanische Kolonie. Noch in den siebziger, achtziger Jahren waren eine halbe Million amerikanische Soldaten auf dem Territorium der Bundesrepublik stationiert, da lagerten die Atomwaffen, da waren die Logistikzentren, von denen aus die imperialistischen Kriege, der Vietnamkrieg und so weiter, geführt wurden.

Folgerichtig haben die ersten Angriffe der RAF zwei dieser Zentralen gegolten, dem amerikanischen Hauptquartier in Heidelberg und dem Hauptquartier im IG-Farben-Haus in Frankfurt am Main. Das war völlig korrekt. Im Grunde genommen war das, was die RAF getan hat, antikolonialistischer Widerstand, der in allen anderen Ländern der Erde immer als legitim gilt, der jüngst noch in Georgien als legitim galt.

Das sind Ereignisse, die gleich nach dem Krieg ihren Anfang nahmen, versteht ihr. Wahrscheinlich habe ich den Kampf der RAF auf Grund von Erfahrungen verstanden, die ich in den frühen fünfziger Jahren in Kassel mit der dortigen Arbeiterbewegung und ihrem Kampf gegen die Wiederbewaffnung und die NATO gesammelt hatte.

So, und jetzt, denke ich, machen wir erst mal Frühstück. Ihr werdet eine Pause brauchen, ich brauche auch eine. Mal seh'n, was ich noch auf der Pfanne habe. In zwei Stunden machen wir weiter. Einverstanden?

Dreizehntes Kapitel

Willy Brandt, Novemberverbrecher, Adorno, man entdeckt den Jazz, zwei Dynastien und ein Nazi, der Selbstmord als schwierige Kunst, vom Saufen

In Kassel befand sich der Schwerverbrecherknast im Stadtteil Wehlheiden, nicht weit entfernt von der Innenstadt. Es war ein traditionsreicher Knast, und ich liebte Wehlheiden. Ich bin da, nachdem ich 1955 aus Kassel weggezogen war, noch oft gewesen.

Fasziniert hat mich an Wehlheiden die hohe Dichte an Schwerstverbrechern. In einem Umkreis von maximal dreihundert Metern rund um den Knast hielten sich in den Kneipen, den Wohnungen, den Geschäften, auf der Straße Knackis auf, die viele Jahre gesessen hatten und nach der Entlassung nicht weit gekommen waren. Man kam also leicht in Kontakt mit richtig schönen Schwerverbrechern.

Das war für mich stets eine interessante gesellschaftliche Klasse. Ich brauchte nicht erst Jura zu studieren, um zu begreifen, daß die Justiz und der Knast Instrumente zur Aufrechterhaltung einer bestimmten gesellschaftlichen Norm sind, die wiederum der Aufrechterhaltung einer bestimmten Klassenherrschaft dient. Das ist ihre hauptsächliche Aufgabe. Alles andere, was drum herum von der Politik und der Publizistik errichtet wird, sind Vorwände: Schuld und Sühne, Reue und Schutz vor Straftaten, Einrichtung eines Frühwarnsystems, um Leute davon abzuhalten, Straftaten zu begehen.

In Wirklichkeit geht es darum, den Teil der Gesellschaft auszugrenzen, der nicht in der Lage ist, sich an die Gesetze zu halten, der Gesetze übertreten muß – und sei es nur in Form des Knackens eines Geldschrankes oder eines Banküberfalls. Über die Ausgrenzung definiert sich der Staat. Wir sind uns sicher einig, daß Justiz und Knast Instrumente der Staatsorganisation sind.

Abgesehen von Aufgaben, die ganz nützlich sein mögen – Krankenhäuser und Schulen und Straßen oder was auch immer –, sehe ich im Staat nach wie vor in erster Linie ein Instrument zur Einrichtung und Aufrechterhaltung einer bestimmten Klassenherrschaft, zum Schutz einer bestimmten ökonomischen Ordnung und zum Schutz der Leute, die man braucht, um diese ökonomische Ordnung am Laufen zu halten.

Alle anderen Aufgaben, so nett sie sein mögen, die dem Staat und seinen Organen sonst noch zukommen, sind nötig und richtig. Aber das ändert nichts daran, daß die zentrale Aufgabe des Staates inhuman und destruktiv ist. Wenn du eine solche Einstellung hast, verändert sich dein Verhältnis zu Straftaten. Selbst wenn in meinem persönlichen Umfeld Straftaten begangen werden sollten, wäre ich nicht in der Lage, mich darüber so zu echauffieren, wie das vermutlich die meisten Bürger täten.

Das habe ich wohl schon früh gespürt, und es war dann auch einer der Gründe für mein politisches Verhalten in den frühen fünfziger Jahren. Wir sprachen über die Kommunisten in den Betrieben und deren Aktionen. An eine dieser Aktionen erinnere ich mich besonders gut, weil sie ein dickes Ding war. Willy Brandt trat im Vorwahlkampf 1953 in der Kasseler Stadthalle auf, in der ich mir übrigens noch jahrelang, nachdem ich aus Kassel weggezogen war, an Neujahr die neunte Symphonie von Beethoven reingepfiffen habe.

Es ist eine merkwürdige Dialektik von großen Sälen, daß da auf der einen Seite hochpolitische Ereignisse und Lernprozesse stattfinden können, und auf der anderen Seite sitzt da zum Jahreswechsel die gutgekleidete Bourgeoisie und pfeift sich die Neunte rein, und ich finde es großartig, daß ich zuhören darf.

Willy Brandt wurde uns als der kommende Stern der Sozialdemokratie präsentiert. Gekommen war er, um den sozialdemokratischen Wahlkreiskandidaten zu unterstützen, Heinrich Deist. An dessen Rede erinnere ich mich bestens, es war nämlich eine prokapitalistische Rede. Später erfuhr ich, daß er der wirtschaftspolitische Sprecher der Bundestagsfraktion war. Sozusagen als seinen Prahlhans hatte er Willy Brandt kommen lassen, der damals noch so gut wie unbekannt war.

Die Rede von Brandt hat mich erschrocken. Selbst den neunzehnjährigen, kleinen Pit hat sie erschrocken, den so ungebildeten. Es war eine kalte Kriegsrede, in der er das noch nicht so richtig sichtbare politisch-ökonomische System, das die Bundesrepublik entwickeln sollte, anpries.

Vielleicht war es aus einem einfachen Grunde erschreckend. Ich war mit meinem rothaarigen Freund und noch einigen anderen jungen Kommunisten da. Unser Plan war, die Versammlung zu stören. Wir hockten erst mal still rum, man mußte die Sache ja erst mal anlaufen lassen. Von einem bestimmten Punkt an haben wir dann dazwischengerufen. Wir standen auf und brüllten: Lügner! Und so weiter. Unser Protest hatte vielleicht zwei, drei Minuten gedauert, da hatten uns die Ordner schon identifiziert, aus den Reihen gezerrt – wir hatten uns extra in die Mitte gesetzt –, die um uns herumsitzenden Leute gaben uns auch noch einen Schubs oder stellten uns ein Bein, und zu guter Letzt, kurz bevor ich durch die Saaltür flog, kriegte ich von einem kräftigen Mann eins in die Fresse.

Auf meiner allerersten sozialdemokratischen Wahlveranstaltung bin ich also verprügelt worden. Wahrscheinlich deshalb war mir sofort klar, daß mit diesen Sozialdemokraten kein Blumentopf zu gewinnen war.

Ich bin durch diese Dinge in eine gewisse Bredouille geraten. In Schachten lebten fast nur Kleinbauern. Es gab auch einen Großagrarier, den Nachfahren des Grafen, bei dem unser Hauswirt als Kutscher gedient hatte. Das Auffallendste an der männlichen Bevölkerung, die ich durch Kneipenbesuche und Dorffeste kannte, war, daß der die CDU zu links war. Manche hielten die FDP, die damals durch und durch nationalsozialistisch verseucht war, für eine Möglichkeit, aber eigentlich wollten sie ihren Kaiser Wilhelm wiederhaben. So befand ich mich in der merkwürdigen Lage, daß ich die »Novemberverbrecher« verteidigen mußte. Novemberverbrecher waren nicht nur die Leute, die das Erbe des Kaiserreichs politisch angetreten und den Versailler Vertrag unterschrieben hatten, sondern es gab sie auch nach 1945 wieder. Da waren es Heuss und Adenauer und Schumacher, der aber nur ansatzweise. Es waren diejenigen, die unserem Führer nicht die Treue hielten. Die Bonner Politiker hätten sich nach Ansicht der Mehrheit in diesen Dörfern dem Demokratisierungsprozeß, der von den Alliierten angestoßen worden war, verweigern sollen. Wir wollen keine Demokratie. Wir wollen unseren Führer und unsere Nationalsozialistische Deutsche Arbeiterpartei wiederhaben.

Das drückte sich in kurzen Bemerkungen aus. Diese Leute redeten nicht viel, aber der nationalsozialistische Geist war bis weit in die fünfziger Jahre noch auf Schritt und Tritt spürbar. Die Männer, die Leutnants oder Oberleutnants gewesen waren, hatten den Krieg gar nicht verloren. Die hatten das Ende des Krieges nicht als Befreiung erlebt, und ich mußte nun die Bonner Republik verteidigen. Ich mußte plötzlich sagen: Doch, was Heuss und Adenauer und Schumacher machen, ist die einzige Möglichkeit. Nur mit der parlamentarischen Demokratie kann es überhaupt weitergehen.

Das war ein Problem, das in einer Äußerung von Heinz Renner, einem Kommunisten im ersten Deutschen Bundestag, zum Ausdruck kommt. Als das Grundgesetz verabschiedet werden sollte, sagte er sinngemäß: Wir Kommunisten sind gegen dieses Grundgesetz. Aber, meine lieben Kolleginnen und Kollegen, ich prophezeie euch, es wird der Tag kommen, an dem wir Kommunisten die einzigen sein werden, die dieses Grundgesetz verteidigen werden.

Das war meine Situation, aus der bin ich im Grunde nie rausgekommen. Ich bin aus der Zwickmühle, daß ich ein System, das ich ablehne, auch verteidigen muß, nie rausgekommen. Ich habe mich selber über mich gewundert, daß ich die noch kaum sichtbare Bonner Republik gegenüber diesen Leuten verteidigt habe. Die hätten mich fast verprügelt. Die waren sauer auf mich, den Grünspecht. Das waren richtig hitzige Debatten in der Dorfkneipe, in derselben, in der das Grammophon stand und in der übrigens noch etwas stattfand, da war ich dann wieder beliebt.

Ich hatte Anfang der fünfziger Jahre eine Theatergruppe gegründet. Wir spielten Stücke von Holbein oder andere Komödien. Ich war der Hauptdarsteller, ich malte die Kulissen, ich war der Requisiteur, ich war der Regisseur, und ich richtete die Texte ein, damit sie für die Mädchen, Frauen und Männer aus dem Dorf sprechbar waren.

Die spielten dann alle auf der Bühne hinten in der Gastwirtschaft mit. Das waren Erfolge. Ich habe mehrmals als Theaterdirektor im Saal der Dorfkneipe agiert, so, wie mein Freund Uli Kasten im Nachbardorf in der Theatertruppe seines Vaters tätig war. Die spielten anspruchsvollere Sachen. Die konnten nämlich sogar singen und hatten ein kleines Orchester. Die führten Operetten auf.

Es war überhaupt merkwürdig, daß auf diesen Dörfern Theatergruppen existierten und Rezitationsabende stattfanden. Auch mein erstes Erlebnis mit bildender Kunst hatte ich in der Dorfkneipe auf dieser Bühne. Ich war vielleicht zwölf Jahre alt. Es fand ein bunter Abend statt. Bunte Abende waren in der fernsehlosen Zeit insbesondere in den Kleinstädten und Dörfern eine beliebte Veranstaltung.

Ein bunter Abend bestand aus einer Rezitation, einem kleinen Sketch und einem Auftritt von Kunstradfahrern oder Jongleuren. Zum Teil waren das umherreisende Dilettanten, die sich an der Grenze zur Professionalität bewegten, zum Teil waren das Leute aus dem Ort oder der Umgebung, die da auftraten. Eine Dame harfte auf dem Klavier was Schmalziges zusammen, und dann hob ein Bariton aus dem Nachbardorf an, ein Schubert-Lied zu singen, »O holde Kunst« oder so.

Auf dem ersten bunten Abend, bei dem ich war, habe ich gelernt, wie Kunst gemacht wird, wie Kunst funktioniert. Da trat eine leicht kostümierte, junge Frau auf. Sie hielt verschiedene Gegenstände in der Hand, und ihr folgten ein als Kunstmaler verkleideter Mann und die obligate Pianistin. Ein Kunstmaler war damals jemand, der ein Barett trug, eine Art Kittel anhatte und eine Palette in der Hand hielt. Er stellte eine Staffelei auf die Bühne, und dann setzte sich die Pianistin ans Klavier und spielte den schönen Schlager »Wenn bei Capri die rote Sonne im Meer versinkt«.

Gleichzeitig reichte die Assistentin dem Kunstmaler Stoffstücke in verschiedenen Formen, Größen und Farben. Der Maler nahm die Stoffetzen entgegen und befestigte sie auf der Leinwand. Als das Lied zu Ende war, sah man den Golf von Neapel – links den Vesuv, die Fischerboote, im Hintergrund die Insel Capri und dahinter die untergehende rote Sonne.

Ich habe das erstemal ein Bild vom Golf von Neapel im Winter 1946 auf der Bühne einer Dorfgaststätte in Nordhessen gesehen, und ich habe vor allem gezeigt bekommen – die ganze Szene dauerte vielleicht drei Minuten –, wie man ein Bild malt. Auch einem Zwölfjährigen war klar, daß man, statt Stoffstücke zu nehmen, entsprechend geformte Flächen auf der Leinwand hätte ausfüllen können. So entsteht Kunst. Und dazu »Wenn bei Capri die rote Sonne im Meer versinkt«. Das sind Lernprozesse, die unter absurden Bedingungen aus einer unerwarteten Ecke kommen.

Ab '51, das habe ich erzählt, bin ich nach der Arbeit in Kassel geblieben und habe das Abendgymnasium besucht. Es gab eine starke Fluktuation. Von denen, die 1951 angefangen hatten, war ich der einzige, der Abitur gemacht hat. Erst ab der Mittleren Reife blieb die Zusammensetzung der Klasse konstant. Das Witzige war, daß ich in der ganzen Zeit nicht einen einzigen erlebt habe, der sich dieser Tortur nicht aus ökonomischen Motiven unterzogen hätte. Sie wollten alle aus ihrer schlechten beruflichen Situation raus, sie wollten etwas Besseres werden, sie wollten mehr verdienen.

Mir war es ein Rätsel, wie man nach der Arbeit auch noch drei, vier Stunden zur Schule gehen konnte, bloß um Geld zu verdienen oder Bundesbahninspektor zu werden. Ich habe die Abendschule ausschließlich deshalb besucht, weil es eine Möglichkeit war, sich Wissen anzueignen. Auch in diesen vier Stunden konnte man Dinge lernen, die man woanders nicht lernte und die man sich auch nicht autodidaktisch aneignen konnte.

Auch auf die Universität wollte ich eigentlich nicht gehen, um einen Beruf zu erlernen. Ich habe in der Tat nie einen Beruf ausgeübt, den ich auf der Universität erlernt hätte. Ich habe den Juristenberuf nie ausgeübt. Aber man konnte auf der Universität Dinge lernen, die man woanders nicht gelernt hat. Als ich 1955 nach Frankfurt kam, habe ich mich zwar in Jura eingeschrieben, doch ich habe überwiegend Vorlesungen belegt und Seminare besucht, die nicht prüfungsrelevant waren. Ich habe Rechtsgeschichte belegt, ich habe Rechtsphilosophie belegt, ich habe internationales Finanzrecht belegt, ich habe Geschichte der Kriminologie, Kriminalgeschichte überhaupt, belegt. Natürlich habe ich daneben Pflichtveranstaltungen besucht, weil man die Scheine brauchte, um Examen zu machen. Aber mein

Hauptstudienfeld waren die philosophisch-allgemeinbildenden Vorlesungen und Seminare.

Es ist nicht ganz richtig, wenn ich immer behaupte, daß mich das, was Adorno und Horkheimer auf der gegenüberliegenden Straßenseite im Institut für Sozialforschung trieben, nicht interessiert hätte. Das behaupte ich gerne, weil ich die Adepten der Kritischen Theorie von Anfang an ein bißchen lächerlich fand.

Ich hatte eine Freundin, die da drüben am Institut für Sozialforschung studierte. Die nahm mich mit und wies mich in die Rituale ein. Anfangs ging ich mit ihr zusammen in die Vorlesungen. Später, wenn ich allein hinging, fand ich faszinierend, wie Adorno sprach, wie dieses Männchen auf und ab ging und druckreif so redete, daß man dachte, es sei ihm zugeflogen.

Sein Vortrag bewegte sich auf einem sprachlichen Level, der einerseits verständlich, andererseits hochgradig artifiziell und tiefsinnig war. Es dauerte eine Weile, bis ich merkte, daß Adorno zu den Leuten gehörte, die die Fähigkeit besaßen, Platitüden so zu formulieren, daß man sie für Weisheiten hielt. Das ist eine große rhetorische Kunst. Einen Teil der Kunst der Rhetorik macht aus, das, was alle wissen oder zumindest sofort abnicken, in einer Weise zu formulieren, daß es für philosophisch durchdacht gehalten wird.

Angeekelt und zugleich wiederum fasziniert hat mich das Verhalten der Adepten. In den ersten Reihen des großen Hörsaals saßen die Sonnenanbeter. Die saßen da wirklich wie unter einer Höhensonne, deshalb nannten wir die so. Auf ihren Gesichtern lag ein glückliches Lächeln. Die Anbeter eines indischen Gurus können ihren Meister nicht inständiger vergöttern. Auch die schönsten Studentinnen saßen selbstverständlich bei Adorno.

Diese Entourage hatte das Viertel rund um die Bockenheimer Warte, auch die Mertonstraße, in der ich wohnte, im Griff. Es gab das *Schwarze Café* direkt gegenüber der Bockenheimer Warte, ein Café im Stil der französischen Existentialisten. Da hockten die rum und führten die Diskurse im gleichen Stil weiter. Da saßen Leute, die, hätte man sie nur gehört und nicht gesehen, ohne weiteres als Adorno hätten durchgehen können. Die redeten wie Adorno, selbst wenn es um die letzte Autoreparatur ging.

Es stieß mich ab und faszinierte mich zugleich, daß ein Ansatz, Welt zu verstehen und zu erklären, unglaublich viele Nachplapperer produziert. Daran, daß sie das nachplapperten, daß sie das regelrecht übten, merkte man, daß sie keinen eigenen Gedanken hatten. Es reichte ihnen, daß Papa Adorno für sie dachte.

Ich habe vorhin ein wenig das intellektuelle Milieu geschildert, aus dem ich kam. Vor diesem Hintergrund war das Hochschulmilieu eine faszinierende Sache. Ich habe nie verstanden, wie junge Leute was gegen die Universität haben konnten. Das Hochschulmilieu kann aufregend sein. Für mich war es eine Offenbarung, auch bei den Juristen.

Bei Helmut Ridder habe ich Verwaltungsrecht belegt. Der Ridder hat nicht einfach Verwaltungsrecht gelehrt. Er hat auf den Punkt gebracht, welch große Bedeutung das Verwaltungsrecht für die nationalsozialistische Herrschaft hatte. Ridder sprach darüber, daß einer der führenden Verfassungsrechtler, Forsthoff, der in Heidelberg saß, ein Carl-Schmitt-Schüler, das Verwaltungsrecht der Nazis interpretiert und zum Teil sogar formuliert hatte. Bei Ridder konntest du etwas über die Dialektik lernen.

In Deutschland gab es keine Verwaltungsgerichtsbarkeit. Alles, was die Verwaltung machte, war nur bedingt überprüfbar. Nach 1945 wurde im bundesdeutschen Rechtssystem die Verwaltungsgerichtsbarkeit eingeführt, und plötzlich konnten sich Hinz und Kunz auf dem sogenannten Rechtsweg gegen Maßnahmen einer Kommune oder gegen einen Verwaltungsakt zur Wehr setzen.

Das ist eine große Errungenschaft. Zugleich war der Cheftheoretiker der Verwaltungsgerichtsbarkeit Ernst Forsthoff, der Mann, der das Verwaltungsrecht des nationalsozialistischen Unterdrückungsapparates mitgeprägt hat. Solche Zusammenhänge konnte man auf der Universität, wenn man wollte und hinhörte und zu den richtigen Leuten ging, mitkriegen.

Walter Hallstein, der damals Staatssekretär bei Adenauer war, lehrte in Frankfurt. Er war der Urheber jener Doktrin, die besagte, daß Staaten, die die DDR anerkennen, von der Bundesrepublik nicht anerkannt werden dürfen. Hallstein trat samstags vor einem vollbesetzten Hörsaal auf, im Wechsel mit Carlo Schmid übrigens. Wenn Walter Hallstein die Staatsdoktrin der Bundesrepublik darlegte, konnte man durchaus kritisches Bewußtsein entwickeln, indem man sich fragte, was sich hinter seinen Begriffen und Euphemismen verbarg.

Man konnte, wenn man bei den Juristen in der akademischen Ausbildung genauer hinguckte, eine Menge über die Natur des Staates lernen, nicht nur im Strafrecht, auch im Zivilrecht und erst recht im Verfassungsrecht. Später, als ich in München studierte, hörte man Verfassungsrecht bei einem Herrn Maunz. Auch Maunz war Nazi gewesen, und nun hatte er einen Kommentar zum Grundgesetz geschrieben, der damals maßgeblich war.

Im Seminar bei Maunz konnte man die Traditionslinien mit den Händen greifen, die vom Kaiserreich über den Nationalsozialismus zur Bonner Republik führten. Er hat es natürlich nicht ausgesprochen. Herr Maunz hat nicht gesagt, daß die grundgesetzliche Ordnung der Bundesrepublik die den veränderten Rahmenbedingungen angepaßten Verkehrsformen des Nationalsozialismus seien. Das konnte er nicht sagen. Doch wenn man genau hinhörte, war es einem klar.

Die Probeklausur fürs Erste juristische Staatsexamen habe ich prompt verhauen. Die Aufgabe lautete, daß man darstellen solle, welche Bedeutung das Privateigentum für die freiheitliche Grundordnung der Bundesrepublik habe. Ich habe die Frage nicht verstanden. Für mich war sonnenklar, daß Privateigentum und Freiheit Antinomien sind. Das habe ich geschrieben, und deshalb habe ich die Klausur verhauen. Denn Herr Maunz wollte hören, daß das Privateigentum die tragende Säule der Freiheit ist. In einer so subtilen Form hat sich im Grunde auch die Kontinuität der nationalsozialistischen Ideologie ausgedrückt.

Das Leben ist nicht nur Politik. Ich würde trotzdem immer sagen, auch heute noch, daß Politik das größte und interessanteste Thema des Lebens ist, interessanter als das Saufen und das Kiffen und die Frauen, denen man nachgerannt ist, interessanter als das schöne und das schlechte Wetter.

Wenn ich abends gegen zehn aus Kassel kam, kehrte ich auf dem Nachhauseweg oft bei meinem Freund Hänschen Israel ein. Hans Israel hieß tatsächlich so, stammte aber aus einer alten protestantischen Familie. Seine Mutter hatte eine gut gehende Gastwirtschaft, in der ich Freibier bekam. Der Vater war gestorben, die Mutter machte die Küche und räumte auf, und Hans kellnerte.

Hans konnte kellnern wie ein alter Wiener Oberkellner. Er hatte diese Gestik voll drauf. Ich wußte deshalb, wie ein Wiener Oberkellner aussieht und sich bewegt, bevor ich zum erstenmal einen sah.

Hänschen Israel war auch musikalisch. Wir haben jahrelang – in der Kneipe stand ein Klavier – zusammen Musik gemacht. Wenn ich am Klavier saß, spielte er Schlagbaß. Ein Freund von uns, der später bei irgendwelchen Symphonikern bei den ersten Geigern gelandet ist, spielte Geige. Das war eine merkwürdige Combo, Geige, Klavier, Schlagbaß. Nehmen wir an, in der Kneipe rief irgend jemand: Hänschen, macht mal ein bißchen Musik. Dann setzte ich mich ans Klavier, der andere griff zur Geige, und Hänschen zupfte den Baß.

Wir spielten die gängigen Tanzlieder. Manchmal spielten wir auch oben im Saal zum Tanz auf, wenn die Leute keine richtige Kapelle bezahlen konnten. Das habe ich zigmal gemacht, obwohl es nicht meinem Musikgeschmack entsprach.

Neben der Opernmusik und der in die Spätromantik hineinreichenden Konzertmusik mochte ich Jazz. Seit Anfang der fünfziger Jahre ging ich in

Kassel regelmäßig in den einzigen Jazzkeller, den es gab. Im Umland von Kassel waren viele Amerikaner stationiert, die frequentierten den Keller. Die Musiker waren oft Deutsche, die für einen Apfel und ein Ei und ein Bier spielten.

Das erstemal war ich bereits in der Nazizeit mit Jazz in Berührung gekommen. Ich gehörte ja zu der Generation, die noch zu den Pimpfen mußte. Mit zehn mußte man zu den Pimpfen, das war bei mir 1944. Wir trugen eine Uniform aus einer schwarzen, kurzen Hose, einem blusenartigen, schwarzen, ziemlich harten, kratzenden Wollhemd, einem Halstuch mit einem Knoten und noch einigen Kleinigkeiten. Die Koppelschnalle zeigte natürlich ein Hakenkreuz, das wurde nach '45 weggefeilt.

Im Frühjahr 1945, als sich das Kriegsende abzeichnete, streifte unser Fähnlein im Gelände herum. Wir waren evakuiert, weiter nach Westen verlegt worden, damit uns der Russe nicht gleich krallte. Als Pimpf hat man sich viel im Gelände bewegt. Der Fähnleinführer war meistens ein paar Jahre älter, vielleicht sechzehn. Wir waren samt Fähnleinführer auf irgendeinem mecklenburgischen Dorf gelandet, als einer von uns sagte: Fähnleinführer, hotten, bitte, bitte hotten, hotten!

Ich wußte nicht, was hotten ist. Hotten war in meiner Jugend die Bezeichnung für Jazzmusik. Der Fähnleinführer sagte: Das können wir nicht machen. Er hatte Angst, es könnte irgend jemand mitbekommen, daß seine Pimpfe hotten. Schließlich ließ er sich breitschlagen und sagte: Aber nur ein Lied. Ich erinnere mich noch an die Melodie, zu der wir hotteten, es war »Chattanooga Choo Choo« von Glenn Miller.

Ich kannte auch den Song nicht und fragte nach. Die anderen drucksten rum. Dann begriff ich, daß sie BBC gehört hatten, den Feindsender. Darauf stand die Todesstrafe. Einen Sender zu hören, auf dem zwischen Glenn Miller und anderen, zumeist swingartigen Orchestermusiken verkündet wurde, daß der Krieg verloren sei und wir jetzt gefälligst so schnell wie möglich unsere Waffen abgeben und uns von den Nazis distanzieren sollten, das war Landesverrat. Tatsächlich traute sich niemand, BBC so zu hören, daß es ein Nachbar mitbekam. Aber die Pimpfe, zu denen ich kam, kannten die Musik, die auf BBC lief. Hier spricht London, London calling. Über die BBC hat auch Thomas Mann nach Deutschland reingesprochen.

Wegen dieser Erfahrung hielt ich Jazz für eine oppositionelle Musik. In Nazideutschland waren nur sehr bescheidene Anklänge an Swing erlaubt. Es gab das berühmte Orchester Bernard Etté, aber richtiger Jazz war verboten. Deshalb hatte sich in mir wahrscheinlich die Vorstellung festgesetzt, Jazz sei die Musik der Freiheit, die Musik, die die Nazis, die alten Kommißköpfe, nicht mögen.

In Kassel verkehrte ich auch in einer italienischen Eisdiele am Ständeplatz. Da stand eine der ersten Musikboxen. Es ist dieselbe Eisdiele, in der ich mich zehn Jahre später mit dieser Kunststudentin darüber unterhielt, daß wir heiraten müßten und nach Berlin ziehen sollten. Da lief, 1954 muß es gewesen sein, plötzlich eine unerhörte Musik, nämlich »Tutti Frutti« von Little Richard. Kurze Zeit später kamen weitere Rocksongs raus und in diese Musikbox rein, oft erstaunlich plumpe Sachen. Dennoch ging auch von der Rockmusik eine große Faszination aus.

Von da an brauchte man neben den Schnulzen Rockmusik. Die Schnulzen waren zum Besaufen erforderlich, die Rockmusik war, gerade in der Frühphase, eigentlich keine Besaufmusik. In der frühen Rockmusik war zuviel Elektrizität drin, auch in Bill Haley. Wenn man Bill Haley & His Comets hört, wundert man sich, wie plump die Songs waren, und trotzdem hatten sie eine unglaubliche Power. Man brauchte jetzt also mehrerlei.

Auch Jazz ist für mich nie eine Alkoholmusik gewesen. Alkoholmusik, das war »Der Weg nach Haus' ist schwer für einen Legionär«. Die Dampfmusik, durch die man eine ungeahnte Kraft in den Knochen spürte, das war die Rockmusik. Es wäre falsch gewesen, sich auf einen der Musikstile zu kaprizieren. Je nachdem, wo du dich hinführen wolltest, brauchtest du eine andere Art von Musik.

Als ich in Frankfurt studierte, bin ich sehr bald ins *Domicile du Jazz* in der Kleinen Bockenheimer Straße gegangen. Das war eine enge Gasse, umgeben von Trümmerhaufen. Durch die Trümmerhaufen führten Trampelpfade zu den Häuserresten. Die Häuser waren meistens bis zum Parterre eingestürzt. Man ging da durch, kam an eine Kellertür und ging runter. In einem dieser Keller war das *Domicile du Jazz.*

Ich weiß noch, wer mich darauf aufmerksam gemacht hatte. Es war meine Zimmervermieterin in der Mertonstraße, eine voluminöse Person. Ein bißchen verlebt sah sie aus, sie rauchte wie ein Schlot und soff auch, nehme ich an. Sie hockte in einer geräumigen Wohnung, eingerichtet im gutbürgerlichen Bohèmestil, mit riesigen Fauteuils. Über die Armlehnen der Ledersessel war an jeder Seite ein Band gelegt, auf dem ein kleiner Aschenbecher befestigt war.

Da thronte und empfing sie. Wann immer ich bei ihr in diesem Wohnzimmer war, empfing sie. Sie behauptete, sie sei Schriftstellerin. Sie schrieb gelegentlich ein Feuilleton für die *Frankfurter Allgemeine Zeitung*, aber sie hatte nie Geld. Obwohl ich auch kein Geld hatte, versuchte sie mich dauernd anzupumpen. Sie hatte mir eine Dachkammer über ihrer Wohnung vermietet. Das war die Dachkammer, aus der ich wieder ausziehen mußte, nachdem mein Freund Ottmar in die Dachrinne gepinkelt hatte.

Das Haus gibt es nicht mehr, die ganze Straßenzeile wurde abgerissen. Diese Straße, die von der Bockenheimer Warte aufs Hauptportal des alten Gebäudes der Universität zuführte, gibt es nicht mehr. Links war bereits alles kahlgerissen, und auf der rechten Seite standen herrliche Gründerzeithäuser.

Meine Vermieterin hatte von Anfang an gesagt, daß sie von mir nicht viel Geld erwarte. Ich habe höchstens dreißig Mark Miete bezahlt. Aber sie erwartete regelmäßige Besuche. Also verbrachte ich viele Stunden in einem dieser tiefen Fauteuils, um mit ihr über alles mögliche zu reden. In erster Linie hat sie mir zu erklären versucht, was ein Schriftsteller sei und was er mache – und zwar möglichst einer, der seine Artikel bei der *FAZ* unterbringe.

Das ging so lange gut, bis ich eines Tages sagte, ich müsse mal was von ihr lesen. Ich habe oft den Fehler begangen, ehrlich zu sein. Nachdem ich einige knappe Bemerkungen zu einem ihrer Feuilletons gemacht hatte, trübte sich unser Verhältnis ein.

In diesem dämmrigen Salon saß zuweilen auch Albert Mangelsdorff, der berühmte Jazzposaunist. Am Anfang habe ich mich mit ihm gestritten. Er gehe nicht wählen, sagte er. Es sei völlig sinnlos, man habe sowieso keine Wahl. Gäbe es wirklich etwas zu wählen, würde er wählen gehen, aber es sei egal, was er wählen würde, es komme immer dieselbe Katastrophe dabei raus.

Er war der erste bürgerliche Intellektuelle, von dem ich diese These gehört habe. Die Kommunisten haben das nie gesagt, die Sozialdemokraten in Kassel auch nicht. Für uns Linke waren Wahlen essentiell. Wir glaubten allen Ernstes, im Westen müsse man wählen gehen. Und dann tritt da plötzlich ein Intellektueller auf, offensichtlich ein kluger Mann, und sagt, daß es keinen Sinn habe.

Ich habe gesagt: Wenn das alle täten ... Er sagte: Das tun aber nicht alle. Er hatte nicht mal was dagegen, daß bestimmte Posten nach dem Prinzip der sogenannten freien Wahlen vergeben oder mit Hilfe von Wahlen Interessen durchgesetzt werden. Aber er wollte sich an diesem Theater nicht beteiligen. Er sagte: Das tun nicht alle.

Später kamen wir auf die Musik zu sprechen, und er meinte, ich müsse unbedingt ins *Domicile du Jazz* gehen. Da trat er auf. Es gab viel Livemusik und viele Jamsessions. Man durfte nicht zu früh hingehen. Erst ab elf, zwölf Uhr abends wurde gejazzt. Auswärtige Musiker, die beim Hessischen Rundfunk oder sonstwie in Frankfurt zu tun hatten, kamen nachts ins *Domicile du Jazz* und packten ihre Instrumente aus. Billy Eckstine habe ich da gehört, die Cracks der damaligen Jazzszene.

Etwas, das ich wenigstens kurz streifen sollte, sind gewisse Probleme, die ich hatte, bis ich so um die Fünfzig war. Es ist erstaunlich, wie viele Jahrzehnte ich hinter den Mädels her war. Manchmal wußte ich nicht, was meine Haupttätigkeit ist. Viel Zeit verplempert. Unglaublich viel Zeit. Nachts fünf, sechs, sieben Kilometer gelaufen, weil man eine Frau nach Hause gebracht hatte und keine Straßenbahn mehr fuhr.

Katastrophen wegen Frauen. Auch Demütigungen. Frauen können, vor allem, wenn man jung ist und kein Geld hat, demütigend sein. Wenn die, weil man keine ordentlichen Handtücher auf der Bude hängen hat, einfach nur sagen: Ich glaube, ich habe heute abend keine Lust auf Liebe, und dann gingen sie mit irgendeinem Schnösel ins Bett, der ein VW-Cabrio und ordentliche Handtücher auf der Bude hatte.

Diese Haltlosigkeit, diese moralische Fragwürdigkeit. Es war tatsächlich so: Wenn du arm warst und kein Auto und keine ordentliche Bude hattest, war es sehr viel schwieriger, an die Mädels ranzukommen. Das war ein echtes Problem. Oder du kamst an eine wie Margarethe, deren Vater ein hoher Naziverbrecher war.

Oder wie meine erste Frau. Ich habe durch diese Frau allerdings auch Einblick in ungeahnte soziale Bereiche bekommen. Wenn ich meinen Antifaschismus erstgenommen hätte, hätte ich diese Frau nicht heiraten dürfen, muß ich sagen.

Sie stammte väterlicherseits aus einer Dynastie, die was mit Schuhen zu tun hatte. In Pirmasens hatten alle Menschen was mit Schuhen zu tun. Entweder stellten sie Kappen oder Ösen oder Absätze her, oder sie hatten eine komplette Schuhfabrik.

Die Sippe, aus der ihr Vater stammte, hatte eine richtige Schuhfabrik, genauer gesagt: sogar zwei, eine für Edelschuhe, eine für normale Schuhe. Sie wohnten in entsprechenden Villen. Ich habe die alle kennengelernt und so auch diese Muffigkeit des pfälzischen Industriebürgertums kennengelernt. Eine unglaublich reaktionäre Mischpoche war das, auch nicht sonderlich kultiviert. Gerade in der Hinterpfalz war wohl auch im Bürgertum die Kultur etwas weniger entwickelt als in Frankfurt am Main oder in Ulm und Stuttgart.

Aus dieser Sippschaft stammte ihr Vater. Er war schön und vor allem intelligent. Er durfte also studieren, ich glaube, er hat Volkswirtschaft studiert. Und er konnte schreiben. Er war mit einer Genfer Jüdin aus einer wohlhabenden Familie verlobt und wollte als Journalist Karriere machen. Dann kamen die Nazis. Ich weiß nicht, ob er da bereits Nazi war, aber es war jedenfalls nicht mehr opportun, mit einer Jüdin verlobt zu sein.

Er hat die Verlobung aufgelöst und statt dessen die Tochter eines reichen

Halberstädter Internisten geheiratet. Das war meine Schwiegermutter. Sie stammte mütterlicherseits aus einem Haus von Gutsbesitzern. Als ihre Mutter heiratete, um 1906 herum, kriegte die ungelogen eine Million Goldmark. Der Mann, den sie heiratete, war ein junger, fähiger Arzt. Er hat den Erreger der Magengeschwüre entdeckt, deshalb hat man ihm in Halberstadt ein Denkmal errichtet.

Mit der Million seiner Frau baute er sich eine Klinik und lebte dann davon, daß er die reichen Gutsbesitzer in der Hallenser Börde heilte, die ja alle Stoffwechselkrankheiten vom vielen Fressen und Saufen hatten. Er war selbstverständlich stockkonservativ. In der Diele meiner Schwiegermutter hing ein großes gerahmtes Blatt mit einer Widmung von Kaiser Wilhelm II. Der Arzt hatte irgendwann mal die Gelegenheit ergriffen, Kaiser Wilhelm oder vielleicht auch bloß einem aus dessen Entourage die Leber abzutasten. Dafür erhielt er dieses Widmungsplakat.

Meine Schwiegermutter verwahrte auch die Tischordnung eines Abendessens, das im Hause ihrer Eltern aus Anlaß von Kaisers Geburtstag stattgefunden hatte. Solche Abende hat das deutsche Bürgertum bis in die zwanziger, dreißiger Jahren allen Ernstes veranstaltet. Selbstverständlich hatten auch das Band und das Käppchen der studentischen Verbindung, in der ihr Ehemann aktiv gewesen war, einen Ehrenplatz.

Als ich das erstemal dieses Haus betrat, wurde ich vor einen Schrein geführt. Ich fragte: Was ist denn das? Und dann schmetterte sie ein Corpsstudentenliedchen, das ihr Mann sang, als sie ihn 1933 kennenlernte, nachdem er sich von der Genfer Jüdin getrennt hatte. Der Mann wurde in diesem Haus verehrt, mein toter Schwiegervater, der nie das Glück hatte, mich kennenzulernen.

Nach und nach bin ich dann in die Familiengeschichte eingeweiht worden. Ich hätte beinahe einen Roman darüber geschrieben. Ich hatte das Material zusammen, Lebensläufe, Photos, Briefe, eine unglaubliche Materialsammlung. Ich wollte den großen deutschen Familienroman über diese beiden Clans schreiben, die Pirmasenser Schuhfabrikanten und den Halberstädter Arzt – also die zwei Wurzeln meiner verstorbenen Ex.

Ihr Vater begann seine Karriere als Politikredakteur bei der *Frankfurter Zeitung*. Als er 1943 starb, schrieb einer der Herausgeber, Karl Korn, einen rührenden Nachruf. Klar: Korn und er waren Gesinnungsgenossen. Als Goebbels 1940 die Wochenzeitung *Das Reich* gründete, ernannte er Korn zum Feuilletonredakteur. Mein Schwiegervater geiferte gegen England, das perfide Albion, Korn verfaßte Haßtiraden gegen Frankreich.

Während Schwiegervater im Krieg starb, machten seine Freunde nach 1945 weiter Karriere. Einer, der bei Berlin einen Malvenhof besaß, wurde

Anwalt am BGH, war Aktionär einer Chemiefabrik, besaß ein Weingut an der badischen Weinstraße und Villen in Baden-Baden.

Der Witwe ihres toten Freundes hielten sie die Treue. Der Baden-Badener lud meine Ex und mich im Herbst 1961 mal ein, vier Wochen in seiner Datsche zu leben. So lernte man die dortige Schickeria etwas besser kennen.

Auch Karl Korn ließ sich überreden, etwas für den Schwiegersohn zu tun, der literarische Ambitionen hatte. Einem toten Nazi verdanke ich demnach, daß ich in den sechziger Jahren für die *FAZ* schreiben durfte. Woher ich das weiß?

Während der Ferien in Ulm las ich die Artikel meines Schwiegervaters in einer Reprintausgabe. Ich habe sie nicht mehr. Möglicherweise hat unser Iwan sie geerbt. Der Kaiser Wilhelm, auf den mein Schwiegergroßvater mütterlicherseits so stolz war, hängt jetzt über einer kleinen Werkbank im Keller eures Halbbruders. Seine Mutter schenkte es ihm, und er wollte es in die Diele hängen, aber seine Frau hat sich geweigert. Sic transit gloria mundi.

Der Vater meiner Ex entwickelte sich schon gleich nach 1933 zu einem glühenden Nationalsozialisten und war befreundet mit hohen SS-Chargen. Als Goebbels 1940 das *Reich* gründete, eine große Wochenzeitung, wechselte er von der *Frankfurter Zeitung* zu diesem Blatt und war fortan einmal in der Woche im Reichspropagandaministerium und nahm die neueste Sprachregelung entgegen.

Wenn man das *Reich* durchliest, kann man wirklich überrascht sein, wer alles für dieses Goebbels-Blatt geschrieben hat: Günter Eich, Wolfgang Weyrauch, dieser unsägliche *Frühschoppen*-Mensch vom WDR, Werner Höfer. Es ist unfaßbar, wie viele Leute, die man in der Bonner Republik nach 1950 kannte und schätzte und von denen man dachte, sie seien lupenreine Demokraten, jahrelang im *Reich* publiziert hatten. Und es fällt auf, daß das Blatt wie die *Zeit* aussieht. Es ist offenkundig, daß die Leute, die nach dem Zweiten Weltkrieg die äußere Identität der *Zeit* geschaffen haben, sich die Goebbels-Zeitung *Das Reich* zum Vorbild nahmen.

Ich habe die ellenlangen Aufsätze des Vaters meiner Ex gelesen, und meine Schwiegermutter gab mir seine Briefe aus dem Feld zu lesen. Die beiden waren die meiste Zeit getrennt. Ich habe tiefe Einblicke in das Seelenleben eines überzeugten nationalsozialistischen Intellektuellen gewinnen können. Es war bedrückend. Es war bedrückend, weil es nicht dumm war. Es atmete einen tiefen Glauben an die Richtigkeit dessen, was man tat, an die Notwendigkeit dessen, was man machte. Es triefte auch nicht vor Judenverachtung. Es hatte nicht die geringste Ähnlichkeit mit dem *Stürmer* oder dem *Völkischen Beobachter*.

Die Zeitung war eben für das Bürgertum gedacht. Wenn man das *Reich* las, hätte man über weite Strecken meinen können, es gebe keinen Nationalsozialismus. Man mußte ziemlich helle sein, um zu merken, daß mit dem Blatt das Bildungsbürgertum für die Nazis gewonnen werden sollte.

Irgendwann ist dem guten Mann seine Begeisterung zu Kopfe gestiegen, und er meinte, auch er müsse jetzt dem Reich mit der Waffe in der Hand dienen. Dieser Mann, der niemals in den Krieg hätte ziehen müssen, meldete sich freiwillig als Leutnant an die Ostfront. Ohne Stahlhelm, als erster vorneweg, nur die Pistole in der Hand, führte er seinen Zug ins Gefecht. Das kennen wir ja aus Ernst Jüngers Buch *In Stahlgewittern*. Mein Schwiegervater lebte das nach, und er berichtete es nach Hause.

Bebenden Herzens und zitternden Verstandes beschreibt er seiner Ehefrau, welch hehre Aufgabe er erfüllt, wenn er aus dem Schützengraben springt und »Zum Angriff!« schreit. Daß sie froh sein könne, schreibt er, wenn er für Deutschland falle, für den Führer.

Gestorben ist dieser Heilige der Familie ziemlich banal. Er wurde leicht verletzt, mußte ins Krankenhaus, kriegte eine Sepsis, und weil es kein Penicillin gab, starb er an einer Blutvergiftung.

Seine Reliquien wurden in diesem Hause aufbewahrt: die Mütze, die er als Corpsstudent getragen hatte, ein Photo von ihm als junger Leutnant, wie er seine Tochter auf dem Arm hält und seinem Sohn die Hand auf die Stirn legt, und nebendran steht mit einem Blick voller Bewunderung seine Gattin, eine intelligente, gebildete Frau.

Auch das ist eine Unbegreiflichkeit. Ich habe mit ihr bis zu ihrem Tode über diese Dinge geredet. Ich habe sie oft besucht und gefragt: Wie war das möglich? Sie wußte inzwischen längst, was für eine kaputte Welt das war, in der sie gelebt hatte. Wie konntest du mit diesem Mann zusammenleben und drei Kinder zeugen? Sie antwortete schlicht: Pit, ich habe ihn geliebt. Ich fragte sie: Wieso hast du ihn geliebt? Und da antwortete sie: Ich war doch ein gefallenes Mädchen. Wer hätte mich da noch genommen?

Ich habe nicht rausgekriegt, was das hieß: Ich war doch ein gefallenes Mädchen. Aber ein bißchen was habe ich rausgekriegt. Es scheint so gewesen zu sein, daß sie, während sie in München studierte, einen Liebhaber hatte. Deshalb war sie für einen großen Teil der Männer, die für sie standesgemäß in Frage kamen, nicht mehr akzeptabel. Sie war entweiht, und da kam dieser Nazi an und nahm sie – ohne ihren Liebhaber zum Duell zu bitten.

Ich habe diese Familiengeschichte bis zu seinem Tod rekonstruiert. Die beiden haben sich tatsächlich selten gesehen. Offensichtlich war dieser Mann ständig auf der Flucht. Er war eine Art Odysseus. Durch diesen

Mann habe ich die Odysseussage verstanden. Warum zieht der Mann in den Krieg? Damit er nicht zu Hause bei Frau und Kindern bleiben muß, damit er nicht den Müll runtertragen muß, sondern Heldentaten vollbringen kann. Deshalb zieht Odysseus in den Krieg und ist zwanzig Jahre unterwegs.

Der Nazi macht dasselbe. Die Familie lebt in Halberstadt, und er sitzt die Woche über in Frankfurt und schreibt Hetzartikel. Die Familie lebt in einer Villa in Zehlendorf, und er zieht in den Krieg, um sich erschießen zu lassen. Er wartet nur darauf. Die alte Odysseusgeschichte, man sollte das nicht für möglich halten, spielt da mit hinein.

Die Schwiegermutter war keine Nationalsozialistin. Sie hatte bei demselben Mann Theaterwissenschaft studiert, bei dem später die Geschwister Scholl studiert haben. Sie hatte Kunstgeschichte studiert, und sie hätte promovieren können. Sie war eine Liebhaberin der schönen Künste und der schönen Literatur. Sie las keine muffigen Romane, sondern die aktuellen Sachen. Bei ihr lagen immer die literarischen Neuerscheinungen auf dem Tisch. Sie hat mich mit offenen Armen empfangen, und sie konnte etwas damit anfangen, daß ihre Tochter einen angehenden Literaten anbrachte, der kein Geld hatte.

Sie hat mir nicht übelgenommen, daß ich nichts Gescheites getan habe, und später, als ich in Rom lebte, hat sie mich oft besucht, auch in Kruspis. In Rom kriegte sie mal, um länger dableiben zu können, eine Lungenentzündung. Meine Ex behauptete manchmal, ich sei eigentlich nicht mit ihr, sondern mit ihrer Mutter verheiratet gewesen. Sie war eine interessante Frau, trotz ihres familiären Hintergrundes und des Ehemannes.

Der wollte im Grunde genommen Selbstmord begehen, als er Soldat wurde. Deshalb war mir sein Verhalten in der Hinsicht nicht ganz fremd. Ich hätte sicher nicht Soldat oder Nazi werden können, doch mit dem Begriff »Todestrieb« kann ich etwas anfangen.

Ich habe euch ja erzählt, wie meine Mutter erschrak, als sie meine Tagebücher aufbrach. Diese Selbstmordphantasien haben mich nie ganz losgelassen. Ich habe mir nicht selten überlegt, wie ich Selbstmord begehen könnte. Manchmal war ich wochenlang wie gelähmt. Ich habe nur noch im Bett gelegen und mir überlegt, daß es doch möglich sein müßte, das Herz zu zwingen stillzustehen oder ein großes Gefäß zu zwingen, sich zu schließen, damit das Gehirn nicht mehr durchblutet wird.

Tod durch Nichtstun. Einfach die Luft anhalten, so daß ich ersticke. Ich habe tagelang im Halbdunkel gelegen und darauf gewartet, daß ich tot bin, ohne etwas zu unternehmen. Tod durch Nichtstun. Geht natürlich nicht. Bei mir hat es jedenfalls nicht geklappt.

In vielen Texten von mir versucht der Protagonist, Selbstmord zu begehen, und es klappt nicht. Daß es nicht klappt, ist realistisch. Jemand, der mal ernsthaft versucht hat, Selbstmord zu begehen, weiß, daß es sehr schwierig ist, wenn nicht die große Verzweiflung dazukommt. Wenn du die Situation durchcheckst, erkennst du überall Schwierigkeiten.

Als ich in den sechziger Jahren in Berlin bei der Justiz war, habe ich oft in dem Institut gesessen, in dem die Selbstmörder katalogisiert wurden. Sehr viele hatten sich erhängt. Es gibt verschiedene Arten, sich durch Erhängen umzubringen. Es geht so weit, daß ich einen kannte, einen Autor, der sich an der Türklinke erhängt hat. Andere haben sich mit einem Strick an den Kabeln eines Fahrstuhls festgebunden, und als sich der Fahrstuhl in Bewegung setzte, hat er sie erhängt, und sie hingen im Fahrstuhlschacht.

Manche Selbstmörder legen sich auf den Bauch, ziehen die Beine an, legen sich einen Strick um den Hals, befestigen ihn an den Füßen und lassen dann die Füße nach hinten schnellen, so daß der Strick die Luftröhre zudrückt.

Wer sich mit Kriminologie beschäftigt, lernt aber auch, was für eine unsichere Methode das Erhängen ist. Wenn du Pech hast, dauert es eine halbe Stunde, bis du tot bist. Sogar das Aufschneiden der Pulsadern klappt in den seltensten Fällen. Wüßtest du, wo du die Rasierklinge ansetzen müßtest? Du weißt es nicht. Ich weiß es, aber ich bin sicher, daß ich es nicht hinkriegen würde.

Die Psychiatrien sind voller Menschen, die Narben an den Unterarmen haben, weil es ihnen nicht gelungen ist, sich die Pulsadern aufzuschneiden. Die verlieren ein bißchen Blut, sie werden ohnmächtig, sie werden gefunden, sie werden gerettet.

Erschießen klappt auch nicht immer. Weiß eine von euch, wo man eine Waffe herkriegt? Ich bin in Lokalitäten gegangen, von denen ich dachte, daß man da eine Waffe kriegt, nichts zu machen. Die Gangster halten dicht. Jetzt nehmen wir aber mal an, daß du eine Pistole und Munition hast. Bist du damit schon tot? Nein. Es gibt genügend Beispiele, einschließlich eines militärischen Anführers des 20. Juli, ich glaube, Beck hieß er.

Man legte ihm eine Pistole hin. Und was passiert? Er schießt zweimal und scheitert zweimal. Das müßt ihr euch mal vorstellen: ein Soldat, der es nicht schafft, sich zu erschießen.

Es laufen unglaublich viele Krüppel rum, die versucht haben, sich zu erschießen. Wenn sie Pech haben, sind sie gelähmt, können nicht mehr sprechen, haben einen Dachschaden, sind Epileptiker, aber tot sind sie nicht.

Gift. Weitverbreitet ist ja auch heute noch die Meinung, man könne sich mit Schlafmitteln umbringen. An Schlafmittel kommt man leicht ran.

Doch wenn du wirklich anfängst, dich damit zu beschäftigen, wirst du feststellen: Du kannst so viele Tabletten fressen, wie du willst, wenn du Glück hast, kotzt du sie wieder aus. Wenn du Pech hast, bleibst du am Leben, bist aber hirngeschädigt.

Die heutigen Schlafmittel, egal, welche Menge man nimmt, führen nicht zum Tode. Früher gab es Schlafmittel, die zum Tode führten. Selbst ein Arzt, der versuchen würde, sich die Substanzen zu beschaffen, die im therapeutischen Gebrauch sind, würde nicht die Mittel kriegen, die man braucht, um sich umzubringen.

Ein bekanntes Mittel ist eine Substanz, mit der Tierärzte Pferde totspritzen. Du müßtest also einen Tierarzt kennen, der so großzügig wäre, dir eine ordentliche Portion von diesem Mittel zu geben. Und jetzt stellt euch die Ängste des potentiellen Selbstmörders vor, wenn er jemanden findet, vielleicht auf dem Schwarzmarkt, der sagt: Gut, gib mir tausend Euro, ich besorge dir fünfzehn Gramm Pentobarbital. Soviel braucht man angeblich. Weißt du denn, ob dir dieser Mafioso, der dir tausend Euro abknöpft, gescheites Pentobarbital gibt? Du findest die Vene, spritzt dir das rein, und dann kriegst du nur das große Zittern.

Kurz: Es ist schwierig, Selbstmord zu begehen. Das ist der Grund, weshalb die meisten Leute von Hochhäusern springen oder sich vor Züge werfen. Das ist eine relativ sichere Methode. Allerdings, auch was das Springen von Hochhäusern betrifft, muß man gewisse Standards beachten. Man sollte wissen, aus welcher Höhe man runterspringen muß, um mit einer gewissen Wahrscheinlichkeit tot zu sein.

Die Methode Möllemann ist natürlich unschlagbar. Aber wer kommt mit einem Fallschirm in ein Flugzeug rein, um dann aus tausend Metern runterspringen zu können? Du kannst ja unmöglich ohne Fallschirm einsteigen, da wird der Pilot argwöhnisch. Du mußt wissen, wie man einen Fallschirm anlegt. Du kannst auch nicht einfach einen Rundflug über Stuttgart buchen und da mit einem Fallschirm auftauchen. Es macht auch keiner die Tür auf, damit du rausspringen kannst.

Die Methode Möllemann setzt voraus, daß du früher Fallschirmjäger warst. Man muß erst mal Fallschirmspringer werden, um sich mit Hilfe eines Fallschirms umbringen zu können.

Was die Fallhöhe betrifft: Allgemein wird behauptet, daß man ab dem achten Stockwerk gute Chancen hat, tot zu sein. Aber es gibt Fälle, in denen Leute diese Höhe überlebt haben. Dann humpelst du den Rest deines Lebens oder hast eine Platinplatte im Kopf. Der Todestrieb ist ein schöner Traum, der schwer zu realisieren ist.

Sehr viel sicherer ist der Suff. Ich kenne eine Menge Leute, die sich zu

Tode saufen. Die würden es nie zugeben. Ich habe hier in Stuttgart einen guten Freund, der sich zu Tode säuft. Auch mein Vater hat sich zu Tode gesoffen. Mein Vater wollte von einem bestimmten Alter an nicht mehr leben. Er ging zum Arzt, und der sagte zu ihm: Herr Chotjewitz, wenn Sie mit dieser Leber nicht aufhören zu saufen, sind Sie in zwei, drei Jahren tot.

Er hat sein Leben nicht geändert. Er hat weitergesoffen. Als er im Leberkoma lag, zog er mich zu sich herab und sagte: Peter, wenn du das nächstemal kommst, bringst du mir ein ordentliches Stück alte Wurst und eine kleine Flasche Schnaps mit. Da hätte er nur noch Brei zu sich nehmen sollen.

Sein Traum war immer ein Stück fette ahle Woscht und ein Flachmann. Das war für ihn so wichtig, daß er lieber gestorben ist. Als ich etwa ein Jahr vor seinem Tod das lange Interview mit ihm geführt habe, war seine Leber bereits so gut wie weg. Er brauchte jeden Tag eine Flasche Schnaps und einen halben Kasten Bier und zwischendurch ein Schnäpschen. Dieses viele hundert Seiten lange Interview ist eindeutig auch vom Suff geprägt.

Mein Vater saß die letzten Jahre seines Lebens beinahe immobil auf dem Sofa. Wenn meine Mutter gelegentlich das Wohnzimmer saubermachte, holte sie Schnapsflaschen hinterm Sofa hervor. Diese Systematik des Saufens war Selbstmord auf Raten. Das habe ich erst später erkannt, als mir meine Mutter erzählte, was in dieser Bude in den letzten zwei, drei Jahren seines Lebens los war. Also, diese Methode funktioniert.

Ich habe ja auch einiges getrunken im Laufe meines Lebens, aber nie aus diesen Gründen. Ein ganz wichtiger Aspekt des Saufens war für mich dieser Dauerzustand, in dem du die Welt gewissermaßen watteweich erlebst, in dem die Konturen nicht so scharf sind und in dem deine Wahrnehmung so reduziert ist, daß du ein bißchen neben dir stehst, gleichzeitig aber noch über die Straße gehen und das nächste Bier bestellen kannst.

Einen solchen Zustand erreicht man nicht an einem Abend. Da mußt du wirklich drei Tage lang ununterbrochen saufen, und das haben wir gemacht. Wir nannten das: eine Sause machen. Irgendwann schläft man vielleicht auch mal ein und trinkt mal zwei Stunden lang nichts, man wacht wieder auf, weil man ja nicht zu Hause in seinem Bett liegt, und dann säuft man weiter.

Nach dem zweiten, dritten Tag, wahrscheinlich auch in Verbindung mit dem Mangel an Schlaf, stellt sich dieser Zustand ein. Es kann einem nichts mehr passieren. Du wirst auf der Straße nicht überfahren, die Welt ist nicht mehr so präsent. In diesem Zustand pinkelst du unter den Kneipentisch, und wenn es der Wirt merkt und dich rausschmeißt, ist dir das egal.

Du liegst vielleicht eine halbe Stunde vor der Kneipe, und dann nehmen dich vielleicht zwei Polizisten mit. Du wehrst dich, und dann verbringst du eine Nacht in der Ausnüchterungszelle. Am nächsten Morgen gehst du wieder in die Kneipe und säufst weiter, aber nicht, um dich umzubringen oder um der Welt zu entfliehen, sondern um eine andere Art der Weltwahrnehmung zu erleben. Mit Freund Uli habe ich das gemacht, aber auch mit anderen, zum Beispiel mit Günter Bruno Fuchs, der allerdings am Suff dann ziemlich bald gestorben ist, er ist keine fünfzig geworden.

Wir haben die Sache logistisch betrieben. Wir haben vorher Routen festgelegt. Wir wußten, wo wir langgehen mußten und wo wir, auch wenn wir in die Kneipe reinwankten, noch ein Bier und einen Schnaps bekamen. Zwischen dieser und der nächsten Kneipe lag dann vielleicht eine Wohnung, in der man sich mal hinlegen konnte.

Nach einer Stunde oder zwei Stunden rappelte man sich wieder auf und fragte zustandsadäquat: Hast du einen Schnaps? Dann kam man mit Hilfe von ein, zwei Schnäpsen wieder auf die Beine, und dann zog man weiter. Oder man versorgte sich. Uli und ich hatten oft eine Mischung dabei, die aus Kaffeebohnen, um nicht so schnell zu ermüden, Zucker, logisch, und Schnaps bestand. Wir haben am liebsten Kräuterschnäpse genommen.

Jetzt stellt euch mal vor, was man für eine Dröhnung kriegt, wenn man einen Tag lang Kaffeebohnen kaut, Zucker lutscht und Fernet-Branca säuft – nicht, um Selbstmord zu begehen, sondern um durch die Straßen zu gehen und den Leuten zuzugucken, wie sie arbeiten gehen, wie sie ihre Kinder verprügeln, wie sie mit ihren Frauen schimpfen. Den reiz- und, wenn man so will, aktionslosen Alltag erlebst du, wenn du so eine Dröhnung hast, vollkommen anders. Da erlebst du plötzlich, an einer Baustelle oder an einem Springbrunnen stehend, großartige Dinge.

Soviel zum Gebrauch von Alkohol ohne autodestruktive Absicht. Vor etwa zehn Jahren habe ich das zum letztenmal gemacht. Die Touren wurden seltener, weil ich es körperlich nicht mehr durchhielt. Ich schaffte es nicht mehr, zwei Tage lang nicht ins Bett zu gehen und diese Mengen zu saufen. Als ich fünfzig war, ließ das spürbar nach, und nachdem ich 1995 nach Stuttgart gezogen war, habe ich das noch ein- oder zweimal gemacht, gewissermaßen zur Begrüßung der neuen Lebenssituation.

Ich hatte zum Auftakt eine Lesung in Wendelin Niedlichs Buchhandlung, ohne Honorar, wie üblich. Anschließend bin ich durch die Kneipen gezogen. Den Anfang bildete die *Weinstube Widmer*, die einem alten Bekannten gehörte. Fröhlich hieß er. Fröhlich war Feuilletonredakteur bei einer Stuttgarter Zeitung.

Die erste Besprechung einer Lesung von mir hat der Fröhlich geschrieben, die habe ich aufgehoben. Da war er noch ein junger Redakteur, es muß ungefähr 1965 gewesen sein. Er hat sich ziemlich abfällig über mich geäußert. Fröhlich hat sich immer über alles abfällig geäußert, weil er selber Autor werden wollte. Er behauptete mal, er arbeite an einem Roman.

Später kaufte er die *Weinstube Widmer*, in der wir alle verkehrten. Schräg gegenüber war der *Club Voltaire*. Nach den Veranstaltungen im *Club Voltaire* gingen wir über die Straße zur dicken Wirtin, zu Frau Widmer. Diese Kneipe kaufte der Fröhlich, als er keinen Bock mehr auf Journalismus hatte. Da saß er nun in einem Zimmer hinter der Küche, und manchmal schlurfte er durchs Lokal.

Er sah mich da sitzen und sagte: Na, Pit, auch hier? Was machst du hier? – Ich wohne jetzt in Stuttgart. – Bleibst du nachher noch ein bißchen da? – Ja, ich bleibe noch ein bißchen da. Als er dann zugemacht hatte, holte er eine Flasche Wein aus dem Keller. Wir soffen bis in die frühen Morgenstunden, bis jeder vielleicht zwei Flaschen intus hatte. In dieser Nacht stellte sich langsam wieder der Zustand ein, von dem ich sprach.

Dann gingen wir raus an die Luft. Jemand, der das nicht erlebt hat, wird nie begreifen, wie großartig es ist, wenn du stundenlang in einer verqualmten, vermieften Kneipe gesessen hast und in den Morgenstunden übernächtigt und besoffen vor die Tür trittst. Wer das nicht erlebt hat, weiß nicht, wie Luft riecht, weiß nicht, wie eine Stadt riecht. Allein diese Sensation der Gerüche, dieser Ansturm von Sauerstoff auf dein Gehirn – das ist ein Flash.

Und dann wankt man irgendwohin und frißt eine Currywurst. So machte ich das mit dem Fröhlich auch. Cordula hat für so was immer Verständnis gehabt. Als ich drei Tage später wieder hinging, war die Kneipe zu. Ich habe das zunächst nicht so ernst genommen, auch weil ich das Schild »Wegen Todesfall vorübergehend geschlossen« nicht gesehen habe – bis mich jemand anrief und fragte, ob ich zur Beerdigung von dem Fröhlich käme. Ein junger Mensch, Ende fünfzig. Das kann passieren. Das ist ein Kollateralschaden, wenn man so will.

Aber jetzt habe ich noch etwas nachzutragen, das meine erste Familie betrifft. Ich habe die Geschichte von eurem Bruder David nicht zu Ende erzählt, der im Herbst 1982 seine Freundin Sabine mitbrachte. Es war um den Dreh, als auch Thomis Tochter bei uns in Kruspis lebte. Zu Ende erzählen kann man so eine Geschichte sowieso nicht. Doch wenigstens den letzten Abschnitt will ich schildern.

David war, das sagte ich ja schon, als Möbelpacker tätig, und seine Freundin hockte in der Bude und tat nichts. Ich habe die beiden dann mehr oder weniger rausgeschmissen, muß ich sagen. Mir ging vor allen Dingen diese lethargische Freundin auf den Wecker. Nein, ich habe sie selbstverständlich nicht rausgeschmissen. Ich glaube nicht, daß ich jemanden rausschmeißen könnte.

Ein einziges Mal habe ich jemanden rausgeschmissen, das war Uve Schmidt. Er besuchte mich mit seiner Frau in Berlin. Nachts weckte mich plötzlich ein gewaltiges Geschrei. Da saß die halbnackte Frau auf dem Klavier, und Uve Schmidt stand mit einem großen Küchenmesser vor ihr. Ich wußte nicht, ob er es benutzen würde. Jedenfalls haute ich Uve Schmidt eine in die Fresse. Er torkelte umher, auch weil wir besoffen waren, und dann schmiß ich ihn zur Tür raus. Die Tür führte direkt auf den Hinterhof. Das war noch in meiner ersten Berliner Bude, 1962, die lag im Parterre. Seine Frau rannte hinterher, es war Sommer. Das war das einzige Mal, daß ich jemanden rausgeschmissen habe. Nach einer halben Stunde habe ich die beiden wieder reingelassen.

Rausgeschmissen hätte ich Davidino und seine Zukünftige also nicht. Aber ich habe eine Freundin von mir in München angerufen, die Verlegerin Antje Kunstmann. Sie hatte zusammen mit Peter Weismann den Frauenbuchverlag/Weismann-Verlag. Ich sagte zu ihr: Du, ich habe da einen Sohn, der liest seit seinem zehnten Lebensjahr, und der kann wirklich schreiben. Er ist ein literarisch sehr interessierter Mensch. Hättest du nicht Lust, den unter deine Fittiche zu nehmen? Sie sagte: Schick ihn her.

Ich schickte die beiden nach München. Ich gab ihnen jeden Monat Geld, damit sie leben konnten. David arbeitete mehrere Monate bei Antje im Verlag und hatte viel Spaß daran. Am Ende dieser Zeit gelang es mir, die Rowohlt-Leute zu bewegen, David als Buchhandelslehrling einzustellen.

Er arbeitete mehrere Jahre bei Rowohlt. In München hatte er in der Zwischenzeit ein Kind gezeugt, und so habe ich die ganze Bagage mit meinem Auto nach Hamburg verfrachtet. Es ist meine älteste Enkeltochter. Sie studiert noch, Graphik und Design. Das war übrigens auch einer der Gründe, warum ich dann so gerne in Hamburg war. Ich hatte da einen Sohn, eine Schwiegertochter und eine Enkeltochter.

Ich bin auf diesen Sohn ziemlich stolz, muß ich sagen, denn er ist ein guter Schriftsteller und Theatermacher geworden. Er macht gute Hörspiele und gute Performances in Hamburg. Ich bin eigentlich auf alle meine Kinder stolz, nicht nur auf euch beide. Ich bin auch stolz auf Iwan, obwohl er Ministerialbeamter in Brandenburg ist, was aus meiner Perspektive eine Abweichung darstellt.

Ich bin trotzdem stolz auf ihn. Außerdem hat er mir vier Enkelkinder geschenkt und ist mit einer interessanten Frau verheiratet, einer Kunsthistorikerin, die bei der Verwaltung für die preußischen Schlösser und Parks arbeitet und da wirklich gute Sachen macht. Sie ist eine sehr praktische, aktive Kunsthistorikerin.

Auch an den vier Enkeln habe ich große Freude. Der Älteste hat gerade Abitur gemacht, der Zweitälteste ist zur Zeit in den USA, er geht noch zur Schule, und dann gibt es noch die Zwillinge hinten dran, die sind jetzt zwölf, dreizehn.

Irgendwie finde ich auch euren Bruder Iwan witzig. Ich habe ja noch die alten Ministerialbeamten kennengelernt, die Juristen aus den fünfziger Jahren. Wenn du dagegen ihn siehst, kämest du nicht auf die Idee, daß er ein hoher Ministerialbeamter und ein Dr. jur. ist. Er ist ein wenig schlampig gekleidet, ein hagerer Typ, kein Gramm Fett am Leib, weil er keine Zeit hat, mal ordentlich zu essen, und ständig unter Dampf steht.

Das gleiche gilt für euch. Ihr lebt nicht so, wie Cordula das gerne hätte. Ihr arbeitet nicht, ihr studiert nicht, ihr lehnt es ab, Geld zu verdienen. Ihr schlagt euch irgendwie durchs Leben. Ihr habt keinerlei Besitz, kein Auto, nur hie und da ein Fahrrad. Ihr habt nie Geld von uns verlangt. Wir geben euch manchmal ein bißchen was, aber ihr würdet kein Geld von uns verlangen. Die Art, wie ihr lebt, unterscheidet sich sehr von der Art, wie Cordula und ich hier leben.

Wir leben ja doch recht bürgerlich, und wir haben einen gewissen Geldbedarf. Aber ihr verachtet uns deswegen nicht. Ihr würdet euch niemals ein Kleidungsstück kaufen. Ihr wißt, daß in einer Stadt wie Leipzig oder Berlin an jeder Ecke Kleidercontainer stehen. Ihr habt ein Netzwerk von Leuten, bei denen man pennen kann.

Einerseits verstehe ich Cordula, die diese Lebensweise für falsch hält, andererseits ist sie jedoch eine Einübung in eine Utopie, die man sich vielleicht nicht wünscht, die aber womöglich Realität wird – die Utopie nämlich, daß dieses Leben, wie wir es führen, irgendwann zusammenbricht, daß unser Staatswesen und unser gesellschaftliches System zusammenbrechen, und dann muß man wissen, wie man sich aus dem Nichts heraus ernährt.

Wenn unsere Welt zusammenbricht, werden die Reste der Häuser ja noch lange Zeit stehen. Häuser, in denen man wohnen kann, wird es immer geben. Man kann es also auch positiv wenden und behaupten: So, wie ihr lebt, das ist die Einübung in eine Lebensform, die eines Tages vielleicht unausweichlich sein wird.

Sie erinnert mich an meine Kindheit in der unmittelbaren Nachkriegszeit, daran, wie wir in Orten gelebt haben, in denen es vieles nicht gab, in denen die Leute wieder anfingen, ihre Seife selber herzustellen, aus Gerste Kaffee zu machen, Bucheckern zu sammeln und sich eine Ölmühle zu basteln, um wenigstens ein bißchen Fett zu haben, damit die Bratkartoffeln nicht anbrannten.

Ich erinnere mich an eine Reise im Oktober 1945, würde ich sagen. Wir versuchten, von Berlin nach Westdeutschland in die amerikanische Besatzungszone zu gelangen, aber wir kamen nur bis zur Zonengrenze. Die Russen ließen keinen rüber, und die Amerikaner ließen keinen rein, obwohl wir ein Schriftstück der sowjetischen Kommandantur in Berlin hatten, das ich noch besitze – in kyrillischen Buchstaben und in deutscher Sprache, ein sehr unglaubwürdiges Dokument mit vielen Stempeln und Unterschriften – und in dem uns die Erlaubnis erteilt wurde, Berlin zu verlassen, durch die sowjetisch besetzte Zone zu reisen und in die amerikanische Zone einzureisen.

Ich habe keine Ahnung, wie es mein Vater geschafft hatte, diesen sowjetischen Bürokraten dazu zu bewegen, das Dokument überhaupt auszustellen. Man reiste ja vorwiegend zu Fuß, von Berlin bis an die Zonengrenze in der Nähe des Eichsfeldes. Manchmal wurde man ein Stück mitgenommen, manchmal kam ein Lastwagen vorbei, manchmal fuhr ein Zug ein paar Kilometer weit.

Irgendwann erreichten wir die Grenze, die noch nicht militärisch befestigt war, und wollten rüber in den Westen gehen. In einem tiefen, dichten Wald kam uns ein russischer Soldat mit umgehängter Kalaschnikow entgegen und sagte: Dawai, dawai. Es war sonnenklar, daß er uns nicht weitergehen ließ, und wir mußten wieder zurück.

Wir campierten dann tagelang am Rande eines Waldes, vor uns erstreckte sich ein großer Kartoffelacker. In einiger Entfernung war ein Dorf. Wir hatten nichts, nichts zu essen, keine Wolldecke, kein Dach über dem Kopf, gar nichts. Mein Vater, der ein außergewöhnlicher Überlebenskünstler war, schaffte es, daß wir, meine Mutter, ein elfjähriger Sohn, ich, und ein sechsjähriger Sohn, mein Bruder, dort überlebten.

Er organisierte alte Kartoffelsäcke zum Zudecken. Er schaufelte ein Erdloch, das man zum Teil zudecken konnte und in dem vier Personen Platz hatten. Er fütterte es mit Laub aus. Er bastelte aus weggeworfenen Blechdosen einen kleinen Herd. Unten konnte man etwas Holz und Reisig reinlegen und oben einen Kochtopf draufstellen, den es nicht gab, aber es gab eine alte Blechdose.

Er ging mit mir in den Wald und sammelte Pilze. Er ging auf das Kartoffelfeld und grub ein paar Kartoffeln aus. Aus einem Bach wurde Wasser geholt, und auf einmal gab es Pellkartoffeln mit Pilzen. Wir gingen auch in das Dorf und haben geguckt, ob wir noch irgendwas organisieren konnten.

In großen Teilen der Welt überleben Milliarden von Menschen auf diese Art und Weise. Um zu überleben, braucht man nicht wie wir hier in Stuttgart oder in Frankfurt zu leben. Man kann auch so leben, wie in den größten Teilen der Welt gelebt wird. Man überlebt irgendwie. Wahrscheinlich ist die Lebenserwartung geringer und die Sterblichkeit höher, die Infektionsgefahren sind größer und weiß der Teufel was, aber man kann überleben. Und man kann auch auf diese Weise glücklich sein. So abartig ist es also nicht, wie ihr lebt. Es ist nur ungewohnt. Es ist nicht mehr üblich.

Bedenken wir nur mal, wie Menschen, die kein Stadtbürgerrecht besaßen, in früheren Jahrhunderten gelebt haben, wenn sie aus der Leibeigenschaft geflohen waren. Wie haben die in den Wäldern gelebt? Es weiß ja kein Mensch, daß bis vor zweihundert Jahren ein Großteil der Bevölkerung in Wäldern lebte. Der Waldmensch und die Räuberbanden sind bis in die Mitte des vorvorigen Jahrhunderts eine Realität. Das waren Menschen, die sich in der Leibeigenschaft nicht mehr kaputtmachen lassen wollten. In die Städte kamen sie nicht rein.

Die deutschen Wälder waren voll von Menschen. In der Literatur klingt es ein wenig an, wenn Goethes Schwager dichtet: »In des Waldes düstern Gründen / Und in Höhlen tief versteckt / Schläft der kühnste aller Räuber, / Bis ihn seine Rosa weckt. [...] Unsre Feinde sind gerüstet, / Ziehen gegen uns heran. / Nun wohlan, sie sollen sehen, / Daß der Waldsohn fechten kann.«

»Rinaldo Rinaldini«, eine berühmte Ballade. Was Vulpius da besingt, ist nichts weiter als der Kampf der Zivilisation in den Dörfern und Städten gegen die Outcasts, die in den Wäldern leben. Eine meiner Befürchtungen ist, daß wir an diesem Punkt wieder ankommen werden, daß es nur noch Inseln des Wohlstandes und der technischen Perfektion geben wird, während ein großer Teil der Bevölkerung von den Abfällen leben muß.

Von Zeit zu Zeit werden sie bekämpft werden, denn sie müssen ja klauen. Sie müssen Überfälle begehen. Der Wehlheidener Schwerverbrecher wird in nicht allzu ferner Zukunft nicht mehr in Wehlheiden im Knast sitzen, sondern in den Wäldern darauf warten, daß er aufgeknüpft wird, weil er eine Kuh geklaut hat.

Vierzehntes Kapitel

Varia

1 – Dario Fo

Als ich über meine Zeit in Rom sprach, habe ich den italienischen Theatermacher Dario Fo und seine Art, Theater zu machen, vergessen. Ich habe ja angedeutet, daß ich jahrelang recht gut davon lebte, daß ich seine Stücke ins Deutsche übersetzt habe. Dario Fo war lange Zeit, vor allem in der Bundesrepublik, aber auch in der DDR, einer der meistgespielten Theaterautoren. Theaterstatistiken aus den achtziger und frühen neunziger Jahren weisen meist drei Parameter auf: die Zahl der Inszenierungen, die Zahl der Aufführungen einer Inszenierung, die Besucherzahlen.

Ihr werdet von den späten siebziger Jahren bis in die neunziger Jahre immer wieder drei Namen finden: Shakespeare, Schiller und Dario Fo. Und oft steht er an der Spitze. Manchmal steht er sogar in allen drei Kategorien an der Spitze. Die etwa zwei Dutzend Theaterstücke, die ich von ihm übersetzt habe, sind in der Bundesrepublik, der DDR, in Österreich und der deutschsprachigen Schweiz wohl sieben-, achthundert Mal inszeniert worden. Und sie haben Besucherrekorde gebrochen.

Da man als Übersetzer an den Tantiemen beteiligt ist, ist klar, daß ich mit der Angelegenheit gut verdient habe. Ich lebe heute noch von diesem Geld. Daß ich mir immer noch ein Bier leisten könnte, obwohl ich fast keine Einnahmen mehr habe, liegt daran, daß ich nicht sämtliche Tantiemen aufgebraucht habe. Ich hatte dieses Haus in der Eifel gekauft und habe es wieder verkauft. Dafür habe ich ein paar zehntausend Euro gekriegt, die verzehre ich zur Zeit.

Dario Fo lernte ich ungefähr 1969 in einem Kino in der römischen Vorstadt kennen. Er trat in einem Stück über Fabrikarbeit auf, insbesondere über die Arbeit am Fließband. Er hatte eine Text- und Bildcollage mit

Songs und Pantomimen zusammengestellt. Wie Arbeiterinnen am Fließband stehen, das hatte er pantomimisch gelöst. Oder sie skandierten ihre Flüche an die Adresse der Kapitalisten. Das Stück enthielt viele chorische Elemente, und ich war völlig begeistert von dieser Art, Klassenkampftheater zu machen.

Kurz darauf wurde ein italienischer Anarchist in einem Mailänder Polizeibüro ermordet, Fo schrieb ein Stück darüber, es hieß *Zufälliger Tod eines Anarchisten*. Der Mord geschah infolge eines Attentats, das in den Zusammenhang gehört, daß der damalige Staatspräsident Saragat versucht hatte, eine Präsidialrepublik herbeizuputschen. Um das zu erreichen und um die Bevölkerung in Angst und Schrecken zu versetzen, hatten die Geheimdienste und die Carabinieri Attentate verüben lassen.

Bei dem Attentat in Mailand kamen elf Menschen ums Leben. Man schob es den Anarchisten in die Schuhe, das war der Sinn der ganzen Angelegenheit. Man behauptete: Die Anarchisten bedrohen unsere Sicherheit. Und einen dieser Anarchisten, der nichts mit der Sache zu tun hatte, warf dann ein Polizeikommissar namens Calabresi aus dem Fenster. Calabresi wurde später von der Gruppe Lotta Continua auf offener Straße erschossen. Einige Mitglieder von Lotta Continua haben dafür jahrelang im Gefängnis gesessen, obwohl sie mit der Erschießung des Polizeikommissars nichts zu tun hatten.

Dario Fo schrieb also dieses Stück über die Ermordung des Anarchisten Pinelli. Er schrieb auch ein Stück über politisch legitimierten Ladendiebstahl. Es heißt *Bezahlt wird nicht* und schildert die Situation zweier italienischer Hausfrauen, die sich sagen: Warum sollen wir für Lebensmittel zahlen? Wir müssen essen, um uns ausbeuten zu lassen. Sie gehen in den Supermarkt und nehmen mit, was sie brauchen. *Bezahlt wird nicht* – ein ungemein erfolgreiches und, wie ich finde, dramaturgisch gut gemachtes Stück.

Ich ging zu ihm hinter die Bühne und fragte ihn: Können wir uns mal treffen? Er sagte: Komm morgen in mein Hotel. Er wohnte in einem kleinen, schäbigen Hotel in der römischen Innenstadt. Ich sehe ihn noch heute auf der Bettkante sitzen. Wir haben stundenlang darüber diskutiert, ob es sinnvoll wäre, seine Stücke in Deutschland anzubieten, und wie man es anstellen müßte.

Er war selbstverständlich dafür, daß ich das versuche, aber mir war klar, daß es nicht so einfach sein würde, diese Art von Theater, die er schon seit den fünfziger Jahren machte, nach Westdeutschland zu bringen. Ich wandte mich zuerst an einen bekannten linken Theaterverlag, den Verlag der Autoren in Frankfurt, Walter Boehlich war an ihm maßgeblich beteiligt, dann an Wagenbach. Ich habe probeweise zwei Stücke übersetzt, unter anderem *Zufälliger Tod eines Anarchisten*, an beide Verlage geschickt und bekam Absagen.

Die Gründe waren interessant. Der damalige Lektor von Wagenbach, ein Autor namens Friedrich Christian Delius, erhielt später das Stipendium der Villa Massimo und hat mir dann in Rom erklärt, warum sie die Stücke nicht drucken könnten. Die Frankfurter haben mich im gleichen Sinne belehrt. Fos Stücke seien nämlich antikommunistisch. Tatsächlich wurde schon in seinen Stücken aus den frühen sechziger Jahren die Kumpanei der Kommunistischen Partei mit dem herrschenden Parteiensystem in Italien angeprangert. Er hat immer auch kommunistische Parteifunktionäre aufs Korn genommen.

In *Bezahlt wird nicht* sind die Ehemänner der beiden klauenden Frauen ein Fabrikarbeiter und ein Gewerkschafts- und Parteifunktionär. Und letzterer ist der Doofe. Zu einer ordentlichen Komödie gehören ja immer die Schlaue und der Doofe, und der Doofe ist der Kommunist. In vielen Stücken von Dario Fo ist ein Kommunist der Doofe, derjenige, der nicht Arbeiterinteressen, sondern die Linie der Partei vertritt. Insofern hatten sie nicht ganz unrecht mit ihren Einwänden.

Daß es dann doch gelang, Fo auf die deutschen Bühnen zu bringen und über Rotbuch in den Buchmarkt zu drücken, hing schlicht damit zusammen, daß ein paar Jahre später, ich glaube 1976, die Städtischen Bühnen Frankfurt ein Stück von Dario Fo annahmen, *Bezahlt wird nicht* in meiner Übersetzung. Es war ein rauschender Erfolg. Sie führten es zunächst in den Kammerspielen auf. Nach ein paar Vorstellungen mußten sie ins große Haus umziehen.

Es war mindestens zwei oder drei Spielzeiten lang immer ausverkauft. Danach wollten alle Theater in der Bundesrepublik und später auch in der DDR Stücke von Dario Fo aufführen. Sie hatten samt und sonders diesen Erfolg. Das boomte ungemein, und daß er ein Antikommunist war, obwohl er ja gar keiner war, hat niemanden mehr gestört.

Daß ich von den Waldmenschen auf Dario Fo gekommen bin, ist kein Zufall. Die Hauptfigur der alten italienischen Volkskomödie, auf die er sich beruft, ist der Harlekin. Der Harlekin ist ein Waldmensch. Er tritt mit geschwärztem Gesicht auf. Warum das geschwärzte Gesicht? Der Harlekin wäscht sein Gesicht nicht. Das ist seine Maske. Und das Kostüm, das der Harlekin ursprünglich trägt, ist grün. Es sind Blätter drauf, nicht realistisch dargestellt, aber es sind Blätter drauf.

So tappt er in die bürgerliche Welt der Figuren der Commedia dell'arte hinein. Er ist der Wilde, der Unzivilisierte, einer, der alles kaputtschlägt, der den Leuten in den Arsch tritt, der Handstand macht, den Frauen unter den Rock faßt, dem Bourgeois eine lange Nase dreht, der furzt. Eines der Instrumente des Harlekins in der Commedia dell'arte ist ein Instrument, mit dessen Hilfe man Fürze erzeugt. Und er rülpst.

Er ist der Antagonist der bürgerlichen Gesellschaft der damaligen Zeit. Er ist die Gefahr, die im Walde lauert. Die Stadt ist der beherrschbare Raum, auch das Dorf ist beherrschbar. Der Wald ist der Raum der Gefahr. Geht man in den Wald, muß man fürchten, ausgeraubt oder sogar umgebracht zu werden. Das ist die Metapher.

Noch länger trieben die Briganten in den italienischen Berggebieten ihr Unwesen. Die Briganten, über die ich in meinem gleichnamigen Buch geschrieben habe, sind Waldmenschen. Sie wurden aus der Zivilisation des Dorfes oder der Kleinstadt vertrieben und hausen jetzt in den Bergen, und von dort aus überfallen sie die Wagenkolonnen der Kaufleute. Die Terroristen des 19. Jahrhunderts sind die Banditen in den abruzzesischen Bergen.

Über die Figur des Harlekins bin ich auf diesen soziologischen Zusammenhang gestoßen, einschließlich seiner sozialutopischen Aspekte. Der Widerstand, Hobsbawm hat das erkannt, ist nicht etwas Abartiges, sondern ein zwangsläufiger Aspekt, den die bürgerliche, zivilisierte Gesellschaft nach außen stülpt. Der Brigant gehört zur Dialektik des Wohlstandes.

Heute leben die Waldmenschen in den Städten. Aber sie bleiben das Unzivilisierte, Wilde. Sie bleiben eine Gefahr. Woher rührt denn der Haß auf die sogenannten Hartz-IV-Empfänger? Die riesigen Bevölkerungsmassen, die in den zivilisierten Staaten leben und doch nicht leben können, weil man sie nicht leben läßt, bilden eine Gefahr. Das ist, was Herrn Sarrazin umtreibt. Man muß ihm ja sogar recht geben. All die Ausgegrenzten, die früher in den Wäldern lebten und heute in den Städten leben, sind eine Gefahr für die Sarrazins, für die guten Bürger und ihren Way of Life.

2 – *Westberlin Anfang der sechziger Jahre*

Die Frontstadtsituation, in die man hineingeriet, hatte absurde Aspekte. Die Mauer war kaum gebaut, da fühlten sich CDU-Leute, aber auch Sozialdemokraten verpflichtet, unseren armen Schwestern und Brüdern im anderen Teil der Stadt zu Hilfe zu eilen und sogenannte Fluchthelferorganisationen zu gründen.

Ich kannte ein paar von denen. Als Staatsbeamter in Westberlin war man verpflichtet, einer Einheit anzugehören, die sich Freiwillige Polizeireserve nannte. In der wurden wir ein bißchen darin geschult, was wir machen könnten, wenn der Russe käme. Da lernte ich eine Reihe von Leuten kennen, beispielsweise den späteren Regierenden Bürgermeister und einen

Mann, der auch im Bundestag saß und den Herbert Wehner als Übelkrähe bezeichnete, weil er Wohlrabe hieß. Er war ein Führer der Jungen Union Berlin.

Man fand plötzlich in einem Studentenwohnheim ein großes Waffenlager, oder es geisterte durch die Presse, daß wieder ein Tunnel entdeckt worden sei. Das ging so weit, daß die Ostberliner behaupteten, es hätten Westberliner in einem dieser Tunnel einen Volkspolizisten erschossen. Die Methoden dieser Fluchthelfer würde man heute als terroristisch bezeichnen: falsche Pässe, falsche Bärte, Waffen. Doch sie arbeiteten mit Hilfe des Verfassungsschutzes, irgendwer mußte sie ja bewaffnen.

Anfang der sechziger Jahre war es in Westberlin Usus, daß irgendwelche Leute Pässe einsammelten, auch an den Universitäten, und die wurden dann gefälscht und ausgestellt auf Personen aus der DDR, die rausgeschmuggelt werden sollten. Es war also nicht verboten, sondern erwünscht, daß man sich als Westbürger an Paßfälschungen beteiligte, wenn es darum ging, Fluchthilfeaktionen zu unterstützen.

Für mich war das natürlich keine Option. Ich wählte damals, wie schon erwähnt, die West-SED, was meine Freunde nicht wußten. Sie hielten mich für einen gemäßigten Linken. 1964 versuchten sie deshalb allen Ernstes, mich dazu zu bewegen, das von Günter Grass gegründete Wahlkontor deutscher Schriftsteller zu unterstützen. Es war Grass' erste Wählerinitiative: »Ich rat' euch, SPD zu wählen.« Die Titelseite der Flugschrift, die er zu diesem Zweck verfaßt hatte, zierte eine seiner dilettantischen Zeichnungen: ein Hahn, der statt kikeriki SPD von sich gab. Aber das Witzigste war, rückblickend, daß eine seiner Mitarbeiterinnen Gudrun Ensslin war, die damals schon in Westberlin lebte.

3 – *München*

Ich möchte auch noch etwas nachtragen, das München betrifft. Ich kam 1960 nach München und habe mich zunächst am Stadtrand eingemietet und mich aufs Examen vorbereitet. Nach ein paar Wochen ging ich erstmals durch die Leopoldstraße und sah da die Schwabinger Bohème herumsitzen. Das war ein regelrechter Kulturschock. Da hockten Langhaarige rum und taten nichts. Frankfurt, wo ich bis dahin gelebt hatte, war ja eine Geschäftsstadt, eine Bankenstadt, und hier saßen nun am Englischen Garten die Leute rum und taten nichts. Die gingen nicht arbeiten, verschliefen den halben Tag und ließen sich dann vor einem der Straßencafés nieder.

Diese Diskrepanz hat mich eine Zeitlang beschäftigt – die Tatsache, daß es in dieser spießigen, muffigen Bundesrepublik solch eine Insel der Glückseligen gab.

Nach München bin ich gezogen, weil ich merkte, daß ich in Frankfurt nie im Leben Staatsexamen machen würde. Da hatte ich Freunde, Stammkneipen, eine feste Freundin, die ich heiraten wollte, eine gute Bude, einen gutbezahlten Job bei der Swan Sales Company. Da hatte ich zu viele Ablenkungen.

Ich wollte aber Examen machen, auch wenn ich schon wußte: Jura ist nichts für mich. Das war in meinem Leben stets eine starke Tendenz. Auch wenn ich erkannt hatte: Das ist nicht der richtige Weg, mußte ich ihn erst mal bis zum Ende gehen, und dann konnte ich einen neuen einschlagen.

Ich bin nach München gegangen, weil ich gehört hatte, daß man da nicht durchs juristische Staatsexamen fallen könne. In Frankfurt fielen beim ersten Anlauf vierzig Prozent durch. In München war das besser. Ich habe tatsächlich im ersten Anlauf bestanden. In Frankfurt wäre ich garantiert durchgefallen.

Natürlich habe ich bald gemerkt, daß München auch andere Vorteile hatte: die Bohème, die Künstler, die Linksintellektuellen. München unterschied sich von Frankfurt dramatisch. Nehmen wir nur mal das Kabarett. Es gab in Frankfurt ein einziges Kabarett, und das war bieder.

In München gab es bis in die sechziger Jahre eine Brettltradition. Meinen ersten Kreisler-Abend habe ich 1960 in den Kammerspielen erlebt. Ich kannte Kreisler bis zu diesem Zeitpunkt nicht. Nach der Vorstellung war ich ein Kreisler-Fan. Und ich habe die Ikone des Kabaretts in den Kammerspielen erlebt: Werner Finck.

Werner Finck war schon vor 1933 ein gefeierter, hervorragender Kabarettist und politischer Analytiker gewesen. Seine Programme in den frühen sechziger Jahren waren antimilitaristisch, gegen den Muff der BRD gerichtet, gegen die Nazis, die wieder in sämtlichen Institutionen saßen. Dagegen ist das, was Dieter Hildebrandt und Wolfgang Neuss später gemacht haben, bieder.

Polt hat dem Kabarett wieder zu seiner Würde verholfen. Aber an die politische Bissigkeit, auch an die Gefährlichkeit, die das Kabarett in München bis in die sechziger Jahre besaß, hat auch Polt nicht anknüpfen können. Wie Werner Finck die tagespolitische Aktualität auf den Begriff und die Bühne brachte, das war einmalig. Ein Teil meines linksintellektuellen Engagements ist auf Erlebnisse im Kabarett und auch in den Kneipen Münchens zurückzuführen, in diesen Zirkeln, in denen das Adenauer-Regime und auch die Politik der SPD kritisiert wurde, die sich ja gerade erst, 1959, mit dem Kniefall von Herbert Wehner und dem Godesberger Programm ihren neusten Umfaller erlaubt hatte.

Es war dann auch ein wichtiger Aspekt meiner Münchener Zeit, daß die Stadt so schön war, als sei sie nie kaputt gewesen.

4 – Frankfurt

Ich war von 1955 bis 1960 in Frankfurt gewesen. Als ich 1955 nach Frankfurt kam, gab es Frankfurt nicht. Ich verbrachte die ersten zwei, drei Nächte in einer Jugendherberge am Mainufer in Sachsenhausen. Mein Zimmergenosse war ein abgemagerter Mann in abgerissener Kleidung. Er erzählte mir, woher er gekommen war. Er war direkt aus Sibirien gekommen. Er war einer von den Kriegsgefangenen, die 1955 aus der Sowjetunion nach Westdeutschland zurückgekehrt waren. Ihm fehlten zehn Jahre westdeutscher Geschichte.

Er wollte in Frankfurt studieren. Da er im Krieg gewesen war, muß er ungefähr Jahrgang 1925, also zehn Jahre älter als ich gewesen sein. Er hatte diese entsetzliche Geschichte auf dem Buckel, den Zweiten Weltkrieg an der Ostfront und zehn Jahre Kriegsgefangenenlager. Er war vorher nie in Frankfurt gewesen, und nun war er empört. Eines der zentralen Stadtviertel, das Westend, war weitgehend wiederaufgebaut worden. Da hatten sich Versicherungsgesellschaften, Banken, Konzernzentralen angesiedelt.

Ich fragte ihn, warum er auf die Bundesrepublik schimpfte, warum er nicht froh sei, endlich hier zu sein. Er sagte: Komm, ich zeige dir was. Er führte mich durchs Westend, zeigte mir die Glitzerfassaden und sagte: Während ich in der Sowjetunion im Bergwerk dafür gebüßt habe, daß wir das Land überfallen und ruiniert haben, haben die hier bereits wieder das alte System installiert.

Verglichen mit heute war das Westend von 1955 bescheiden. Aber für jemanden, der aus Sibirien kam, war es eine Glitzerwelt. Ich nehme an, in keiner anderen westdeutschen Metropole war der Kapitalismus so früh so weit entwickelt.

Er lief in seinem alten Wehrmachtsmantel rum. Das machten viele. Zehn Jahre nach dem Kriegsende war der Krieg im deutschen Alltag noch deutlich sichtbar. Du sahst überall Krüppel. Sie zeigten ihre Verkrüppelungen ganz offen. Dem einen fehlte ein Bein, dem anderen fehlte ein Arm, dem dritten fehlte ein Auge, dem vierten hatte ein Geschoß den Unterkiefer zertrümmert, der fünfte hatte ein notdürftig zugewachsenes Loch im Kopf, der hatte einen Kopfschuß überlebt. Sie standen an den Tresen und hatten den Stumpf ihres einen Beines auf den Handgriff einer Krücke gelegt.

Die Katastrophe, die stattgefunden hatte, manifestierte sich nicht nur in den noch nicht wiederaufgebauten Brücken und Bahnhöfen. Der Kasseler Bahnhof war noch 1955 eine Ruine. Die Katastrophe manifestierte sich auch in den Verstümmelungen und in den Gesichtern der Menschen, in der Seele dieses ehemaligen Kriegsgefangenen, mit dem ich in der Jugendherberge drei Nächte zugebracht habe.

Das war mein erster Eindruck von Frankfurt: daß man über den Wiederaufbau in dieser Stadt empört sein konnte, daß es Menschen gab, die nicht verstanden, wie man derart schnell zur kapitalistischen Normalität zurückkehren konnte.

Andererseits war auch Frankfurt mit Ausnahme des Westends und einiger weniger zerstörter Stadtteile wie Bornheim und Bockenheim eine Ruinenlandschaft. Große Teile der Innenstadt waren völlig platt. Vom Roßmarkt konnte man ungehindert bis zum Main hinunterschauen. Die berühmte Hauptstraße, die Zeil, war zerstört. Links und rechts standen praktisch nur Buden, Baracken und einstöckige Bauten. Dazwischen ragte hie und da ein Haus aus der Gründerzeit in die Straße hinein, zum Beispiel die Goethe-Apotheke.

Die gibt es schon lange nicht mehr. In den Jahren, in denen ich in Frankfurt war, wurden überall die Reste der alten Bebauung abgerissen, die Straßen wurden verbreitert, und es entstanden die Gebäude, die bis heute charakteristisch für die Zeil sind, Warenhäuser im Stil der fünfziger Jahre. Inzwischen sind sie wahrscheinlich mehrfach umgebaut worden.

Weggezogen bin ich 1960, als neben der Alten Oper das erste Haus errichtet wurde, das mehr als zehn Stockwerke hatte. Als das im Bau war, habe ich mir gesagt: Jetzt kannst du gehen. Frankfurt war eine Trümmerlandschaft gewesen, und ich habe irgendwo mal geschrieben, daß ich die deutschen Trümmerlandschaften geliebt habe. Auch deshalb hat mich dieses erste Hochhaus erschüttert. Mich hat erschüttert, mit welcher Selbstverständlichkeit man den Wiederaufbau betrieben hat – diese Geschichtsvergessenheit, als sei nichts gewesen.

5 – *Kunst und Literatur*

In Frankfurt hat sich mein Interesse für bildende Kunst sehr intensiviert, nicht nur für den Jazz und fürs Theater. Ich habe mich in die bildende Kunst richtiggehend reingestürzt. Ich war schon in Kassel oft in der Pinakothek gewesen. Sie war direkt neben der Murhardschen Bibliothek und noch nicht im Schloß Wilhelmshöhe. Wenn ich arbeitslos war und Zeit hatte, fuhr ich am Vormittag nach Kassel, ging in die Murhardsche Bibliothek und habe studiert, was mich interessierte, alles mögliche, die Geschichte Europas, Religionsgeschichte, oder ich nahm privaten Französischunterricht.

Danach habe ich mich gegenüber in die Gemäldegalerie, vor allen Dingen in die große Niederländersammlung gesetzt. Bildende Kunst kann einen Menschen sehr prägen. Die Bedeutung von Bildern, ich glaube, darüber habe ich schon gesprochen, für die emotionale Entwicklung wird oft unterschätzt. Bilder enthalten Nachrichten, die auch für die intellektuelle Formation nicht unbedeutend sind.

Ich hatte die neueste Kunst schon in Kassel kennengelernt. 1955 fand die erste documenta statt. Da wurden überwiegend Kunstwerke gezeigt, die zu dem zählten, was die Nazis »Entartete Kunst« genannt hatten, Kunst, die die Nazis aus den Museen entfernt hatten und die zehn Jahre nach dem Kriegsende noch immer lediglich einem kleinen Kreis von Interessierten bekannt war.

Das war eine enorme Sensation. Ich hatte bis dahin keinen Kirchner und keinen Beckmann gesehen. Durch die Nazizeit war ein großer Teil der westlichen Weltkultur an uns vorbeigegangen. Wir hatten ja keine Ahnung, was literarisch in den USA oder in England passiert war oder welche experimentellen literarischen Strömungen es schon vor dem Ersten Weltkrieg gegeben hatte, Dadaismus, Surrealismus, Expressionismus. Das wurde uns auch nach '45 weiterhin vorenthalten, genauso wie die Kunst.

Die Entdeckung der Literatur des 20. Jahrhunderts, auch der deutschen, war auch deshalb eine Konfrontation, weil sich darin die Kontinuität der Naziideologie und der reaktionären Kunstauffassung ausdrückte. So unspektakulär, wie die erste documenta heute erscheinen mag, so deutlich führte sie einem vor Augen, daß man nach wie vor versuchte, uns zu entmündigen.

Was die Literatur betrifft, hat es ja zum Teil noch Jahrzehnte gedauert, bis wichtige Tendenzen rezipiert werden konnten. Auf bestimmte literarische Strömungen wurde man erst in den sechziger Jahren aufmerksam gemacht. Das betrifft genausosehr die Philosophie, es betrifft genausosehr die moderne Musik. Es ist unvorstellbar, wie viele Jahre Westdeutschland nach der Naziherrschaft noch immer eine provinzielle, reaktionäre Gesellschaft war, die nie durchgelüftet wurde. In Frankfurt bestand die Möglichkeit, einiges von dem, was uns vorenthalten worden war, zur Kenntnis zu nehmen.

6 – Isabel

Isabel war Verkäuferin in einem großen Spielwarengeschäft gleich neben dem Frankfurter Hof. Sie war noch keine achtzehn und wohnte mit ihrem Mann im Dachgeschoß des Hauses, in dem die Swan Sales Company ihr Büro hatte. Ihr Mann war Oberkellner im *Hessischen Hof* – ein Brutalo angeblich. Ich habe sie kennengelernt, als ich einen Job in ihrem Spielwarenladen kriegte. Ich verkaufte elektrische Eisenbahnen, und da Weihnachten bevorstand, hatte ich viel damit zu tun, Eisenbahnen in allen Größen zu erklären – Kinderaugen, Väter, die sich wichtig machten.

Was Isabel da machte, weiß ich nicht. Ständig huschte sie vorbei und streifte mich mit ihrem weiten Rock. Das hatte was zu bedeuten.

Nach Feierabend gingen wir fast täglich zum Knutschen und Fummeln in die Anlagen und anschließend in ein kleines Café. Gegen neun mußte sie zu Hause sein, denn ihr Alter war extrem eifersüchtig.

Erst kurz vor Weihnachten kam sie zum erstenmal auf meine Bude, die ein echter Saustall war – nicht beheizbar, kein Bad, kein Klo. Ich schenkte ihr einen goldenen Ring, sie schenkte mir ein Kettchen mit Anhänger. Nun waren wir verlobt.

Kurz vor Ostern entdeckte ihr Mann, daß seine Frau ein Verhältnis hatte, und das steckte er meiner Wirtin, die mich sofort aus der Bude warf. Seine Frau verprügelte er. Damit war klar, daß wir füreinander bestimmt waren, Isabel und ich.

Zweieinhalb Jahre waren wir zusammen, bis nach meinem ersten Münchener Semester. Wir trafen uns fast täglich. Wir fuhren zu ihren Eltern und zu meinen, und alle meinten, wir seien ein schönes Paar. Ich war glücklich.

Ihr Vater war Chauffeur beim Oberbürgermeister von Baden-Baden, und wenn er nicht gebraucht wurde, chauffierte er uns nach Iffezheim zum Pferderennen oder über die Dörfer. Ich kam mir vor wie Graf Koks von der Gasanstalt, im Fond eines schwarzen Mercedes 600, eine attraktive Frau an meiner Seite, Zigarre im Maul. Ich rauchte am liebsten die Krummen Hunde.

Warum wir nicht geheiratet haben, ist mir entfallen – vermutlich eine unerklärliche Laune. Das Aufgebot war bestellt, im Juli 1960 in Kassel, auch das Hochzeitsessen. Meine Eltern waren sauer, meine Mutter vor allem. So sauer waren beide, daß sie sich weigerten, zur Hochzeit zu kommen, als ich 1962 tatsächlich heiratete, und auch Isabel war, glaube ich, ziemlich verärgert. Ich weiß nicht einmal, ob sie noch lebt.

7 – Die Swan Sales Company – SSC

Die SSC war eine amerikanische Firma, ich erwähne sie, weil ich durch sie den American Way of Life kennenlernte. Der Chef hieß Wannemaker, Frank J. Wannemaker, den alle nur Frank nannten. Wir waren zu sechst, die ungemein schöne Sylvia, die Zweitsekretärin, Krause, der Buchhalter, ein Salesman, der Lagerist und ich. Ich machte alles, Werbung, Korrespondenz, Botenfahrten mit einem alten Opel Kapitän. Vor allem mußte ich Franks Kontoauszüge checken. Englisch war Verkehrssprache. Nur Krause, der im Hauptberuf bei Höllerer Germanistik studierte und nebenher Gedichte im Stil von Ungaretti schrieb, durfte deutsch sprechen.

Da jobbte ich von Herbst 1958 bis April 1960 halbtags, aber es dauerte noch Jahre, bis ich ganz begriff, was Frank tatsächlich angerichtet hatte. Es ging schlichtweg darum, die BRD konsummäßig aufzurüsten und auf den Stand der USA zu bringen. In Franks Keller stapelten sich Haushaltsgegenstände, von denen ich nicht wußte, daß man sie brauchen könnte, und in den Katalogen, die ich anfertigte, wurden sie angepriesen: Dampfbügeleisen, Barbecue-Sets, Dampfdrucktöpfe, Kugelschreiber. In Franks Kellern sah man den zivilisatorischen Abstand, der uns arme Deutsche noch von den USA trennte.

Jeden Morgen fuhr der Salesman raus, um den Einkäufern unsere Items zu präsentieren, und Frank kassierte fünf Prozent von allem, was bestellt wurde. Ich denke, es sollte doch mal erwähnt werden, daß ich nicht ganz unbeteiligt war an jener Situation, die zehn Jahre später unter dem Schlagwort »Konsumterror« in die Annalen der APO einging.

8 – Ein Schädelbruch und andere Kopfsprünge

Ich habe mich, seit ich denken kann, manchmal gefragt, ob ich normal bin, und jedesmal, wenn ich das Gefühl hatte, nicht normal zu sein, betrieb ich zwangsläufig Ursachenforschung. Als erste Ursache fiel mir dann ein Kopfsprung im Jahr 1937 ein. Ich stand auf dem Sofa und versuchte, ein kleines Bild zu betrachten, das an der Wand hing.

Als ich wieder zu mir kam, lag ich im Krankenhaus – schwerer Schädelbruch, strikte Bettruhe, wochenlang. Die Narbe kann man noch heute ertasten. Ich fiel auch später am liebsten auf den Kopf. Einmal, da war ich zehn, wollte ich der Erika zeigen, wie gut ich Kopfsprung kann. Ich sprang also von einem Bootssteg am Uckersee, tauchte jedoch nicht wieder auf. Nur die Füße schauten aus dem Wasser. Es dauerte eine Weile, bis meine Mutter das Unglück bemerkte.

Könnte es sein, daß auch solche Ereignisse mich geprägt haben?

Ich erwarte keine Antwort, meine lieben Töchter.

9 – Etymologie

Der älteste nachweisbare Chotjewitz, behauptete mein Vater einst, sei im Herbst des Mittelalters oder noch später Burggraf von Vilnius in Litauen gewesen, das, wie wir wissen, lange mit Polen in einer Adelsrepublik verbunden war. Sein Beiname sei »Chodko« gewesen, »die Katze«, und folgerichtig habe sein Sohn Chodkowitsch geheißen, Sohn der Katze.

Es war in ganz Europa nicht unüblich, flinke, tüchtige Haudegen als Katze zu bezeichnen, italienisch »Gatto«. Wir denken an den Condottiere »Gattamelata«, »die gefleckte Katze«, das bekannte Reiterstandbild von Donatello in Padua.

Einen besonderen Rang dürfte unser Chodko nicht bekleidet haben. Ich denke, er war eine Art Standortkommandant, eine Art Präfekt, der Steuern eintrieb und für Ruhe und Ordnung sorgte, auch wenn einer seiner Nachkommen Karriere gemacht haben sollte.

10 – Die Eltern

Meine Mutter roch nach Parfüm, als ich ein Junge war, mein Vater nach alter Leimfarbe. Nur ich weiß, wie der Arbeitsanzug eines Malers roch, der alte Leimfarbe abgewaschen oder alte Tapeten von der Wand abgelöst hatte.

Vom Vater hab' ich die Statur, vom Mütterlein die Frohnatur. Wenn er böse auf mich war, sagte er es meiner Mutter, die es mir sagen mußte. Nur manchmal beschimpfte er mich direkt. Dann rief er zum Beispiel: Der Judenjunge beschmutzt das eigene Nest. Andererseits: Als er im Sterben lag, legte er mir die Hand auf den Kopf und sagte: Herr Doktor, das ist mein Allerbester.

Vom Vater habe ich den Anarchismus, vom Mütterlein den Pragmatismus, vom Vater den Wunsch nach Zärtlichkeit und Geborgenheit, von der Mutter eine gewisse Putzsucht, Eitelkeit und Promiskuität.

Gestritten haben sie sich in meiner Anwesenheit selten. Einmal, es könnte 1939, kurz vor Kriegsausbruch gewesen sein, da zogen unsere Nachbarn in der Hohenstaufenstraße aus, und bevor sie abreisten, brachten sie einige kleine Gegenstände vorbei, die meine Mutter auf die Kommode in der Diele stellte. Als der Vater abends heimkam, standen sie immer noch da. Er sah den Schabbesleuchter und kriegte einen Wutanfall: Wenn zufällig einer vorbeikommt, der Braun eventuell, und sieht das Zeug da stehen …

Eilig verstaute meine Mutter die Sachen in der Wäschetruhe.

Als sie sich kennenlernten, im Sommer 1933, arbeitete sie als Platzanweiserin in einem UFA-Kino, er war arbeitslos und saß den ganzen Tag bei ihr im Kino, um Brennholz zu sparen. Ich vermute, daß ich in einem Lichtspielhaus gezeugt wurde.

Ab den späten fünfziger Jahren verlief ihr Leben ziemlich eintönig. Das merkte man daran, welche herausragende Rolle der Urlaub spielte. Sie pflegten zu campen. Dann be- und entlud mein Vater drei Tage lang das Auto, einen Opel Kadett. Sogar einen Teil der Verpflegung für vier bis sechs Wochen nahm er mit. Die Ladefläche des Autos war so ausstaffiert, daß man auf ihr schlafen konnte. Davor wurde ein Vorzelt als Wohnraum angebracht.

Sie fuhren stets nach Frankreich, mal an den Atlantik und mal in die Normandie. Sobald Frankreich erreicht war, setzte er sich eine Baskenmütze auf, stopfte sich eine Maiszigarette ins Maul, ging ins nächste

Bistro und trank einen Ricard. Von nun an gab es mittags Pferdefleisch. Am Zielort setzte er sich zu den Anglern und erwartete, daß sie ihn für einen Franzosen hielten. Er wäre lieber Franzose als Deutscher gewesen.

Ich besitze ein paar Urlaubsphotos. Eines zeigt ihn nackt auf dem Bauch liegend. Er hatte noch mit fünfundsechzig einen hübschen Hintern. Meine Mutter beugt sich über ihn, oben ohne. Ihre großen Brüste liegen auf seinen Pobacken. Irgendwer muß das Photo gemacht haben, wahrscheinlich am Golf von Biskaya. Es riecht nach Eukalyptusbäumen.

Im Laufe der Jahrzehnte habe ich so viel über die beiden erzählt und geschrieben, daß ich fürchte, ich könnte mich wiederholen.

Deshalb heute nur soviel: Ich glaube, sie waren – trotz allem – stolz auf mich.

11 – Die Mutter

Sie arbeitete als Stenotypistin bei ihrem Vormund, einem Notar, denn seit ihrem sechzehnten Lebensjahr war sie Vollwaise. Als die Nazis kamen, mußte er sie entlassen. Anfangs besuchte sie ihn gelegentlich, später waren sie vorsichtiger und trafen sich außer Haus, zum Beispiel im Grunewald. Da habe ich ein Photo: Wir sitzen auf einer Bank, ich bin vielleicht vier Jahre alt, ein süßes Kind, neben mir meine hübsche Mutter, er gutbürgerlich mit Anzug, wohlbeleibt, neben ihm seine schmächtige Lebensgefährtin. Kurz darauf wanderten sie aus.

Mutter war zwanzig, als sie mich kriegte. Sie war eine Urberlinerin. Ihr Vater war Schuhmacher. Ihre Mutter war eine assimilierte Jüdin. Sie starb bei ihrer Geburt. Ihre Lebensgeschichte ist ein Roman. Nach 1945 litt sie unter dem einfachen Leben auf dem Dorf. Als mein Vater alt wurde, nahm sie sich einen Lover. Nach seinem Tod bescherte sie mir zwei Stiefväter, die ich nicht leiden konnte.

Gelegentlich kam die Polizei, aber den Ärger steckte sie weg, zum Beispiel, nachdem die RAF im Januar 1971 in Kassel zwei Banken überfallen hatte.

Als man Andreas mit meinen Ausweisen festgenommen hatte, wollte ein Polizist von ihr wissen, wo ich sei. Sie behauptete, es nicht zu wissen. Sie wurde achtzig Jahre alt und war zum Schluß sehr hinfällig. Sie hatte einen schlechten Geschmack, doch sie war mutig und tüchtig, lebensklug, sagte man früher.

12 – Der Vater

Der Vater stammte aus Milicz in Schlesien, das heute in Polen liegt, 1900 geboren. Sein Vater starb 1909. Er arbeitete immer als Ausfahrer in den Betrieben des Grafen, mal in der Brauerei, mal im Lebensmittelgroßhandel. Seine Mutter hatte viele Kinder. Sie hatte eine Stellenvermittlung und konnte hellsehen. Als Kind habe ich sie mal besucht, und 1944 war ich bei ihrer Beerdigung.

Mein Vater sprach allezeit mit Hochachtung von ihr. Vergangenes Jahr habe ich das Kaff noch mal besucht. Es sah so aus wie in den Erzählungen meines Vaters, nur etwas ungepflegt.

Viel brauche ich über die Großeltern nicht zu erzählen. Es gibt eine Erzählung über sie in *Fast letzte Erzählungen* – »Auguste und August«. Da steht alles drin.

Auch über die Lebensodyssee meines Vaters – Milicz, zwei Weltkriege, die Lausitz, Berlin – habe ich genug geschrieben, weiß nur nicht mehr, wo es geschrieben steht. Müßte selber danach suchen.

Als ich ihn nach seinen Vorfahren väterlicherseits fragte, erzählte er eine Geschichte, die ging etwa so:

13 – Der Held von Chocim

Der Held von Chocim, Jan Karol Chotjewitz, einer meiner Vorfahren, wie gesagt, ritt auf einem Schimmel aufs Schlachtfeld, eingehüllt in den Qualm der Feldschlangen und das Geschrei der sterbenden Osmanen, die seinen Truppen zahlenmäßig weit überlegen waren.

Man kann die Szene auf Schlachtgemälden besichtigen. Jeder polnische Magnat hatte im großen Saal nebst anderem vaterländischen Schwulst einen Schinken hängen, der den großen Hetmann in irgendeiner rührenden Situation zeigte: Der Held von Chocim nimmt Abschied von Frau und Kindern, der Held von Chocim auf dem Totenbett nach geschlagener Schlacht.

Die Szene mit dem Schimmel gefällt mir am besten. Auf dem Schlachtfeld angekommen, erwartete ihn schon der Sultan, der den Plan verfolgte, die Ukraine und andere polnische Landesteile für die Goldene Pforte zu erobern. Da scheute sein Pferd vor der Gottlosigkeit des osmanischen Weltenherrschers, und der Held von Chocim stürzte, was auf keinem Gemälde zu sehen ist.

Der Sultan half ihm wieder auf die Beine, und besorgt schlug er vor, die geplante Konferenz nicht in seinem Prunkzelt, sondern im nahegelegenen moldawischen Schloß Chocim zu veranstalten.

Dort eingetroffen, bewirtete unser Ahnherr den Sultan großzügig, ließ auftischen und einschenken, und dazu unterhielt der polnisch-litauische Feldherr den Ungläubigen auf das angenehmste. Es tagte bereits, als der Sultan, gut abgefüllt und ermattet, vorschlug, die Schlacht abzubrechen.

Er brauche die Ukraine eigentlich nicht, auch nicht Moldawien, er habe ja schon ganz Arabien. Vermutlich hatte das kleine Bankett ihn daran erinnert, daß es Schöneres gibt als Eroberungskriege.

Natürlich willigte der Held von Chocim ein. Er stand am Fenster und sah, wie die Osmanen ihre Zelte abbrachen. Ein letztes Mal winkten die Feldherren einander zu. Da, als der Sultan ihm den Rücken zuwandte, faßte sich unser Ahnherr an die Brust und fiel tot um. Herzinfarkt. Mit einem glücklichen Lächeln. Er wußte, der Sieg bei Chocim sicherte ihm einen Platz in den polnischen Geschichtsbüchern.

Fünfzehntes Kapitel

Man besichtigt die Seelower Höhen, Prenzlau brennt,
Scheißpreußen, der erste Russe, das Erzählgen

Vergangene Woche war ich in Seelow. Cordula hat mich gefahren. Wir waren zwei Wochen unterwegs. Für mich war das wie eine späte Rückkehr in meine alte Heimat, in die Mark Brandenburg.

Wir waren erst ein paar Tage in Dresden und haben uns vornehmlich Kunst reingepfiffen. Vom jüngeren Lucas Cranach hat mich ein toter Martin Luther in der Gemäldegalerie Alte Meister sehr beeindruckt. Er hat ein weißes, gerafftes Nachthemd an. Unglaublich, wie er das Gesicht gemalt hat.

Dann sind wir nach Königs Wusterhausen gefahren, wo der Vater vom Alten Fritz, König Friedrich Wilhelm, der sogenannte Soldatenkönig, sein Schloß hatte. Ich habe mal wieder bewundert, wie bescheiden die gewohnt haben. Kein Florentiner Patrizier hätte es gewagt, in einer solchen Hundehütte auch nur seinen Stallmeister unterzubringen.

Und wir waren in Neuhardenberg. Hardenberg, ein preußischer Staatskanzler, hat die berühmten Stein-Hardenbergschen Reformen, unter anderem die Aufhebung der Leibeigenschaft, in Gang gesetzt. Sein Landsitz ist schon sehr viel prachtvoller als die Hütte des Soldatenkönigs. Innerhalb von weniger als hundert Jahren kann sich selbst ein Kanzler dieses Reiches einen sehr viel größeren Park und ein sehr viel größeres Schloß leisten.

Und dann waren wir eben in Seelow. Der Name hat einen festen Platz in meinen Jugenderinnerungen. Ich wohnte mit meiner Mutter und dem Thomi ab Herbst 1943 in Prenzlau in der Uckermark. Als im Januar 1945 das Ende des Krieges nahte, richtete sich das Augenmerk immer stärker auf die Region östlich von Berlin.

Seelow ist eine Kleinstadt unweit der Oder. Wenn man auf der Anhöhe steht, kann man die Oder wahrscheinlich sogar sehen. Man sieht zumindest den weitläufigen Oderbruch, diese flache Landschaft, die sich zwischen Oder und Berlin erstreckt und an der Anhöhe endet.

Die Seelower Höhen waren die letzte Bastion der Hitler-Armeen zur Verteidigung Berlins. Hatte man die eingenommen, war der Weg nach Berlin frei. Deshalb hatten die Nazis die Höhen enorm befestigt und mit Truppen belegt.

Es war der Roten Armee bereits im Januar gelungen, die Oder zu überqueren, die, wie sich das damals gehörte, zugefroren war. Nun sollte man meinen, daß sie angreifen konnten, doch das würde von großer Ahnungslosigkeit zeugen. Du kannst mit schwerem Gerät nicht über einen zugefrorenen Fluß setzen, nur mit leichtem Gerät und Truppen. Aber das nützt dir ja nichts. Du kannst übers Eis hinweg Brückenköpfe bilden, aber dir fehlt das schwere Gerät.

Deshalb saßen wir in Prenzlau, ich war noch nicht mal elf Jahre alt, und guckten ständig auf das Eis der Oder, das wir nicht sahen. Alle wußten: Solange die Oder zugefroren ist, kann uns nicht viel passieren. Aber wenn die Oder auftaut, geht das Theater los.

Oder wird es den Deutschen vielleicht sogar gelingen, ihrerseits die Oder noch mal zu überqueren und die Rote Armee wieder zurückzudrängen?

Nein, daran war überhaupt nicht zu denken, das brachten die Radionachrichten klar zum Ausdruck. Statt dessen schaffte die Rote Armee in den folgenden Wochen immer mehr Nachschub über die gefrorene Oder, um auf der Westseite große Brückenköpfe zu bilden. Die würde man brauchen, um dann, wenn das Eis getaut war, Behelfsbrücken für Panzer und die Artillerie zu bauen und die Westseite der Behelfsbrücken zu verteidigen. Das alles wußte ich schon als Junge.

In den Nachrichten wurden immer wieder diese Scharmützel, so beschönigte man das, geschildert. Als die Oder schließlich auftaute und die Rote Armee beginnen konnte, Behelfsbrücken zu bauen, waren die Brükkenköpfe westlich der Oder achtzig Kilometer lang.

Die Rote Armee hat in der letzten Kriegsphase mit fünf Armeen angegriffen, mit zwei im Norden, zwei im Süden und einer in der Mitte. Die letztere wurde von dem berühmten Marschall Schukow befehligt.

Marschall Schukow ritt später während der Siegesparade auf dem Roten Platz auf einem Schimmel an Stalin vorbei. Auf Panzern und gepanzerten Fahrzeugen sitzen Soldaten, andere marschieren, und als die Formation den Roten Platz füllt, springt auf einmal, von Stalin aus gesehen von links, ein Schimmel heran, auf dem ein dicker, älterer Mann sitzt, Marschall Schukow. Stalin war selbstverständlich stinksauer, Schukow stahl ihm regelrecht die Schau. Ein Jahr später hat er ihn degradiert.

Marschall Schukow war der große Held der Sowjetunion. Er ist als Sieger von Berlin in die Geschichtsbücher eingegangen.

Dieser Mann hatte also westlich der Oder gegenüber den Seelower Höhen seinen Brückenkopf gebildet, um zum letzten Gefecht gegen die Nazis anzutreten. Was Mitte April genau passiert ist, in dieser viertägigen Schlacht, ist historisch noch immer umstritten. Es war militärisch ein Fehler, durch die Mitte auf Berlin zuzustoßen. Es wäre viel sinnvoller gewesen, mit den vier seitlichen Armeen aus dem Norden und dem Süden vorzustoßen, Berlin einzukesseln und der Verteidigungslinie der Deutschen in den Rücken zu fallen.

Aber Schukow sagte: Durch die Mitte. So kostete die Schlacht noch einmal um die hunderttausend sowjetischen Soldaten das Leben, die genaue Zahl kennt niemand. Das muß man sich mal vorstellen – hunderttausend Mann in vier Tagen.

Schukow meldete, das ist verbrieft, nach Moskau, er habe zweiunddreißigtausend Mann verloren. Stalin soll getobt haben, daß diese letzte Schlacht um Berlin so viel gekostet hatte. Der relativ kleine Bereich rund um diesen Bergrücken muß förmlich mit Blut getränkt gewesen sein.

Als Kind bekam ich das alles dadurch mit, daß ich ständig die Besorgnis der Erwachsenen spürte. Hält die Verteidigungslinie? Brechen sie durch? Oder werden sie zurückgeschlagen? Natürlich haben die Nachrichten behauptet, man habe alles im Griff, halte die Stellung und schlage sie zurück. Doch nach ein paar Tagen mußten wir erfahren, daß der Russe die Höhen durchbrochen hatte und auf Berlin zumarschierte.

Ich war, als das passierte, nicht mehr in Prenzlau. Die Nazis hatten unsere Schule evakuiert und weiter westlich in ein Dorf namens Klein Markow verlegt. Wir wohnten in einem Schloß, das einem Grafen gehört hatte und in dem nun die Schule untergebracht war. Mitte April tauchte plötzlich, Klein Markow war mehr als hundert Kilometer von Prenzlau entfernt, meine Mutter auf. Ich frage noch: Was machst du denn hier? Da sagt sie: Ich hole dich ab, wir fahren zurück nach Prenzlau.

Ich habe das überhaupt nicht verstanden. Aber sie meinte, daß es Zeit war, ihren Sohn zu sich zu holen. Sie wußte, daß der Krieg vorbei war und man die Familie zusammenhalten mußte. Das war nun allerdings keine totale Neuigkeit für mich.

Schon im Sommer 1943, das sollte man nicht glauben, habe ich mit eigenen Ohren den Satz gehört: Wir haben den Krieg verloren. Darauf stand die Todesstrafe. Der Mensch, der diesen Satz gesagt hat, war mein Vater.

Im Spätsommer 1943 hatten die Nazis den Befehl gegeben, daß Frauen und Kinder Berlin verlassen müssen. Das konnte nur heißen, daß sie wußten: Jetzt geht es los mit den großen Bombardements. Tatsächlich sind die deutschen Städte erst ab '43 systematisch zerbombt und zertrümmert worden. Bis dahin war viel kaputtgegangen, auch in den Städten hatte es gebrannt, es war mal ein ganzes Karree zusammengebrochen, doch die Städte waren noch weitgehend intakt. Im August 1943 wußten die Nazis, daß nun unsere Städte zerbombt würden, denn sie hatten keine Luftwaffe mehr.

Göring, der versprochen hatte, daß er den Luftraum über Deutschland verteidigen würde, hatte versagt. Es gab nur noch ein paar Flakgeschütze, mit denen man die riesigen Bomberverbände, die in England bereitstanden, nicht aufhalten konnte. Deshalb wurde Berlin evakuiert. 1943. Und wohin schickte man uns? Ins äußerste Ostpreußen. Wir fuhren zwei oder drei Tage lang mit dem Zug durch Brandenburg, durch Pommern, durch die Masuren und landeten bei einem Großbauern.

Wir waren vielleicht vierzehn Tage da, da höre ich die Stimme meines Vaters. Eigentlich hätte er im Krieg sein müssen. Mein Vater war in den Niederlanden stationiert, aber er war es wirklich. Und er schimpft: Willst du meine Kinder umbringen? Wie kannst du es wagen, dich nach Ostpreußen evakuieren zu lassen? Hier steht in ein paar Monaten der Russe, und dann seid ihr alle tot. Der Krieg ist verloren. Wir müssen so weit wie möglich in den Westen.

Innerhalb weniger Tage waren wir wieder in Berlin. Es war noch Sommer, man konnte noch ins Schwimmbad gehen. Aber in Berlin konnten wir nicht bleiben, es war ja der Befehl ergangen, daß alle Frauen und Kinder die Stadt verlassen müssen, und so kamen wir nach Prenzlau in der Uckermark.

Ich habe also in den ganzen eineinhalb Jahren vom Spätsommer 1943 bis zum April 1945 bereits eine Ahnung gehabt, daß der Krieg verloren war. Ich habe mich später oft gefragt: Wie viele Menschen mögen gewußt haben, daß die Deutschen den Krieg schon 1943 verloren hatten? Wie viele Menschen müssen trotz ihres Wissens weiter zu diesen Verbrechern gehalten haben? Wie viele Menschen haben nicht rebelliert?

Sie hätten '43 noch ihre Städte retten können. Es wären Millionen von Menschen, auch deutsche Soldaten und Zivilpersonen, am Leben geblieben. Wie viele Menschen müssen da sehenden Auges in die Katastrophe der letzten eineinhalb Kriegsjahre gestürzt sein? Normale Zivilisten wie meine Mutter?! Das war mir ein Rätsel.

Als wir nach Prenzlau kamen, konnte man im Uckersee noch baden. In Prenzlau ist mir mehrerlei widerfahren, an das ich mich später oft erinnert habe. Wir waren bei einem Tierarzt namens Uli Knoll untergebracht. Er behandelte mich wie seinen Sohn und nahm mich mit, nicht nur zur Seuchenbekämpfung auf die Bauernhöfe oder in die Abdeckerei, wo er begutachten mußte, ob eine Tierseuche ausgebrochen war.

Er nahm mich auch in ein Kriegsgefangenenlager am Stadtrand mit, in dem etwa drei- bis fünfhundert russische Kriegsgefangene inhaftiert waren. Mir ist erst später aufgefallen, daß für die hygienische und medizinische Betreuung der russischen Kriegsgefangenen in diesem kleinen Lager ein Tierarzt zuständig war und kein Humanmediziner. Er ging mit mir durch die Baracken, in denen die zerlumpten, ausgemergelten Gestalten lagen, und guckte, ob sie einfach nur normal vor sich hin starben oder ob der Typhus grassierte. Er besichtigte, und ich durfte dabeistehen, sogar die Latrine, einen Graben, der voller Scheiße, Blut und Würmern war.

In den Baracken lagen die, die nicht arbeitsfähig waren. Es lagen da immer mindestens ein Dutzend Sterbende. Ich habe, das müßt ihr euch vorstellen, mit zehn Jahren dieses Elend miterlebt. Ich habe gesehen, was es bedeutete, ein Kriegsgefangener in einem deutschen Arbeitslager zu sein. Und ich habe nicht nur russische Kriegsgefangene gesehen.

Es gibt da auch eine Erinnerung an einen Dorfbahnhof. Der Bahnhof war aus irgendeinem Grund gesperrt, aber ich sprang trotzdem hinein, ich vermute, ich mußte aufs Klo. Ich öffnete eine Tür und stand in einem dämmrigen Raum. Plötzlich merkte ich, daß Menschen in dem Raum waren. Bei genauerem Hinsehen waren es dreißig oder vierzig Gestalten. Sie kauerten an den Wänden und starrten mich aus hohlen Augen an. Wahrscheinlich schon nach ein, zwei Minuten stürzte ein Bewaffneter rein und zerrte mich wieder raus.

Ich fragte ihn: Was sind das da drin für Menschen? Er hat es mir gesagt. Es waren amerikanische Kriegsgefangene. Ich habe als Junge gesehen, wie Menschen aussahen, die dieses Unglück hatten, den Deutschen in die Hände gefallen zu sein. Später, als mir deutsche Soldaten immer erzählten, was sie in russischen oder amerikanischen Kriegsgefangenenlagern erlitten hatten, konnte mich das nicht mehr rühren.

Ich würde nicht sagen, daß mich das traumatisiert hat. Aber es war auf jeden Fall bestürzend, und wenn die Deutschen behaupteten, sie hätten nichts gewußt, sie hätten nichts gesehen, wußte ich, daß sie sich in die eigene Tasche logen. Das waren Schutzbehauptungen. Man konnte einfach nicht übersehen, was passierte. Das kommt ja auch darin zum Ausdruck, daß man sich warnte, wenn einer etwas zu Freimütiges sagte. Paß auf, was du sagst, sonst landest du im KZ. Wenn man vor dem KZ Angst hatte, muß man gewußt haben, was es bedeutete, ins KZ zu kommen.

An Führers Geburtstag, am 20. April, haben wir im Radio die letzte

Rede mit Durchhalteparolen gehört, wahrscheinlich war sie von Goebbels. Daß Hitler tot war, haben wir dann gar nicht mehr erfahren. Ein paar Tage vor dem 1. Mai 1945 wurde ich von meiner Mutter eines Nachts aus dem Bett gerissen. Sie sagte: Wir müssen abhauen. Hol den Handwagen, und pack deinen Rucksack.

Ich holte den Handwagen, packte meinen Rucksack, sie zog den Thomi an. Wir zogen uns so viele Sachen an, wie wir nur konnten, weil wir außer einem kleinen Rucksack nur das tragen konnten, was wir auf dem Leib hatten. Den Handwagen haben wir schon ziemlich bald stehen gelassen.

Wir zogen von Prenzlau aus Richtung Nordwesten, dann bogen wir nach Westen ab. Wir befanden uns in einem Treck: vor uns kilometerweit Ackerwagen, Lastwagen voller Menschen, Personenwagen, die meisten waren zu Fuß unterwegs, zum Teil mit Vieh, auch mit Pferden, manche hatten Kühe dabei. Tagsüber die russischen Tiefflieger, aber sehr viel massiver als in Prenzlau. Die bestrichen den Treck. Man hechtete in den Straßengraben. Kroch man nach zehn Minuten wieder raus, lagen tote Tiere auf der Straße, es lagen tote Menschen auf der Straße. Dann berappelten sich die Leute und zogen weiter.

Irgendwann brauchte meine Mutter Milch für den Thomi, er war ja erst sechs Jahre alt. Sie versuchte in einem der Dörfer, durch die wir kamen, bei einem Bauern Milch zu holen. Wir saßen zu diesem Zeitpunkt auf einem offenen Lastwagen, zusammen mit Militärangehörigen und Verwundeten. Es mischten sich auch schon SS-Leute darunter, um sich davonzustehlen. Meine Mutter ging Milch holen, der Treck setzte sich wieder in Bewegung. Einen Tag lang war unsere Mutter weg. Irgendwann tauchte sie wieder auf. Es war ein furchtbares Erlebnis, die Mutter zu verlieren, aber ein weitverbreitetes Schicksal. Nach dem Krieg wußten viele Kinder nicht, wo ihre Eltern, und viele Eltern nicht, wo ihre Kinder waren. Die Kinder kamen in Pflegefamilien und haben vielleicht nach Jahren zufällig ihre leibliche Mutter wiedergefunden.

Ich glaube, durch solche Ereignisse bin ich dann doch etwas traumatisiert worden – diese Verlustängste. Ich hatte zum Teil auch, wie ich später festgestellt habe, Probleme, die vielen Nächte zu verarbeiten – es waren mindestens hundert –, die ich in Berlin in Luftschutzkellern verbracht hatte. Wir schliefen zeitweilig schon gar nicht mehr in der Wohnung. In den Kellern hatten wir notdürftige Schlafgelegenheiten, auch Essen und Getränke.

Man ging nach Einbruch der Dunkelheit in den Keller, weil der Luftschutzwart gesagt hatte, heute nacht gebe es wieder einen Angriff. Wenn dann im Nachbarkarree eine Luftmine runterkam, bebte das ganze Haus sekundenlang, der Kalk rieselte von der Decke, das Licht flackerte oder ging aus. Von Zeit zu Zeit ging der Luftschutzwart durch den Keller und sagte: Das Haus hat keinen Treffer abgekriegt, das Haus steht.

Das sind für einen Jungen mit reger Phantasie Ereignisse, die tiefe Spuren hinterlassen. Ich habe noch jahrzehntelang geträumt, daß ich über Sandrutschen in einen dunklen Raum hineinrutsche, in der Dunkelheit liege, voller Staub bin und schließlich aus dem Schutt herausgezogen werde. Ich habe noch jahrzehntelang geträumt, in einem Luftschutzkeller lebendig begraben zu werden.

Wir zogen Richtung Westen. Man kam nur sehr langsam voran. Am zweiten Tag sahen wir am östlichen Nachthimmel einen riesigen Feuerschein. Wir wußten nicht, was das bedeutete. Der Feuerschein wurde immer größer, und das Artilleriegeschützfeuer setzte ein, dieses dunkle Grollen. Feuerschein und dieses Grollen.

Ich hatte schon in den ersten Nächten eine seltsame Phantasie entwickelt. Ich sprach von dem berühmten Raffael-Gemälde »Aeneas rettet seinen Vater Anchises – begleitet von seinem Sohn Ascanius«: hinter Aeneas die große brennende Stadt, davor diese halbnackten Figuren, der starke Mann, den alten Mann auf den Schultern, und neben ihm ein Junge.

Dieses Bild war für mich später der Inbegriff meiner damaligen Situation. Ich habe die Flucht aus dem brennenden Prenzlau in Beziehung zur Zerstörung Trojas gesetzt. Diese Dimension hatte der große Brand von Prenzlau für mich zumindest auf der sentimentalen Ebene.

Ich sage das auch deshalb, weil für mich diese Erinnerungen ein Teil meiner Éducation sentimentale waren, der Erziehung der Gefühle durch Gefühle. Das Leben erzieht einen durch die Erzeugung von Gefühlen, die durch massive Ereignisse ausgelöst werden.

Wochen später ist meine Mutter auf abenteuerlichen Wegen nach Prenzlau zurückgekehrt, weil sie dachte, mein Vater lebe vielleicht noch. Sie hat an der Ruine des Hauses, in dem wir gelebt hatten, eine Nachricht angebracht: Wir leben, wir sind jetzt da und da. Das war die übliche Kommunikationsform. An den Häusern hingen haufenweise derartige Zettel: Familie Meyer lebt, wohnt jetzt da und da.

Vor solchen Hauswänden habe ich gestanden: Im Keller dieses Hauses liegen dreißig Tote. Diese massive Präsenz von Toten. Ich denke, das ist eine Erfahrung, die mein Verhältnis zum Leben sehr stark geprägt hat, zum Leben wie zum Tod, dieses Gefühl, es kann jeden Augenblick vorbei sein. Das ist, glaube ich, in diesen Wochen geprägt worden.

Meine Mutter kam zurück. Sie hatte meinen Vater natürlich nicht gefunden. Aber sie hatte gesehen, daß das Haus, in dem wir gewohnt hatten, ein großer Trümmerhaufen war. Das war so gekommen: In den letzten Kriegstagen hatten deutsche Pioniere die Brücke, die neben dem Haus über einen kleinen Fluß führte, vermint, damit die Russen da nicht rüber konnten. Als sie ein paar Stunden oder Tage, nachdem wir geflohen waren, die Brücke in die Luft gesprengt hatten, war das Haus mit in die Luft geflogen.

Als ich jetzt in Seelow war, bin ich auch nach Prenzlau raufgefahren, um diese Ecke an dem Flüßchen wiederzufinden. Das Haus stand wieder und sah fast so aus, wie ich es in Erinnerung hatte. Auf einem Schild stand: UK 1951. UK, das war der Hauswirt, bei dem wir gewohnt hatten – Uli Knoll, der Tierarzt, der mich in das Kriegsgefangenenlager mitgenommen hatte und dem ich hatte helfen dürfen, Schweine zu impfen.

Ganz offensichtlich war Uli Knoll dageblieben oder zurückgekehrt. Er war offenbar auch wieder Kreisveterinär geworden, andernfalls wäre es unmöglich gewesen, 1951 ein villenartiges Zweifamilienhaus wiederaufzubauen. Ein Westdeutscher hätte in dem Jahr Probleme gehabt, hätte er so ein Haus wiederaufbauen wollen. Uli Knoll muß auch in der DDR all seine Ämter und Pfründen behalten haben.

Ich stand vor diesem Haus, wie meine Mutter im Juli 1945 vor diesem Trümmerhaufen gestanden hatte. 1945 fuhren keine Züge, es gab keine Busse, das ganze Land war tot. Irgendwie hatte es diese gute Frau geschafft, hundert Kilometer hin, hundert Kilometer zurück.

Sie erzählte, daß sich einige Verrückte, nachdem die Stadt an eine der beiden Nordarmeen der Roten Armee übergeben worden war, auf dem Marktplatz mit einer Panzerfaust und ein paar Karabinern verschanzt hatten. Als der erste Panzer auf den Platz gerollt war und die Rotarmisten ausgestiegen waren, haben sie die Rotarmisten abgeknallt und den Panzer in die Luft gejagt.

Daraufhin haben sich die Russen zurückgezogen und die Stadt von den Rändern her angezündet. Das war der Feuerschein, den wir gesehen hatten. Die ganze Stadt hatte gebrannt. Der Dom, die Bürgerhäuser, alles hatte gebrannt.

Ich war vorigen Monat das erstemal seit Kriegsende wieder in Prenzlau. Man sieht in Prenzlau fast kein altes Haus mehr. Sämtliche Bauten sind aus den fünfziger, sechziger Jahren. Man sieht dem Ort die ganze Öde des sozialistischen Wiederaufbaus an, der sich nicht sehr vom Wiederaufbau vieler Städte im Westen unterscheidet. Man hat dieser Stadt angesehen, daß sie 1945 dem Erdboden gleichgemacht worden ist.

Ich habe in den siebziger, achtziger Jahren, wenn ich in der DDR war, manchmal versucht, mit DDR-Leuten darüber zu reden, was in Prenzlau passiert ist. Das war in der DDR tabu, weil es Zerstörungen durch die

Rote Armee waren, obwohl sie legitim gewesen sind. Aber es erzählten mir dann doch peu à peu einige Leute, daß es mehreren Städten, vor allem im Norden der späteren DDR, so ergangen war, Anklam zum Beispiel.

Ich bin auch in Greifswald und auf Rügen gewesen. Ich bin trotz aller Einwände von Peter Hacks ein Verehrer von Caspar David Friedrich. Cordula nörgelte ein bißchen. Sie sagte: Man kann nicht so pingelig malen, wie er das macht. Aber ich gucke mir nicht jedes Blatt einzeln an. Mich fasziniert diese existentielle Grundsituation, die in vielen seiner Bilder zum Ausdruck kommt – dieser Einsame, der dem Betrachter den Rücken zuwendet, oder diese surrealistisch verfremdeten Kalkfelsen von Rügen. Diese Methode, die Sinnlosigkeit des Menschen zu zeigen, der nichts anderes tun kann, als dazustehen und zu gucken – ob er staunt, weiß man nicht, weil er von hinten dargestellt wird. Was die Menschen für ein Gesicht machen, weiß man nicht. Sie stehen einfach nur da und glotzen auf die schiere Unbegreiflichkeit einer Meerlandschaft oder einer Berglandschaft.

Ich bin auch an den Rügener Kreidefelsen entlanggefahren. Ich hatte sie noch nie gesehen. Sie sehen nicht so aus wie auf den Bildern von Caspar David Friedrich. Friedrich hat zu Recht gesagt: Da muß ich viel mehr Dramatik reinbringen. Er malt die Kreidefelsen nicht so profan und albern, wie sie in Wirklichkeit sind, vor allem, wenn man mit einem Ausflugdampfer an ihnen vorbeifährt, wie ich es getan habe, zusammen mit Leuten, die kurze Hosen tragen und andauernd photographieren. Da verlieren selbst die Rügener Kreidefelsen jede Größe. Doch auch wenn ich sie alleine gesehen hätte, hätten sie mich nicht so beeindruckt wie auf einem Bild von Caspar David Friedrich.

Auf dem Rückweg war ich in Rheinsberg, darüber sprach ich schon, das brauche ich jetzt nicht weiter auszuführen. Aber ich bin ja von der ersten Volksschulklasse an mit den Hohenzollern aufgewachsen, mit all den Schlachten, all den Niederlagen, all den Helden, angefangen beim Großen Kurfürst. Wenn du in Brandenburg aufgewachsen bist und dich später auch noch für Geschichte interessiert hast, breitet sich die endlos lange Vorgeschichte der deutschen Katastrophe vor deinen Augen aus. Die deutsche Katastrophe von 1945 ist eine Folge des Expansions- und Machtstrebens der brandenburgischen Herrscher gewesen, die im Inneren jede Opposition zerstörten, um zum Schluß nach der Königskrone zu greifen und Preußen zu gründen.

Im Laufe des 19. Jahrhunderts nimmt Preußen zwei Drittel des deutschen Staatsterritoriums ein. Preußen steht am Bodensee und am Rhein und hegemonisiert oder beseitigt die anderen deutschen Staaten, beseitigt Hessen, beseitigt Hannover, hegemonisiert Württemberg, kauft Bayern, kauft Baden und so weiter. Das alles manifestiert sich in diesen Schlössern, in diesen Gutshäusern, in denen preußische Generalfeldmarschälle saßen. Das waren nicht nur Adelssitze, es waren Militärsitze.

Jeder soldatische Führer der langen preußischen Militärgeschichte erhielt irgendwann drei Dörfer, einen großen Park und ein Gutshaus. Davon lebte er, und wenn der Herrscher zu den Waffen rief, spielte er mal wieder Kunersdorf oder Fehrbellin.

Das ist für mich seit meiner Kindheit die Bedeutung der Mark Brandenburg, die Bedeutung des Schlosses Rheinsberg, in dem der Olle Fritz zehn Jahre gelebt hat. Das ist nicht Tucholsky und eine schöne Liebesgeschichte, sondern Rheinsberg ist der Ort, wo der Olle Fritz gelebt hat, von dem der Satz stammt: Hunde, wollt ihr ewig leben? Die oberste Pflicht seiner Untertanen war es, für Preußen zu sterben. Deshalb bin ich da kurz vor meinem Tode noch mal rumgefahren, um in die Tiefe meiner eigenen Existenz zu blicken.

Ich habe natürlich auch angenehme Erinnerungen an Prenzlau. Mein Vater war ein großer Hamsterer. Auf dem Kleiderschrank lagen Zigarren und Schnapsflaschen. Deshalb habe ich schon als Zehnjähriger Zigarren geraucht und Schnaps getrunken. Meine Freunde und ich klauten immer mal wieder eine Zigarre oder ein bißchen Schnaps. War es heller Schnaps, zum Beispiel Genever, haben wir Wasser nachgefüllt. Und dann hockten wir in einem der Schützengräben, die Prenzlau umgaben, oder im Keller und rauchten Vaters Zigarre und tranken ein wenig von seinem Schnaps.

Einmal kam meine Mutter in den Keller, um was zu holen. Wir duckten uns und waren ganz still und leise, hatten aber nicht daran gedacht, daß Zigarren glühen und riechen. Ich kriegte eine heftige Ohrfeige.

Oder dieser herrliche Uckersee, auf dem wir Schlittschuh liefen. Die Arbeiter schnitten große Eisblöcke heraus. Damals hat man im Winter Eis aus den Seen geschnitten und es in großen Eiskellern aufbewahrt. Andere Kühlmöglichkeiten gab es nicht. Die Löcher froren wieder zu.

Ich lief Schlittschuh und schob einen kleinen Schlitten, auf dem der Thomi saß, der noch zu klein war, um Schlittschuh zu laufen. Einmal bemerkte ich ein nur leicht zugefrorenes Eisloch nicht und schob ihn in das eiskalte Wasser des Uckersees, und er ging unter. Ich dachte, jetzt sei er tot, aber die Eismänner holten ihn mit Leitern und Stangen wieder raus.

In Klein Markow, wo wir von der Roten Armee überholt wurden, habe ich dann auch meinen ersten Russen gesehen. Es war der 1. Mai. Wir saßen bei Bauersleuten rund um den Küchentisch. Draußen in der Scheune stand ein hoch bepackter Ackerwagen. Auf den hatten sie ihre gesamte Habe, all ihren Hausrat, Teppiche, Betten und so weiter, draufgestapelt. Sie warteten darauf, daß irgendwann jemand vorbeikäme und sagen würde: Der Russe kommt, ihr müßt jetzt flüchten.

Wir waren erst einen Tag zuvor bei denen untergekommen. Doch da zerspringt das Glas des Küchenfensters, jemand tritt das Fenster ein, und herein kommt ein ganz junger Bursche, vielleicht sechzehn, siebzehn Jahre alt, in einer Uniform, die ich nicht kannte.

Es war klar, daß er der erste Rotarmist war, den ich in meinem Leben zu Gesicht bekam. Er hatte eine Kalaschnikow in der Hand, ich wußte damals nicht, daß es eine Kalaschnikow war, hielt sie in die Luft und schrie: Hurra, hurra, Krieg aus, Hitler kaputt!

So erfuhr ich am 1. Mai 1945, daß Hitler tot war und daß der Krieg aus war. Sein Auftritt war unvergeßlich. Er tritt das Fenster, nicht die Tür ein, wedelt mit der Waffe und schreit: Hurra, hurra, Krieg aus, Hitler kaputt! Dann geht er wieder.

Kaum war er weg, rannte die Bauersfrau durchs Haus und schüttete, was sie an Alkoholika hatte – eine angebrochene Flasche Schnaps, eine Flasche Bier, vielleicht einen Rest Wein –, in den Ausguß. Zum Schluß schüttete sie sogar das Parfüm weg. Ihr war offenbar klar, daß demnächst noch mehr Russen kämen. Die sollten keinen Alkohol finden. Offensichtlich wußte diese gute Bauersfrau: Der Russe ist schlimm genug, aber wenn er einen getrunken hat, wird es ganz schlimm. Die saufen auch Parfüm.

Dann steckten sie uns eine Wurst und ein Stück Brot zu. Alle, die sich in dieses Haus geflüchtet hatten, bekamen etwas zu essen, rafften ihre Decken zusammen und flohen in die Wälder. Wir lagen drei Tage lang im Wald und trauten uns nicht raus, weil der Krieg noch nicht vorbei war. Der Geschützdonner kam näher, der Geschützdonner rollte über uns hinweg, der Geschützdonner entfernte sich Richtung Westen, und wir hatten nichts zu trinken. Wir hatten drei Tage lang nichts zu trinken, nur zu essen, noch dazu eine scharfe Bauernwurst. Das war alles, was wir hatten.

Als wir uns schließlich doch davonschleichen wollten, hielt ein russischer Konvoi vor uns, auf einem Waldweg. Sie machten Feuer, spielten Schifferklavier, tanzten, sangen lustige Lieder und waren offensichtlich froh, daß sie noch am Leben waren. Wir konnten nicht abhauen, obwohl es Nacht war. Sie hätten uns bemerkt. Schließlich kam einer von diesen feiernden Leuten mitten in der Nacht direkt auf uns zu. Jetzt hatten sie uns. Was würden sie mit meiner Mutter machen? Würden sie uns alle massakrieren? Er blieb etwa zehn Meter vor uns stehen und guckte uns mit großen Augen an.

Wir müssen schreckliche Angst gehabt haben. Dann machte er seine

Hose auf, pißte gegen einen Baum, machte kehrt und ging wieder zurück. Ganz offensichtlich sagte er seinen Kameraden nicht, daß da Deutsche im Wald lagen. Das war für mich eine unglaublich humane Geste.

Am nächsten Morgen zogen sie ab, und wir konnten zurück ins Dorf. Es hatten sich dort inzwischen etliche Leute aufgehängt. Der Wagen mit dem Hausrat der Bauersleute war geplündert worden. Der Hof war übersät mit kaputtem Geschirr. Leute, die dageblieben waren, erzählten uns, daß die Russen drei Tage lang auf dem Hof ein Siegesfest gefeiert hatten. Hatten sie aufgegessen und alles leergetrunken, hatten sie das Geschirr mit der Tischdecke auf den Hof gekippt.

Das hat mir imponiert. Ich habe sie verstanden. Sie hatten den Krieg gewonnen. Sie hatten das Recht, ordentlich zu feiern. So habe ich das als Elfjähriger empfunden, auch wenn die Bauersleute jammerten.

Irgendwann im August kehrte mein Vater zurück. Ich habe ihn nicht erkannt. Ich spielte auf der Dorfstraße, als sich ein gebrochener, zerlumpter Mann die Straße hochschleppte. Ich ging an ihm vorbei, und ich weiß nicht, ob er mich erkannt hat. Ich habe die Szene in meiner Erzählung »Die Rückkehr der Ordnung« beschrieben.

Mein Vater nahm uns dann mit nach Berlin. Es war eine abenteuerliche Fahrt. Die Ankunft in diesem völlig zertrümmerten Berlin ist unvergeßlich. Diese geschwärzten Brandmauern, hinter denen sich keine Häuser mehr befanden, entlang der Strecke von Charlottenburg zum Bahnhof Zoo. Trümmerberge, zwischen denen Ameisenstraßen verliefen.

Wir kamen bei Bekannten unter, in der Hohenstaufenstraße, wo wir früher gewohnt hatten. Unser Haus, das sagte ich ja schon, war bereits im Herbst 1943 ausgebrannt. Wir saßen im August 1945 auf dem Balkon, als sich eines Abends auf der gegenüberliegenden Straßenseite amerikanische und russische Soldaten ein Gefecht lieferten. Meine Mutter rief: Peter, komm rein, komm rein. Aber ich wollte unbedingt sehen, wie die Amerikaner und die Russen da drüben Krieg spielten.

Wir haben Berlin ziemlich bald, ich denke, Anfang Oktober, wieder verlassen und versucht, in die Westzonen rüberzukommen, weil mein Vater eben nicht in Berlin bleiben wollte. Wir kamen nach Hofgeismar in Nordhessen. Das war der letzte richtige Schock auf dieser langen Reise. Die Leute lebten wie im tiefsten Frieden. Es war nichts kaputt, alle waren ordentlich gekleidet, sie hatten reichlich zu essen. Und wir, zerlumpt, zogen durch diese Kleinstadt.

Da ging es mir so, wie es zehn Jahre später diesem Studenten aus russischer Gefangenschaft ging, der nicht verstand, daß es auf der einen Seite ein solches Elend und eine solche Angst geben konnte, und auf der anderen

Seite lebten die Menschen, als sei überhaupt nichts gewesen. Die litten keinen Mangel und hatten nichts erlebt.

Nun werdet ihr vielleicht denken: O nein, der Vatta, hört der denn gar nicht mehr auf zu reden? Wieso erzählt der so viel?

Das kann ich euch sagen: Ich fürchte, ich habe eine Art Erzählgen, das ich von meinem Vater geerbt habe. Der mußte auch unentwegt erzählen, Geschichten aus seiner frühesten Jugend. Wollte ich erzählen, was der mir alles erzählt hat, säßen wir morgen abend noch hier. Er wurde zum Beispiel nach dem Ersten Weltkrieg gezwungen, einige Monate in einem Freicorps mitzumachen, bis er eines Tages in der Reihe der Toten, die diese Freicorpsleute in Schlesien auf dem Gewissen hatten, einen Cousin von sich entdeckte.

Durch die Familie Chotjewitz ging ja ein Riß zwischen dem polnischen Teil und dem Teil, zu dem mein Vater gehörte, der sich zu Deutschland bekannte, zur deutschen Sprache. Sein Vater und dessen Bruder hatten verschiedene Richtungen eingeschlagen – und zwar eigentlich nur deshalb, weil sein Vater, der auch ein Wasserpolacke war, eine Deutsche geheiratet hatte.

Er hat mir erzählt, wie er zunächst in den Westen ging, im Braunkohlebergbau gearbeitet hat und dann nach Berlin kam, wo er auf Maler umschulte. Er hat über sein Verhältnis zu den Sozialdemokraten erzählt, die er nicht mochte, obwohl alle seine Brüder Sozialdemokraten waren. Er schilderte immer wieder, wie die, wenn er als junger Mann zu denen raus in die Laube fuhr, da rumhockten und Arbeiterlieder sangen. Er sagte: Die röhrten wie die Hirsche. Er mochte sie schon in den zwanziger Jahren nicht, weil sie Opportunisten waren.

Sie waren ja allesamt Arbeiter, Schwestern wie Brüder. Mein Vater gab mir nicht nur den Haß auf den Feudaladel mit, sondern auch die Abneigung gegen die Sozialdemokraten.

Am wenigsten hat er über den Krieg gesprochen, was sicher damit zusammenhing, daß ihn vieles traumatisiert hatte. Er hatte in der Ukraine und in Weißrußland heimlich ein paar Photos gemacht, Photos von Leichen, von Massenerschießungen, von einer Allee, und an jedem Baum hing einer. Diese Bilder hatte ich noch in Prenzlau mal zufällig in einem Wäschefach gesehen. Ich habe ihn sehr viel später darauf angesprochen: Was waren das eigentlich für Photos? Wo hast du diese Photos? Er wollte darüber nicht reden. Er hat so getan, als hätte es sie nie gegeben.

Er hatte beim jüdischen Matzenbäcker in Kalisz von 1914 an das Backen gelernt. Als er dann im April 1939, da war er immerhin schon neununddreißig, zur Wehrmacht eingezogen wurde, antwortete er auf die Frage, welchen Beruf er ausübe, er sei Bäcker. Daraufhin wurde er einer Backkompanie zugeteilt. Er ist schnell zum Hauptfeldwebel aufgestiegen. Eine Backkompanie hatte Lastwagen mit großen Öfen. Mit denen reiste er der Front hinterher. Er stand ein paar Kilometer hinter der kämpfenden Truppe und buk Brot. Er hat den ganzen Krieg hindurch Brot gebacken.

Dadurch hatte er gewisse Privilegien, denn Mehl war eine begehrte Tauschware. So hat er offensichtlich schon in Rußland und später vor allem in Holland Tauschgeschäfte abgewickelt, in Paris übrigens auch. Als die Deutschen Paris erobert hatten, stand er am Stadtrand und buk Brot. Deshalb hatte er so viele Zigarren und Schnaps und Parfüm und Anzüge im Schrank.

Soweit ich weiß, hat er in der Ukraine Brot an die notleidende Bevölkerung abgegeben, heimlich natürlich. Ich weiß definitiv, daß er an der Ostfront ganz knapp vor einem Kriegsgerichtsverfahren stand, weil er an russische Kriegsgefangene, die ihm als Hilfskräfte zugeteilt waren, Brot verteilt hatte. Er war kein Widerstandskämpfer, ganz bestimmt nicht. Aber irgendwie ist er wohl mit seiner Humanität nicht klargekommen. Solche Dinge hat er mir erzählt. Doch was er wirklich im Krieg erlebt hat, im Osten wie im Westen, hat er nicht erzählt.

Er hat jedenfalls pausenlos erzählt. Ich habe als Lehrling ja auch zwei Jahre mit ihm zusammengearbeitet. Da stand ich von morgens bis abends neben ihm, und er hat ständig irgendwas erzählt. Locker tausend Seiten hätte ich daraus machen können, wenn ich es aufgeschrieben hätte.

Sechzehntes Kapitel

Anhang: Interview mit Jürgen Roth in meinem Wintergarten in Stuttgart

Es gibt einen Aufsatz von dir, er ist in der konkret *erschienen, über die Ästhetik des Widerstandes.*

Über Widerstand?

Über eine Ästhetik des Widerstandes.

Aahh! Ich glaube, er beginnt so: In der Ästhetik des Widerstandes dürfte der und der Name nicht fehlen. Der ist noch gar nicht so alt.

Er ist von 2006.

Na bitte!

Ich habe hier zum Beispiel vier Seiten über deine Überlegungen zur Ästhetik. Aber es wäre jetzt vollkommen albern, darüber zu reden.

Nein, das ist überhaupt nicht albern.

Na gut. Einige Sätze aus diesem Aufsatz über die Frage, ob es jenseits der ästhetischen Normen und Zeitgeistvorschriften eine Ästhetik des Widerstandes geben könnte, scheinen mir von zentraler Bedeutung zu sein. Du schreibst: »Ich suche nicht nach Wahrheit. Mir sind Fakten lieber.« – »Immer schön nahe dranbleiben. Nichts verallgemeinern.« Und dann: »Gelungene Kunst ist selten, aber auch unnötig.«

Tja, was soll ich dazu sagen?

Nein, du mußt dazu nichts sagen.

Hast du noch was auf dem Zettel stehen?

In einem Aufsatz über 9/11 schreibst du: »Nicht die Nestwärme einer friedfertigen Welt, sondern der Wettstreit der Kulturen, der kein Menschenopfer scheut, ist meine Grunderfahrung.«

Mit meiner Biographie hast du mit Nestwärme deine Schwierigkeiten, es sei denn, du bist ein ausgemachter Eskapist, der sich und anderen was vorlügt. Mit meiner Biographie mußt du einfach sagen: Die Welt ist mißraten. In einem von Dario Fos Stücken heißt es: Wenn man bis zum Hals in der Scheiße steht, sollte man den Kopf nicht sinken lassen.

Den Brinkmann hast du nicht geschätzt. Du hast ihn mal als »überschätztes Arschloch« bezeichnet.

Das war er auf jeden Fall. Aber ich habe lange nicht gewußt, wer dieser Brinkmann ist. Ich habe ihn persönlich gekannt, wir haben uns gemocht, wir haben uns besucht. Ich wußte aber nicht, wer er ist. Ich hatte auch ein bißchen was von ihm gelesen, bin auch mit ihm zusammen aufgetreten, und manche seiner Aktionen haben mir sogar gefallen, zum Beispiel daß er sagte: Wenn dieser Kugelschreiber eine Maschinenpistole wäre, würde ich Sie jetzt erschießen, Herr Reich-Ranicki. Solche Sätze haben mir bei ihm gefallen, bis er 1972/73 als Villa-Massimo-Preisträger nach Rom kam. Er besuchte mich oft in Trastevere. Wir gingen lange spazieren, und da hat er mir seine Sicht auf die Welt das erstemal erläutert. Sie kam in seinen Gedichten und Texten, die er bis dahin geschrieben hatte, nicht so deutlich zum Ausdruck. Da stellte ich fest, daß er ein ausgemachter Faschist war, ein Mensch, der davon träumte, einen Teil der Menschheit auszuradieren. Seine zentrale These war, daß es zu viele Menschen gebe. Ich sagte zu ihm: Paß mal auf, lieber Brinkmann, wenn es nicht so viele Menschen gäbe, dann gäbe es dich auch nicht. Das, was du dir erlaubst, das, was du tust, kannst du nur tun, weil es so viele Menschen gibt, die du für überflüssig hältst. Die ernähren dich, die tragen dich. Nur in dieser Gesellschaft, in der wir leben, sind solche Existenzen wie du und ich möglich. Noch vor hundert oder gar vor zweihundert Jahren wären solche Existenzen wie wir nicht möglich gewesen. Wir wären bestenfalls die Schuhputzer irgendeines Grafen gewesen und hätten ihm vorm Einschlafen mal ein Gedicht vorlesen dürfen. Unsere Existenzweise ist nur in dieser modernen Gesellschaft möglich, in der es dieses Zuviel an Menschen gibt, das du beklagst. Er war ein durch und durch elitärer Scheißer. Das merkte ich da. Dieser Mensch hat die Menschen verachtet. Es gibt für mich nichts Schlimmeres, als Menschen zu verachten. Noch mehr hat er die Frauen verachtet. Frauen waren für ihn Fotzen. Er schreibt das ja auch ganz offen. Selbst wenn er so vaginal fixiert gewesen sein sollte, wie er gewesen zu sein scheint, und selbst wenn er, sobald er eine Frau sah, nur ans Vögeln gedacht haben sollte, was sehr wahrscheinlich der Fall war, verlange ich zumindest, daß er mal nachdenkt. In diesen Monaten in Rom hat er mich wahnsinnig gemacht, wahrscheinlich auch, weil ich mit einer solchen Kreatur noch nie so ausgiebig diskutiert hatte. Er war eben ein Intellektueller, der das auch gesagt hat. Die meisten Leute, die so denken, sagen es wenigstens nicht. Und er sagte es auch noch.

Magst du vielleicht noch was zu deinem, ich darf vielleicht sogar sagen: zu unserem Freund Piwitt sagen?

Piwitt habe ich immer bewundert, auch seine neurasthenischen Ticks. Ja, Piwitt habe ich bewundert, und ich halte Piwitt für den besseren Schriftsteller. Piwitt schreibt experimentell, aber man kann ihn gleichzeitig lesen, im Gegensatz zu vielen Sachen von mir. Er ist viel unterhaltsamer und trotzdem sehr gut. Ich beurteile Piwitt in erster Linie literarisch, denn so oft treffe ich ihn gar nicht. Als alter Freund ragt er in meinem Gefühlsleben nicht so heraus, aber als Literat tut er das. Da geht es mir so ähnlich wie mit Ror Wolf oder mit Henscheid. Wie diese Leute unterschätzt werden! Auf der anderen Seite werden Leute aus dieser Generation auf den Schild gehoben – zu denen gehört auch Handke –, die ich für überschätzt halte. So große Leute wie Ror Wolf und Henscheid und Piwitt werden einfach unterschätzt, auch wenn sie ihre Anhänger haben und Verlage finden. Ror Wolf kenne ich von den dreien am längsten. Ich lernte ihn kennen, als ich in Frankfurt zu studieren anfing und ziemlich bald im Studentenhaus auf die Zeitschrift *Diskus* stieß, in der Ror Wolf mit seinem Tranchirer auf den Literaturseiten aktiv war. Ich wußte lange nicht, daß Ror Wolf und Raoul Tranchirer ein- und derselbe sind. Ich meine, er hat im *Diskus* überwiegend unter dem Namen Raoul Tranchirer publiziert. Als er dann später bei Suhrkamp mit *Fortsetzung des Berichts* in Erscheinung trat, habe ich den experimentellen Schriftsteller Ror Wolf wahrgenommen. Sein erster literarischer Text war 1962 in der von Enzensberger herausgegebenen Anthologie *Vorzeichen* erschienen. Ich glaube, ich habe anfangs gar nicht gewußt, daß er der Dichter war, den ich schon in den fünfziger Jahren im *Diskus* gelesen hatte. Übrigens habe ich damals auch gleich im ersten Jahr den Vorläufer von *konkret* gelesen, den *Studentenkurier*. Und ich bin wahrscheinlich ein älterer *konkret*-Autor als Gremliza. Ich habe 1966 begonnen, in *konkret* zu publizieren, noch zu Zeiten von diesem unsäglichen Klaus Rainer Röhl. Als Gremliza *konkret* dann wiederbelebte, bat er mich, für ihn zu schreiben.

Schrieb Rühmkorf in den Sechzigern noch für konkret*?*

Na sicher. Rühmkorf war ja ein alter Freund von Klaus Rainer. Er hat ihm immer die Treue gehalten, was für mich unbegreiflich ist. Er würde ihm noch heute die Treue halten, wenn er noch leben würde.

Aber Rühmkorf hast du schon geschätzt.

Ja. Ja. Na gut, ich hatte Rühmkorf gegenüber gewisse Reserven, insbesondere, als er anfing, sich etwas deutlicher als Sozialdemokrat zu outen, und als er später auch in literarischen Fragen immer deutlicher Sozialdemokrat wurde. Aber die Freundschaft hätte ich ihm nie gekündigt. Ich habe ihn wenige Wochen vor seinem Tod hier in Stuttgart noch mal getroffen. Wir liefen uns über den Weg und haben uns umarmt, nicht zuletzt, weil ich Rühmkorf in den frühen Sechzigern sehr viel zu verdanken hatte, auch, was politisches Auftreten betraf. Er war als Dichter ein ganz großer Könner. Auch mit Eva, seiner Frau, war ich befreundet.

Ich gucke jetzt noch mal kurz meinen Stapel durch, ob mir irgendwas ins Auge springt. Es gibt ein schönes Zitat von dir zum PEN: »PEN-Tagungen erinnern mich immer an das Basenkränzchen meiner Großmutter in Kalisz.«

Der PEN ist immer eine betuliche Angelegenheit gewesen, aus Angst vor der eigenen Courage. Ich könnte erzählen, warum ich vor knapp zehn Jahren ausgetreten bin. Nachdem sich der PEN bereits von allen Leuten gereinigt hatte, die in der DDR mal irgendwie eine linke Gesinnung an den Tag gelegt hatten, hatten sie zum Schluß noch ein DKP-Mitglied, er hieß Erich Köhler. Sie hatten herausgefunden, daß dieser Mann, ein überzeugter Kommunist, einiges zur Verteidigung der DDR unternommen hatte. Mit dieser Begründung haben sie ihn dann rausgeschmissen. Was willst du von einem Kommunisten anderes erwarten, als daß er, egal, wie es ihm in der DDR gefällt, die DDR verteidigt? Wenn er etwas in Erfahrung bringt, das seinem Staat schaden könnte? Dazu war das Ministerium für Staatssicherheit nun mal da. So was hatten wir hier im Westen auch. Es hieß nur anders. Unser Ministerium für Staatssicherheit hieß Verfassungsschutz, und wenn man denen zugearbeitet hat, egal, auf welcher Ebene, kriegte man das Bundesverdienstkreuz. Man wurde nicht aus dem PEN rausgeschmissen. Aber wenn man dem Ministerium für Staatssicherheit aus Grundüberzeugung in irgendeiner Weise zugearbeitet hatte, flog man raus. Da hatte ich die Schnauze voll und habe mich aus Solidarität mit Köhler selber rausgeschmissen. Ich weiß gar nicht, ob ich sie aufgefordert habe, alle PEN-Brüder, die im Laufe von Jahrzehnten für westliche Nachrichtendienste gearbeitet hatten, ebenfalls rauszuschmeißen.

Wenn ich noch einen Namen über den Tisch werfen darf – Peter-Paul Zahl.

Zahl lernte ich in Westberlin kennen. Er war ein Jungdichter und hatte als gelernter Drucker eine kleine Druckerei. Damals druckte er noch nicht die Zeitschrift *Agit 883*. Damals hat er leicht aufmüpfige Schriften gedruckt, unter anderem mal einen sehr schönen Text von mir, in einer Reihe, die *zwergschul-ergänzungshefte* hieß. Das waren kleine Broschüren. Die Zwergschule war die von der CSU und der CDU bevorzugte Schulform. In jedem Pißkäsedorf sollte eine kleine Schule stehen, in der die Schüler weiterhin im Sinne der christlichen Werte erzogen werden sollten. Sie sollten nicht auf eine ordentliche Schule geschickt werden, wo sie vielleicht auch Geschichtsunterricht und Landkarten hatten. Gewissermaßen zwecks

Weiterbildung der Opfer des Zwergschulwesens brachte Peter-Paul Zahl *zwergschul-ergänzungshefte* raus. Und in dieser Reihe druckte er meinen Text »Die Freude am Es«. Später hat er sich im Sinne der APO ganz erheblich radikalisiert und wurde eben auch zum Drucker der berüchtigten Zeitschrift *Agit 883*. Dafür hat ihm der Staatsschutz die Druckerei zertrümmert. Und als er immer noch nicht nachgab, haben sie versucht, ihm einen Banküberfall irgendwo im Ruhrgebiet anzuhängen. Als bereits die Untersuchungen liefen, haben sie ihn psychisch so in die Enge getrieben, daß er glaubte, sich bewaffnen zu müssen. Als tatsächlich irgendwann zwei Bullen anfingen, auf ihn zu schießen, weil er inzwischen auch eine falsche Identität hatte, schoß er zurück. Er ist wegen versuchten Mordes zu fünfzehn Jahren Knast verurteilt worden. Er schrieb mir dann aus dem Knast, ob ich nicht seine Verteidigung übernehmen könnte. Da war allerdings nicht viel zu verteidigen. Im Gegenteil, jedesmal, wenn man Rechtsmittel einlegte, wurde die Strafe erhöht.

Er hat lange in Werl gesessen. Wir haben dann dafür gekämpft, daß er wenigstens nach Tegel verlegt wurde. Er hat im Knast wieder angefangen zu schreiben, Gedichte, den berühmten Roman *Die Glücklichen* und andere Prosatexte, auch Essays. Die habe ich vermittelt. Ich war mehr sein literarischer Agent, weniger sein Verteidiger. Für die juristischen Fragen hatte er andere Leute, zum Beispiel Heinrich Hannover. Das Hauptproblem war, überhaupt erst mal die Erlaubnis für ihn zu kriegen, im Knast zu schreiben. Und dann bekommt man die Manuskripte nicht aus dem Knast raus. Sie werden eingesammelt und zur Habe getan. So sieht eine Schriftstellerexistenz im Knast aus, auch wenn du unpolitisch bist. Schreibmaschinen sind verboten. Vielleicht könnte man sie als Werkzeug benutzen. Ich mußte dafür kämpfen, daß er eine normale literarische Existenz aufbauen konnte, daß man die Manuskripte, nachdem sie geprüft worden waren, sicher rausbrachte. Und das nächste Problem: In dem Augenblick, in dem er schriftstellerisch arbeiten durfte, sollte er die Einnahmen in der Höhe der Kosten, die er verursachte, an den Knast abführen. Ich weiß nicht, was man ausgerechnet hatte. Aber es waren am Anfang bestimmt zehn Mark pro Tag. Der Knast hätte also pro Jahr dreitausendsechshundertfünfzig Mark von seinen Honorareinkünften dafür gekriegt, daß er im Knast sitzen durfte. Das galt es zu verhindern. Sie hätten ihm noch mehr weggepfändet, weil er dadurch, daß er diesen Polizisten verletzt hatte, schadensersatzpflichtig war. Er hatte, glaube ich, eine Schadensersatzklage von zweihunderttausend Mark am Bein. Um all diese Dinge habe ich mich gekümmert. Als er nach vielen Jahren rauskam, habe ich ihm einen größeren Geldbetrag aushändigen können. Er war immerhin so groß, daß er damit erst nach

Nicaragua, später nach Grenada und, nachdem die Amerikaner Grenada plattgemacht hatten, nach Jamaika ziehen konnte. Dort hat er sich eine neue Existenz aufgebaut, nicht zuletzt auch mit Hilfe der Honorare, die ihm erhalten geblieben waren.

Andreas hat mir das ein bißchen übelgenommen. Er hat gesagt: Der ist ja gar kein Kämpfer. Zahl war natürlich nicht so ein Kämpfer wie Andreas. Interessant war auch Zahls Mutter. Mumme wurde sie genannt. Ich habe sehr oft erlebt, auch bei Leuten von der RAF, daß die Mütter sehr starke Persönlichkeiten waren und sich überhaupt nicht von ihren Kindern distanzierten. Die Mutter von Andreas, eine zierliche, vornehme, leise, stille Frau, hat ihrem Sohn immer die Treue gehalten. Als er tot war, habe ich sie am Tegernsee oder am Chiemsee abgeholt, und wir fuhren nach Tübingen, wo ihr toter Sohn noch in der Halle lag, er war gerade zerschnitten worden. Die einzige Frage, die sie beschäftigte, war: Warum hat man ihn so gehaßt? Sie hat das nicht verstanden. Ich sagte zu ihr: Nina, aber du weißt doch, was ihm zur Last gelegt worden ist. Doch sie meinte, das sei kein Grund, ihren Sohn zu hassen. Und sie ließ durchblicken, daß sie eigentlich richtig gefunden hat, was er gemacht hatte. Zumindest fand sie es verständlich. Ich lernte in Berlin auch die Mutter von Helmut Pohl kennen, einem der ältesten RAF-Mitglieder. Sie war eine unglaublich starke Frau, eine Kommunistin. Brigitte Mohnhaupt hatte immer ein hervorragendes Verhältnis zu ihrer Mutter. Christian Klars Mutter lebt noch. Sie kommt zu seinen Veranstaltungen. Das war auch im Falle Zahl so. Mumme war eine Kommunistin. Sie stand voll hinter ihrem Sohn, egal, was man ihm zur Last gelegt hat, egal, ob es stimmte, daß er angeblich versucht hatte, eine Rote Ruhrarmee aufzubauen. Das war ihr völlig wurscht. Sie sagte: Er wird schon gewußt haben, warum er es gemacht hat, es ist wahrscheinlich richtig, daß er das gemacht hat – obwohl er es gar nicht getan hatte, das ist unbestritten. Selbst für das, was er nicht getan hatte, hat sie ihn verteidigt. Das ist mir oft aufgefallen – weniger die Väter, mehr die Mütter. Ich glaube, daß Frauen in solchen Situationen oftmals härter und mutiger als Männer sind.

Eine allerletzte Frage, und dann …

Nein, muß nicht sein! Ich rede gerne mit dir. Mit euch, Herr Doktor, zu parlieren …

Es ist eine Anekdote. Ich weiß nicht, ob sie stimmt. Jörg Schröder hat sie in Schröder erzählt *überliefert. Du hast 1967 Adam Seide mal mit der Knarre bedroht, damit er endlich das Honorar rausrückte.*

Das stimmt. Aber vieles von dem, was Jörg Schröder in *Schröder erzählt* über mich erzählt, stimmt nicht. Er behauptet, ich habe es erst kürzlich wieder irgendwo gelesen: Chotjewitz lebte in Rom und wollte ständig Geld, aber das stimmt nicht, weil ich wußte: Aus Schröder Geld rauszuholen ist nahezu unmöglich. Schröder bezahlt für Nutten, Schröder bezahlt für Mailänder Anzüge, Schröder bezahlt für schloßähnliche Gebäude in der Wetterau, aber Honorare zahlt Schröder nicht. Und Vorschüsse zahlt Schröder erst recht nicht. Ein einziges Mal ist es mir gelungen, aus Schröder Geld rauszuholen, und selbst wenn er diese Geschichte erzählt, lügt er. Er behauptet, ich hätte von ihm zehntausend Mark für einen unverkäuflichen pornographischen Roman bekommen. Tatsache ist aber, daß ich nur viertausend gekriegt habe. Er hatte mir zehntausend versprochen. Er kam an und sagte: Chotjewitz, ich will, daß jetzt auch richtige Autoren Pornos schreiben. Der Zwerenz hat schon einen geschrieben, der Manfred Esser schreibt einen. Der Porno von Manfred Esser, er heißt *Rotschwanz*, ist der einzige literarisch gute Porno, der jemals in der Olympia Press bei Schröder erschienen ist, ein literarisches Juwel. Ob der Roman als Porno funktioniert, weiß ich nicht. Aber das ist ganz große Literatur. Essers *Ostend-Roman*, von dem ich schon gesprochen habe, erschien auch zuerst bei Schröder. Esser hat zudem großartige Gedichte geschrieben. Er war einer der größten Dichter, die ich gekannt habe – er und Helmut Mader. Helmut Mader hat nur drei ganz schmale Gedichtbände veröffentlicht. Aber alles, was er geschrieben hat, sind Juwelen. Er war ein Alkoholiker von hohen Gnaden, ein Mensch, der nie gearbeitet hat. In den letzten Jahren wurde er plötzlich Lektor beim Claassen-Verlag in Düsseldorf, und daran ist er auch krepiert. Bei Claassen sind zwei Bücher von mir erschienen, nur weil Helmut Mader da Lektor war, unter anderem *Der dreißigjährige Friede*. Helmut Mader – daß der so in Vergessenheit geraten ist, ist eine Schande. Würde man sich mal die Mühe machen, seine Aufsätze zur Lyrik, die in der *Frankfurter Allgemeinen Zeitung* gedruckt wurden, zusammenzusuchen, sähe man, daß das so ziemlich das Beste ist, was je über Lyrik geschrieben wurde. Das muß man sich vorstellen: Ein Kommunist, ein Alkoholiker, also ein unbeherrschbarer Mensch, konnte in der *Frankfurter Allgemeinen Zeitung* schreiben, weil die sagten: Der kann wenigstens schreiben, der hat wenigstens was im Kopf.

Schröder kam also zu mir und sagte: Du mußt jetzt einen Porno schreiben. Ich sagte: Ich schreibe keinen Porno, ich finde Pornos öde. Ich fand Pornos immer öde. Ich habe nie gerne Pornos gelesen. Ich habe auch nie gerne Pornofilme geguckt. Ich habe viele Pornofilme gesehen, auch Undergroundpornos, aber sie waren alle öde. Es gibt keine guten Pornos. Selbst so ein berühmter Porno wie *Geschichte der O* ist im Prinzip öde. Auch Anaïs Nin ist öde, auch Henry Miller ist öde. Ich habe nichts gegen sexistische Darstellungen in der Literatur und im Film, aber dieses öde Rein-und-raus, bum, bum, stöhn, stöhn, das ist mir immer voll auf den Wecker gegangen.

Schröder hatte ein Heimkino, in dem er Pornofilme vorführte. Ich habe um 1970 herum bei ihm mehrfach welche gesehen. Ich sagte: Ich schreibe keinen Porno, es sei denn, du zahlst mir zehntausend Mark. Er sagte: Ich zahle dir zehntausend Mark. Ich: Und, wo bleibt die Knete? Er: Ich kann dir momentan nur viertausend geben. Ich war so blöd zu glauben, ich bekäme die übrigen sechs auch noch. Mein Porno ist miserabel. Da hat er recht.

Den hast du tatsächlich geschrieben?

Ja. Der Porno ist nicht gut. Ich kann es auch nicht. Ich habe es vorher gewußt. Deshalb habe ich so viel Geld verlangt. Ich wußte genau, daß man den nicht würde verkaufen können, daß der mies werden würde. Und so wurde er auch. Wenn Schröder sagt, daß ich keine Pornos schreiben könne, hat er vollkommen recht. Aber wenn er schreibt, ich hätte dafür zehntausend Mark gekriegt, dann ist das ein Irrtum.

Aber die Geschichte mit der Pistole stimmt?

Ja und nein. Du kennst Adam Seide?

Er hat die Zeitschrift Egoist *gemacht.*

Nicht nur, auch andere. In den sechziger Jahren fragte mich Adam Seide mal, ob ich einen Artikel für ihn schreiben könne, über Walter Ulbricht und dessen Art zu sprechen und zu schreiben. Ich glaube, der Artikel hieß »Fortschritt und Rückschritt im Stil Walter Ulbrichts«. Peter Hacks hat Walter Ulbricht verehrt. Ich habe Walter Ulbricht nicht total abgelehnt, obwohl ich damals schon so viel über Walter Ulbricht wußte, daß er mir nicht sympathisch war. Ich kannte beispielsweise folgende Geschichte über ihn: In den frühen zwanziger Jahren bildete sich hier im Großraum Stuttgart, in der Nähe von Bad Urach, in der Gartenlaube eines Dachdekkermeisters eine kommunistische Kommune. Bekannt als Mitglied dieser Kommune war der spätere Kulturminister der DDR, Johannes R. Becher, der damals noch expressionistische Gedichte schrieb. Es war ein lockeres Völkchen, das nackt herumlief und durcheinandervögelte. Als das bekannt wurde, schickte die Berliner KPD-Leitung den jungen Walter Ulbricht nach Bad Urach. Er sollte mal gucken, ob das stimmte, und Rapport erstatten. Er nahm an dem Treiben selbstverständlich Anstoß, war empört, fuhr zurück nach Berlin und beschrieb, welche Schweinereien diese Kommunisten da veranstalteten. Die Partei griff sofort ein. Der stets ein wenig um seine Karriere besorgte Johannes R. Becher erschrak. Weißt du, mehr als Bautzen haben mich solche Episoden dazu gebracht, Walter Ulbricht nicht zu lieben, mehr auch als seine angebliche Spitzeltätigkeit während der Emigrantenzeit in Moskau. Ich sagte mir: Wenn der ein Kommunist sein will, will ich kein Kommunist mehr sein.

Es war übrigens kein richtiger Anti-Ulbricht-Artikel, und er war ziemlich schlecht. Ich hatte mit Adam Seide ausgemacht, daß ich zweihundertfünfzig Mark bekäme, denn ich wußte, daß er Geld hatte. Adam Seide hatte Geld, weil er nie bezahlte. Er bezahlte keine einzige Rechnung. Er ging so weit, daß er den Fleischer wechselte, wenn der nicht mehr anschreiben wollte. Adam Seide lebte in Frankfurt jahrelang auf Pump. Er pumpte jeden an, den er traf, und zahlte nie zurück. Ich sagte mir: Von dem kriege ich mein Geld. Und Adam Seide zahlte natürlich nicht, trotz Mahnung. Irgendwann platzte mir der Kragen. Ich besorgte mir eine Pistole, und als Zeuge nahm ich Uve Schmidt mit, der kann die Geschichte bezeugen. Vielleicht hat Schröder sie auch von ihm. Uve fragte mich: Willst du wirklich schießen? Ich sagte: Nein, ich werde nicht schießen, du wirst schon sehen, was ich mache. Wir gingen zu Seide, und ich sagte: Adam, diesmal kriege ich mein Geld. Ich kann auch andere Saiten aufziehen. Ich schrecke vor nichts zurück. Wenn ich beleidigt werde, werde ich zum Sizilianer, der seine verlorene Ehre retten muß. Da müssen wir Sizilianer Blut sehen. Deins. Dann stand ich auf, und der Revolver fiel aus meiner Hosentasche. Das war beabsichtigt. Er war relativ groß. Ich hatte ihn so plaziert, daß er runterpurzeln mußte. Er machte einen ziemlichen Krach.

Adam Seide starrte den Revolver an. Ich merkte, daß er wirklich dachte, daß ich schießen könnte. Und er sagte: Nee, Pit, Pit, es ist alles in Ordnung, Pit. Er eilte ins Nebenzimmer, kam zurück und brachte ein Scheckbuch mit. Gut, habe ich gesagt, Adam, ich gehe mit dem Scheck nachher zur Frankfurter Sparkasse 1822 und hole meine Knete. Aber ich sage dir eins: In zwei Stunden bin ich wieder da. Ich nahm meinen Revolver, steckte ihn ein, wir wechselten noch ein paar Worte, tranken unser Bier aus, und dann gingen wir.

Der Scheck war tatsächlich gedeckt. Der erste, dem ich die Geschichte erzählt habe, war Gunter Rambow. Er hat für Seide viel gemacht, auch dieses berühmte Photo von ihm mit dem merkwürdigen kürbisähnlichen Kopf. Es gibt auch ein Werbeplakat von Rambow für die Zeitschrift *Egoist*. Es war ein hervorragendes Blatt. Adam Seide konnte so was, er war ein hervorragender Mann. Rambow hielt es für absolut unmöglich, daß ich von Adam Seide zweihundertfünfzig Mark bekommen hatte. Deshalb ist diese Geschichte in Frankfurt auch so weitverbreitet gewesen. Man erzählte sich, daß Adam Seide dem Chotjewitz zweihundertfünfzig Mark gezahlt hatte. Das war, als hätte man gesagt, die Paulskirche sei eingestürzt.

Ich war übrigens jahrzehntelang mit Adam Seide befreundet. Ich habe ihn kurz vor seinem Tode gesehen, bei einer Lesung hier in Stuttgart. Er hatte noch einen einzigen Zahn im Maul. Kein Mensch verstand ein Wort. Aus diesem zahnlosen Maul purzelten nur Laute heraus. Ich war der einzige, der den Text verstand, weil ich ihn vorher schon mal gelesen hatte – ein ausgezeichneter Text über eine Fliege. Er hat zwei richtig gute Romane geschrieben, die bei Rowohlt erschienen, *Im Zustand wie gesehen* zum Beispiel. Auch Ledig Rowohlt hat ihn verehrt. Adam war ein guter Literat, er hat bloß wenig geschrieben.

Den einen Zahn hat man nicht mehr lange. Das Phänomenale ist, daß dieser letzte Zahn immer größer wird. Wenn du keine Zähne mehr hast, bildet sich dein Zahnfleisch zurück. Dadurch wächst der letzte Zahn immer weiter raus. Am Schluß kann man ihn praktisch mit den Fingern rausziehen.

Du hast erzählt, daß du unter Schriftstellern wenige Freunde hattest.

Ich habe noch immer nicht viele.

Das hat sich nicht geändert?

Nee, nee, nee. Aber ich will dir sagen, welche Schriftsteller mir Magenbeschwerden bereitet haben. Das waren die Leute, die sich um die Platzhirsche herumgruppierten. Sie liefen wie Herdentiere den jeweiligen Moden hinterher. Als es plötzlich nicht mehr in Mode war, gegen den Vietnamkrieg oder den Kapitalismus zu sein, verteidigten sie plötzlich die kapitalistische Grundordnung, und als es plötzlich angesagt war, für den Krieg gegen Serbien zu sein, waren sie für den Krieg in Serbien. Unter literarischen Intellektuellen ist der Opportunismus weitverbreitet. Es muß nur ein Platzhirsch auftreten und die neue Linie verkünden, schon rennen alle hinterher, so lange, bis der sagt: Halt, Leute, falsche Richtung, es geht da lang! Und dann rennen sie woanders lang. Das sind zum Teil gar nicht mal so schlechte und unsympathische Schriftsteller. Hans Christoph Buch, mit dem ich befreundet war, schreibt wirklich sehr witzig und ist ganz gut, hat aber ständig Angst, ins falsche Abteil einzusteigen. Dazu kommt bei diesen Suhrkamp-Autoren, *Zeit*-Mitarbeitern und *Spiegel*-Schreibern das Bedürfnis, sich abzugrenzen und Klassenkeile zu verteilen. Diese fürchterlichen geistigen Abhängigkeiten machen einen fertig. Was sagt der Betrieb, wenn man sagt: Piwitt ist ein guter Schriftsteller? Der Betrieb sagt: Aber Piwitt hat doch mit der DKP sympathisiert! Irgend jemand sagte mal vor Jahrzehnten auf einem großen Schriftstellertreffen, ich sei ein Stalinist. Da bist du in diesen Kreisen ruiniert. Es prüft doch keiner nach, ob der Chotjewitz wirklich ein Stalinist ist. Die meisten wissen noch nicht mal, was ein Stalinist ist. Es reicht vollkommen, daß das Gerücht gestreut wird.

Was mich betrifft, habe ich Jahre später festgestellt, daß irgendein Idiot mal das Gerücht gestreut hatte, ich sei in der DKP. Das war für einen Schriftsteller seit den späten siebziger Jahren eine Art Todesurteil. Als ich das erfuhr, habe ich es nicht dementiert. Wo dementiert man, daß man in der Deutschen Kommunistischen Partei ist? Es wäre mir auch lächerlich vorgekommen, zu irgend jemandem zu sagen: Du, übrigens, das Gerücht, daß ich in der DKP sei, ist falsch. Mit solchen Methoden werden die Leute fertiggemacht. Ich habe jahrelang immer wieder gehört, ich sei in der DKP. Der Martin Walser hat um 1970 herum in einer großen Zeitung, vielleicht war es in der *Zeit*, geschrieben, er habe in Rom den, wörtlich: Dichter Chotjewitz getroffen, und der Dichter Chotjewitz habe gesagt: Um in der Bundesrepublik demokratische Verhältnisse einzuführen, müßten eigentlich erst mal ein paar zehntausend Leute an die Wand gestellt werden. So einen aberwitzigen Satz würde ich nie sagen. Mit diesem Satz wurde ich jahrelang konfrontiert. Weiß der Teufel, was ich gesagt habe. Ich weiß, daß ich mit Martin Walser mal in meinem Auto durch Rom gefahren bin, daß wir von einer Kneipe in die nächste gefahren sind, nachdem er einen Vortrag im Goethe-Institut gehalten hatte, das weiß ich. Wir haben uns gut unterhalten. Wir haben uns gut vertragen. Und ein paar Wochen später las ich, daß ich das gesagt haben sollte. Das ist es, was ich hasse.

Gab es in der Gruppe 47 und deren Umfeld auch ein paar integere Figuren? Peter Weiss?

Natürlich war Peter Weiss integer. Aber er schwebte über allem. Der war eine andere Klasse. Wir spielten Regionalliga, er war Champions League. Peter Weiss konnte sich erlauben, mit der DDR zu sympathisieren. Der konnte sich erlauben, gegen die USA zu polemisieren, sogar in den USA, auf der Tagung in Princeton, obwohl Günter Grass und viele andere gesagt haben: Wir unterstützen den Vietnamkrieg der USA. Peter Weiss konnte sich alles erlauben. Der war groß. Seine Bedeutung und sein Einfluß waren, gemessen an seiner literarischen Arbeit, ob man nun das Frühwerk oder die Theaterstücke oder auch *Die Ästhetik des Widerstandes* nimmt, erheblich. Ich fand immer sehr gut, was er gemacht hat, auch die Texte aus seiner Jugend, die jetzt aufgetaucht sind, über seine Familie, seinen Vater, tolle Texte, gute Texte, also nicht erst *Der Schatten des Körpers des Kutschers* und *Abschied von den Eltern*, doch daran gemessen war sein Ruf erstaunlich, das muß ich schon sagen. Natürlich war er besser als Lenz oder Walser oder Böll, gar keine Frage.

Ja, Peter Weiss war bestimmt integer. Doch ich würde zugleich sagen, daß er sehr auf sein Image und seinen Ruhm geachtet hat. Ich glaube, er hat genau kalkuliert, ob das, was er sagte und tat, ihm schaden könnte. Er hätte nie etwas gemacht, was ihm in der Bundesrepublik hätte schaden können.

Er hat auch seine Auftritte in der DDR so arrangiert, daß sie ihm in der Bundesrepublik nicht schaden konnten. Das heißt nicht, daß er ein Opportunist war. Wie er das hingekriegt hat, weiß ich nicht.

Die integeren Leute der Gruppe 47 kamen eher aus dem Fußvolk. Die Großen, Leute wie Helmut Heißenbüttel zum Beispiel, blieben wahrscheinlich nach innen integer, öffentlich haben die sich nicht geäußert. Wenn die vier Heiligen Drei Könige ihr Verdikt gesprochen und einen Text oder einen Autor über die Klinge hatten springen lassen, hat sich auch Helmut Heißenbüttel nicht eingeschaltet. Er hat das Maul gehalten. Ich habe erlebt, daß Walter Höllerer rausging, wenn er merkte, wie die Stimmung zuungunsten eines Autors, den er selber protegiert hatte, kippte. Er ließ seinen Mann da vorne im Stich, um nicht mit anhören zu müssen, wie der fertiggemacht wurde. Und dann kam er wieder rein. Sein Protegé kroch auf allen vieren raus, weil er erledigt war.

Ich war zweimal bei der Gruppe 47. Ich glaube, daß nur selten kontrovers diskutiert wurde. Entweder schrieen sie alle ja, oder sie schrieen alle nein. Entweder schrieen sie alle hoch, oder sie schrieen alle nieder. Sie haben Autoren hochgejubelt, die Nullen waren. Und sie haben Autoren zerrissen, die auf jeden Fall nicht so schlecht waren, wie sie hinterher aussahen – einfach deswegen, weil hundert Leute im Saal saßen, von denen fünf oder sechs ihr Urteil präsentierten, und die anderen haben das Maul gehalten. Auch über Politik ist nicht kontrovers diskutiert worden. Politik war: SPD und Gewerkschaft. Deshalb zerbrach die Gruppe 47, als die APO groß wurde.

Hinter den Kulissen wurde gekungelt. Es gibt einen Band mit Briefen an Hans Werner Richter, den kaum jemand kennt. Da schreibt Walter Jens an Hans Werner Richter: Entschuldige, daß ich diesmal nicht komme, vielleicht komme ich nie wieder. Und dann beschreibt er, was für entsetzliche junge Autoren eingeladen worden seien, die könne er sich nicht anhören. Da schreibt dieser Jakobiner über Autoren, die er nicht kennt, in einer derart abfälligen Weise, daß du dich fragst: Ist das der Jens, den wir als aufrechten Intellektuellen kennen?

Jens hat zwei oder drei Pseudokafkaepigonalromane geschrieben.

Ich kenne nicht viel von ihm. Sein Stück über Philoktet ist nicht halb so gut wie das von Heiner Müller. Als Rhetoriker ist er leicht zu durchschauen. Was steht denn noch auf deiner Liste?

Heidelberg hast du gehaßt, oder?

Nicht gehaßt.

Weil die Stadt so unversehrt war?

Nicht nur. Da gibt es eine Episode, die ich erzählen könnte. 1951 schwang ich mich im zarten Alter von siebzehn Jahren auf ein Fahrrad, das schon nach ein paar Kilometern kaputtging, um von Schachten aus die Welt kennenzulernen. Ich fuhr sechs Wochen durch den Süden der Bundesrepublik, rüber bis nach Salzburg und Innsbruck, anschließend über den Brenner runter nach Südtirol, bis an den Gardasee, um dann über Mailand und durch Frankreich wieder zurückzufahren. Es war damals sehr angenehm, mit dem Fahrrad unterwegs zu sein. Es fuhren kaum Autos. Alle halbe Stunde kam mal eins vorbei, noch seltener ein schnaufender, langsamer Lastwagen. Die Lastwagen wurden noch mit einem sogenannten Holzvergaser angetrieben. Holzvergaser waren große Kessel, die auf der Ladefläche standen. Die brachten nicht viel Leistung. Mit Rückenwind kamen die vielleicht auf dreißig, vierzig Stundenkilometer, bergauf vielleicht auf zehn, fünfzehn. Man hörte sie aus weiter Ferne herankommen, und sie fuhren an Steigungen so langsam an einem vorbei, daß man sich irgendwo festhalten und den Berg hochziehen lassen konnte.

Man konnte sich auch ohne Geld relativ leicht ernähren. Damals gab es vor allem in Städten noch die Angewohnheit, daß morgens die Bäcker durch den Ort gingen und vor jede Haustür eine Tüte Brötchen stellten. Dann kam der Milchmann und stellte vor jede Haustür eine Flasche Milch. Man kam mit dem, was auf den Feldern wuchs, und dem, was man vor den Haustüren klaute, über die Runden. Man schlief meistens in Jugendherbergen, das kostete so gut wie nichts. So fuhr ich durch Europa und schaute mir die Städte, die Kleinstädte, die Landschaften an. Weil es kein Fernsehen gab, war selbst ein bayerischer Kirchturm eine Sensation. Ich guckte mir all die zerstörten Städte an, das zerstörte Frankfurt, das zerstörte Nürnberg. Nürnberg war wunderbar zerstört. Ich guckte mir das zerstörte München an. München war fast noch eine Steigerung. Dieses völlig zerstörte München war großartig. Und ich guckte mir, als ich über Frankreich zurückkam, das zerstörte Köln an. Ich habe auf dieser Reise ein halbes Dutzend zerstörter Großstädte genossen. Da entstand meine Liebe zu den Trümmerstädten. Aber ich kam auch in unversehrte Städte. Die erste war Heidelberg. Und deshalb hat mir Heidelberg nicht so gefallen.

In Heidelberg war die Restauration schon 1951 mit den Händen zu greifen. Da liefen die Verbindungsstudenten mit ihren Bändern und Mützen rum, oder sie saßen vor den Schenken, sangen weinselige Lieder und prosteten sich zu. Sie trugen Anzüge und Uhrketten und sahen aus wie ihre Großväter. Ich muß offen zugeben, daß ich sie auch beneidet habe, weil sie so gut angezogen waren und offensichtlich Geld hatten. Ich hatte mich lange im Verdacht, in meiner Jugend unter dem, was Heiner Geißler Sozialneid nannte, zu leiden. Ich habe das später, als ich in Kassel Musik studierte, noch öfter gemerkt. Die Mädchen und Jungs, alle ungefähr in meinem Alter, kamen aus den Kreisen des Bürgertums. Sonst studierte man damals nicht am Konservatorium. Die Mädchen waren alle wunderbar angezogen, und sie waren pieksauber. Sie hatten Taschengeld, sie hatten Klavierstunden. Die Jungs hatten richtiges Schuhwerk an, und ich lief barfuß rum. Einerseits habe ich sie gemocht, andererseits um ihren Wohlstand beneidet.

1948 mußte ich die Schule verlassen, um einen Beruf zu ergreifen. Mein Vater meinte, ich müsse irgendwas lernen, damit ich meine Mutter und meinen kleinen Bruder ernähren könne, wenn er gestorben sei. Also durfte ich mit vierzehn Jahren nicht weiterlernen und mußte als Malerlehrling und später als Geselle mein Leben fristen. Die anderen durften weiter zur Schule gehen. Vielleicht hat es ihnen nicht mal Spaß gemacht, aber ich habe es vermißt und die Bürgerkinder beneidet. Damals gingen nur Bürgerkinder aufs Gymnasium. Nur sieben Prozent der Schüler in Westdeutschland gingen aufs Gymnasium. Wenn du vom Dorf kamst – Cordula hat mir das erzählt, sie kommt aus bescheidenen Verhältnissen im Südschwarzwald –, bist du regelrecht diskriminiert worden, noch zwanzig Jahre später. Solche Erfahrungen haben offensichtlich mein Klassenbewußtsein geschärft.

Ich komme also nach Heidelberg rein und sehe, wie diese bürgerliche Mischpoche lebt. Es war die erste Stadt, in der ich das sah. In anderen Städten lag es nicht so klar vor Augen. Und die Dummheit der Klischees – »Alt-Heidelberg, du feine«, »Ich hab' mein Herz in Heidelberg verloren«. Daß Jaspers in Heidelberg war, ändert nichts daran, daß es der Inbegriff der bürgerlichen Dummheit der aufsteigenden Bundesrepublik gewesen ist.

Andererseits war bürgerliche Kunst für dich eine Art Leitbild. Unter diesem Aspekt hast du zum Beispiel deine Tage in der Bibliothek in Kassel beschrieben.

Das ist klar. Man kann fast sagen, daß alle große Kunst des Abendlandes seit dem ausgehenden Mittelalter bürgerliche Kunst ist. Der Feudaladel hinkte hinterher, zumindest, was die Kunst betrifft. Seit der Renaissance ist alles Progressive bürgerlich. Selbstverständlich gibt es kirchliche Kunst. Aber auch die Kirchen, die von Giotto ausgemalt wurden, haben die Bürger bezahlt. Die Kirche hat nichts bezahlt. Alle großen Dome dieser Welt sind von Bürgern gebaut und bezahlt worden, von bürgerlichen Baumeistern erbaut, von bürgerlichen Bauhandwerkern gebaut, von bürgerlichen Gesellschaften so gewollt, ob in Frankreich, in Italien oder in Deutschland. Und wenn man große Kunst mag, wenn man große Literatur mag, muß man konzedieren, daß das Bürgertum eine enorme kulturelle Leistung erbracht hat, später auch in Wissenschaft und Technik. Man muß das Bürgertum als politische Klasse, nicht was seine wissenschaftlichen Leistungen betrifft, spätestens ab dem 19. Jahrhundert ablehnen, andererseits muß man zugeben, daß es in mancher Hinsicht noch immer eine kreative gesellschaftliche Formation ist.

Auch Marx hat das Bürgertum als gesellschaftliche Umwälzungskraft gepriesen.

Ja, das muß man als Linker so sehen. Das Feudalwesen und das Sklavenhalterwesen, das übrigens noch weit ins Feudalwesen hineinreichte, wären nicht beseitigt worden, wenn das nicht die bürgerliche Klasse getan hätte. Die bürgerliche Klasse hat das Mittelalter überwunden. Nicht die feudale, die bürgerliche Klasse hat die Bauern befreit.

Alles Ständische und Stehende verdampft.

Ja, aber so, wie sich das Bürgertum 1951 in Heidelberg präsentierte, war es die Klasse, die Deutschland ins Unglück gestürzt hatte und jetzt so tat, als sei sie es nicht gewesen. Sie feierte fröhliche Urstände und sagte prost.

Ein schönes Zitat noch aus der Insel: *»Ich haßte Willy Brandt, der uns jeden Samstag im Sender SFB mit seiner Kolumne ›Wo uns der Schuh drückt‹ auf die Eier ging.«*

Das hat er getan. Kennst du die Reihe?

Die kenne ich nicht. Aber daß er ein übler Kalter Krieger und Nationalist war, ist ja bekannt.

Die Reihe war großartig. Ich hörte die jeden Samstag. Eine Folge dauerte bestimmt zehn Minuten. Lange bevor er zur Lichtgestalt der Arschlöcher wurde, hat er schon in den frühen sechziger Jahren nichts ausgelassen. Vielleicht hat er es selber gemerkt und ist deshalb zum Alkoholiker geworden.

Berlin ging dir ziemlich schnell auf den Geist, oder? Das war mein Gefühl beim Lesen.

Ich bin 1967 gern weggegangen und hatte nie Probleme damit, nicht mehr dauerhaft zurückzukehren. Ich war allerdings noch oft da. 1975 habe ich mal drei Monate am Mariannenplatz gewohnt. Ich habe aus dem Fenster geguckt und die türkischen Großfamilien beobachtet, die auf dem Mariannenplatz grillten. Ich habe sie geliebt. Ich finde nach wie vor, daß Berlin in Ordnung ist. Das ist die eine Seite. Auf der anderen Seite geht es einem unglaublich auf die Eier. Und was mich am meisten stört, sind die Nichtberliner, die in Berlin leben und meinen, Berlin sei was.

Jetzt höre ich auf, in meinen Papieren zu wühlen.

Nein, ich finde es gut, ich finde es in Ordnung, denn es muß alles gesagt werden.

Astrid Proll erzählt in einem Text zu einer RAF-Ausstellung irgendwo, sie habe in Rom ein Auto geklaut, und Baader habe sie deshalb harsch zurechtgewiesen, weil das die Aufmerksamkeit auf sie lenken würde. Sie sagt, der Baader sei vollkommen paranoid gewesen.

Es war, glaube ich, ein Alfa Romeo, ein rotes Cabrio, das sie aus einer Tiefgarage geklaut hat. Sie hatte Andreas nicht gefragt und das auch nicht mit den anderen Genossen besprochen. Ich meine, wenn man sich in so einer Situation befindet, muß man mit den anderen diskutieren, ob es richtig wäre, ein Auto zu klauen. Ein zweites Auto könnte ja nicht schaden. Ich denke, daß Andreas da recht hatte. Was will man in so einer Situation mit einem auffälligen roten, zweisitzigen Cabrio eigentlich anfangen? Ich würde sein Verhalten nicht als paranoid bezeichnen. Wenn man auf der Flucht ist und sich einbildet, es sei einem gelungen zu fliehen, denn de facto wurden sie ja beschattet, dann klaut man ein unauffälliges Auto. Das Auto, mit dem sie unterwegs waren – ein geräumiger alter Mercedes, in dem vier, fünf Leute plus Gepäck Platz hatten –, war ein unauffälliges Auto, schon, weil es nicht geklaut war. Von den Dingern fuhren damals in Rom einige tausend rum.

Der Klau war unklug. Astrid Proll ist ja mit dem Sportwagen dann auch abgehauen. Sie nahm noch dazu das Tonbandgerät der beiden mit, warum, weiß ich nicht. Vielleicht hat es sogar ihr gehört. Aber die brauchten das. Wie das Verhältnis zwischen ihnen war, weiß ich nicht, aber es kann nicht schlecht gewesen sein, denn Astrid war von Anfang an bei der RAF und war im Knast immer solidarisch. Als in Kassel an einem Tag zwei Banken gemacht wurden, war am nächsten Tag die Polizei bei meinen Eltern, hat die Wohnung durchsucht und nach mir gesucht, eventuell weil Astrid und ihr Bruder Thorwald aus Kassel stammten. Offensichtlich wußte die Polizei, daß ich in Rom mit ihr Kontakt hatte. Vielleicht war ich ja sogar an den Banküberfällen beteiligt gewesen und saß bei meinen Eltern im Wohnzimmer auf dem Sofa.

Kurz, man mußte vorsichtig sein, und die RAF hat am Anfang die Methoden der Fahnder unterschätzt, aber das besserte sich bald, und ab 1974 wurden kaum noch Fehler gemacht. Andreas hat schon nach seiner Verhaftung mit meinem Paß in Berlin 1970 keine Fehler mehr gemacht. Die Ereignisse, die zu seiner späteren Verhaftung in Frankfurt geführt haben, beruhten nicht auf einem Fehler von ihm, soweit ich das weiß. Er hat professionell gearbeitet, und wie man Vorsicht mit Paranoia verwechseln kann, das ist für mich ein bißchen schleierhaft. Doch ich will jetzt nicht mit Astrid hadern. Ich habe sie seit Jahrzehnten nicht gesehen und nie Probleme mit ihr gehabt. Ihren Bruder Thorwald sah ich mal, vor einigen Jahren. Er ist ein richtig guter Buchhändler.

Na?

Machen wir Schluß?

Nein, du hast noch Fragen!

Fragen habe ich nicht mehr. Ich habe noch einen schönen Satz von dir: »1968 war allerlei los. Bloß nicht 1968.«

Der Satz stimmt.

Fand ich auch.

Dazu braucht man nicht viel zu sagen.

Wann brach eigentlich die Anerkennung durch das bürgerliche Feuilleton ab? Ich habe eine sehr beachtliche Besprechung von Heinz Ludwig Arnold in der FAZ *gefunden.*

Über?

Über das Wespennest.

So?

Aber die anderen großen, positiven Kritiken stammen aus den sechziger und frühen siebziger Jahren. Hat das was mit der RAF-Geschichte zu tun? Warst du dadurch diskreditiert?

Vielleicht auch. Aber ich bin aus einigen Zusammenhängen schon früher rausgeflogen, weil ich nach den beiden Tagungen der Gruppe 47, an denen ich teilgenommen hatte, am Wannsee 1965 und in Princeton 1966, jeweils mehrere Artikel geschrieben hatte, so wie später über den PEN und dessen Jahrestagungen. Darüber gibt es eine Korrespondenz. Fritz J. Raddatz zum Beispiel, der mich bei Rowohlt sehr gefördert und auch dafür gesorgt hatte, daß ich gute Besprechungen in den Feuilletons bekam, schrieb mir einen Brief, in dem stand: Ich sorge dafür, daß Sie zu einer Tagung der Gruppe 47 eingeladen werden, und Sie schreiben solche Artikel. Der gab offen zu: Wenn man eingeladen wird, hat man Gefälligkeits- und Jubelkritiken zu schreiben. Aus bestimmten Zusammenhängen bin ich schon Ende der sechziger Jahre rausgefallen. Ich weiß nicht mehr, wie lange ich in der *FAZ* schreiben durfte. Irgendwann habe ich die falschen Begriffe gebraucht, und Karl Korn dekretierte: Der schreibt nicht mehr bei uns. Ich weiß definitiv, daß es ein Dekret vom Herausgeber war. Es genügte wahrscheinlich, daß du ein paar falsche Formulierungen benutzt hattest, denn einen Aufruf zum Klassenkampf habe ich in der *FAZ* sicher nicht lanciert. Auf diese Art habe ich immer wieder Hinweise darauf gekriegt, wieviel man falsch machen kann, wie leicht du aus Zusammenhängen rausfliegst, obwohl du dachtest, das sei mindestens durch die Meinungsfreiheit gedeckt. Das ist mir oft passiert. Ich glaube, daß die wenigsten wußten, wie sehr ich mit der Sowjetunion sympathisiert habe. Aber das bißchen, was nach außen gedrungen ist, hat möglicherweise gereicht, damit sie sagten: Na, wir lassen lieber mal die Finger von diesem Burschen. Mindestens ein ebenso wichtiger Ausschlußgrund war, daß ich, spätestens nachdem *Der dreißigjährige Friede* erschienen war, mit der DKP sympathisiert habe und daß ich gegen die Verherrlichung von Biermann war. Ich habe meine Abneigung gegen Biermann öffentlich artikuliert. Das war genauso schlimm.

Solche Fehler summieren sich, und irgendwann gehörst du zu den Schmuddelkindern. Ich bin immer in die Fettnäpfchen getreten, meistens, ohne es überhaupt zu merken. Kleines Beispiel: Mein Vater drängelte, nachdem ich das Erste Staatsexamen hatte: Junge, jetzt stehen dir alle Möglichkeiten offen, was willst du mit einem Zweiten Staatsexamen, such dir eine ordentliche Tätigkeit. Ich habe mich ihm zuliebe sowohl in Frankfurt als auch in Kassel bei ein paar Firmen vorgestellt, bei Baufirmen, Versicherungsfirmen, sogar bei Neckermann habe ich mich vorgestellt. Ich bin mit keinem Personalchef warm geworden. Nach ein paar Minuten war spürbar, obwohl ich mich ordentlich angezogen hatte, was die dachten: Der ist nichts für uns. In diesem Milieu – und das gilt genauso für das Intellektuellen-, für das Literatenmilieu – riechen die, ob du dazupaßt oder nicht. Du kannst dich noch so sehr verkleiden und verstellen, sie riechen: Das ist keiner von uns.

Da hilft keine Kunst, keine Lebenskunst mehr.

Genau. Vielleicht lächelt man an der falschen Stelle. Man macht eine kurze Bemerkung an der falschen Stelle. Es mag wirklich sein, daß man die eigenen Fehler, die man in bestimmten Milieus begeht, nicht bemerkt. Ich habe mich mal mit einem deutschen Diplomaten in Belgrad unterhalten. Da habe ich festgestellt, daß man in diesen Kreisen Maßanzug tragen muß. Ich habe nicht gewußt, woran man den Unterschied zwischen einem gutgeschnittenen Herrenanzug und einem Maßanzug erkennt. Man erkennt ihn daran, daß man die Knöpfe bei Maßanzügen aufmachen kann und bei Konfektionsware nicht. Deshalb läßt man in bestimmten Kreisen einen dieser Knöpfe offen. Du merkst gar nicht, daß ein Knopf offen ist. Und dein Gegenüber sieht: Du hast keinen Maßanzug an. Diese Zeichen sind für unsereinen unsichtbar. Was hast du noch für Zitate gefunden?

Ich glaube, jetzt habe ich nichts mehr.

Doch, du hast zweiundvierzig Seiten.

»Hermann Nitsch am 13. Juni 1966 in meiner Berliner Wohnung in der Leibnizstraße, nachdem er sein erstes Lamm mit bloßen Händen ausgenommen hatte: ›Ich will Kunst machen, große Kunst wie Michelangelo und Leonardo!‹«

Ja, diese Bemerkung hat mich damals überrascht. Ich fand seine Aktion in Ordnung. Ich hatte nichts dagegen. Aber was das mit Michelangelo zu tun hatte, habe ich nicht begriffen. Deshalb habe ich es zitiert. Er war ein Klerikalneurotiker. Er kleidete sich immer kirchlich. Wäre man in Rom gewesen, hätte man ihn mit einem Prälaten verwechseln können. Er hat diese armen Lämmer ja nicht nur geschlachtet, sondern auch gekreuzigt.

Du zitierst das in einem Aufsatz, in dem du aus der Avantgarde die Luft rausläßt.

Ja, das muß man wohl auch tun. Zumindest muß man den Begriff stark relativieren.

Und du weist darauf hin, daß die Avantgardekunst in der Regel von den reaktionären Kräften goutiert wird, während die fortschrittlichen politischen Kräfte künstlerisch konventionelle Formen bevorzugen.

Das stimmt ja auch. Was allerdings nichts daran ändert, daß ich mich eher zu den ästhetischen Avantgarden hingezogen fühle. Andererseits weiß ich inzwischen, wie reaktionär oftmals die Gedanken und Personen sind, die dahinterstehen. Es muß einem auch zu denken geben, wie schnell aus der Avantgarde die Retrogarde wird. Viele richtige, gute Reaktionäre waren in ihrer Jugend Avantgardisten. Das gilt für die Politik genauso.

Für dich gilt der berühmte Churchill-Satz aber nicht.

Welcher?

Daß man in seiner Jugend Kommunist gewesen sein muß, und wenn man erwachsen ist, ist man ein Konservativer. So ungefähr.

Ich dachte immer, das sei von Willy Brandt.

Nein, das ist von Churchill.

Nun gut, ich muß sagen, wenn er das so gesagt hat, dann hat er nicht aus Erfahrung gesprochen. Er ist schon als Reaktionär auf die Welt gekommen. Ein interessanter Reaktionär. Hat mal den Nobelpreis gekriegt.

Ja, als Schriftsteller.

Ja, den Nobelpreis für Literatur.

Und er hat auch …

… gemalt …

… und nicht unwesentlich dazu beigetragen, die Nazis in die Knie zu zwingen.

Ja, ja, natürlich.

Aber er hat hinterher auch gesagt – ebenfalls ein berühmter Satz –: »Wir haben das falsche Schwein geschlachtet.«

Na, also, ich glaube nicht, daß Churchill jemals retrospektiv zum Anhänger der Nazis geworden ist.

Nein, natürlich nicht, aber den Satz hat er gesagt.

Sagen wir es so: Dadurch, daß ich mich mit Stalin beschäftigt habe, weiß ich einiges über das Verhältnis von Churchill zu Stalin. Stalin kriegte seinen Pfeifentabak von Churchill geschickt, und sie haben sich mal im Kreml die Kante gegeben. Ich denke, Churchill hat Stalin auch verehrt. Er hat ihn einerseits als Protagonisten einer gesellschaftlichen Entwicklung betrachtet, die ihm zuwider war, andererseits hat er Stalins unglaubliches

Machtgeschick bewundert. Churchill war, ähnlich wie Stalin, ein Politiker vom Bismarckschen Schlage. Es war äußerst raffiniert, wie er, ehe die Nazis die Sowjetunion überfielen, auf Stalin zuging. Ihm war klar: Das ist mein Verbündeter im Kampf gegen Deutschland. Obwohl die Sowjetunion der große Antagonist war, hätte er niemals zulassen können, daß Hitlers Weltmachtträume realisiert werden. Er mußte die Nazis zerschlagen, nicht nur, weil sie Verbrecher waren, sondern es lag einfach in seinem politischen Denken, daß es keine dritte Großmacht in Europa geben durfte. Schlimm genug, daß es zwei Großmächte gab, nämlich England und Frankreich. Er brauchte die Sowjetunion. Hätte die Sowjetunion nicht zurückgeschlagen, hätte Churchill mit den Beinen strampeln können, er hätte Deutschland nicht kleingekriegt, jedenfalls nicht so schnell und nicht so effektiv. Andererseits wollte er vermeiden, daß die Sowjetunion durch diesen Krieg noch größer und mächtiger wird. Also, was hat er gemacht? Er hat Stalin zunächst mal hängenlassen. Und erst, als es unbedingt sein mußte, hat er Stalin und die Sowjetunion unterstützt. Wie lange er gezögert hat, der bedrängten Sowjetunion zu Hilfe zu kommen, das ist unglaublich. Im Kreml haben sie sich die Haare gerauft. Wann kommen endlich die zehntausend Lastwagen, die wir brauchen? Daran sieht man, wie gespielt wurde. Und später mußte er vermeiden, daß die Sowjetarmee zu weit nach Westen vorrückt. Das war alles hervorragend kalkuliert – deshalb so ein Satz. Doch er brauchte die Sowjetunion, um sein Machtspiel zu gewinnen und zu vermeiden, daß Deutschland eine Großmacht wird.

Außerdem hat er immer gewußt, daß man die Sowjetunion nicht besiegen kann, zumindest nicht mit den Mitteln der traditionellen Kriegsführung. Die Sowjetunion konnte man nach 1945 nur in einem langen Kalten Krieg besiegen. Das ist ja dann auch gelungen. Von einem Krieg gegen die Sowjetunion hätte Churchill nie geträumt. Abgesehen davon hatten die Engländer schon nach dem Ersten Weltkrieg versucht, den Sozialismus zu verhindern. Guckt man sich die Landkarte von 1919 an, dann sieht man, wie tief die britischen Interventionsarmeen nach der Oktoberrevolution im Gebiet der späteren Sowjetunion standen. Trotzki hatte eine wahnsinnige Mühe, die wieder rauszuschmeißen. Die Engländer hatten damals versucht, die Oktoberrevolution zu liquidieren, und wußten deshalb: Militärisch geht das nicht. Da war Churchill schon Erster Lord der Admiralität gewesen. Also, tutto sommato: Ich halte Churchill für eine interessante Persönlichkeit und freue mich immer, daß viele meiner Freunde Churchill hassen.

Ich hasse ihn nicht.

Sehr vernünftig. Ich bin übrigens erst kürzlich noch mal auf ihn gestoßen. Meine Schwiegertochter, die Frau meines ältesten Sohnes, die Kunsthistorikerin, recherchiert seit einiger Zeit über die Baugeschichte von Schloß Cecilienhof in Potsdam. Ich wäre nie auf die Idee gekommen, daß es ein Problem sein könnte. Sie macht das im Auftrag der Stiftung Preußischer Kulturbesitz. Und da sehe ich dann immer dieses Photo, auf dem die großen drei, damals noch ohne de Gaulle, in Babelsberg in ihren Fauteuils sitzen, Churchill, Truman und Gastgeber Stalin. Ein imponierendes Bild. Es drückt eine Epoche aus, eine unglaubliche historische Situation. Früher hätte ein Historienmaler, David zum Beispiel, einen riesigen Schinken gemalt. Im 20. Jahrhundert begnügt man sich mit einem Photo. Es gibt auch Filmaufnahmen. An irgendeiner Stelle reicht jemand Truman einen Zettel, auf dem steht, daß das mit der Atombombenexplosion in Nevada geklappt hat. Truman verzieht keine Miene, aber er weiß: Jetzt habe ich das Mittel in der Hand, um diesen Stalin in die Schranken zu weisen. Ich muß ihm nur noch zeigen, wie das Ding funktioniert und was dadurch alles kaputtgeht, deshalb wirft er die zwei Bomben auf Japan. Und Stalin sitzt mit versteinerter Miene daneben und gibt mit keiner Geste zu erkennen, daß er es längst weiß. Das ist Schloß Cecilienhof.

Die wollen, glaube ich, eine Gedenkstätte daraus machen. Das kann man nach dem Ende des Kalten Krieges und der Wiedervereinigung ja machen. Ich glaube, die wollen alles wieder so herrichten, wie es ausgesehen hat, als Churchill, Truman und Stalin da saßen. Es ist schon interessant, wie sich eine ganze Epoche manchmal in einem einzigen Photo ausdrückt. Ich glaube nicht, daß die historische Dimension dieses Schlosses in Babelsberg im öffentlichen Bewußtsein präsent ist, daß das begriffen wird.

Ich finde den Job interessant, den meine Schwiegertochter da bei der Schlösserverwaltung macht. Einmal hat sie das Marmorpalais möbliert. Die meisten Leute wissen nicht, daß es das überhaupt gibt, oder sie sehen es im Vorbeigehen und wissen nicht, was das ist. Das Marmorpalais war gewissermaßen das Eigenheim von Kaiser Wilhelm II. Da hat seine Frau etliche ihrer vielen Kindern bekommen. Man kann das Kämmerchen besichtigen, in dem das Wochenbett stand. All die Prinzessinnen und Prinzen, die letzten Hohenzollern, sind in einer Abstellkammer eines relativ bescheidenen Schlosses zur Welt gekommen. Marmorpalais.

Ich weiß es auch nur durch meine Schwiegertochter, die das Ding möblieren mußte. Man weiß nach hundert Jahren ja nicht mehr, welche Möbel da einst standen. Sie mußte an Hand von Akten versuchen, in irgendwelchen Schlössern Möbel zu finden, die wenigstens eine gewisse Ähnlichkeit mit den Möbeln hatten, zwischen denen die hochschwangere Frau von Kaiser Wilhelm rumlief, bevor sie wieder ins Kindbett mußte.

Sie hat mich da mal durchgeführt, nachdem sie es eingerichtet hatte. Sie konnte mir auch erklären, warum ein bestimmtes Sofa an einer bestimmten Stelle steht. Ich will nur hoffen, daß Goebbels nicht auch auf diesem Sofa gesessen hat.

Nachwort

»Ich weiß ein bißchen was. Das erzähle ich, und ich habe eine Meinung, und die vertrete ich, so gut ich kann und so, wie es der Gegenstand erfordert.«

»Es schien ihm, als könne er aus dem Leben doch eine Einheit und Kontinuität kristallisieren, wenn er sich nur in jedem Augenblick aller vorangegangenen Augenblicke bewußt war, was natürlich unmöglich war und was er auch niemals versuchte, außer während einiger Augenblicke im Herbst, wenn er spürbar älter wurde.«

»Ich habe meistens am Schreibtisch oder in der Kneipe gesessen und viel gelegen. Mal Holz hacken oder Wiese mähen aus praktischen Erwägungen gut.«

Im August vergangenen Jahres rief mich Peter Grosshaus an. Daß es Pit nicht gutging, wußte ich, aber die jüngste Prognose war besorgniserregend.

Pit und Cordula hatten Peter in Wetzlar besucht, und sie hatten auch über Pits Lebenserinnerungen gesprochen. Jetzt fragte mich Peter: »Könntest du dir das vorstellen? Mit Pit ein langes Gespräch zu führen, es aufzuzeichnen und daraus ein Buch zu machen?«

Nach zwei Tagen Bedenkzeit sagte ich zu. Ich war mir nicht sicher gewesen, ob ich der Aufgabe gewachsen sein würde, doch Menschen, die mir sehr nahestehen, hatten mir empathisch-nachdrücklich geraten, die Aufgabe anzunehmen.

Pit war unterdessen mit Cordula zu einer Reise zu einigen Stätten seiner Kindheit aufgebrochen. Wir telephonierten ein paarmal und besprachen in groben Zügen, wie wir vorgehen sollten. Als ich sagte, daß ich mir den September frei hielte, sagte Pit: »Wenn du mich fragst, dann am liebsten so bald wie möglich.«

Am 1. September fuhr ich nach Stuttgart. Als ich die Treppe raufkam, lehnte Pit an der Balustrade der Loggia und grinste – schelmisch, bübisch, ich weiß nicht, wie ich es ausdrücken soll. »Um drei bist du da, hab' ich doch gesagt.«

Wir machten uns zügig an die Arbeit. Das heißt: Mein Part bestand im wesentlichen darin, die Aufnahmegeräte zu überprüfen und zu starten und Pit zuzuhören. Sollte ich schildern, was für ein Abenteuer das Zuhören sein kann, würde ich von den vielen Stunden an einem kleinen Tisch in Pits Wintergarten, der nicht größer als ein Alkoven ist, erzählen, ich würde von Pits Freude am Berichten zu sprechen versuchen, auch von der Freude an der Polemik, am Widerspruch, am Uz und am Wortspiel, von der Kraft, die das Erinnern mobilisiert und gleichermaßen kostet. Nachts, bisweilen frühmorgens, wenn ich die Rekorder ausschaltete, war ich deutlich erschöpfter – erschöpft in einem durch und durch guten, erfüllenden Sinne – als Pit. Jedenfalls hatte ich den Eindruck, oder Pit ließ sich nichts anmerken.

Natürlich hatte ich mich vorbereitet und einen Haufen Exzerpte dabei, doch wir hatten vereinbart, daß ich mit Zwischenfragen und -kommentaren sparsam umgehen, daß ich ihn nur unterbrechen sollte, wenn es unerläßlich war.

Pit hatte sich gleichfalls präpariert und Papiere mit Stichworten und einen Fahrplan vor sich liegen, der zwölf Erzählblöcke vorsah, die mit Ortsnamen versehen waren. Diese Gliederung hat er später revidiert. Am 30. November schrieb er: »Die Takes habe ich aufgelöst und statt dessen Kapiteleinteilungen vorgenommen mit Überschriften. Die topographischen Zuschreibungen wurden ohnehin nur selten scharf eingehalten.«

Ich werde diese Tage vom 1. bis zum 4. September nie vergessen, keine Minute von ihnen. Wir haben viel gelacht, Pit hat gesungen, zwischendurch kochten Cordula und er, wir hörten Musik und plauderten ausschweifend, auch wenn wir nicht arbeiteten. Nach dem letzten Take – nein, schon während des Interviews zum Abschluß – tranken wir Single Malt, bis wir ordentlich besoffen waren.

Katharina Rehse hat die Bänder, insgesamt knapp dreißig Stunden, eins zu eins transkribiert – keine leichte Arbeit, mindestens das darf ich sagen, und ich möchte Katharina an dieser Stelle noch mal danken.

Fürs Redigieren ließ mir Pit uneingeschränkt freie Hand: »Mach aus meinem Gelaber einen Text. Schmeiß raus, formuliere um, bau die Sätze um, stell ganze Passagen um.«

Ursprünglich wollte sich Pit erst das fertige Typoskript anschauen. Geplant war auch eine Art Ergänzungsgespräch in Stuttgart. Am 5. September schrieb Pit: »Wir werden, müssen mein Gelaber so zusammenstreichen, daß noch locker zwanzig Seiten reinpassen an den Stellen, wo sie reingehören. Ein bißchen was habe ich vergessen zu erwähnen in der Eile. Gestern abend hab' ich mir den alten Lester-Film im TV reingepfiffen, *Help*, mit Ringo, George, Paul und John, Mitte der sechziger Jahre, und ich sollte mit ein paar Sätzen erwähnen, wie diese Art von Humor, den auch die damaligen Sketche von Monty Python pflegen, meinen Roman *Die Insel* beeinflußt hat. Gemerkt hat's damals nur einer, ausgerechnet der blöde Karasek, der in seiner ellenlangen Jubelrezension auf den Atlantikschwimmer in *Help* hinwies als Vorbild für eine der Figuren, die durch meinen Roman strolchen.«

Mein Redigat zog sich allerdings in die Länge. Ich habe in zwei Durchgängen nahezu jeden Satz umgestellt (wir reden nun einmal beinahe alle agrammatikalisch), Füllsel, Partikeln, Wiederholungen et cetera gestrichen, hie und da Synonyme gewählt, da und dort behutsam umformuliert, aber streng darauf geachtet, daß der Erzählrhythmus, die Abfolge und die Struktur erhalten blieben, inklusive der Kurven, Abzweigungen, Sprünge.

Ende Oktober verschlechterte sich Pits Zustand, und er bat um Zusendung der bereits fertigen Kapitel. Am 8. November schrieb er: »Bin selber überrascht, was ich alles erzählt habe.«

In der Folge arbeiteten wir parallel, Ende November schickte mir Pit seine Fassung des vollständigen Textes. Er hatte ergänzt, gestrichen – mitunter auch längere Abschnitte –, kürzere Passagen umgestellt, Formulierungen, insbesondere auf bestimmte Personen gemünzte, entschärft. Diese Fassung habe ich noch einmal lektoriert, sie ist hier zu lesen.

Am 2. Dezember rief Pit an und fragte, ob ich so rasch wie möglich nach Stuttgart kommen könne.

Er lag auf dem Bett, ich durchforstete Kisten mit Photos, wählte aus, reichte ihm die Abzüge, und Pit notierte die Bildlegenden.

Am Abend saßen wir in seinem Arbeitszimmer, Pit schenkte mir eine Flasche edlen Schnaps, wir redeten, ich trank Rotwein, und irgendwann sagte Pit: »Ich hab' überhaupt keinen Bock mehr auf diese Schreibmaschine. Jeder Mensch darf mit fünfundsechzig in Rente gehen. Ich bin jetzt sechsundsiebzig, ich hab' keinen Bock mehr. Jetzt ist Schluß.«

Und ein paar Minuten später: »Und, übrigens, was hat Lenin gesagt? Alle Betriebe müssen wie die Post organisiert werden.« Und: »Bob Dylan müßte den Nobelpreis bekommen.«

Dann hörten wir Buddy Holly. »That'll Be The Day«. »Das werde ich vermissen«, sagte Pit.

Im November war das wunderbare Buch *49 VIPs* (Bielefeld/Leipzig/Berlin 2010) von Cordula und Pit erschienen. Das Gedicht »Selbstzeugnis« lautet: »Tierischer Herkunft / nicht ohne Charakter / nicht zu gebrauchen«. Das Gedicht »Trauma«: »Zeit der Heuhaufen / Zeit der Kartoffeläcker / Frösche am Abend«. »Inselsee«: »Nebel und Blatt sind / meine Sonnenbrille wenn / ich mal traurig bin«. »Hochsommer«: »Barfuß es lag ein / Reptil im Staub der Straße / nichts ist vergessen«.

»Ich schrieb immer nur über mich«, schrieb Pit im Nachwort der Neuausgabe von Erich Kubys *Mein ärgerliches Vaterland* (Berlin 2010). In der Erzählung »Das grüne Gras der Heimat« heißt es: Der »Rückblick ist eine Vergewisserung. Wir haben was erlebt, also haben wir gelebt. Das ist wichtig, wenn das Ende des Lebens in Sicht kommt.« Und in »Phantombild«, einer autobiographischen Skizze: »Stichtag: Kassel, der 29. September 1955. Ich kann also sagen, daß die Bundesrepublik und ich ziemlich gleichzeitig das Zeugnis der Reife bekommen haben!

Darüber entweder demnächst eine Dekalogie von 7.000 Seiten oder heute nur soviel:

›Wenn es dir‹, sagte ich mir, ›gelingt, die Pensionsgrenze zu erreichen, ohne zu arbeiten, anderen in den Hintern zu kriechen und billigen Wermut zu trinken, dann wird das Schicksal es gut mit dir gemeint haben.‹«

Am 30. Januar dieses Jahres war ich in Schachten. Ein bitterkalter Wind strich durch die Straßen, die welligen, braungrauen, weitläufigen Äcker rund um das Dorf verschwammen im fahlen Winterlicht.

Ich suchte das Haus, in dem Pit von 1945 bis 1955 gelebt hatte. »Fahr mal hin, ist ja nicht so weit. Es hatte einfach die Hausnummer 30, in Schachten gab es keine Straßennamen«, hatte er am 4. November vergangenen Jahres am Telephon gesagt, als ich an einem Hang in Kruspis saß und hinüber zur Wasserkuppe und hinunter auf Pits ehemaliges Haus und auf Rhina schaute, eingebettet in diese weiche, stille Hügellandschaft. (Ein paar Tage später schrieb ich ihm: »Ich habe in Rhina Leute befragt zum Gasthaus Geis, zur Synagoge, kein Schwein wollte was wissen, bis der letzte auf ein verfallendes Häuschen gegenüber dem Gemeindehaus zeigte und brummelte: ›Das ist auch ein Judenhaus.‹ Ich: ›Warum wird es nicht renoviert?‹ Er: ›Lohnt nicht. Zu klein. Will keiner rein.‹ Es war unglaublich bedrückend.«)

Seit den siebziger Jahren war Schachten wie alle Dörfer in diesem Land gewachsen, es waren nach und nach die üblichen Straßenzüge mit den üblichen Einfamilienhäusern entstanden, und die Straßen hatten Namen erhalten.

Im Neubaugebiet stieß ich auf der Straße auf einen alten Mann, der, vermutete ich, die Familie Chotjewitz gekannt haben mußte. »Ja«, sagte er, »neben der Kirche, in dem Fachwerkhaus neben dem langgestreckten weißen Haus, da dürften sie gelebt haben.«

Ich lief wieder hinüber in die Ortsmitte und stellte mich vor das Haus, das im Schatten des Rittergutes liegt. Das könnte es sein, dachte ich, aber ich weiß es nicht genau.

Ich klingelte bei Nachbarn, ich klingelte am Tor des Herrenhauses, auch der Graf und die Gräfin waren nicht zu Hause. Schachten wirkte wie ausgestorben, an einem Sonntagnachmittag. Nur die 88jährige Frau Käckel, die mich beim Herumlaufen beobachtet hatte, öffnete ein Fenster und unterhielt sich dann mit mir, doch sie konnte nicht mit Bestimmtheit sagen, wo die Familie Chotjewitz gewohnt hatte. Schließlich wollte sie mir ihr Haus verkaufen, weil sie demnächst in ein Altersheim in Grebenstein zieht, und erzählte von einem mysteriösen Unfall im Badezimmer, den sie vor kurzem erlitten hatte.

Ich fror, ich wollte aufgeben und aufbrechen, als doch noch ein Auto vorfuhr, gegenüber dem Haus, in dem Pit mutmaßlich aufgewachsen war.

Ich ging hinüber und sprach sie an, das alte Ehepaar B. und eine weitere alte Frau.

»Ja, da haben sie gewohnt«, bestätigte das Ehepaar B., »im ersten Stock, im Parterre lebte bis zu seinem Tod der ehemalige Kutscher des Grafen, der die Milch ausfuhr.«

»Mein verstorbener Mann Walter hatte damals mit dem Peter viel Spaß, wir alle hatten mit ihm viel Spaß«, sagte dann die alte Frau und lachte herzergreifend. »Der Peter war ein lustiger Bursche.«

Peter O. Chotjewitz, geboren 1934, gestorben 2010, war Schriftsteller, Übersetzer und Jurist. Er veröffentlichte zahlreiche Romane, Bände mit Erzählungen und Gedichten, Sachbücher und Hörspiele. Zuletzt sind vier Bände »Fast letzte Erzählungen« und (zusammen mit Cordula Güdemann) »49 VIPs« erschienen. In Vorbereitung befinden sich eine Neuauflage des Romans »Die Insel – Erzählungen auf dem Bärenauge« und eine Neuausgabe des Bandes »Vom Leben und Lernen«.

Jürgen Roth, geboren 1968, lebt als Schriftsteller in Frankfurt am Main. Jüngst ist das Hörbuch »Helmut Schmidt – Eine Revue in Originaltönen« erschienen.